[제3판]

정서·행동장애의 이해

-사례중심적 접근-

Casebook in Child Behavior Disorders

Christopher A. Kearney 지음

이승희 옮김

박학사

THOMSON

Australia / Canada / Mexico / Singapore / Spain / United Kingdom / United States

This edition first published in 2007 jointly by
Thomson Learning Korea Limited and Pak Hak Sa.

Printed in Korea
1 2 3 4 10 09 08 07

For more information contact Thomson Learning Korea Limited
Suite 1801 Seokyo Tower Building 353-1,22 Seokyo-Dong Mapo-Gu Seoul
121-837 Korea or find us on the Internet at http://www.thomsonlearningasia.com

For permission to use material from this text or product, contact us by
- telephone: (82) 2 322 4926
- fax: (82) 2 322 4927
- tlsg.korea@thomson.com

Original ISBN 0-534-51272-0
Korean Edition ISBN 13: 978-89-91633-38-4

Casebook in Child Behavior Disorders
3rd Edition

Christopher Kearney University of Nevada, Las Vegas

차 례

역자 머리말 [제3판]

4년 전 제2판을 번역할 당시 국내에 아동의 정서 · 행동문제와 관련된 저서나 역서가 그리 많지 않은 실정이었다. 다행히 최근 몇 년 동안 소수이긴 하지만 정서 · 행동장애 관련 저서와 역서들이 출간되어 이 분야에 몸담고 있는 한 사람으로서 다행스러움을 느끼지 않을 수 없다. 그러나 이 분야에 있어서의 급증하는 관심과 지식에 비하면 아직도 관련서적들이 부족하다는 느낌 또한 지울 수가 없다. 따라서 이 책의 2판에 이어 3판을 번역하여 이 분야의 발전에 동참하는 것도 의미가 있으리라 생각된다. 이러한 생각에는 두 가지 이유가 있다. 첫째, 이 책은 정서 · 행동장애와 관련된 다른 책들과 차별화될 만한 특성이 있다. 구체적으로 말하면, 먼저 구성상 이 책은 15장에 걸쳐 다양한 아동기 정서 · 행동장애를 다루면서도 일관성 있게 다섯 절(증상, 평가, 위험요인과 유지변인, 발달 양상, 치료)로 조직화되어 있어 장애별로 비교하여 이해하는 데 도움을 주고 있다. 또한 내용상 이 책은 1절 '증상'에서 한 사례를 상술한 후 나머지 2~5절의 '평가', '위험요인과 유지변인', '발달 양상', 그리고 '치료'에서는 해당 장애와 관련된 사항을 포괄적으로 다루면서 동시에 1절에서 소개한 사례에 구체적으로 적용하는 과정을 심층적으로 기술함으로써 정서 · 행동장애의 개인간 차이에 대한 이해를 높이는 데도 도움을 주고 있다. 둘째, 4년 전에 출간된 2판과 비교해 볼 때 그 동안 축적된 새로운 지식을 근거로 삭제와 보완 작업이 충실하게 이루어져 있다. 예를 들어, 각 장의 2절 '평가'에서 개정판이 출시된 검사도구들의 경우 철저하게 대체하였을 뿐만 아니라 평가도구들에 대해서도 더 상세한 내용을 제공하고 있다. 이와 같은 점에서 이 책은 학부 및 대학원 학생들과 정서 · 행동장애에 지속적인 관심을 가지고 있는 분들에게 도움이 될 수 있을 것으로 보인다.

3판을 번역하는 동안 학문을 하는 사람으로서 저자로부터 많은 것을 배웠다. 먼저, 새로운 내용과 참고문헌들에서 저자가 끊임없이 학문에 정진한 흔적을 역력히 볼 수 있었다. 또한 기존의 내용을 기술할 때에도 문장을 정교하게 다시 다듬은 저자의 정성도 지나칠 수 없는 부분이었다. 저서를 집필한 경험이 있는 본인에게는 더 없이 본받을 만한 학자로서 그리고 집필자로서의 태도로 비추어졌다. 따라서 저자의 학문적 정진과 정성이 조금이라도 빛이 바래지 않도록 역자로서 조심스럽게 번역하고자 노력을 아끼지 않았다. 그럼에도 불구하고 번역에 미비한 점이 있으리라 생각되어 이에 대한 독자들의 고언을 기다리고자 한다.

제3판의 번역을 마무리하자니 떠오르는 사람들이 많다. 먼저, 부족하나마 2판이 사랑을 받아 3판까지 번역하게 되었다고 생각하니 2판을 읽어 주신 모든 분들에게 감사하지 않을 수가 없다. 그리고 2판에 이어 3판의 번역이 마무리될 때까지 기다려 출판해 주신 박학사 구본하 사장님께도 또 한 번 고마움의 뜻을 전하고 싶다. 특히, 2판 번역의 마무리를 격려하셨지만 2판의 출간은 보지 못하고 떠나셨던 어머님께 3판의 출간을 앞두고 그 크신 사랑에 한없는 감사를 드리며 생전에 손수 첫 손녀를 화폭에 담아 그리신 그림을 이번 3판의 표지로 꾸며 보았다. 화폭에 담을 당시 나름대로의 방황을 했던 손녀가 이제는 꿋꿋하게 유학생활을 잘 하고 있다는 기쁜 소식도 함께 전해 드린다. 또한, 자주 만나지는 못하지만 항상 서로 그리워하는 아버님과 언니 · 동생들에게 변함없는 애정을 보낸다. 마지막으로, 가까이에서 늘 힘이 되어 주시는 모든 분들에게도 진심으로 감사드린다.

2007년 4월 30일

무등산 자락이 항상 정겹게 내다보이는
운림동 보금자리에서

이승희

역자 머리말 [제2판]

최근 아동의 정서문제 및 행동문제에 대한 관심과 지식이 증가하고 있지만, 이 분야에서의 저서는 물론 역서의 수는 그리 많지 않은 것이 사실이다. 따라서 강단에서 정서 · 행동장애에 대한 강의를 해 오면서 절실하게 느낀 것은 좀 더 적절한 교재가 필요하다는 것이었다. 물론 교재를 집필해야겠다는 마음은 품고 있었지만 여러 가지 이유로 차일피일 미루고 있던 중, Christopher A. Kearney가 2003년도에 출간한 『Casebook in Child Behavior Disorders』(2nd ed.)를 접하게 되었다. 구성상, 15장에 걸쳐서 다양한 아동기 정서 · 행동장애를 다루고 있었을 뿐만 아니라 각 장이 다섯 절(증상, 평가, 위험요인과 유지변인, 발달 양상, 치료)로 일관성 있게 조직화되어 있어 눈길을 끌었다. 내용상으로도, 1절에서 상술한 사례를 나머지 2~5절에서 충분히 적용하면서 풍부한 관련 정보들을 제공하고 있어 교재로 사용했을 경우 학생들에게 많은 도움이 될 것으로 보였다. 이와 같은 점들은 본인으로 하여금 번역을 시작하도록 하는 원동력이 되어 주었다. 이 책의 원저 제목대로라면 '아동기 행동장애 사례집'이 더 적절한 제목이 되겠으나, 앞서 말한 바와 같이 사례를 중심으로 다양한 아동기 정서 · 행동장애의 증상, 평가, 위험요인과 유지변인, 발달 양상, 치료에 대한 내용을 폭넓게 기술하고 있다는 점을 고려하여 '정서 · 행동장애의 이해: 사례중심적 접근'을 역서 제목으로 붙여 보았다.

대부분의 역자들이 토로해 온 것처럼, 관련 전문 용어들의 표준화된 사용이 정착되어 있지 않다는 점이 번역 과정에서 가장 큰 어려움으로 다가왔다. 이로 인한 번역상의 오류를 최대한 방지하기 위하여 각 전문 영역(예: 특수교육학, 심리학, 의학, 법학 등) 전문가들의 자문을 통하여 가장 적절하고 보편적인 용어를 선택하려고 노력하였다. 또한 우리말로 번역했을 때 어색하게 보이는 용어들을 위해서는 필요에 따라 괄호 안에 원어를 제시하여 독자들의 이해를 돕고자 하였다. 원저의 한 문장도 소홀히 하지 않고 완역하기 위해 최선을 다했으나 미숙한 점이 많이 있을 것으로 생각된다. 이 점에 대해서 앞으로 독자들의 많은 고언이 있기를 바라며 본인 스스로도 보완의 노력을 게을리 하지 않고자 한다.

저자(Christopher A. Kearney)가 머리말에서 밝힌 바와 같이, 이 책은 학부 및 대학원 수업의 교재로는 물론 이 분야에 관심을 가지고 있는 모든 분들에게 유용한 자료로서 부족함이 없어 보인다. 번역 과정이 쉽지 않았기 때문에 오는 성취감도 있겠으나, "오직 남들을 위해 산 인생만이 가치 있는 것이다"라는 아인슈타인의 말을 떠올리면 본 역서가 많은 분들에게 도움이 되어 역자에게 더할 수 없는 기쁨으로 되돌아오기를 기대하는 마음이 더 크다.

번역을 마무리하면서 감사의 마음을 전하고 싶은 분들이 많다. 먼저 본인의 학문 정진에 많은 도움을 주신 은사님, 선배, 동료들에게 감사드린다. 그리고 원고 교정을 위해 소중한 시간을 아낌없이 내 주었던 변미량 학생과 원고가 나오기까지 묵묵히 기다려 출판해 주신 박학사 구본하 사장님께도 지면을 통하여 감사의 뜻을 전하고 싶다. 특히 번역이 끝나갈 무렵 병원에 입원을 하시면서도 부산까지 오지 말고 번역에만 전념하라고 당부하시던 어머님, 부족한 딸 뒤에서 항상 든든한 버팀목이 되어 주시는 아버님, 그리고 서로에게 사랑을 아끼지 않는 언니 · 동생들에게 무한한 애정과 고마움을 보낸다. 마지막으로, 힘들어 할 때 가까이에서 격려를 아끼지 않았던 분들에게도 진심으로 감사를 드린다.

2003년 7월 31일

무등산 자락이 항상 정겹게 내다보이는
운림동 보금자리에서

이승희

머리말

아동기 행동장애에 대한 지식의 급증과 함께 이러한 장애로 인하여 아동, 부모, 그리고 아동을 다루는 다른 사람들이 직면하게 되는 문제들을 올바로 이해할 책임감이 높아졌다. 이 책의 한 가지 목적은 아동기 행동장애에 대한 현재의 견해를 특정 아동들 그리고 가정 또는 학교에서 그 아동들과 의미 있게 관련되어 있는 사람들의 사례들과 접합시키는 것이다. 이러한 아동들의 이야기를 제시하는 본인의 의도는 그 아동들과 가족의 삶이 일상적으로 얼마나 고통스럽고 혼란스러운지를 보여 주고자 하는 것이다.

아동 정신병리의 폭 묘사

아동들에게 나타날 가능성이 있는 정신병리의 연속체를 설명하기 위해 다양한 사례들을 폭넓게 소개하였다. 독자들은 내면화장애, 외현화 장애, 그리고 혼합 증후군(진단들?)을 묘사하는 사례들을 보게 될 것이다. 실제 사례들이 얼마나 복잡한지에 대한 학생의 이해를 넓히기 위하여, 수업중에 교수가 사례의 쟁점들을 논의할 수 있도록 1장, 14장, 그리고 15장에 소개되어 있는 사례들의 진단은 의도적으로 생략되었다. 사례의 해답들은 특별 부록으로 교수에게 제공된다. 학생은 각 사례의 증상, 주요한 평가방법, 위험요인 및 유지변인, 발달 양상, 그리고 치료 전략에 대한 논의를 읽음으로써 그 사례에 대한 임상적 종합 상태를 끌어낼 수 있어야만 한다. 이러한 논의를 담고 있는 절(section)들은 전문가들이 특정 사례를 다룰 때 가장 중요하다고 생각하는 유형의 정보들을 담고 있다. 각 사례는 학생의 재검토 또는 그룹토의를 고무하기 위해 고안된 일련의 질문들로 끝이 난다. 이와 같은 사례들의 폭은 아동들이 보이는 증상들이 DSM-IV-TR 진단준거와 얼마나 차이가 나는지에 대한 예들(examples)에서 그리고 치료결과에서 나타나는 상당한 차이에 의해 또한 입증되고 있다.

실제 사례들은 다양한 장소에서 다양한 방법으로 사용될 수 있다

비록 이 책이 원래 심리학과 학부 학생들 및 초기 대학원 학생들을 위해 구상되었다 하더라도, 본문은 다른 학문 분야에 있거나 다른 관심사를 가진 사람들이 유용하고 마음에 와닿는 내용으로 생각할 수 있도록 쓰여졌다. 제시된 사례들은 여러 정신건강 전문가들이 경험한 실제 사례 또는 사례들의 합성에 근거를 두고 있다. 관련된 사람들의 기밀보장을 위하여 개인들의 이름과 사례들의 세부사항 일부는 바뀌었다. 세부사항들이 바뀌었기 때문에 실제 인물들과의 유사성은 우연한 일치이다.

경험적 접근

대체로 이 책은 전체에 걸쳐 인지적 행동주의 가족체제 지향으로부터 끌어낸 경험적 접근을 반영하고 있다. 그러나 이 점이 다른 형태의 치료가 특정 인구집단에게 효과가 없다는 것을 의미하지는 않는다. 아동중심 정신병리학의 특정 사례를 성공적으로 해결하기 위해서는 생물학적 중재와 다른 중재들이 뒤섞인 복합적 치료가 종종 필요하다는 것은 널리 인정받고 있다.

감사의 말

이 연구와 관련된 나의 감사는 나에게 많은 것을 가르쳐 왔고 또 계속 그렇게 하고 있는 나의 스승님들, 고객들, 그리고 학생들에게 먼저 돌린다. 이 연구의 여러 국면에서 정서적 지원을 아끼지 않았던 나의 아내, Kimberlie에게는 특별한 감사를 전한다. 또한 이 책의 이전 판들에 대해 건설적인 지원을 보내준 여러 비평가들에게도 감사의 뜻을 표하고 싶다: Natacha Akshoomoff of Georgia State University; Philip Budd, Southern Nazarene University; Jon Ellis of East Tennessee State University; Laura Freberg, California Polytechnic State University; Marjorie Hardy of Muhlenberg College; Deborah Harris-O'Brien, Trinity College; Denise Krause, University at Buffalo; Annette La Greca, University of Miami; Sander Latts of the University of Minnesota, Twin Cities; Gary Stollak, Michigan State University; Wanda Willard, Monroe Community College. 그리고 유용한 의견과 제안으로 도움을 주었던 이번 3판의 다음 검열자들에게도 깊이 감사한다: Robert Deysach, University of South Carolina; Jennifer Lancaster, St. Francis College, Susan Styles, Charleston Southern University. 마지막으로, 나에게 이 책을 집필할 기회를 주고 열매를 맺도록 도와준 Wadsworth의 Marianne Taflinger와 전 직원들에게 감사를 드린다.

저자 소개

Christopher A. Kearney는 Las Vegas 소재 네바다 대학(the University of Nevada, Las Vegas)의 아동임상심리학과 교수이다. 그는 Las Vegas에 있는 UNLV 아동 등교거부 및 불안장애 클리닉 소장이기도 하다. Dr. Kearney는 Binghamton 소재 뉴욕 주립대(the State University of New York)에서 학사학위를, Albany 소재 뉴욕 주립대에서 석사학위와 박사학위를 받았다. 그는 미시시피 대학 메디컬 센터(the University of Mississippi Medical Center)에서 인턴십을 수료했다. Dr. Kearney의 연구초점은 우선적으로 아동 및 청소년의 등교거부행동과 내면화장애의 분류, 평가, 그리고 치료에 있다. 그는 또한 중도 발달장애를 가진 성인들과도 일을 한다. Dr. Kearney는 공동 저자 및 공동 편집자로서 아동불안장애와 관련된 두 권의 책을 집필하였고, 등교거부행동에 대한 치료사 치료편람 및 부모 워크북을 공동 집필하였으며, 등교거부행동과 사회공포증을 포괄적으로 다룬 책들도 집필하였다. 뿐만 아니라, 그는 수많은 학술지 연구논문(journal articles)과 책 장(book chapters)을 썼다. Dr. Kearney는 Barrick 학자상(the Barrick Scholar Award), Barrick 우수학자상(the Barrick Distinguished Scholar Award), William Morris 우수학술상(the William Morris Award for Excellence in Scholarship), 그리고 Las Vegas 소재 네바다 대학이 주는 우수교수상(the Distinguished Teaching Award)을 받았다.

제 1 장

복합 사례 (I)

(Mixed Case One)

InfoTrac® College Edition

Explore InfoTrac College Edition by going to
http://infotrac.thomsonlearning.com

Hint. Enter these search terms: assessment, etiology, development psychopathology, treatment

1. 증상
2. 평가
3. 위험요인과 유지변인
4. 발달 양상
5. 치료
6. 토론 문제

1. 증상

Michael Rappoport는 부모에 의해 정신건강 외래클리닉에 의뢰된 9살 백인소년이었는데, 그에 대한 최초의 평가가 실시되었을 때 Michael은 4학년이었다. 그의 부모인 Rappoport 씨 부부는 "다루기 힘들고(difficult)" "제멋대로인(unruly)" 행동 때문에 그를 의뢰하였다. 선별을 위한 전화면접에서 Michael의 어머니는 Michael이 그녀와 선생님의 말에 귀기울이지 않고, 교과목들에서 실패하며, 때때로 5살 난 여동생에게 공격성을 보인다고 하였다. 게다가 Michael의 어머니는 몇 주 전 Michael의 아버지가 실직한 이후로 가족이 갈등과 경제적인 어려움을 겪고 있다는 점도 내비쳤다. Michael의 가족은 바로 그 주에 수용평가(intake assessment)를 받도록 스케줄이 잡혔으나 평가를 받기까지 3번에 걸친 연기 또는 불참이 있었다.

수용평가가 이루어지는 동안 Michael과 그의 부모는 아동기행동장애 전문가인 임상심리가에 의해 개별적으로 면접을 받았다. 첫 번째로 면접을 받은 Michael은 면접에 충실히 참여하였는데, 면접자가 하는 대부분의 질문에 대체로 예의바르고 사회적이고 반응적이었다. 예를 들어, 그의 애완동물, 축구팀, 이웃친구들에 대해서는 상세히 이야기하였다. 그러나 그가 왜 클리닉에 와 있다고 생각하는지에 대한 질문을 받았을 때 그는 어깨를 으쓱하며 부모님이 자기를 별로 좋아하지 않는다고 하였으며, 특히 그는 부모님이 자기에게 종종 소리를 치며 그의 아버지는 "내가 잘못했을 경우에 때린다"라고 했다. 아버지가 그를 어떻게 그리고 얼마나 자주 때리느냐라는 질문을 받았을 때, Michael은 또 다시 어깨를 으쓱하였을 뿐 그 질문에는 대답하지 않았다.

다음으로 임상심리가는 부모님이 나쁘다고 여기는 행동들에 대해 Michael에게 질문하였다. 그는 부모님이 다툴 때 종종 뛰어다니고 자기방에 숨곤 했는데(이런 일이 자주 있었다) 어머니는 집안에서 뛰어다니는 것을 싫어한다고 하였다. 더구나 그는 숙제를 못하고 낮은 성적을 받는 등 학교생활에서도 어려움을 겪고 있었는데, 대부분의 교과목에서 고심하고 있는 것이 명백하였다. 그는 또한 여동생과 "잘 지내지 못한다"라고 하였다.

Michael은 그의 선생님이 "사사건건 나에게 소리친다"라는 불평도 하였는데, 특히 자기 자리에 앉아 있지 않았거나 주의집중을 하지 않았고 또 숙제를 다 끝마치지 못한 것 때문에 자주 꾸지람을 듣는다고 하였다. Michael은 그러한 일, 특히 읽기과제는 그에게 너무 어려우며 거기에 주의집중을 할 수가 없다고 하였다. 이러한 문제들의 결과로 그는 보통 선생님 가까이 앉아야만 했으며 지나간 내용을 보충하기 위해 휴식시간을 놓치기 일쑤였다.

임상심리가는 대화가 Michael의 행동 쪽으로 옮겨가면 그는 더 풀이 죽고 임상심리가와의 상호작용이 더욱 위축된다는 점에 주목하였다. 한 시점에서 Michael은 울음을 터뜨리면서 종종 "외롭고 슬픈" 느낌이 든다고 하였다. 특히, 그는 학교에서는 친구들과의 시간을 박탈당하는 느낌이 들었고 놀기 위해 어떤 친구를 집으로 데려오는 것은 난처해하였다. 그는 또한 부모가 자주 다투는 것 때문에 매우 슬퍼했으며 미래에 어떤 일이 일어날 것인가에 대해 걱정을 했다. Michael은 자신을 훼손하는 어떠한 생각도 부정하였으나 그가 만약 죽으면 그의 부모님이 어떻게 생각할까에 대해서는 숙고하였다.

심리가는 Michael에게 그의 인생에서 다르게 변했으면 하는 것이 무엇이냐라는 질문으로 그와의 최초 면접을 마무리하였는데, Michael은 끊임없는 싸움 때문에 아버지가 집을 떠나 있기를 바란다고 하였으며, 그 외에 학교에서 좀 더 잘하고 많은 꾸지람을 듣지 않게 될 수 있기를 바란다고 하였다. 또한 심리가는 Michael에게 어떤 다른 느낌을 가지길 원하느냐고 물었으나, Michael은 단지 어깨만 으쓱거렸다.

다음으로 심리가는 Michael의 부모님을 면접하였다. 부부는 서로에게 명백히 화가 나 있었는데, 그 이유는 Michael의 어머니인 Mrs. Rappoport가 이전의 스케줄 연기에 대해 사과하면서 간접적으로 남편을 탓했기 때문이었다. 여기에 반응하여 Michael의 아버지인 Mr. Rappoport는 그의 눈알을 부라리며 "일을 진행합시다."라고 말하였다. 그러자 심리가는 두 사람에게 왜 클리닉에 오게 되었는지를 물었다. Mr. Rappoport는 어깨를 으쓱했지만 Mrs. Rappoport는 재빨리

Michael과 관련된 일련의 문제점들을 제시하였다.

Mrs. Rappoport는 Michael이 "통제불가능"하게 되어간다라고 말하면서, 특히 그가 아주 논쟁적이고 행동이 거칠고 반항적이라고 하였다. Mrs. Rappoport는 Michael이 지시에 귀를 기울이려고 하지 않으며 종종 그녀가 무엇을 하도록 요청하면 그녀에게 외설스럽게 소리친다라고 푸념하였다. 게다가 Michael은 성질을 부릴 때 종종 집안을 뛰어 돌아다녔는데, 그러한 일은 거의 매일 발생했다. 소리지르기, 울기, 뭔가를 주먹으로 치기 등으로 나타나는 그의 성질부리기는 부모님이 명령을 하거나 부모님이 "뭔가를 의논하고" 있을 때 흔히 나타났다. 이러한 성질부리기가 나타날 때 Michael의 아버지는 그를 그의 방에 가두거나 때리곤 했지만 이러한 것들이 Michael의 행동을 통제하지는 못했다. Michael은 그의 5살 난 여동생에게 너무 공격적이었는데, 예를 들어 몇 번에 걸쳐서 Michael은 여동생을 때리다가 걸리기도 하였다. 그 결과 Michael에게는 여동생과 단 둘이 시간 보내는 것이 더 이상 허용되지 않았다.

또한 Mrs. Rappoport는 Michael이 학교에서 낮은 수행을 보인다고 하였다. 특히, 그는 거의 모든 교과목에서 실패하고 있었으며 읽기와 철자에 어려움을 가지고 있었다. 그러나 이 점은 다소 놀라웠는데 왜냐하면 Michael이 3학년 중반(작년)까지는 성적이 좋은 학생이었기 때문이었다. 더구나 Michael은 교실에서 성질을 부리고 과제가 그에게 너무 어렵다고 불평하는 등의 행동을 보이는, 통제가 어려운 학생이었다. 그는 숙제하는 것을 종종 거부하였으며 그의 행동을 선생님이 더 잘 감찰할 수 있도록 선생님 가까이에 앉혀졌다. 사실 Michael의 학업문제와 문제행동은 너무 악화되어서 그의 선생님인 Mrs. Greco는 특수교육에 의뢰할 것을 제안하였으나, Michael의 아버지와 어머니 모두 이 제안을 강력하게 반대했다.

Mrs. Rappoport는 Michael이 자주 부루퉁하고 가끔 행동이 변덕스럽다고 하면서 그에 대한 평을 마무리했다. 예를 들어, Michael은 당황스러울 때 울어버리거나 또 자기방에 위축되어 머물곤 했다. 더욱이 그는 AIDS(acquired immune deficiency syndrome: 후천성 면역 결핍증)에 감염될까봐 지나치게 걱정하였다.

Michael의 한 급우가 간염 발병 이후 학급에 돌아왔는데 이것이 Michael로 하여금 AIDS와 다른 질병에 대한 공포를 일으킨 것으로 보였다. 그 결과 Michael은 발생할 수 있는 어떠한 전염도 예방하고자 하루에 약 10번 정도 손을 씻었다.

그러고 나서 심리가는 Michael의 부모에게 다른 가족문제에 대해 물었다. 이번에도 Mrs. Rappoport가 주로 이야기를 했는데, 최근에 남편이 실직을 하여 가족이 경제적인 어려움을 겪고 있다는 말도 하였다. 그녀는 자신과 남편이 "가끔" 다투는 것은 인정했지만 그것이 Michael의 행동과 관련된다고 느끼지는 않았다. 사실 그녀는 면접과 차후 치료의 초점은 가장 문제시되는 행동을 나타내는 Michael에게 맞추어져야 한다고 주장했다. 기억을 불러일으키는 몇 가지 질문을 부드럽게 했음에도 불구하고, 그녀와 남편은 그들의 결혼 또는 훈육방식에 대한 상세한 사항은 제공하지 않았다.

동의를 얻은 후, 심리가는 Michael의 선생님인 Mrs. Greco와도 이야기를 나누었다. 그녀에 의하면 Michael은 이번 학년 첫 한 달 동안에는 비교적 착실한 학생이었으나 그 이후로 성적과 행동이 문제화되어 왔다. Mrs. Greco는 Michael이 이해력이 있고 충분히 동기화된다면 쉽게 과제를 할 수 있음에도 불구하고 숙제의 많은 부분에서 어려워하고 있다고 하였는데, 많은 분량의 읽기와 쓰기를 수반하는 숙제일 경우에 특히 그러한 것 같았다. 또한 Mrs. Greco는 Michael의 부모가 말한 것처럼 Michael에게 특수교육을 권장한 적은 없으나 Michael의 부모님이 아들의 학업문제를 다루는 데 있어 좀 더 적극적인 역할을 할 필요가 있다고 하였다. Mrs. Greco는 또 Michael의 문제점 중 많은 부분의 주된 원인은 자신들의 권리를 행사하는 데 어려움을 가지고 있는 Michael의 부모님이라고 추측하였다.

Mrs. Greco는 또한 Michael의 행동이 참을 수 없을 만큼 나빠지고 있다고 하면서, 그가 종종 반항적이고, 부주의하고, 파괴적이라고 불만을 털어놓았다. 특히 Michael이 자기에게 주어진 과제를 거부하려는 의도로 종이를 집어던지거나 울고 또 발을 세게 구르며 교실을 돌아다닌다고 하였다. 그 결과, 그는 1주일에 한 번 정도는 교장실로 보내졌다. 더욱이 Michael은 과잉행동적이고 종종 자기

자리에 앉으라는 신호를 필요로 했다. 전반적으로 볼 때 Michael은 Mrs. Greco로부터 상당한 주의를 요구하였고, 그 결과 Mrs. Greco는 학급의 나머지 학생들을 충분히 배려하지 못하는 어려움이 있다고 하였다.

이러한 사전 정보에 근거해서, 심리가는 Michael과 그의 가족이 처치를 필요로 하는 다양한 문제를 가지고 있다고 결론지었다. 특히 Michael은 내면적 · 외현적 · 학업적 문제를 혼합적으로 가지고 있는 것으로 보였다. 게다가 그의 가족은 심각한 수준의 갈등과 생활 스트레스를 겪고 있는 것이 명백했다. 심리가는 또한 그 가족에서 사용되는 체벌에 의한 잠재적 학대도 차후에 더 조사되어야만 할 문제라고 믿었다.

2. 평가

클리닉에서의 평가 또는 아동과 가족에 대한 정보수집의 일반적인 목적은 다음과 같은 세 가지 기본적 질문에 응답하는 것이다(Eisen & Kearney, 1995):

1) 무엇이 행동문제인가?
2) 왜 그 문제가 지속적으로 발생하는가?
3) 무엇이 그 문제를 위한 최선의 치료법인가?

이러한 질문들은 간단하게 보일 수 있으나 종종 대답하기 어려운 때도 있는데, Rappoport씨 가족과 같은 복잡한 사례의 경우에 특히 그러하다.

첫 번째 질문—무엇이 행동문제인가?—은 몇 가지 부가적인 질문들을 제기할 수 있다. 예를 들어, 처치를 필요로 하는 실제적인 행동문제가 있는가이다. 예를 들면, Michael의 경우에 그의 행동이 정말로 비정상적이었기 때문에 치료에 의뢰되었는지 아니면 단지 그가 부모님과 선생님을 당황하게 만들었기 때문에 치료에 의뢰되었는지이다. 실제로 그의 행동 가운데 어떤 부분은 9세 아동에게는 발달상 적합한 것으로 간주될 수도 있다. 관련된 관점에서, 아동의 행동문제가 갈등, 혼란, 학대, 부정적인 부모태도 등과 같은 가족변인들의 결과로 이해될 만한 것이라면 어떻게 될까? 바꾸어 말하면, 아동보다는 가족에게 행동문제의 책임 소지가 더 있다면 어떻게 될까? Michael의 경우에는 부모의 다툼이 그의 슬픔을 초래하였을 수도 있었다. 이와 같은 상황에서는 집중적으로 치료를 받아야 할 대상이 바로 아동이라고 가정하는 것은 심리가에게 금물이다.

만약 한 사람(예: 아동)은 문제가 전혀 없다라고 하고 다른 사람들(예: 부모)은 의견을 달리한다면 행동문제가 무엇인지 결정하는 것은 또 어려워질 수 있다. 여기에서 치료사는 아동의 일상 생활기능을 명백하게 방해하는 행동들을 찾아야만 한다. Michael의 경우에 그의 몇 가지 행동들이 그러하였으며 따라서 언급될 필요가 있었다. 최종적으로 만약 그 아동이 행동문제를 가지고 있는 것으로 추정되면, 가장 심각해서 제일 먼저 조치를 취해야 할 행동들을 결정해야만 한다. 치료에 의뢰된 청소년들에게 있어서는 다른 장애로부터 나타난 다른 증상들이 중복되는 경우가 많다. Michael의 경우를 보면, 그가 여러 가지 외현적인 증상들을 가지고 있었지만 그의 돌출행동들이 불안 또는 우울과 같은 더 심각한 내면화 문제들과 연계되어 왔을 수도 있다.

평가로부터 해답을 구해야 하는 두 번째 질문—왜 그 문제가 지속적으로 발생하는가?—도 역시 어려움이 따른다. 여기에서 치료사는 아동이 보이는 각각의 행동문제들을 유지하는 것이 무엇인가에 대한 판단을 내려야만 한다. 이 책의 도처에서 언급될 이러한 유지변인에는 감각적 강화, 주목, 혐오상황으로부터의 도피, 돈과 같은 유형적 보상 등이 포함된다. Michael의 경우에서 볼 수 있듯이, 다른 행동들은 다른 변인들에 의해 유지될 수도 있다. 예를 들어, 여동생을 향한 그의 성질부리기와 공격성은 주목을 끌기 위한 수단일 수 있으며; 그의 손씻기는 오염에 대한 걱정을 떨치거나 줄이고자 하는 수단일 수도 있고; 그의 반항성은 부모에게 뇌물을 요청하는 방법일 수 있다.

이상의 두 가지 질문—무엇이 행동문제인가? 그리고 왜 그 문제가 지속적으로 발생하는가?—은 행동의 형태 및 기능과 관련된다. 아동행동의 형태 그리고 기능을 파악하는 것은 마지막 중요한 질문—무엇이 그 문제를 위한 최선의 치료법인가?—에 좀 더 쉽게 대답할 수 있게 해 준다. 예를 들어, Michael의 가장 심각한 행동은 학교와 집에서 보이는 성질부리기이다(형태). 이 행동문제를 제거하는 것은 일반적 불복종 같은 다른 행동문제를 줄이는 데 도움이 될 수도 있다. 또한 Michael의 성질부리기가 집에서는 주목에 의해서 그러나 학교에서는 도피에 의해서 동기부여가 되었다고 가정해 보자(기능). 이러한 경우에 Michael의 부모는 집에서 보이는 그의 성질부리기를 무시하려고 할 것이고 반면에 Michael의 선생님은 학교에서 보이는 그의 성질부리기를 애써 무마하여 그가 학급을 떠나는 것을 용납하지 않으려고 할 것이다.

이러한 질문들에 대답하기 위해서 사용될 수 있는 다양한 평가방법들이 이 책에 설명되어 있는데, 이 방법들에는 면접(interviews), 자기보고 및 인지 척도(self-report and cognitive measures), 자기감찰(self-monitoring), 생리적-의학적 절차(physiological and medical procedures), 역할놀이(role playing), 부모나 가족 그리고 교사 척도(parent or family and teacher measures), 교우관계 평정(sociometric ratings), 직접관찰(direct observation), 그리고 공식적인 지능, 학업, 및 성격 검사(formal intelligence, achievement, and personality tests) 등이 포함된다. 대부분의 경우, 문제가 있을 것으로 의심되는 여러 영역들(예: 사회적, 학업적, 지적, 정서적 등)의 기능을 평가하기 위해서는 다면적인 평가접근이 필요하다.

Michael의 경우, 그와 부모에게 다양한 내면화 및 외현화 장애를 다루는 반구조화된 면접인 DSM-IV용 불안장애 면접 스케줄: 아동용(Anxiety Disorders Interview Schedule for DSM-IV: Child Version)(Silverman & Albano, 1996)이 실시되었다. Michael은 공식적으로 **정신장애 진단 및 통계 편람**(Diagnostic and Statistical Manual of Mental Disorders; DSM-IV-TR)(American Psychiatric Association, 2000)에 명시된 3개의 장애를 가진 것으로 진단되었다. 한 장애는 내면화 문제와 연루되어 있었고, 두 번째 장애는 외현화 문제와 연루되어 있었으며, 세 번째 장애는 학업적 문제와 연루되어 있었다. 각 장애는 특성상 중등도

(moderate)에서 중도(severe)로 평정되었다.

Michael에게는 또한 몇 가지 자기보고 척도를 작성하도록 하였는데, 이러한 척도에는 아동용 공포 조사 스케줄—개정판(Fear Survey Schedule for Children—Revised: FSSC-R)(Ollendick, 1983), 아동용 상태-특징 불안 목록(State-Trait Anxiety Inventory for Children: STAIC)(Spielberger, Edwards, Lushene, Montuori, & Platzek, 1996), 아동용 불안척도 개정판(Revised Children's Manifest Anxiety Scale: RCMAS)(Reynolds & Paget, 1983), 아동용 Piers-Harris 자아개념 척도(Piers-Harris Children's Self-Concept Scale: PHCSCS)(Piers, Harris, & Herzberg, 2002), 아동용 우울증 목록(Children's Depression Inventory: CDI)(Kovacs, 1999) 등이 포함되었다. 이 검사들은 면접에서 논의되지 않았던 어떠한 내면화 문제도 면밀하게 평가해 보고자 실시되었다. Michael은 의학적으로 관련되어 있는 자극들(예: 병, 세균, 병원, 주사), 사회적이고 평가적인 상황(예: 많은 사람들, 질책받는 것), 부모의 설득 등에 대한 공포를 나타내는 몇 가지 FSSC-R 항목들을 만족시키는 흥미로운 결과를 보였다.

STAIC에서는 Michael이 학교에서 종종 눈물짓고 우유부단하며 수줍어하고 불우함을 느끼는 것으로 나타났다. 그는 또한 학업, 다른 사람들로부터의 평가, 그리고 미래에 대해 걱정을 하였다. RCMAS에서 Michael은 부모가 그에게 하려는 말이나 그에게 닥칠 좋지 않은 일들에 대해 우려를 하는 반응을 보였다. 그는 또한 악몽을 꾸었으며, 집중에 어려움이 있었고, 위통 같은 다양한 신체적 질환을 가지고 있었다. PHCSCS에서는 학급 급우들이 Michael을 놀리며, Michael이 학교를 싫어하고 종종 소외감을 느끼는 것으로 나타났다. CDI에서 Michael은 무서운 일이 그에게 닥칠 것이고, 혼자라고 느끼며, 다른 아이들과 같은 좋은 아이가 결코 될 수 없을 것이라는 반응을 보였다. 전반적으로 Michael은 자신의 여러 생활영역에 대해서 염려하고 의기소침해 있는 것으로 나타났다. 그가 가장 많은 염려를 보이는 영역은 그의 가족상황, 의학적 상태, 사회적 평가, 미래의 사건 등이었다.

Michael의 부모에게는 아동 행동 체크리스트(Child Behavior Checklist:

CBCL)(Achenbach & Rescorla, 2001), 가족환경 척도(Family Environment Scale: FES)(Moos & Moos, 1986), 부모기대 척도(Parental Expectancies Scale: PES)(Eisen, Spasaro, Brien, Kearney, & Albano, 2004), 그리고 일반적 결혼만족 척도인 양방적응 척도(Dyadic Adjustment Scale: DAS)(Spanier, 2001)를 작성하도록 부탁하였다. CBCL에서 Michael의 부모는 Michael이 높은 수준의 주의력 문제와 공격적 행동을 보이는 것으로 보고했다. 특히 그들은 Michale의 충동성, 신경과민, 낮은 학업성취, 논쟁하기, 무례함, 불복종, 소리지르기, 성질부리기, 관심요구 등을 강조하였다. 내면적 증상은 거의 확인되지 않았다. FES에서 Michael의 부모는 그들 가족을 충돌적이고 냉담한 것으로 평정하였다. PES에서는 Michael이 집에서 많은 책임을 수행해야 한다는 높은 기대를 부모들이 가지고 있었음이 확인되었다. 그러나 그들은 집에서의 Michael의 수행에 실망하였다.

마지막으로, DAS에서 Michael의 부모는 여러 영역에서 특히 재정에 있어서 자주 서로 의견이 달랐음을 지적하였다. 더욱이, 그들이 서로 긍정적인 대화를 나눈다든가 또는 서로에게 애정을 표시하는 일이 거의 없었다. 이러한 응답들은 면접중에 그들이 했던 구두보고와는 약간 대조적이었다. 전반적으로 Rappoport 씨의 가족은 명백히 곤란에 처해 있었으나 Rappoport 씨 부부는 끊임없이 아들의 외현적인 행동을 주된 문제점으로 보았다. 특히 그들은 Michael의 불복종적이고 파괴적인 행동을 언급하였다.

이 사례에서 사용된 다른 평가도구에는 교사 보고 형식(Teacher's Report Form: TRF)(Achenbach & Rescorla, 2001), 연속수행 검사(continuous performance test), 그리고 아동용 Wechsler 지능검사(Wechsler Intelligence Scale for Children: WISC)(Wechsler, 2003)가 포함되었다. Michael의 선생님인 Mrs. Greco는 TRF를 작성하였으며 Michael의 사회성 문제와 주의력 문제, 특히 그의 퇴보적 행동, 울기, 집중결여, 충동성, 무질서, 학습부진 등을 강조하였다. 충동성을 측정하는 연속수행 검사에서는 Michael의 반응속도가 주의력결핍과잉행동장애(attention deficit hyperactivity disorder: ADHD)를 가진 아동들의 반응속도와 유사한 것으로 나타났다. 마지막으로, Michael의 지능검사점수는 보통범위 내에서 높은 점수였는데, 이는 그의 학업문제가 지적 결함으로 초래된 것이 아님을 시사하는 것이었다. 대신에 Michael은 그의 능력에 훨씬 못 미치는 수행을 보이고 있었다.

이러한 정보를 수집한 후, 심리가는 Michael이 명확하게 정의될 수 없는 다양한 행동문제를 가지고 있는 것으로 보았다. 더욱이, 이러한 문제들 중 많은 부분이 다른 기능들에 의해 유지되었다. 이러한 문제들에 더하여, Michael의 가족상황은 부부간의 긴장, 충돌, 재정적 스트레스, 그리고 학대가능성의 특성을 나타내고 있었다. 따라서 어떤 치료프로그램이라도 가족전체와 복합전략을 포함해야만 할 것으로 보였다.

3. 위험요인과 유지변인

아동기 행동장애의 원인을 설명하기 위한 몇 가지 모델들이 제안되어 왔다. 예를 들어, 정신역동학자들은 차후의 정신병리의 전조로서 타고난 성적 충동과 정신내적 인격 갈등을 강조하였다. 또한 애착이론가들은 영아의 필요를 충족시키는데 있어 양육자의 실패는 그 아동의 차후 정신병리로 귀착될 수 있음을 시사하였다. 이러한 모델들은 아동들에게는 다소 관련될 수 있으나, 이 두 가지 모델의 타당성에는 의문이 제기되었다.

좀 더 널리 알려져 있으며 이 책의 전반에 걸쳐 언급될 원인모델은 행동주의 모델이다. 행동주의 모델의 지지자들은 아동들이 비정상적인 행동들을 배우고 그 행동들에 대해 강화를 받는다고 주장한다. 불복종을 무심코 보상한 부모, 우울한 행동에 동정을 보인 가족구성원, 비행을 보상한 또래 등이 그 예에 해당된다. 관련된 관점에서, 사회학습 이론가들은 아동들이 다른 사람들의 부적절한 행동을 흉내내거나 모방한다고 주장한다. 부모의 체벌에 뒤따라 증가되는 아동의 공격성과 타인들의 음주나 불법약물사용을 본 후의 물질남용이 그 예에 속한다.

Michael의 경우에 이러한 학습 모델들이 그의 행동의 일부분을 설명하는 것으로 보인다. 예를 들어, 여동생을 향한 그의 공격성은 부모의 관심에 의해 강화되었다. 또한 그의 의학적 불안, AIDS에 대한 공포, 손씻기 등은 사회학습에 의해 야기되었음이 명백하였다. Michael의 몇몇 급우들은 간염을 가진 한 학생에 대해 이야기하면서 입원, 다른 사람들로부터의 격리, 주사, 끊임없는 청결의 필요 등을 언급하였다. 아홉 살 난 많은 아동들이 그러하듯이, 그 급우들은 이야기를 과장시켰다. 그러나 Michael은 그 이야기들을 진지하게 받아들였으며 그 결과 두려움을 느끼고 다소 강박적으로 손을 씻게 되었다.

잘 알려져 있는 또 다른 아동 정신병리 원인모델이 인지학자들에 의해 제안되었는데, 그들은 왜곡된 사고과정이 행동문제를 야기하거나 유지한다고 주장한다. 타인으로부터의 부정적인 평가에 대한 불합리한 생각에 의한 불안 및 우울이나 아름다움과 체중감량에 대한 불합리한 믿음에 의한 섭식장애가 그 예이다. 관련된 관점에서, 정서이론가들은 어떤 사람들은 그들의 감정을 조절하는 데 어려움을 보이고 따라서 동기화, 행동조직화, 타인과의 대화에서 곤란을 겪게 된다고 주장한다(Mash & Dozois, 2003). 예를 들어, 학대를 받아 온 사람들에게서 보이는 계속되는 불안이나 학대한 사람을 상기시키는 단서로부터의 각성은 외상후 스트레스 장애로 귀착될 수 있다.

Michael의 경우에, 그가 현재와 미래의 사건들에 대해 염려를 하기는 했지만 왜곡된 사고과정이 하나의 쟁점이 되는 것은 분명 아니었다. 그러나 그는 정서적으로 격하기 쉬운 상태였으며 따라서 자신의 행동을 규제하는 데 문제를 가지고 있었다. 발끈하기 쉬운 성질과 충동성의 결과로 그는 학습과제에의 집중, 물건정리, 타인과의 대화 유지, 흥분 통제 등에서 어려움을 보였다. 이러한 문제들은 결과적으로 그의 낮은 성적, 다른 사람들로부터의 소외감, 교란된 학급행동에 대한 벌 등으로 이어졌다.

생리학적 모델 또한 아동 정신병리의 원인을 기술할 때 흔히 사용된다. 이 모델의 원인기제는 유전적 소인, 염색체 이상, 중추신경계 변형, 신경화학적 불균형, 스트레스 그리고 기질 등을 포함한다. 예를 들어, 우울증을 포함하는 몇 가지 장애에 대한 유전적 소인을 뒷받침하는 증거가 있다. 또한 다운증후군 같은 염색체 이상은 종종 중등도 정신지체를 유발하기도 한다. 이와 유사하게, 중추신경계 변형은 학습장애 같은 특정 발달장애 또는 자폐증 같은 더 전반적인 장애를 유발시킬 수도 있다. 또한 신경화학적 불균형, 스트레스, 까다로운 기질은 사회적 불안 및 ADHD 등과 같은 다양한 문제와 결부되어 왔다. Michael의 경우에, 건강진단상으로는 어떤 현저한 문제도 없었다. 그러나 그의 문제행동들은 미묘한 뇌변형 또는 계속되는 스트레스와 같은 덜 두드러진 문제들에 의해 부분적으로 설명될 수도 있을 것이다.

마지막으로, 가족체제 모델은 일관성 없는 양육방식이나 가족기능장애로부터 명백히 야기되는 아동기 장애를 설명하기 위해 제안되었다. Michael의 경우에 부모간의 계속되는 갈등이 몇 가지 방식으로 그의 문제행동을 부추겼을 수도 있다. 예를 들어, 갈등에서 오는 스트레스가 그의 시무룩함, 위축, 고립 등을 유발시켜 왔을 수도 있다. 더욱이 상해 또는 이혼 등과 관련된 부모간의 언어적 위협은 Michael로 하여금 미래에 대해 걱정을 하도록 촉진하는 역할을 하였을 수도 있다. 그와 같은 우울과 걱정은 집중곤란, 동기결여, 학업부진 등으로 연결되었을 것이다. 마지막으로, 부모의 다툼은 Michael을 훈육할 시간을 감소시켰다. 그 결과 그의 성질부리기와 다른 교란된 행동들이 정도가 심해질 때까지 종종 방치되기도 했다.

이러한 모델들—정신역동적, 애착, 행동주의적, 사회학습, 인지적, 정서적, 생리학적, 가족체제— 모두 특정 인과경로가 아동기 행동장애에 책임이 있다고 주장한다. 그러나 어느 한 모델도 어떤 아동기 행동장애의 모든 국면을 성공적으로 설명할 수는 없다. 대신, 아동기 장애의 복잡성은 통합적 접근을 요구한다. 다른 관점들이 갖는 변인들의 결합 또는 다중인과경로가 어떤 장애의 원인을 충분히 설명하기 위해 필요하다. 예를 들어 Michael의 경우에 아동, 부모, 또래, 교사 요인들이 그의 행동에 영향을 미쳤다. 또한 다중인과경로의 존재는 행동문제를 가진 아동을 위한 성공적인 치료는 여러 가지 표적을 포함해야만 한다는 것을 시사한다.

4. 발달 양상

발달정신병리학이란 아동기 행동장애의 선행사건 및 결과와 그러한 장애가 정상 행동발달에 어떻게 비교되는지에 대한 연구를 말한다(Wenar & Kerig, 1999). 아동들의 정상적 발달, 정신 장애, 또는 이 둘의 어떤 상황변이(fluctuation)로 귀착되는 경로를 확인하는 것이 발달정신병리학자들의 중요한 과업이다. 예를 들어, 한 발달정신병리학자는 어떠한 아동 및 가족 요인들이 우울증으로 귀착되는지를 발견해내기를 원할 수도 있다. 또한 그/그녀는 우울증을 예방하거나, 우울증으로부터 정신적 건강으로 회복하도록 돕거나, 또는 우울증을 오랜 기간 유지하는 요인들이 무엇인지 알기를 바랄 수도 있다.

발달정신병리학자들의 과업에는 아동기 행동문제가 오랜 기간에 걸쳐 안정적인지 그리고 이러한 행동들이 성인기 문제로 연결되는지를 알아내는 것도 포함된다. 어떤 아동기 행동문제는 오랜 기간에 걸쳐 매우 안정적이다. 따라서 그러한 행동들은 성인기에 개인의 기능을 거의 항상 방해한다. 자폐증, 최중도 정신지체, 공격형 정신분열증 등이 그 예에 해당된다. 품행장애 또는 물질남용 등과 같은 청소년 후기에 나타나는 문제들의 심각한 형태는 성인기까지 유지되며 지속적인 어려움을 야기한다.

다른 아동기 행동문제는 오랜 기간에 걸쳐 꽤 안정적으로 유지된다. 이러한 행동들은 장애의 정도와 조기중재 실시여부에 따라 성인기 문제로 연결될 수도 있고 그렇지 않을 수도 있다. ADHD, 학습장애, 공격성, 등교거부행위, 섭식장애, 소아과적 건강상태(pediatric conditions), 학대영향 등은 그 예에 속한다.

마지막으로, 다른 아동기 행동문제는 오랜 기간에 걸쳐 덜 안정적인 경향이 있다. 이러한 행동들은 자력으로 사라질 수도 있으나, 만약 부정적인 환경에 의해 악화되는 경우에는 오랜 기간에 걸쳐 문제를 야기할 수도 있다. 그 예로는 공포, 불안, 우울, 배설장애 등이 있다.

비록 아동기 행동장애가 오랜 기간에 걸쳐 안정적일 수 있다 하더라도 장애의 증상은 똑같이 유지되지 않을 수가 있다. 예를 들어, ADHD를 가진 아동들은 성장하면서 덜 활동적으로 되는 경향이 있으나 그들의 지속적인 산만함과 지연된 사회성 발달은 청소년기에 다른 문제들을 유발시킨다. 유사하게, 가족 구성원들에게 무엇을 강요하기를 원하는 아동은 아동기에는 불복종으로써 그렇게 하지만 청소년기에 가서는 공격성으로써 그렇게 할 수도 있다. 또한 유아기 때 내성적인 아동은 아동기 때 새로운 사회적 상황을 회피할 수 있으며 청소년기에 가서는 우울해질 수 있다.

이와 같은 변화는 Michael의 경우에도 명백했다. 비록 9살 난 그의 행동이 유아기 때와는 다소 다르다 하더라도 전반적인 행동 패턴은 변함이 없었다. 예를 들어, Michael의 부모는 그를 까다롭고 먹어야만 하는 음식에 대해 종종 불평을 하는 "고집 센" 아동으로 표현했다. Michael의 어머니는 또한 Michael이 비난과 타인과의 우연한 접촉에 과잉반응을 보이는 "매우 예민한 아동"이라고 하였다. 어느 정도는 이러한 전반적인 성격이 Michael의 현재의 행동문제에 배여 있었다. 예를 들어, 그의 성질부리기는 스트레스를 처리하는 퇴행적인 방식이었으며 질병에 대한 공포는 급우들의 이야기에 대한 과잉반응이었다. 그의 행동이 시간의 흐름에 따라 다를 수는 있더라도 그의 행동 패턴은 꽤 안정적이었다.

아동기 행동문제의 안정성(stability)(역자 주: 특정 개인의 행동이 서로 다른 시간대에서 유사한 정도)을 결정짓는 데 도움이 되는 변인들은 일반적으로 근거리(proximal) 요인과 원거리(distal) 요인으로 분류될 수 있다(Mash & Dozois, 2003). 근거리 요인이란 아동에게 근접해 있으면서 아동의 행동에 좀 더 직접적인 영향을 미치는 요인으로서 다음과 같은 것들이 있다:

1) 생의 초기에 나타난 장애, 특히 언어에 영향을 미치는 장애
2) 아동의 뇌 또는 다른 신체적 상태에 있어서의 주요한 변형
3) 조기 환경에 의해 야기된 심한 생리학적 기질
4) 아동의 자존감과 사회적 · 학업적 능력을 위협하는 지속적인 경험
5) 아동으로 하여금 더욱 비적응적인 행동패턴을 추구하도록 하는 장애물

마지막 근거리 요인과 관련해서 볼 때, 가족갈등 또는 성적 학대와 같은 장애물은 청소년의 반항과 증가된 음주를 유발할 수 있다.

Michael의 경우에는, 그가 생의 초기에 어떤 주요한 스트레스 요인이나 생리학적 문제를 가졌던 것으로 보이지는 않았다. 그러나 그는 부모의 관심을 얻는 가장 좋은 방법 중의 하나가 부적절하게 행동하는 것이라는 것을 일찌기 배웠다. 시간이 흐르면서 Michael은 불복종하고 여동생에게 공격적으로 행동하며 또는 학교에서 문제를 일으킬 때 그에게 관심을 보이도록 부모를 효과적으로 조절하였다. Michael은 또한 장기적 우정을 형성하려는 노력을 하는 데 있어서도 몇 가지 장애물을 경험하였는데, 이러한 장애물은 휴식시간을 활용하지 못하거나 친구를 집으로 데려오는 것을 불편하게 느끼거나 하는 것이었다. 우정의 결핍은 그 다음 사회적 위축이나 우울한 기분과 같은 비적응적인 행동으로 연결되었다.

아동기 행동문제의 안정성에 영향을 미치는 또 다른 요인들은 원거리 요인 또는 아동에게 간접적으로 영향을 미치는 요인들이다. 원거리 요인에는 다음과 같은 것들이 포함된다:

1) 빈곤 그리고/또는 무주택
2) 부부간의 갈등 그리고/또는 일관성 없거나 무관심한 양육방식
3) 조실부모
4) 심한 가족기능장애
5) 일반적 사회 무질서

Michael의 경우에는, 부부간의 갈등이 가장 관련성이 높았다. Michael의 어떤 성질부리기는 부모의 다툼에 의해 유발되었거나 또는 부모의 다툼을 중지시키려는 의도로 나타났다.

5. 치료

Rappoport 씨 가족을 위한 치료는 초기에 힘든 출발을 하였다. Mr. Rappoport는 점점 더 위축되어 갔으며, 3주 후에는 가족과 동반하여 치료받는 것을 중단하였다. 그러나 그는 심리가와 전화통화를 하는 것과 치료과정에서 부인을 돕는 것에는 동의를 했다. 더욱이 Mrs. Rappoport는 아들의 치료에 초점을 맞추어야 한다는 입장을 계속 고수했다. 이에 대응하여, 심리가는 Michael 행동의 많은 부분의 배후에 있는 가족기제와 치료과정에 Michael의 어머니와 선생님의 참여가 필요함을 설명하는 데 처음 네 번의 치료회기를 보냈다. 이렇게 4주간을 보낸 후에야 Mrs. Rappoport는 치료에 참여하는 데 마지못해 동의를 했다. 그녀는 또한 그녀와 남편이 각각 부부치료를 받아야 한다는 심리가의 권유를 고려해 보겠다는 동의도 했다.

Mrs. Rappoport가 치료과정에서의 그녀의 역할을 고려하고 있던 이 4주 동안에, 심리가는 Michael에게 개인치료를 실시하였다. 먼저, Michael의 질병에 대한 공포와 과다한 손씻기가 거론되었다. Michael은 일반적 질병감염 및 AIDS 감염에 대한 교육을 충분히 받았다. 초점은 질병의 외부적 원인과 내부적 영향에 맞추어졌는데 이러한 자료는 Michael의 흥미를 끌었다. 이 기간에 질병 및 일반적 의료절차에 대한 그의 불안이 다소 감소된 것으로 자기보고에서 나타났다.

심리가는 또한 "아파 보이는" 누군가의 옆에 앉게 되면 흔히 나타나는 Michael의 손씻기에도 초점을 두었다. 심리가는 먼저 클리닉 대기실의 여러 사람들 옆에 Michael을 앉히고, 옆에 앉은 사람이 재채기를 하는 경우에만 손을 씻을 수 있도록 허락하였다. 그렇게 하지 않으면, Michael은 심리가의 사무실로 가서 적어도 한 시간 동안 손씻는 것을 금지당했다. 이 기간에 Michael은 손을 씻지 않고도 그의 불안이 감소되는 것을 체험했다. 그 이후의 회기에서는 Michael로 하여금 손을 씻기 전에 더 오래 기다리도록 하였다. 그리고 나서 Michael에게 실생활 환경에서 손을 씻기 전에 기다리는 것을 연습하도록 하였다. 이러한 접근에 대한 그의 반응은 즉각적이고 긍정적이었다. 4주가 끝나갈 무렵, Michael은 하루에 정상적인 횟수 정도로만 손을 씻고 있었다.

이미 언급된 바와 같이, Mrs. Rappoport는 치료에 좀 더 적극적인 참여를 하겠다는 동의를 했었다. 그러나 그녀는 맨 먼저 초점을 두어야 할 영역이 Michael의 불복종, 성질부리기, 공격적 행동이라고 주장하였다. 심리가는 Michael이 종종 돌출행동을 함으로써 부모의 다툼에 반응을 보인다고 설명하였고, Mrs. Rappoport와 그녀의 남편은 가능한 한 그들이 사적인 "대화"를 하도록 하겠다는 동의를 했다. 그들은 또한 Michael의 문제행동에 너무 늦게 반응을 보인다는 지적도 받았다. 대신, Michael이 요청에 불복종할 때 10분간의 타임아웃을 부모 중 한 사람이 즉시 실시하도록 하였다. 이것은 체벌을 대체할 수 있는 좋은 벌로 간주되었다. 추가적 평가에서 학대와 관련된 어떠한 증거도 나타나지 않았으나, 체벌이 우선적인 선택이 아니라는 데에는 모두가 동의했다. 따라서 3주간의 치료를 통해 불복종에 뒤따르는 타임아웃의 사용에 초점을 두었다. 비록 Michael이 부모가 보이는 각별한 관심 때문에 단순히 순종했을 수도 있지만, 이 기간 동안 그는 부모를 더욱 조심스러워했다.

이 기간 동안 Michael의 성질부리기 또한 줄어들었는데, 이것은 부모의 다툼 감소와 관심증가가 그의 행동에 영향을 주었다는 것을 다시 한번 보여 주는 것이었다. 그러나 이러한 치료 초기단계에서 여동생을 향한 공격성은 악화되었다. 따라서 심리가는 Rappoport 씨 부부에게 Michael과 여동생이 함께 있을 때 그들에 대한 관리를 더 철저히 할 것을 권유했다. 이와 같은 방식으로 그의 공격성을 많이 방지할 수 있었다. 아동들은 공격적인 반응을 흔히 모방하기 때문에 만약 Michael이 공격성을 보이더라도 체벌은 권장되지 않았다. 대신 심리가는 Rappoport 씨 부부에게 Michael이 여동생을 때리고 나면, 그는 무시하고 그의 여동생에게 많은 연민과 관심을 보이라고 충고하였다. 이와 같은 결합은 다음 3주 동안 꽤 성공적이었다.

치료가 여기까지 진행되었을 즈음에, Michael의 부모는 별거하기로 결정을 내렸고 Mr. Rappoport는 집을 떠났다. 다소 놀랍게도, Mrs. Rappoport는 그녀의 우울한 기분에도 불구하고 Michael의 치료에 계속 참여하였다. 이 시점에서 심리가는 Mrs. Rappoport에게 지원을 제공하고 이전의 회기들에서 권장되었던 사항들은 세밀히 조정하기로 결정했다. 이렇게 함으로써, Mrs. Rappoport는 새로운 치료 책무에 당황하지 않고 Michael의 행동을 계속 통제할 수 있었다. 다행스럽게도, 주말에 아버지와 같이 시간을 보내는 까닭에 아버지의 부재에 대한 Michael의 반응은 그다지 부정적이지 않았다. 아버지의 도움이 더 이상 없는 관계로 Michael은 어머니를 도와 집안 일을 하겠다는 약속도 하였다.

Mrs. Rappoport의 정서상태를 고려하면서, Michael의 학교관련 문제들이 새롭게 강조되었다. 이러한 초점의 이동은 심리가로 하여금 치료시간의 절반 가량을 Michael의 선생님인 Mrs. Greco와 보내게 하였는데, Mrs. Greco는 참여의사를 정중하게 밝혔었다. Mrs. Rappoport는 Michael의 약물복용을 허락하지 않으려고 했기 때문에, 심리가는 카드체제를 기초로 한 토큰경제(token economy)를 실시했다. 구체적으로, Michael은 돌출행동에 대해서 경고를 받았으며, 그가 그 행동을 중지하지 않으면 그의 카드를 초록에서 노랑으로 바꾸었다. 그가 돌출행동을 계속하면 그는 또 다시 경고를 받았으며 그의 카드는 빨강으로 바뀌었다. 빨강 카드는 Michael이 그 날의 나머지 시간을 교장실에서 학습과제를 하면서 보내야만 한다는 것을 의미했다. 하루 종일 초록 카드가 유지되면 그에게 별도의 상 또는 교실내에서의 특전이 주어졌다.

그러나 5주가 지나도 Michael의 돌출행동에는 변화가 보이지 않았다. 게다가 Mrs. Greco는 토큰경제를 계속 유지하는 것이 그녀에게 어렵다는 보고를 했다. 어려움의 일부는 어떤 행동이 돌출행동으로 간주될 것인가를 명확하게 정의하는 것이었다. 따라서 토큰경제의 초점이 Michael의 학습행동에 맞추어졌다. Michael을 그의 행동에 상관없이 교실에 머물도록 했다; 그 대신, 그가 끝낸 과제의 양에 대해서 보상 또는 벌을 받았다. 유감스럽게도, 이 전략 또한 Michael의 숙제 또는 성적에 아무런 변화를 가져오지 못했다.

이렇게 변화가 나타나지 않았던 것은 더욱 악화된 Michael의 가족상황에 어느 정도 기인했다. Rappoport 씨 부부는 이혼하기로 결정을 내렸고 Mr. Rappoport는 갑자기 다른 지방으로 직장을 옮겨 버렸다. 3주 이내에 그는 떠났고 얼마

동안 Michael뿐 아니라 다른 가족구성원들과도 만나지 않았다. 그 결과, Michael은 한 달 동안 슬픔과 학교, 친구, 스포츠에 대한 동기결여를 겪었다. 마침내 Michael은 아버지가 그와의 접촉을 다시 시작했을 때 어느 정도 회복되기는 하였으나 치료에는 관심을 잃고 있었다.

가족에게 일어난 일들의 결과로 Mrs. Rappoport와 Michael은 다음 6주 동안 단지 간헐적으로 치료에 참석하였다. 결국, 심리가의 격려에도 불구하고 Michael과 그의 어머니는 더 이상 클리닉을 방문하지 않았다. Mrs. Rappoport는 다음 해까지 가끔 심리가와 전화상담을 하였고 가족상황과 집에서의 Michael의 행동이 안정을 유지하고 있다고 말하였다. 그러나 Michael의 학업문제와 학교관련 문제행동은 어느 정도 계속되었다.

6. 토론 문제

1) Michael의 어떤 행동이 자신에게 더 방해가 되었으며 또 어떤 행동이 그의 부모나 선생님에게 더 방해가 되었다고 생각하는가? Michael의 어떤 행동문제가 9살 아동에게는 꽤 정상적일 수도 있다고 생각하는가?
2) Michael의 가장 중요한 행동문제는 무엇인가? 가장 중요하다고 생각되는 다섯 가지 행동을 찾아내고 그 이유를 설명하라. 이 사례에서 언급된 바와 같이, 세 가지 DSM-IV-TR 진단이 Michael에게 내려졌다. 어떤 진단이 가장 적절하다고 생각하는가? 자신의 대답을 변호해 보라.
3) Michael의 경우와 같은 사례에서는, 그 가족이 아동만큼이나 문제를 가지고 있을 수 있다. 아동의 행동이 변화되려면 가족구성원들의 행동도 변화되어야만 한다는 것을 부모나 다른 사람들에게 어떻게 설명하겠는가? 또 가족구성원들이 치료에 참여한다면 큰 효과가 있을 것이라는 확신이 있을 때, 어떻게 그 가족구성원들을 설득해서 치료에 참여하도록 하겠는가? 만약 가족구성원들이 치료에 더 이상 참여하지 않겠다고 한다면 그들을 설득해야 하는가 아니면

그럴 필요가 없는가? 그 이유는 무엇인가?

4) 발달정신병리학자들의 중요한 목표는 정신장애에 이르거나 정신장애로부터 벗어나는 경로를 찾아내는 것이다. 아동기 장애 또는 행동문제를 한 가지 선택하고 그것의 인과모델을 만들어 보라. 특히, 왜 어떤 아동들은 그 특정 문제를 나타내고 다른 아동들은 그렇지 않는지에 대한 이론을 제시해 보라. 아동들로 하여금 그러한 문제행동을 피하도록 도와주는 "보호" 요인에 대해서도 토론하라. 그리고 아동을 문제행동으로부터 벗어나게 하거나 적어도 예후를 개선시킬 수도 있는 요인들을 개략적으로 설명하라.
5) Rappoport 씨 가족구성원과 Michael의 선생님 외에 어떤 사람들이 Michael의 행동문제를 다루는 데 중요할 수 있을까? 이들에게 무엇을 물어보고 무엇을 말하기를 원하는가? 그 이유는 무엇인가?

제 2 장

사회적 불안과 위축

(Social Anxiety and Withdrawal)

InfoTrac® College Edition

Explore InfoTrac College Edition by going to
http://infotrac.thomsonlearning.com

Hint. Enter these search terms: social anxiety, social phobia, social withdrawal, behavioral inhibition

1. 증상
2. 평가
3. 위험요인과 유지변인
4. 발달 양상
5. 치료
6. 토론 문제

1. 증상

Bradley Mavin은 사회적 불안과 사회적 위축으로 전문클리닉에 의뢰된 12살 백인소년이었다. 그가 최초로 평가를 받았을 때에는 중학교 1학년이었다. 그의 계부와 어머니인 Nelson씨 부부는 집단치료프로젝트에 참여할 사람들을 모집하는 신문광고를 보고 Bradley를 그 클리닉에 의뢰하였다. 그 프로젝트는 사회적 문제를 가지고 있는 아동들을 대상으로 하는 평가 및 치료 계획안을 검증하기 위해 설계된 것이었다. 전화를 통한 선별면접에서 Mrs. Nelson은 Bradley가 새로 들어간 중학교에 적응하는 데 어려움을 보이고 있으며 우울하고 위축되어 보인다고 했다. 게다가 Bradley는 그의 어머니가 최근에 이혼하고 재혼한 것에 충격을 받은 듯이 보였다. 그 결과, 그는 평소보다 더 잦은 결석을 하고 있었으며 그의 성적도 나빠지고 있었다.

최초의 수용평가에서 Bradley는 임상아동심리학 박사과정을 밟고 있는 학생에 의해 면접을 받았다. 처음에 Bradley는 눈맞춤을 피하고 작은 소리로 말하는 등 조심스러워하고 불안해하였다. 수줍어하고 사회적 불안을 보이는 아동들을 경험한 바 있는 그 학생은 먼저 Bradley가 재미있어 할 것 같은 다양한 주제들을 가지고 이야기를 나누었는데, 이 주제들에는 Bradley의 애완동물, 학교 프로젝트, 여동생 등이 포함되었다. 이렇게 래포가 형성되면서 Bradley의 긴장이 늦추어지자, 그 학생은 Bradley에게 최근에 그가 갖고 있는 사회적 문제에 대한 질문을 하였다.

Bradley는 새로 들어간 중학교가 유치원 이후 다녔던 초등학교와는 아주 다르다고 설명하였다. 그는 많은 초등학교 친구들이 다른 한 중학교에 배정을 받아서 현재 그가 다니고 있는 학교에는 아는 사람이 별로 없다고 하였다. 사실 그는 다른 초등학교 친구들이 다니고 있는 중학교로 전학을 가고 싶어했다. 게다가 그는 급우들이 그에게 말을 걸어오거나 점심 또는 다른 활동에 그를 부르는 일이 거의 없다고 주장하였다. 그러나 면접자는 Bradley가 학교에서 다른 사람들과의 접촉을 좀처럼 시도하지 않는다는 것을 발견하였다. Bradley는 또한 다른 사람들 모두가 그의 작은 체구에 대해서 놀리는 체육수업을 몹시 싫어했다(그는 또래들보다 약간 작았다). 전반적으로, 그는 외로움과 소외감을 느꼈다.

Bradley는 또 이전에 해 본 적이 없는 구두발표를 영어수업시간에 해야만 한다고 불평하였다. 그는 그의 첫 구두발표가 형편없었다고 하였다. 그는 자동차의 역사에 대한 발표를 하도록 되어 있었지만 급우들 앞에 서는 것을 불안해하였다. Bradley는 몸이 떨리고 호흡이 곤란해지면서 손과 목소리가 눈에 띄게 떨린다고 하였다. 그는 몇몇 급우들이 그를 두고 소리 죽여 웃는 것을 목격하고는 다른 발표는 하지 않기로 마음먹었다. 그러나 그에게 주어진 발표가 세 개나 더 있었고 발표를 하지 않으면 F 성적을 받아야 했다.

이런 경험들의 결과로, Bradley는 등교를 거부하기 시작했다. 그는 가끔 체육수업을 빠지는 것으로 시작하였으나 지난 달에는 일주일에 하루 또는 이틀을 등교하지 않았다. 등교를 하지 않았을 때 Bradley는 집에 머물면서 숙제를 하고 텔레비전을 시청하였다. 그는 부모에게 다른 학교로 전학을 시켜주거나 홈스쿨링(home schooling)을 하도록 해 줄 것을 이미 요구했었다.

나머지 면접은 Bradley 사회생활의 다른 영역에 초점을 맞추었다. 그는 이웃 친구들과는 활동적으로 어울렸으나 새로운 사람은 기피하였다. 게다가 그는 어머니와 두 여동생들과는 좋은 관계를 유지하는 것처럼 보였으나 계부와의 관계는 경직되어 있었다. Bradley에 의하면 그의 계부는 훈육에 있어서 엄하고 여러 가지 잘못에 대하여 체벌을 마다하지 않았다. 특히, 그의 계부는 Bradley의 등교거부에 대하여 격분하였으며 그의 부모는 그 문제를 두고 종종 다투었다. 그들은 사회적 문제를 가진 아동들을 대상으로 하는 프로젝트를 신문에서 보고 즉시 전화를 하였다.

면접을 하는 동안 Nelson씨 부부는 Bradley의 진술을 대부분 긍정했다. Mrs. Nelson은 그녀와 그녀의 첫 번째 남편이 별거하기 시작한 약 2년 전까지는 Bradley의 행동에 문제가 나타나지 않았다고 하였다(Bradley의 생부는 현재 다른 지방에 있었으며 가족과는 전혀 연락이 없었다). 그 당시에 Bradley는 위축되고 이웃의 다른 아이들과 놀지 않으려고 하게 되었다. Bradley의 진술과는 대조적으로, 그 때도 Bradley는 오랜 이웃 친구들을 많이 회피하였으며 숙제를 하거나 비디오게임을 하면서 그의 자유시간을 보냈다. 그는 가족식사나 가족나들이는 같이 하였으나 보통 그의 어머니와 여동생들 가까이 머물려고 하였다.

Mrs. Nelson은 Bradley의 상태가 지난 3개월 동안 더 나빠졌다고 하였다. 그녀는 체육수업과 구두발표에 대한 Bradley의 공포를 인지하고 있었으며 그가 새로운 친구를 거의 사귀지 않는다는 데 동의하였다. 그녀는 또한 Bradley가 홈스쿨링을 원한다는 것을 시인하였으며, 그렇게 조치를 취하려고 할 때 클리닉 광고를 보게 되었다. Mrs. Nelson은 홈스쿨링보다는 치료가 Bradley에게 더 유익할 것이라고 판단하고 이 문제와 관련해서 클리닉 직원들의 조언을 듣고자 하였다.

Mrs. Nelson은 Bradley가 좀 수줍어하는 우수한 학생이었다고 하였다. 그는 다른 아동들이 야구를 즐기는 만큼이나 학교 프로젝트를 즐기는 것 같았다. 전반적으로 그는 또래들과 상호작용을 거의 하지 않았고 두 여동생들과 노는 것을 더 선호하는 "외톨이(loner)"였다. 다른 점에서, 그는 순종적이고 예의바르며 가사와 관련된 자신의 역할에도 충실한 정상적인 아동이었다.

Mr. Nelson은 그와 Bradley의 관계가 항상 어려웠으며 둘은 결합이 되지를 않는 것 같다고 덧붙였다. Mr. Nelson은 Bradley가 학교로 돌아갈 것을 완강히 주장하였지만 아내가 치료를 권유하였을 때 그녀의 의견에 따랐다. 그는 Bradley를 도와주고 싶지만 그렇게 할 수 있을 것이라는 확신이 없다고 하였다. 대신 Mr. Nelson은 Bradley가 더욱 자신감을 갖게 되고 그들의 관계가 개선되는 데 치료가 도움이 되기를 희망했다.

Nelson씨 부부의 허락을 받은 후, 치료사는 학교에서 Bradley의 선생님들을 면담하였다. 전반적으로 그들 모두는 Bradley가 뛰어난 잠재력을 지닌 좋은 학생이지만 수줍어하고 위축되어 있다라고 지적하였다. Bradley의 영어선생님인 Mrs. Arnot는 Bradley가 구두보고를 위시한 모든 과제를 잘 수행하였다고 하였다. Bradley가 첫 구두보고를 못한 것은 아니었지만, Mrs. Arnot에 의하면 그는 불안이라는 신체적 증후를 확실히 갖고 있었다. 그녀는 또한 누군가가 구두보고를 할 때 학생들이 농담을 하거나 웃을 수 없다라는 엄한 학급 규율을 실시하고 있으며 따라서 Bradley가 구두보고를 하는 동안 전반적으로 아무도 그러한 행동을 하지 않았다고 하였다. 그러나 수업이 끝났을 때 Bradley는 그녀에게 다가와서 그의 나머지 구두발표를 면제해 줄 것을 요청하면서 심하게 울었다.

Bradley의 체육선생님은 Bradley가 어느 정도 놀림을 받고 있다 하더라도 영어선생님의 의견을 되풀이했다. 그 선생님은 Bradley가 좀 더 성숙되고, 또래들과 좀 더 어울리며 자기주장을 좀 더 해야 할 필요가 있다고 했다. Bradley의 다른 선생님들 및 생활지도 상담교사는 Bradley가 많은 사회적 상황, 특히 새로운 사람들을 만나거나 또는 다른 사람들과 협동해서 작업하거나 청중 앞에서 수행하는 것을 기피한다는 것을 확인시켜 주었다. 이러한 의견들에 근거해서 치료사는 Bradley가 사회적으로 꽤 위축되어 있으며 사회공포증/사회적 불안장애의 진단준거를 만족시키고 있다라는 예비결론을 내렸다.

2. 평가

DSM-IV-TR에 의하면, 사회공포증 또는 사회적 불안장애의 본질적인 특성은 "당혹스러움이 나타날 수 있는 사회적 상황 또는 수행 상황에 대한 현저하고 지속적인 공포"이다(American Psychiatric Association, 2000, p. 450). 알고 있는 사람들(예: 가족구성원)과의 사회적 기능은 괜찮지만, 알지 못하는 사람들과 상호작용을 할 때나 부정적으로 평가받는 것 같고 창피하고 곤혹스러움을 느끼는 상황에서는 사회적 공포가 나타난다. 이와 같은 사회적 상황에 노출되면 이 증상을 가진 사람은 보통 공황발작이나 공황증후도 나타낸다. 아동들의 경우에는 "울기, 성질부리기, 굳어지기, 낯선 사람들이 있는 상황에서의 움츠리기"로 나타날 수도 있다(p. 456). 어린 아동들의 경우는 아니라 하더라도, 사회공포증을 가진 사람들은 그들의 공포가 합리적이지 않다는 것을 인지하지만 공포를 유발하는 상황을 피할 수 없는 경우에는 고통스럽게 참는다. 마지막으로, 이 장애의 진단기준을 만족시키기 위해서는 적어도 지난 6개월 동안 일상기능에 상당한 지장을 초래하여야 하며, 일반적 의학상태나 약물에 기인한 것이 아니어야 한다. 만약 대부분의 사회적 상황에서 공포가 유발되면 사회공포증이 일반화된 것으로 간주한다.

Bradley의 경우에, 그는 이러한 준거들을 만족시키는 것으로 보였다. 그는 새로운 사람들을 만날 때 공포와 불안을 느꼈으며, 보고된 바에 의하면 규모가 큰 모임에서는 초조해하고 메스꺼워 했다. Bradley는 다른 사람들이 근접해서 그를 평가하는 상황(예: 체육수업, 구두발표)을 특히 불편해 하였다. Bradley는 그와 같은 상황에서 구역질과 전율을 느낀다고 하였으며 다른 사람들이 그가 당황해 하는 것을 눈치챌 것이라고 확신했다. 결과적으로, 그가 보이는 사회적 불안과 위축은 그의 학습기능을 명백하게 방해하고 있었다. 그러나 Bradley는 그의 가족 또는 친척들과는 적절한 사회적 상호작용을 하였다.

사회적 불안을 가지고 있는 아동들의 평가는 전형적으로 면접, 자기보고 척도, 자기감찰, 부모와 교사 척도, 그리고 생리적 검사 등을 포함한다. 흔히 여러 가지 척도들이 사용되는데 그 이유는 그러한 척도들로부터의 결과가 항상 높은 상관관계를 나타내지 않기 때문이다. 예를 들어, 긴장이 많이 되어 있는 상태에서는 아동이 어떤 인지적 증상도 보고하지 않을 수 있으나 상당한 생리적 각성(physiological arousal)은 여전히 보일 수 있다.

불안장애를 가진 아동들을 평가하기 위한 반구조화된 면접으로 DSM-IV용 불안장애 면접 스케줄: 아동용(Anxiety Disorders Interview Schedule for DSM-IV: Child Version)(Silverman & Albano, 1996)이 있다. 이 면접은 아동 및 청소년들의 불안증상과 다른 관련 문제들을 찾아내고자 클리닉 연구소에서 종종 사용된다. Bradley는 전문 연구클리닉에서 평가를 받았으며, 따라서 이 면접이 실시되었다.

사회적 불안과 관련하여 DSM-IV용 불안장애 면접 스케줄: 아동용(Anxiety Disorders Interview Schedule for DSM-IV: Child Version)은 다른 사람들의 평가에 대한 걱정, 사회적 상황에서의 당혹감 또는 부끄럼 등에 관한 문항들을 포함하고 있다. 또 아동은 교실에서 질문에 대답하거나 시험을 보거나 다른 사람들 앞에서 식사를 하거나 누군가를 만나는 것과 같은 사회적 상황에서 느끼는 공포의 정도에 대한 질문을 받는다. 이러한 상황에 대한 공포는 0~8점 척도로 평정되는데, 여기에서 8점은 공포의 정도가 가장 크다는 것을 의미한다. 특정 사람(예: 더 나이가 어린 아동)들이 자리를 같이 할 때 사회적 공포가 감소하는지 그리고 사회적 불안이 일상기능을 어느 정도 방해하는지에 대한 질문들도 제시된다.

Bradley는 다양한 사회적 상황, 특히 새로운 사람들을 만나거나 사람들 앞에서 수행을 할 때 멍청하거나 서툴게 행동할까봐 두려워했다. 앞서 언급된 바와 같이, 그는 또한 다른 사람들이 소리 죽여 웃는 것과 그럴 때 자신이 느끼는 당혹감에 대해 걱정을 했다. 그를 가장 초조하게 만드는 사회적 상황을 말해 보라고 했을 때 Bradley는 구두보고, 체육수업, 교내식당에서 식사하기, 대화를 시작하거나 유지하기, 그리고 교실에서 질문에 대답하기 등을 들었다.

사회적 불안을 가지고 있는 아동들의 평가는 또한 아동용 사회적 불안 척도—개정판(Social Anxiety Scale for Children—Revised)(La Greca, 1998)과 아동용 사회공포증 및 불안 목록(Social Phobia and Anxiety Inventory for Children)*(Beidel, Turner, & Morris, 2000)도 포함한다. 후자의 견본 문항으로는 다음과 같은 것들이 있다:

1) 대집단의 소년 · 소년들이 있는 사회적 상황에 합류해야 할 때 두려움을 느낀다.
2) 생소한 아이들을 만날 때 두려움을 느낀다.
3) 학급에서 질문하는 것이 너무 두렵다.
4) 생소한 또래 소년 · 소녀들이 있는 사회적 상황(모임, 학교, 사람들과 놀이하기)에서는 자리를 떠난다.

---

5) 어딘가(모임, 학교, 축구경기, 또는 사람들과 같이 있게 될 어떤 장소)에 있을 때 심장이 빠르게 뛴다.

Bradley 자신이 평정한 증상에는 다른 사람들 앞에서 무엇인가를 해야 할 때의 걱정, 놀림받는 것에 대한 걱정, 다른 사람들이 자신을 어떻게 생각할 것인가에 대한 걱정, 친숙하지 못한 사람들에게 이야기할 때의 초조함, 부끄럼, 다른 사람들이 자신을 조롱하고 있다는 느낌, 또래에게 같이 놀자고 요구하는 데의 어려움 등이 포함되었다.

Bradley 사례의 담당치료사는 또한 그에게 몇 가지 행동을 자기감찰하도록 하였다. 특히 Bradley에게 하루 일과 중에서 자신을 초조하고 메스껍게 만드는 사회적 상황들을 쓰도록 하였다. 또한 그에게 그러한 상황들에서 느끼는 초조함과 슬픔의 정도를 0~10점 척도로 평정하도록 요구하였다. 더 나아가 치료사는 그러한 상황들에서 Bradley가 가질 것 같은 생각들을 다양하게 기술한 후 Bradley로 하여금 그러한 생각들의 존재여부를 기록하도록 하였다. 마지막으로 Bradley는 하루 일과 중에 어떤 다른 걱정거리가 있으면 쓰게 되어 있었다.

2주간에 걸친 Bradley의 자기감찰은 다음과 같은 두 가지 흥미로운 결과를 나타냈다:

1) 그의 사회적 불안은 학교에 들어설 때, 교실을 옮겨 다닐 때, 교내식당에서 점심식사를 할 때 최고조였다. 다른 사람들 앞에서 개별수행을 해야 하지 않는다면 체육수업과 영어수업이 그에게 많은 불안을 초래하지 않는 것으로 나타났다.
2) 불쾌한 사회적 상황 동안 Bradley가 하는 생각은 다소 왜곡되어 있었다. 예를 들어, 그는 다른 사람들이 종종 그를 면밀히 지켜보고 부정적으로 평가하고 있다고 믿었다. 더 심각하게, 그는 다른 사람들이 그에게 집단행동을 하고 그의 책이나 다른 물건들을 훔치려는 계획을 하고 있다고 생각했다.

부모와 교사 척도들도 사회적 불안을 가진 아동들의 평가에 사용되는데, 가장 두드러진 것으로는 아동 행동 체크리스트(Child Behavior Checklist)와 교사 보고 형식(Teacher's Report Form)(Achenbach & Rescorla, 2001)이 있다. 예를 들어, Nelson씨 부부는 Bradley의 달라붙기, 서투름, 더 어린 놀이친구의 선호, 다른 사람들로부터 놀림을 받는다는 말 등을 언급하였다. 여기에 더하여, Bradley의 영어선생님인 Mrs. Arnot는 Bradley의 울기, 평가상황에서 감정상하기 등을 기록했다. 심장박동률이나 발한지수 같은 생리적 평가도 가끔 사회적 불안을 가진 아동들을 평가하는 데 사용되지만 Bradley의 경우에는 사용되지 않았다.

사회적으로 위축된 아동들의 평가는 또한 교우관계 측정(sociometric measurement)과 직접관찰(direct observation)을 이용한다. 교우관계 측정에는 거부되거나 무시된다고 의심되는 아동에 대한 또래 평정이 포함된다. 교우관계 측정은 지명을 사용할 수 있는데, 이 방법에서는 아동들로 하여금 가장 같이 일하거나 놀고 싶은 또는 가장 그렇게 하고 싶지 않은 급우들의 이름을 쓰게 한다. 선생님 또는 아동들이 한 학급내의 각 아동들에 대해서 전반적 순위(general rankings)를 매길 수도 있는데, 이 방법은 한 특정 아동의 인기 및 사회적 상호작용 정도를 파악하기 위해 사용된다(Kearney, 2005). 각 아동이 나머지 다른 아동 모두와 직접 비교되는 2인 순위매기기(paired rankings) 또한 검토될 수 있다. 그러나 일부 아동들이 한층 더한 거부를 위해 선발되지 않도록 교우관계 측정은 신중하게 이루어져야 한다. Bradley의 경우에 교우관계 측정은 실시되지 않았다.

대신, Bradley의 치료사는 선정된 시간에 학교에서 그에 대한 직접관찰을 실시하였다. Bradley는 치료사가 자기를 관찰하기 위해 이따금 학교에 올 것이라는 것은 알고 있었지만 언제 올 지는 몰랐다. 치료사는 점심시간과 옥외 체육수업시간에 Bradley를 관찰하였다. 두 가지 시간에서 모두 Bradley는 전반적으로 혼자서 있었고 다른 사람들로부터의 상호작용을 거절하였으며 우울해 보인다는 것을 치료사는 인지하였다. 치료사는 Bradley가 이러한 상황에서 불안해하며 기본적인 사회적 상호작용 기술이 결핍되어 있다는 것을 확인하였다.

3. 위험요인과 유지변인

많은 요인들이 아동들의 불안과 위축을 유발하는 것으로 보이는데, 이러한 요인들에는 생물학적 취약성, 가족 요인, 스트레스가 많은 일상 사건, 아동 특성 등의 결합이 포함된다(Ollendick & Hirshfeld-Becker, 2002). 생물학적 취약성과 관련하여, 어린 쌍생아에 있어서의 사회적 불안에 대한 유전적 기여를 지적하는 연구들이 있으며, 사회공포증의 위험은 일반인들보다 그 장애를 가진 사람의 친척들에서 더 높다(Tillfors, Furmark, Ekselius, & Fredrikson, 2001; Warren, Schmitz, & Emde, 1999). 그러나 유전적 데이터는 부분적으로 환경적 요인을 반영하고 있을 수 있다: 불안한 부모가 불안한 아동을 양육하는 방식.

참으로, 일반적 가족요인이 아동들의 사회적 불안과 위축의 발달에 강한 영향을 미치는 것으로 보인다. 예를 들어, 불안한 아동들은 부모의 환경적 위협에 대한 인식을 모방하는 경향이 있다(Kashdan & Herbert, 2001). 다시 말하면, 그들은 부모가 보이는 조심, 경계, 회피 등을 보고 자신들의 사회적 상황 속에서 그 행동을 모방한다. Bradley의 경우도 마찬가지인 것으로 보인다. 보고된 바에 의하면, 그의 어머니는 아내와 엄마의 전통적인 역할을 낙으로 삼는 수줍음 많고 내성적인 여성이었다. 그와 같이 그녀의 사회생활 대부분이 남편 및 자녀들에게 국한되어 있었으며 다른 사람들과의 교제는 이따금 있을 뿐이었다. 더욱이, 새로운 클리닉 직원들과 만났을 때 그녀 자신이 불안해 보였다. 그러므로 Bradley는 어머니의 위축 · 불안이 기저에 깔린 사회적 상호작용 행동의 많은 부분을 받아들여 왔을 수 있다.

아동들의 사회적 불안과 관련되어 있는 다른 가족요인들로는 과잉보호, 부모의 애정결핍, 혼란애착 등이 있다(Kearney, 2005; Lieb et al., 2000). Bradley의 경우에는 그의 어머니가 분명히 과잉보호적이고 종종 Bradley가 낮 동안에 언제 어디에 있었는지를 알려고 했으며 아침에 Bradley가 입을 옷을 선택해 주기까지 하였다. 그녀는 또한 쇼핑을 하거나 옥외에서 일을 할 때 Bradley를 그녀에게서 멀리 떨어지지 못하게 했다. 그러나 Bradley와 어머니의 관계는 매우 친밀하였으며 어머니에 대한 그의 조기 애착은 안정적이었다. 그는 생부와의 관계에서와 마찬가지로 계부와 잘 지내는 데에 더 많은 어려움이 있었으나 이것이 그의 사회적 불안과 위축에 그다지 관련된 것으로 보이지는 않았다.

또한, 불안장애를 가진 아동들의 경우 부모가 불안장애, 우울증, 물질남용 등의 증상을 가지고 있을 수 있다. 예를 들어, Bradley의 생부같은 경우에는 알코올 중독자였으며 우울증의 가능성도 있었다. Bradley의 어머니인 Mrs. Nelson도 우울함을 느꼈으며 그럴 때는 자신의 방에 가 있는다고 하였다. 어쩌면 Bradley가 앞서 언급된 다른 행동들과 함께 이 행동도 모방하고 있었을 것이다.

스트레스가 많은 일상 사건들, 특히 사회적 외상과 관련되는 것들 또한 불안과 위축의 발달에 영향을 줄 수 있다. Bradley의 경우, 이러한 현상이 최근 구두발표와 체육수업에서 어려움을 겪을 때 일어났다. 그러나 Bradley 그리고 그의 어머니와 나눈 이야기에 비추어 볼 때 Bradley의 교우관계는 4학년 이후로 친구 수의 면에서 전반적으로 감소되어 왔으며 이러한 감소는 그 당시의 어떤 사건들과 관련되었을 가능성이 있었다. 예를 들어, Bradley가 살던 도시에 주요 산업시설이 다시 들어서면서 그의 저학년 시절의 친구들 대다수가 시외로 이사를 갔다. 게다가 Bradley는 1~2학년 때 가끔 배뇨실수를 하여 놀림을 받았다.

아동의 불안장애와 위축의 전조에는 아동 특성도 포함된다. 이러한 특성에는 사회적 두려움, 통제불가능의 느낌, 행동억제 등이 있다(Kearney, 2005). 사회적 두려움과 관련해서 볼 때, 많은 아동들은 사회적 상황에서 발생할 수 있는 최악의 결과를 예상하게 된다. Bradley의 경우에도 이러한 점이 뚜렷이 나타났다. 사회적 또는 평가적 상황에 직면했을 때 Bradley는 다른 사람들이 자기를 해치려고 한다거나 자기를 좋아하지 않는다고 불평했다. 예를 들어, 아무런 근거 없이 그는 친구들이 자신의 구두발표를 비웃을 것이라고 믿었다. 뿐만 아니라 Bradley는 그들이 자기를 밀치거나 자기의 물건을 훔칠 것이기 때문에 그들에게 같이 놀거나 작업을 하자고 요청하지도 않는다고 했다.

사회적 불안을 가진 아동들은 통제불가능의 느낌도 종종 보고한다. 이 느낌은 그들의 행동이 환경에 거의 영향을 미치지 못할 것이라고 느끼는 학습된 무력감을 말한다. 이 무력감은 불안장애를 가진 많은 아동들이 우울 증상도 보이는 이유를 설명해 줄 수 있다. Bradley는 다른 아이들과 대화를 시작하고 수업시간에 발표할 때 침착하려고 노력하는 것이 무의미하다고 말함으로써 통제불가능의 느낌을 표출했다. 더욱이 치료사는 Bradley가 종종 혼자 있거나 고개를 숙이고 걷는 것을 보았는데, 이러한 행동은 사회적 상황에서 자신이 아무런 긍정적인 변화도 만들 수 없다라고 생각하고 있음을 암시했다.

그러나 사회적 불안과 위축을 가진 아동들을 연구하는 학자들의 많은 관심을 받아온 변인은 행동억제이다. 행동억제(behavioral inhibition)란 사회적 상황을 포함하는 새로운 상황으로부터 야기되는 높은 각성과 위축으로 특징지워지는 기질의 한 유형이다. 행동억제는 10~15% 정도의 아동들에게 영향을 미치며 다양한 아동기 불안장애와 관련되어 있을 수 있다(Biederman et al., 2001). 왜냐하면 기질이 도피적, 회피적, 의존적, 수동적 행동들과 관련되어 있기 때문이다. Bradley의 경우에 이러한 행동들이 아주 뚜렷이 나타났다. 그는 가족 이외의 사람들이 포함된 상황에서 소심하고 수줍어했으며, 낯선 상황에서는 쉽게 위축되었다. 게다가 그는 정서적으로 어머니에게 지나치게 의존하는 것 같았으며 비교적 자기주장을 하지 않는 편이었다. 사실, Bradley의 사회적 상호작용 결핍이 특정 불안장애의 결과인지 아니면 일반적 성격 패턴인지는 결정하기 어려웠다.

따라서 아동들의 사회적 불안과 위축을 유발하는 데에는 다양한 요인들이 동시에 원인으로 작용한다. 많은 경우에, 문제는 짜증내고 위축되는 기질과 높은 각성에 대한 약간의 생리적 취약성과 함께 시작된다. 그러한 개인이 성장함에 따라, 일련의 부정적인 사회적 사건들이 그/그녀로 하여금 주위 환경에 대한 학습된 무력감과 통제불가능의 느낌을 발달시키는 소지를 만들 수 있다. 이러한 사건들은 또한 생물학적 각성을 유발시킬 수도 있다. 그 다음에 그 개인은 잠재적 위협을 두고 자신의 환경을 유심히 보게 되면서 사회적으로 불안해질 수 있다. 그 결과 그 개인은 사회적 상황을 더욱 더 회피하게 된다(Kearney, 2005).

사회적 불안과 위축은 또한 몇 가지 요인들에 의해 유지될 수 있다. 예를 들어, 한 아동이 학교에서 받는 사회적 혹사를 부모에게 불평함으로써 많은 긍정적 관심을 받을 수 있다. 그러한 관심은 동정, 언어적 칭찬, 또는 신체적 애정 등의 형태를 띨 수 있다. 반대로, 한 아동은 모임에서 부모님을 돕는 것과 같은 부가적인 일 또는 스트레스를 주는 여러 가지 상황으로부터 도피하기를 바랄 수 있다. 사회적 불안과 위통 같은 부정적인 신체적 증상을 호소함으로써 그 아동은 특정 책임감으로부터 벗어날 수 있을 지도 모른다(Kearney & Drake, 2002). Bradley의 경우에, 관심추구와 도피-동기화된 행동 두 가지 다 분명히 나타났다.

4. 발달 양상

종단적 연구들에 의하면, 사회적 불안과 위축 그리고 행동억제의 핵심적인 측면 중 하나는 안정적인 과정을 가진다는 것이다(Goldsmith & Lemery, 2000). 예를 들어, 억제되거나 기질적으로 까다로운(difficult) 영아들은 종종 불규칙적인 섭식 및 수면 패턴, 새로운 환경으로부터의 위축, 낮은 적응성, 성마른 기분, 큰 소음과 같은 불쾌한 자극에 대한 극도의 반응 등을 보인다. 반대로 덜 억제되고 기질적으로 순한(easy) 영아는 더 긍정적인 기분과 높은 적응성을 나타낸다.

이러한 특성들—억제와 적응성—은 나이가 들면서 성격의 핵심적인 면으로 남는 것 같다. 예를 들어, 억제된 아동들은 유아원(preschool)(역자 주: 미국에서 3~5세 유아들이 다니는 교육기관) 시기에 더 수줍어하고 다른 사람들을 두려워하며 내향적인 경향이 있다. 게다가 그들은 시간이 갈수록 더 조용해지고 성인에게 더 매달리게 된다. 이러한 경향은 새로운 사회적 상황이 발생했을 때 특히 나타난다. 또한 이러한 상황에서 억제된 아동들은 적응적인 아동들보다 증가된 심장박동률 같은 부정적인 생리적 각성과 정서적 반응을 더 많이 나타낸다(Kagan, 2001).

Rubin과 동료들(2003)은 사회적 위축의 발달모형을 소개하면서 이와 같은 조기 억제때문에 학령기 아동들이 집 밖에서 새로운 사회적 상황을 탐색하는 것을 더욱 망설이게 된다고 하였다. 이러한 망설임은 정상적인 놀이행동에 부정적인 영향을 미치게 되며 더 발전된 사회관계를 형성하는 데 필요한 사회적 · 인지적 기술의 습득을 방해한다. 따라서 이러한 아동들은 사회적 상호작용을 하는 동안 더욱 불안해 하게 되고, 상호작용을 피하며, 고립감을 느낀다. 이와 같은 사회적 실패를 인식했을 때 그 아동들은 또한 불안정감과 낮은 자아존중감을 형성할 수도 있다. 그들에게는 분리불안장애나 사회적 불안장애와 같은 상태를 발달시킬 소지가 있을 수 있다.

Mrs. Nelson은 Bradley가 다소 까다로운 아기였으나 돌보기 아주 어려운 아기는 아니었다고 했다. 그녀는 또한 Bradley가 유아원 때는 다른 아이들과 잘 놀았고 공격적인 면도 전혀 없었다고 했다. 그러나 그녀는 그가 수줍음이 많고 다른 아이들과의 상호작용을 시도하기보다는 그들이 먼저 접근해 주기를 기다린다고 Bradley의 유아원 교사들이 말했던 것을 기억했다. 성인들에게는 예외였는데, Bradley는 또래들보다 성인들을 더 좋아하는 것처럼 보였다. 이 점은 그가 때때로 성인들의 피드백에 지나치게 공손하고 순종적이며 민감한 행동을 보임으로써 증명되었다. 또한 Mrs. Nelson은 부부간 문제 때문에 자신이 과잉보호적이고 정서적으로 아들에게 의존적이 되었다는 것을 인정했다. 그 결과 그녀는 종종 그를 신체적으로 그녀 가까이에 있게 했다.

Mrs. Nelson은 Bradley가 초등학교 기간에 약간의 분리불안을 보였으나 시간이 지나면서 사라진 것 같다고 했다. 그러나 큰 걱정거리는 더욱 악화되고 가족의 분란을 야기하는 부부간 문제였다. 이 문제는 Bradley의 두 여동생이 태어난 후에 더욱 확대되었다. Mrs. Nelson은 남편이 아이들의 양육을 도와주지 않자 Bradley에게 더욱 의존하게 되었고, 그는 식사준비나 세탁 그리고 일상적인 가사 중 일부에 대해 책임을 지게 되었다. 그 결과, 우정을 키우면서 보내야 할 시간을 가사를 돕는 데 소비해야 했다. 게다가, 이와 같은 가족 스트레스는 Bradley와 어머니간의 정서적 유대감과 의존성을 더욱 강화하였다.

Bradley의 초등학교 후반부에는 이러한 양상이 더욱 심화되었다. Mrs. Nelson은 남편과 이혼을 하였으며 Bradley에게 더욱 많은 가사 책임감을 안겼다. 더욱이 Bradley는 학교과제를 자아존중감의 원천으로 삼고 더욱 열심히 과제

수행을 하였는데, 이 때문에 교회 그룹활동, 스포츠, 다른 사회적 행사에 참여할 시간이 없었다. Bradley의 치료사는 이 기간에 Bradley가 더 나은 사회적 기술을 습득할 기회를 잃었으며 따라서 다른 사람들에게 접근하고 대화를 유지하는 방법을 이해하는 데에 어려움을 갖게 되었을 것이라고 추측하였다.

특정 놀이행동의 발달 양상 또한 도표화되어 왔는데 이것은 사회적으로 불안하고 위축된 아동들의 치료에 중요한 지맥(ramifications)을 형성할 수 있다. 예를 들어, 연령과 관련하여, 아주 어린 아동들은 매우 자기중심적이고, 성인위주이며, 규칙지향적이다. 그러나 유아원 후기에는 협동, 공유, 타인 인지 등이 더 분명히 나타난다. 예를 들어, 게임을 하면서 다른 아이들이 차례대로 하도록 기다리는 것을 배우게 된다. 이러한 행동은 종종 나중의 사회적 기술을 발달시키는 기초가 되기 때문에 이 시기에 사회적으로 위축된 아동들을 치료하는 것은 아주 중대하다.

실지로, 이러한 조기 놀이행동의 성공적인 발달은 나중의 사회적 행동들(예: 즉각적인 만족을 유예하기, 다른 사람들의 말을 경청하기, 다른 사람들의 관점을 이해하기, 우정의 개념을 이해하기, 공격성 없이 문제해결하기, 효과적으로 대화하기, 자기주장하기 등)과 밀접하게 결부되어 있다(Cartledge & Milburn, 1995). 이러한 기술들이 결핍된 아동들은 사회적 관계에서 결함이 나타나고 치료가 필요하게 될 수도 있다. Bradley의 경우에는, 자기자제와 성인과의 대화기술은 잘 발달되어 있었으나 또래관계에 대한 이해는 부족했다. 예를 들어, 그는 대부분의 사람들이 얼마나 많은 친구들을 가지고 있으며 처음 만났을 때 어떻게 우정을 키우는 지를 잘 알지 못했다. 게다가 그는 더 나은 삶의 질에 우정을 연계시키지 않았다. 또한 Bradley의 또래와의 대화기술, 특히 그의 조음은 개선을 필요로 했다.

놀이행동과 사회적 행동의 발달에 있어 성차 또한 주목을 받아 왔다. Hops와 Greenwood(1988)는 유아원 남아들이 블록과 이동성 장난감을 가지고 노는 것을 더 좋아하는 반면 여아들은 가상놀이(dramatic play)와 테이블 활동(table activities)을 선호하는 경향이 있다고 했다(p. 272). 게다가 여아들은 인습적으로 남성적이거나 아니면 여성적이라고 여겨지는 장난감을 가지고 노는 것을 좋아하는 반면, 남아들을 주로 남성적인 장난감을 선호한다. 남아들은 또한 여아들보다 신체적으로 더 활동적이고 옥외에서 더 많은 시간을 보냄으로써 경쟁적이지만 더 빈번하고 오래가는 사회적 접촉을 하는 경향이 있다. 그러나 앞서 언급된 바와 같이 Bradley는 유아원 및 초등학교 기간에 종종 실내 또는 집 근처에 머물렀다. 이것은 또래와의 사회적 접촉을 형성하는 데에 방해가 되었을 수도 있다.

Cartledge와 Milburn(1995)은 또한 여아들에 비해 남아들이 다음과 같은 행동을 더 많이 하는 경향이 있다는 것을 주목하였다: (1) 사회적 상호작용에서 적대행위와 강제력 사용하기, (2) 문제해결 과정에서 화내기, (3) 경쟁적인 팀 스포츠 선호하기, 그리고 (4) 또래 영향력에 민감해지기. 그러나 Bradley의 경우에 그의 사회적 성향은 더 여성적이었다. 예를 들어, 그는 대부분의 남아들에 비해 좀 더 얌전하고 성인지향적이며 단독활동을 좋아하였다. 치료사는 Bradley의 이러한 여성적 특성들 때문에 그가 남자또래들로부터 거부당했을 것이라고 추측했다.

사회적 불안과 위축을 가진 아동들의 장기적 발달 양상은 어떨까? 사회적 고립과 사회적 기술의 저조한 발달은 청소년기의 여러 가지 문제들과 관련될 것으로 보이는데, 이러한 문제들에는 우울, 부정적인 자아존중감, 외로움 등이 포함된다(Rubin et al., 2003). 가능성 있는 다른 결과로는 물질남용, 지속적인 학업 및 직업상의 어려움, 점점 더 좁아지는 대인관계 등이 있다. 그러나 이러한 가능성 있는 장기적 결과들도 화목한 가정환경, 학업능력, 그리고 사회활동에 충분히 참여하고 있다는 인식 등에 의해 중재될 수 있다. Bradley의 경우, 이러한 중재인자들이 있었으며 그것들은 Bradley의 조기 사회적 위축의 어떤 악영향도 둔화시킬 수 있었다. 예를 들어, 그의 학업능력과 가족지원은 그로 하여금 고등학교 또는 대학교에서 늦게나마 재능을 키워 나가고 더 지속적인 우정을 발달시키게 할 수도 있다.

5. 치료

사회적으로 불안하고 위축된 아동을 치료할 때는 문제가 주로 사회적 기술의 결핍에 기인하는지 또는 이미 발달된 사회적 기술의 사용을 저지하는 사회적 불안에 기인하는지를 주목해야 한다. Bradley의 경우, 그는 원래 사회적 기술과 관련된 집단치료에 의뢰되었다. 그러나 그의 당면문제가 사회공포증과 등교거부행동이었으므로, 특정 상황에서 나타나는 그의 불안을 다루기 위한 개인치료를 먼저 시작했다.

사회적 불안을 가진 아동의 치료에서는 종종 그 아동을 불안을 일으키는 사회적 환경에 노출(exposure)시키고 그 불안을 극복하거나 줄이는 기술을 습득하게 하는 과정을 포함한다. 이에 더하여, 그러한 사회적 상황에서 더욱 현실적으로 사고하도록 돕기 위하여 인지치료가 실시될 수도 있다. 일차적으로 사회적 위계(social hierarchy) 또는 아동이 회피하는 특정 상호작용 상황들의 목록을 만드는 것이 일반적 전략이다. 이 상황들은 보통 불안을 가장 적게 야기하는 것부터 순서대로 나열된다. Bradley의 경우, 그는 네 가지 상황들을 나열했다: 점심을 사거나 먹기 위해 교내식당에 들어가기, 체육수업에 참여하기, 새로운 사람들을 만나기, 그리고 구두발표하기(마지막 항목이 가장 싫어하는 상황).

그리고 나서 아동은 치료실에서 가장 적은 불안을 야기하는 항목부터 사회적 위계상의 각 항목에 대해 이야기한다. Bradley의 경우, 첫 항목은 그의 교내식당에서의 행동들을 포함하였다. Bradley는 그 곳에서 자기가 느끼는 공포에 대하여 이야기하였는데 그 대상에는 다음과 같은 것이 포함되었다: 음식물을 떨어뜨리기, 줄에서 너무 늦게 이동하기, 음식값을 지불하기에 충분하지 않은 돈, 식사를 하는 동안 누군가가 자기를 응시하는 것. 치료사는 먼저 아무런 근거가 없어 보이는 생각들을 Bradley가 찾아내도록 도왔다. 예를 들어, 그가 언급했던 줄 서 있는 동안의 행동 중 어떤 행동이라도 이전에 발생한 경우가 있는지를 물었는데, 그런 경우는 없었다. 따라서 치료사는 Bradley가 그의 생각에 대한 충분한 근거를 제시하지 못했으므로 좀 더 현실적인 생각을 해내야만 한다고 설명했다. 그러자 Bradley는 그가 약간의 음식물을 떨어뜨리거나 충분한 돈을 갖고 있지 않았을 수도 있다고 말했지만 이것은 있을 법하지도 않다는 것에 동의했다. 이에 더하여, 치료사는 Bradley가 식사를 하는 동안 다른 사람을 거의 쳐다보지 않았으며 따라서 다른 사람이 그를 쳐다보고 있을 것이라고 생각해서는 안 된다는 것을 지적하였다. 이 점을 확인하기 위하여, 치료사는 Bradley를 일반식당으로 데려가 아무도 그가 식사하는 것을 지켜보지 않는다는 것을 보여 주었다.

그 다음에 치료사는 Bradley의 사회적 위계에 있는 더 난해한 항목들을 다루었는데, 당면 관심사인 체육수업과 구두발표를 강조하였다. Bradley는 각 상황에 대한 공포를 묘사하였는데 그것들은 아주 유사했다: Bradley는 다른 사람들이 그를 부당하게 무시하였으며 그의 수행에 대해 거친 평을 한다고 믿었다. 예를 들어, 체육수업에 있어서 Bradley는 운동을 잘 함에도 불구하고 자기는 팀으로 선발되지 않는 것에 대해 불평했다. 영어수업에 있어서는 급우들이 그에게 관심을 주지 않거나 그의 구두발표를 헐뜯는다고 불만을 토로했다. 두 경우 모두에서, 치료사는 Bradley가 교내식당 상황에서와 마찬가지로 다른 사람들의 엄격한 평가와 비평을 과대하게 어림치는 경향이 있다고 지적하였다. 치료사는 또한 Bradley가 스스로에게 부과한 위축은 아마도 다른 아동들이 그를 경계하거나 회피하도록 만들었을 것이라고 덧붙였다.

치료사는 Bradley에게 체육수업시간에 더 많은 급우들에게 접근하고 수업 전에 팀으로 선정해 줄 것을 요청하도록 권유했다. 이것이 원활히 이루어지도록 하기 위해, 치료사는 Bradley가 자신을 소개하고 농구와 같은 특정 종목에서 그가 가지고 있는 기술을 사람들이 알도록 하는 데 사용할 수 있는 다른 대화기법을 연습하도록 도왔다. 또한 치료사는 Bradley의 동의를 얻어 체육선생님에게 연락해서 Bradley가 좀 더 자주 팀선정을 할 수 있는지 그리고 가능한 경우에 주장의 역할을 맡을 수 있는지를 문의했다. 다소 놀랍게도, Bradley는 새로운 이 상황에 잘 적응했으며 체육수업시간에 그가 보이는 불안은 급격하게 감소했다.

또 하나의 큰 관심사는 Bradley가 다른 구두발표를 거부하는 것이었다. 따라서 치료사는 그녀의 사무실에서 Bradley에게 일련의 구두발표를 하도록 지도했다. 처음에는 신문과 잡지 기사를 읽었다. 그 후에는 치료사가 배부하거나 Bradley 자신이 준비한 간단한 발표를 했다. 발표를 하는 동안 치료사는 Bradley에게 발표기술, 특히 발성, 청중과의 눈맞춤, 철자발음, 신체적 불안증상의 통제 등에 대한 포괄적인 피드백을 주었다. 예를 들어, 신체적 불안증상의 통제와 관련하여 Bradley가 이야기할 때 가장 문제가 되는 것으로 보이는 근육조직들을 수축 · 이완시키는 방법을 Bradley에게 가르쳤다. 이러한 근육조직들에는 긴장된 얼굴 및 턱 근육뿐만 아니라 떨리는 다리도 포함되었다.

한 달 동안에 걸친 여러 번의 치료회기가 끝났을 때 사무실에서 하는 Bradley의 구두발표 기술은 향상되어 있었다. 그 다음에는 모르는 많은 사람들 앞에서 Bradley가 발표를 하도록 하였는데, 그들 중 소수는 한숨을 쉬고 주의집중을 하지 않으며 소리를 죽이고 웃는 등의 산만한 행동들을 하도록 사전에 지도를 받았다. 처음에 Bradley는 이러한 산만한 행동들을 당황해 했으나 차츰 이겨내고 많은 어려움 없이 발표를 하였다. Bradley가 그 상황을 실패로 몰지 않도록 인지치료 또한 사용되었다. 예를 들어, 급우들을 지켜 본 후에 Bradley는 자기가 발표하는 동안 그들 모두가 웃은 것은 아니라는 것을 마침내 인정하였다. 게다가, 치료사와 선생님의 도움으로 Bradley는 사람들이 웃었더라도 그 결과는 걱정할 만한 것이 아니라는 것도 알게 되었다. 이러한 과정에 이어 Bradley는 교실에서 구두발표를 하도록 요청되었다(선생님은 Bradley의 나머지 발표를 모두 마지막으로 기꺼이 연기해 주었었다). Bradley는 3일 동안 세 번의 발표를 할 수 있었는데, 수행이 단지 평균수준이었음에도 불구하고 각각의 발표에서 그의 불안은 감소하였다. 더욱이, Bradley는 다시 완전한 출석을 하기 시작했다.

이러한 개인치료요법에 이어서 Bradley는 사회적 기술 결함과 사회적 위축을 가진 다른 아동들과 함께 집단치료에 참여했다. 여기에서 주요 목표로 삼은 것은 Bradley가 새로운 사람들을 만나는 기술을 습득하는 것이었다. 예를 들어, 모든 집단치료 구성원들은 누군가에게 어떻게 접근하고 자신들을 어떻게 소개하는 지에 대한 지도를 받았다. 연습을 위해, 각 구성원들은 자신의 왼쪽에 있는 사람에게로 몸을 돌려 그 사람의 눈을 보고 인사말과 자기의 이름을 말하고 악수를 청했다. 많은 구성원들은 이것이 불안을 유발한다고 느꼈지만, 모두가 적어도 보통 수준의 수행을 보였다. 시간이 흐르면서 그들은 대화를 유지하고 다른 사람을 칭찬하며 세련되게 사회적 상황을 마무리하고 신체적 불안증상을 통제하는 능력을 포함하는 다른 기술들을 발달시켰다. 이에 더하여, 그 집단은 실생활에서 그들의 기술을 연습하기 위해 사회적 외부행사도 가졌다. 마침내, 각 구성원들 그들의 교회, 학교, 또는 이웃에서 두 가지 사회적 활동에 참가하는 과제를 받았다.

사회적 불안과 위축을 가진 사람들을 위한 집단치료는 두 가지 주요한 이점을 가지고 있다: (1) 다른 사람들도 유사한 문제를 가지고 있다는 것을 발견하는 것 그리고 (2) 사회적 지원에 대한 감각을 경험하는 것. Bradley의 경우에는 두 가지 모두가 특히 고무적이었으며, 구성원 중 두 명이 그의 좋은 친구가 되었다. 6개월 동안의 치료프로그램을 통해서 Bradley는 다른 사람들 앞에서 이야기하고 대화를 유지하는 것과 같은 특별히 우려되는 영역에서 대폭적인 개선을 보였다. 그러나 그는 전반적으로 여전히 다소 수줍어하였고, 불안할 때는 어떤 사회적 상황을 여전히 회피하였다. 결과적으로, 그는 그후 2년 동안 몇 가지 후원프로그램에 참석하도록 요청되었다. 이 기간이 끝날 무렵, Bradley의 전반적인 사회적 기능은 적당하거나 좋다는 평가를 받았다.

6. 토론 문제

1) 아동들을 다음과 같이 구분하는 것은 무엇이라고 생각하는가?: (1) 선천적으로 수줍은, (2) 사회적으로 불안한, (3) 사회적으로 위축된, (4) 무시되는, 또는 (5) 거부되는. 아동의 특성뿐만 아니라 가족요인과 또래요인도 탐색해 보라.
2) 어떤 특성이 한 아동으로 하여금 다른 아동들보다 더 인기있게 하는가?
3) Bradley의 사회적 불안과 위축이 주로 개인요인에 기인한다고 생각하는가 아니면 가족요인에 기인한다고 생각하는가? 자녀에게 더 적절한 사회적 행동을 장려하기 위해 부모가 할 수 있는 것은 무엇인가? 아동이 긍정적인 사회적 기

술을 발달시키는 데 도움을 줄 수 있는 가장 효과적인 활동은 무엇인가? 아동이 가져야 할 가장 중요한 사회적 기술은 무엇이라고 생각하는가?

4) 아동의 사회적 행동과 관련해서 우리가 일반적으로 갖고 있는 성(性)기대는 무엇인가? 남아나 여아에게 허용되지 않는 것으로 종종 간주되는 활동들을 탐색해 보라. 이것이 사회적 기술의 발달에 어떻게 해를 끼칠 수 있을까?
5) 자신의 사회적 행동의 어떤 면을 개선할 수 있기를 바라는가? 그렇게 하기 위한 최선의 방법은 무엇일까? 다른 사람들의 도움을 얻기 위해 어떻게 할 것인가? 수줍어하지만 사회적으로 좀 더 활발해지기를 원하는 사람이 있다면 어떻게 도와줄 것인가?
6) 친구가 전혀 없지만 그것에 대해 전혀 개의치 않는 아동에게 어떻게 반응할 것인가?
7) 갱(gang)에 가입하거나 불건전한 무리와 어울리기로 결정한 아동을 어떻게 응대할 것인가? 이런 형태의 사회적 행동이 갖는 장단점은 무엇인가?
8) Bradley의 치료프로그램에 추가할 수 있는 것이 있다면 무엇인가? 특히, 당신이라면 Bradley의 가족 구성원들을 치료에 어떻게 포함시켰겠는가? 당신이라면 Bradley와 계부와의 사회적 관계를 어떻게 개선시켰겠는가?
9) 사회적 불안과 위축을 가진 아동들을 돕기 위해 학교에서 할 수 있는 또는 해야만 하는 것은 무엇이라고 생각하는가?

제 3 장

우울증

(Depression)

InfoTrac® College Edition

Explore InfoTrac College Edition by going to
http://infotrac.thomsonlearning.com

Hint. Enter these search terms: depression, major depressive episode, neurotransmitter, cognitive therapy

1. 증상

Anna Thompson은 입원환자 정신병원의 청소년 병동(adolescent unit)에 의뢰된 16살 흑인소녀였다. 그녀는 어머니인 Mrs. Thompson에 의해 의뢰되었는데, Mrs. Thompson은 딸이 침실에서 손목에 피를 흘리며 있는 것을 발견하였다. 많은 양의 피를 흘린 것은 아니었지만 여하튼 Mrs. Thompson은 치료를 위해 Anna를 병원 응급실로 데려왔다. 주치의는 Anna가 심각한 상처를 입은 것은 아니라고 말하면서도 그녀를 입원시켜 평가를 받아 볼 것을 권유했다. 최근에 Anna가 보인 우울한 행동들을 감안한 Mrs. Thompson은 딸의 단기 입원에 동의했다. 다음날, 청소년 행동장애를 전문으로 하는 정신과 의사가 Anna를 면접했다.

처음에 Anna는 이야기하기를 꺼려했고 자기를 입원시킨 어머니에게 화가 나 있었다. 그러나 약간의 대화가 진행되자 그녀는 점점 거리낌 없이 이야기했다. Anna는 어머니가 이혼하면서 새 학교로 전학을 갔는데 거기에서는 아무도 자기를 좋아하지 않는 것 같다고 말했다. 특히, 그녀는 자기가 소수인종이라는 것과 거의 우정을 키우지 못했다는 것에 대한 심적인 충격을 받은 상태였다. 최근에 자신을 당황하게 한 특별한 사건이 있었는지 물었을 때, Anna는 점심시간에 혼자 식사를 하고 있으면 다른 아이들이 자신의 체중에 대해 경멸적인 말을 하는 것을 느꼈다고 했다(Anna는 꽤 과체중이었다). 그러나 Anna는 더 구체적으로 어떤 말들이 그녀를 두고 실제로 있었는지는 분명하게 설명하지 못했다.

Anna는 지난 13개월 동안 힘든 시간을 보냈다고 덧붙였다. 한동안 부부간의 갈등이 있은 후, 그녀의 부모는 별거를 했으며 결국 이혼을 했다. Anna로서는 완전히 이해가 되지 않는 이유로 그녀의 어머니는 Anna와 함께 다른 지방으로 이사를 했으며, 따라서 Anna는 아버지와 13살 된 남동생으로부터 떨어져야 했다. 이것은 Anna에게 정신적 충격을 주었는데, 왜냐하면 그녀는 아버지 및 남동생과 친밀하게 지내왔으나 더 이상 그들과의 접촉이 허락되지 않았기 때문이었다. Anna는 8월에 새로운 학교로 전학하였으며 9월부터 그 학교에 다니기 시작했다. 그러나 첫 2개월 동안 그녀는 수업일수의 약 $\frac{1}{3}$을 결석하였으며, 지난 2주 동안은 전혀 등교를 하지 않았다. Anna는 어머니가 자주 일을 하러 나가고 새로운 친구를 사귈 수도 없기 때문에 외롭다고 불평했다.

지난 2주 동안에 Anna의 기분은 더 악화되어 왔다. 그녀는 가족 전체가 모일 수 없는 것을 매우 슬프게 생각했으며, 아버지 그리고 남동생과 함께 추수감사절을 보낼 수 없다는 것을 불만스러워 했다(그것은 불가능하다고 그녀의 어머니는 이미 이야기하였다). 그 결과, 그녀는 더욱 활기를 잃었으며, 집안에서 뒹굴며 텔레비전을 보거나 인터넷 채팅을 했다. 그 전 주에는 단지 2번만 집밖으로 나갔을 뿐이며, 과식을 하고 지나친 수면을 취했다. 지난 2주 동안 그녀의 어머니는 직장에서 많은 시간을 보냈으며 Anna와는 대화를 별로 하지 않았다. 대화가 이루어질 때면 어머니는 다시 등교하도록 Anna를 설득하려고 노력하였다.

정신과 의사는 그 전날 발생한 Anna의 상해에 대해 이야기를 꺼냈다. Anna는 기분이 매우 좋지 않았으며 만약 자신이 자살한다면 어떻게 될지를 알고 싶었다고 말했다. 특히 그녀는 가족의 기분이 어떨 것인지 그리고 누가 그녀의 장례식에 올 것인지 궁금해했다. 그녀는 자신의 장래가 낙관적이지 않으며 때때로 사는 것보다 자살하는 것이 더 나아 보인다고 이야기했다. 그러나 Anna는 자신이 정말로 자살을 시도한 것은 아니며 어떤 일이 일어날 것인가를 보기 위해 버터나이프로 약간의 상처를 냈을 뿐이라고 주장했다. 그녀는 어느 정도 출혈은 있었으나 그 상해가 심각하다고는 느끼지 않았다(진단서도 Anna의 진술과 일치하였다). Anna는 그녀의 어머니가 그녀의 방으로 와서 피를 보고는 정신을 잃을 정도로 흥분하였다고 했다. 그리고 나서 Anna는 응급실로 실려 왔다. 주치의는 그녀에게 상해에 대해 질문을 했으며 Anna는 자신이 한 일을 그에게 숨김없이 이야기했다. 그 다음에 그녀는 현재의 병실로 옮겨왔는데 방 밖에는 감시원이 앉아 있었다.

정신과 의사가 지금도 자신에게 위해를 가할 의도가 있는지 물었을 때, Anna는 아니라고 대답했다. 그녀는 그 전 날 자살할 생각은 없었다고 되풀이하였으며 퇴원하기를 원했다. 그녀는 또한 어머니를 만나게 해 달라고 요청하였고, 그 날 저녁에 그렇게 할 수 있을 것이라는 답변도 들었다. Anna는 병실에서 자신에게 위해를 가하지 않을 것과 자살할 의도나 충동이 나타날 때는 즉시 이야기할 것을 의사에게 약속했다. 그리고 나서 약한 진정제를 복용한 후 나머지 오후동안 수면을 취했다.

정신과 의사는 Anna의 어머니인 Mrs. Thompson도 면접을 하였는데, 그녀는 가족상황에 대한 부가적인 정보를 제공하였다. Mrs. Thompson은 남편의 음주와 가족의 재정상태를 중심으로 여러 가지 문제를 두고 과거에 많은 언쟁을 했었다고 말했다. 그러나 침대에서 자고 있는 Anna 위로 몸을 기대고 있는 남편을 목격했을 때 마지막 한계가 왔다. 비록 증명되지는 않았지만 Mrs. Thompson은 남편이 Anna를 성적으로 학대해 왔다고 의심했다. Anna는 어머니와 이야기하면서 그것을 부정했지만 Mrs. Thompson은 그녀와 Anna가 다른 지방으로 이사를 가야만 한다고 생각했다. Mrs. Thompson은 아들이 고분고분하지 않고 그녀와 사이가 좋지 않아 남편에게 남겨둔 채 남편과 헤어졌다고 했다.

최근의 사건과 관련하여, Mrs. Thompson은 Anna의 보고들 중 일부에 대해 동감했다. 예를 들어, 그녀가 직장에서 바빴으며 이전처럼 딸에게 관심을 돌리지 못했다는 것을 인정했다. 그러나 비록 지난 3주 동안은 아니었지만, 주말에는 같이 시간을 보냈으며 좋은 관계를 유지하였다. Mrs. Thompson은 그녀와 Anna가 Anna의 아버지와 동생과는 거의 접촉을 하지 않는다는 것도 인정하였고, 곧 다가오는 휴가 기간에도 그럴 것이라고 했다.

Mrs. Thompson은 또한 Anna가 지난 2개월 동안 결석을 많이 하였으며 새로운 친구를 사귀는 데 그리 성공적이지 못했다고 말했다. 두 모녀 모두 Anna의 체중에 대해 걱정을 했는데, Mrs. Thompson은 과체중이 딸의 거북함과 좌절감의 주요 원인이라는 것을 알고 있었다. 그러나 이러한 상황임에도 불구하고, Mrs. Thompson은 Anna가 자기 침실에서 피를 흘리고 있는 것을 발견했을 때 충격을 받았다고 말했다. Mrs. Thompson은 딸의 자살가능성을 염두에 둔 적이 전혀 없었으나, 상황의 심각성이 명백하였으므로 딸의 입원치료에 동의를 했다.

Mrs. Thompson의 허락을 받은 후 정신과 의사는 또한 Anna의 생활지도 상담교사와 이야기를 나누었다. 상담교사인 Mrs. Deetz는 Anna의 상태에 대해 당황해 하였으며 한 달 전에 Anna가 자살을 언급한 적이 있었다고 말했다. 사실, Anna는 Mrs. Deetz의 사무실에 와서 체육수업시간에 학생들이 자기의 체중에 대해 놀린다고 불평을 했다. Anna는 어떤 친구도 사귈 수가 없다라고 푸념하며 울었고 죽고 싶다라고 했다. 그런 일이 있은 후 Mrs. Deetz는 그 특정 체육수업시간에 들어갈 필요가 없도록 Anna의 수업시간표를 바꾸었다. 그녀는 또한 과외활동과 관련하여 몇 가지 사항을 권장했지만 Anna는 자신이 소수인종이라는 이유로 거절했다. 그러나 Mrs. Deetz는 Anna가 사회적 거부에 대해 근심하는 것은 발견하지 못했다고 주장했다. 그녀는 Anna에 대해 여전히 걱정을 하고 있었으며 어떤 가능한 방법으로든 정신과 의사를 돕겠다고 제의했다.

정신과 의사는 그 다음 날 다시 Anna와 면담을 하였고 그녀가 자살하려는 의도나 충동을 가지고 있지 않다는 것을 확인했다. 그는 그녀에게 소량의 항우울제를 처방하고 아침과 저녁에 집단치료에 참석할 것을 요구했다. Anna는 동의를 하였고 의사는 그녀의 기분이 그 전날보다 다소 개선된 것을 주목했다. 그러나 지금까지 얻은 정보에 의거해서 의사는 Anna가 주요우울증 에피소드를 이제 막 경험했으며 따라서 자살감시는 계속되어야 한다고 판단했다.

2. 평가

DSM-IV-TR에 의하면, 주요우울증 에피소드의 근본적 특성은 우울한 기분이나 거의 모든 활동에서 흥미 또는 즐거움의 상실이 적어도 2주 동안 지속되어야 하며, 아동이나 청소년의 경우에는 그 기분이 슬픔보다는 과민으로 나타날 수도 있다는 것이다(American Psychiatric Association, 2000, p. 349). 주요우울증으로 진단되기 위해서는 다음 증상 가운데 다섯 가지를 나타내야 한다: 지속적인 우울한 기분, 이전에는 즐겼던 활동에 대한 흥미 상실, 주목할 만한 체중의 감소 또는 증가, 매일 지속되는 수면의 부족 또는 과도, 들떠 있거나 침체된 느낌, 피로감, 부적절한 죄책감 또는 무가치한 느낌, 정신을 집중하거나 결정을 내리기 어려움,

그리고 자살에 대한 생각 또는 자살의 시도. 이에 더하여 그 증상들은 일상생활 기능에서 임상적으로 의미 있는 지장을 초래하여야 하고, 조증(mania)과 관련되어 있지 않아야 하며, 물질남용 · 의학적 상태 · 가족구성원의 죽음과 같은 생활사에 대한 이해할 만한 반응에 기인해서는 안 된다.

Anna의 경우에는 이러한 증상 가운데 여러 가지가 적용될 수 있을 것으로 보였다. 예를 들어, 지난 1개월 동안 그녀의 기분은 우울했으며 즐거움을 위한 활동을 거의 시도하지 않았다. 그녀는 감지할 만한 체중증가는 보이지 않았지만 과식 그리고 과도한 수면을 보이고 있었다. 후자는 과다수면증으로 알려져 있는데, 싫은 것을 회피하고 싶어하는 우울증을 가진 사람들에게 일반적으로 나타난다. 이른 아침 깨기(early-morning wakening) 또한 이러한 사람들에게서 흔히 나타나는 증상인데, Anna의 경우에는 보고되지 않았다. Anna는 매우 침체된 기분이 들고 종종 피로감을 느낀다고 덧붙였다. 계속된 대화를 통해서, 비록 정당화되지는 않았지만 그녀가 부모의 이혼에 대해 죄책감도 느끼고 있음이 밝혀졌다. 정신집중의 어려움은 보고되지 않았는데, 이것은 아마도 Anna가 규칙적인 등교를 하고 있지 않았기 때문일 수도 있었다. Anna의 자살에 대한 생각 및 자살적인 행동과 결합된 이와 같은 우울증 증상들에 의거하여 정신과 의사는 초기 진단을 내렸다.

청소년들의 우울증 평가는 여러 가지 형태로 이루어질 수 있는데 이러한 형태에는 검사, 면접, 자기보고 척도, 그리고 직접관찰 등이 포함된다. 병원에 입원해 있는 동안, Anna는 그녀의 우울증을 설명할 수 있는 상이한 조건들을 찾아내기 위해 다양한 의학적 검사를 받았다. 우울 증상을 유발할 수 있는 몇 가지 신경학적 · 의학적 조건들이 있는데 뇌와 호르몬 변화, 심장혈관 문제, 심한 질환 등이 그 예이다(Babin, 2003). 다양한 물질(substance) 또한 우울 증상을 유발할 수도 있다. 그러나 Anna의 경우에는 이와 같은 신경학적 · 의학적 조건이나 물질의 징후는 없었다.

청소년들보다는 성인들을 대상으로 간혹 사용되는 우울증 실험용 검사(laboratory test)로 덱사메타손 억제 검사(dexamethasone suppression test:

DST)가 있다. 이 검사는 코티졸(cortisol) 분비를 억제하는 능력을 평가하는데, 우울증을 가진 사람은 스트레스-유발 호르몬인 코티졸의 수준을 높게 나타내는 경향이 있다. 불행하게도, DST는 청소년들에게는 그다지 유용하거나 신뢰로운 검사도구가 아니다(Compas, 1997). 예를 들어, 하나의 지표가 나타나는 것에 의해서만 판정되는 양성반응이 반드시 우울증의 존재를 의미하지는 않는다. 그러나 Anna의 경우에는 DST 음성반응이 나타났다.

우울증의 가능성이 있는 사람들을 평가할 때 면접은 특히 중요하다. 이것은 정보를 수집하기 위해서뿐만 아니라 처음에 개인의 문제를 공유하기를 꺼리는 사람들과 래포를 형성하기 위해서도 중요하다. 구조화된 면접도구로는 학령기 아동용 정서장애 및 정신분열증 스케줄(Schedule for Affective Disorders and Schizophrenia for School-Aged Children)(Kaufman et al., 1997)과 아동용 정신병 증후 면접(Children's Interview for Psychiatric Syndromes)(Weller, Weller, Fristad, Rooney, & Schecter, 2000) 등이 있는데, 정신과 의사를 포함한 대부분의 정신건강 전문가들은 특정 사례에 한정된 특성을 심도있게 탐색하기 위해 자신들의 비구조화된 면접에 의존한다.

우울증의 가능성이 있는 사람과의 면접에서 반드시 탐색되어야 할 많은 사항들이 있는데 여기에는 증상 기술, 증상의 내력, 가족내력, 불안 · 물질남용 · 돌출행동과 같은 관련문제 등이 포함된다. 또한 자신의 증상, 가족상황, 그리고 다른 사항들에 대한 아동들의 인식도 논의되어야만 한다. 물론 면접자는 우울증을 가진 아동이 자해할 생각을 가지고 있는지도 살펴보아야 한다. 자살을 시도하는 사람들의 대부분은 그들의 자살의도를 사전에 이야기하려는 경향이 있어서 자살계획을 실제로 전하기도 한다. 일반적으로 자살계획이 세부적일수록 자살시도의 위험성은 더 높아진다. 행동이나 최근의 환경적 스트레스 요인(예: 관계의 상실)에 있어서의 갑작스러운 변화를 포함하는 다른 중요한 징후도 반드시 검토되어야 한다.

Anna의 증상내력이 우선적으로 기술되었으며, 자신의 상황 및 생활에서 중요한 사람들에 대한 그녀의 인식은 집단치료 동안에 전반적으로 논의되었다.

Anna는 근래에 일어난 생활상의 사건들(특히 아버지와 남동생으로부터 순식간에 떠나온 어머니의 행동) 때문에 혼란스러워 했다. 그녀는 나머지 가족과 이전의 친구들이 그립다고 말했다. 그녀는 또한 정신과 병동에 대해 두려움과 당혹함을 느끼는 것을 시인하면서도 지난 6주 동안보다는 현재 더 많은 사회적 접촉을 하고 있음을 인정하였다.

입원 또는 외래의 많은 경우에, 자기보고 척도 또한 우울증을 진단하는 데 일반적으로 사용된다. 이러한 자기보고 척도의 예로서 Reynolds 청소년 우울증 척도(Reynolds Adolescent Depression Scale)(Reynolds, 2004)와 아동용 우울증 목록(Children's Depression Inventory: CDI)*(Kovacs, 1999)이 있다. Anna의 경우에는, 입원기간과 나중의 외래상담기간에 CDI가 실시되었는데, CDI는 최근의 우울 증상(예: 슬픈 느낌, 울기, 자책, 우유부단함, 피곤, 섭식 및 수면 문제, 외로움 등)에 대한 27개 문항으로 구성되어 있다. CDI의 견본 하위문항으로는 다음과 같은 것들이 있다:

1) 항상 슬프다.
2) 자살하고 싶다.
3) 매일 울고 싶다.
4) 항상 혼자이다.
5) 아무도 나를 정말로 사랑하지 않는다.

Anna가 정신병원에 입원하게 되었을 때 그녀의 CDI 점수는 임상범위(27)에 있었는데, 그녀는 몇몇 문항들(특히 슬픈 느낌, 피곤, 외로움, 비동기화와 관련된 문항들)을 높게 평정했다. 그러나 3주 동안의 입원이 끝날 무렵에 그녀의 CDI 점수는 15(정상범위)로 낮아졌다. Anna는 또한 절망감에 대한 평가도 받았는데, 절망감은 대개 우울증과 연관되어 있고 특별한 경우에는 자살과 연관되어 있는 구인(construct)이다. 절망감을 평가하는 도구로 아동용 절망감 척도(Hopelessness Scale for Children)(Thurber, Hollingsworth, & Miller, 1996)가 있는데, 이 척도는 미래에 대한 아동의 느낌을 강조하는 17개 진위형 문항으로 구성되어 있다. Anna는 이 척도를 완결하지 않았으나 정신과 의사의 질문에 대한 그녀의 반응은 그녀의 절망감이 중간부터 상위까지의 수준임을 보여 주었다.

행동에 대한 직접관찰 또한 우울증을 가진 아동들을 평가하는 데 사용될 수 있는데, 평가자는 특히 다음과 같은 특성들을 살펴보아야 한다:

1) 슬픈 얼굴표정
2) 감소된 사회적 활동 및 운동활동(예: 적어진 말수, 줄어든 게임놀이 및 타인과의 상호작용)
3) 과도한 단독행동(예: 책읽기, 텔레비전 시청하기)
4) 느린 말투
5) 감소된 눈맞춤
6) 언쟁하기
7) 얼굴 찡그리기, 불평하기, 웃음결여 등으로 나타나는 메마른 정서

초기에 병원직원들은 이러한 특성들 중 일부를 Anna가 보이고 있음을 주목했다. 예를 들어, 그들은 누군가가 집단활동에 참여하기를 고무하지 않는 한 Anna는 혼자 있는 것을 보았다. 게다가 Anna는 종종 슬퍼 보였으며 다른 사람들에게 조용히 말을 했다.

우울증을 가진 아동들을 위한 다른 평가형태로는 또래평정과 부모평정이 있다(Hintze, Stoner, & Bull, 2000). Anna의 경우에는, 급우들이 그녀를 잘 알지 못하는 관계로 또래평정은 실시되지 않았다. 그러나 나중의 외래치료기간에 Mrs.

Thompson으로 하여금 아동 행동 체크리스트(Child Behavior Checklist)(Achenbach & Rescorla, 2001)를 작성하도록 하였는데, 그 결과는 Anna의 외로움, 슬픔, 울기, 죄책감 등이 중간부터 상위까지의 수준에 있다는 것을 보여 주었다.

3. 위험요인과 유지변인

많은 경우에 우울증은 생물학적 · 유전적 요인과 심리적 요인이 혼합되어 나타난다. 우울증을 가진 사람들은 때때로 비정상적인 코티졸(cortisol) 조절이나 감소된 성장호르몬 분비와 같은 신경뇌분비계의 변화를 보인다. 노르에피네프린(norepinephrine)이나 세로토닌(serotonin)과 같은 신경전달물질에 있어서의 변화 또한 우울증과 관련되어 왔다. 우울증을 가진 사람들은 이러한 영역에서 낮은 수준을 보여 왔으며, 이러한 신경전달물질의 수준을 증가시키는 약물로는 항우울제가 효과적이다. 다른 연구들은 청소년우울증 유발에 있어서의 멜라토닌(melatonin)과 아세틸콜린(acetylcholine)의 역할을 검토해 왔다(Kashani & McNaul, 1997). Anna의 경우에, 비록 발견되지 않은 어떤 생리적 요인이 그녀의 몇 가지 우울증상의 원인이 되어 왔을 수 있다 하더라도, 일단은 주요한 신체적 비정상성은 없는 것으로 나타났다. 더욱이 Anna는 항우울제에 그다지 반응을 보이지 않았는데, 이것은 그녀의 우울증이 생물학적 또는 내부발생적이라기보다는 환경적 또는 외부발생적이라는 것을 암시했다.

유전적 요인 또한 어떤 청소년들에게 우울증의 소인을 줄 수 있다. 연구에 의하면, 일란성 쌍생아는 이란성 쌍생아보다 약 두 배 정도 우울증상을 같이 경험한다. 또한 우울증이 있는 친부모를 둔 아동들은 우울증이 없는 친부모 또는 양부모를 둔 아동들보다 우울증을 보이는 경향이 더 높다. 이에 더하여, 우울증이 있는 청소년들의 가까운 가족구성원들은 일반인들보다 우울증에 걸릴 확률이 더 높다. 이러한 연구결과들은 우울증이 조기에 발병하거나 친척들 가운데 알코올중독자가 있는 경우에 특히 해당된다(Carlson & Abbott, 1995). 그러나 유전적 연구가 청소년 우울증에 관련된 모든 변인들을 다 설명하지는 않는다. 우울증의 생물학적 소인을 활성화시키기 위해서는 종종 환경적 요인이 필요하다.

Anna의 경우에, 우울증과 관련된 가족내력은 선명하지 않았다. Mrs. Thompson은 다소의 우울 증상을 보이기는 했으나, 그러한 증상이 단순히 최근의 생활사건들에 대한 정상적 반응인지 아닌지는 분명하지 않았다. Anna의 아버지 또한 우울증과 알코올중독을 겪은 적이 있는 것으로 생각되었지만, Anna의 어머니는 그가 주요우울증 에피소드를 경험했는지의 여부는 알지 못했다. 게다가 Anna 자신도 이전에 주요우울증을 겪은 적이 없었다. 따라서 아마도 Anna의 현재상태는 환경에 더 근거를 두고 있었을 것이다. 그러나 Anna와 어머니가 알고 지내는 친척들이 거의 없었으므로 우울증과 관련된 좀 더 세부적인 가족내력은 파악할 수 없었다.

우울증의 심리학적 이론들이 Anna의 경우에는 더 적절할 수 있다. 정신역동적 이론은 타인에 대한 과잉의존성으로부터 우울증이 야기된다고 주장한다. 과잉의존적인 사람이 인지적인 상실, 죽음, 유기, 또는 별거(Anna의 경우) 등을 통하여 절친한 누군가를 잃어버리게 되면 그 사람은 내사(introjection)(역자 주: 타인의 행동 · 양식 · 생각을 무의식적으로 자기 것으로 받아들이는 것)에 빠지게 된다. 내사란 잃어버린 사람에 대한 분노와 증오를 내재화하는 과정을 말한다. 그 결과, 자책감과 무가치한 느낌이 나타나고 우울증이 시작된다.

기분장애와 관련하여 좀 더 널리 받아들여지고 있는 심리학적 모델은 행동주의 모델이다. 이 모델은 활동적 · 친사회적인 행동에 대한 감소된 강화 및 우울한 행동에 대한 증가된 강화로부터 우울증이 야기된다고 본다. 예를 들어, 한 청소년이 등교, 가사, 숙제, 아르바이트 등 자신에게 기대되는 모든 일들을 잘 할 수 있다고 가정하자. 그러나 만약 이러한 행동들이 다른 사람들에게 당연한 것으로 받아들여진다면 그 청소년은 긍정적인 관심을 거의 받지 못하게 된다. 반대로, 만약 그 청소년이 우울해지고 자신에게 기대되는 위와 같은 일들을 잘 못하게 되면 다른 사람들이 주목하고 동정과 지원을 보내게 되어 무심코 우울증상을 보상할 수 있다. 게다가, 관심을 얻기 위해 Anna가 보인 것과 같은 자살행위가 나타날 지도 모른다.

Anna가 단지 관심을 얻기 위해 우울해 한 것은 아니지만, 그녀의 상태로 인해 발생한 사회적 접촉을 Anna는 좋아했다. 예를 들어, 입원해 있는 동안 그녀는 자신의 생활에 어머니가 이전보다 더 많은 관심을 보인다고 말했다. 또한 그녀는 병동에 있는 다른 청소년들과 직원들에게 와서 이야기하는 것을 즐겼다. 사실, 어떤 간호사들은 Anna의 퇴원이 가까워졌을 때 그녀가 성가신 존재라고 불평을 했다; Anna는 끊임없이 간호사들에게 사적인 질문을 했고, 그들과 접촉을 계속할 수 있는지를 분명히 알고 싶어 했다. Mrs. Thompson과 정신과 의사도 이 점을 주목하고 앞으로 Mrs. Thompson이 Anna의 또래와의 사회적 행동을 격려하고 보상해야 한다는 데 동의했다.

우울증과 관련된 또 하나의 행동주의 이론은 사회적 무능력이 우울증의 중심을 형성한다는 것이다(Rudolph, Hammen, & Burge, 1994). 그러나 병동에 있었을 때처럼 Anna는 동기화가 되면 이야기를 나누고 친구를 사귀는 능력을 보였다. 또한 자기통제 모델은 우울증을 가진 사람들이 부정적인 생활상의 사건에 선택적으로 참여하고 자신을 과다처벌 · 과소보상하며 비현실적인 목표와 단기적 성과에 초점을 맞춘다고 본다(Dujovne, Barnard, & Rapoff, 1995). 이 모델은 거의 배타적으로 가족과 사회생활의 부정적인 면에만 초점을 맞추는 Anna에게 다소 적용이 되었다. 더욱이, 미래에 초점을 둘 때 Anna는 믿을 수 없는 헛된 기대를 보였다. 예를 들어, Anna는 그녀와 어머니가 결국은 아버지와 화해를 할 것이며, 대학에 입학한 후 그녀의 모든 고등학교 채무를 이행할 수 있을 것이라고 생각했다.

우울증과 관련해서 가장 잘 알려져 있는 심리학적 모델은 Beck의 인지적 이론인데, 이 이론은 자신, 세상, 그리고 미래를 보는 비정상적 방식을 강조한다(Beck, 1987; Gotlib, Lewinsohn, Seeley, Rohde, & Redner, 1993). 예를 들어, 우울증을 가진 어떤 청소년들은 주위 사건들을 인지적으로 왜곡하며 실제보다 더 나쁜 쪽으로 생각한다. 즉, 어떤 청소년은 그렇지 않다는 명백한 증거가 있음에도 불구하고 구두발표동안 모든 사람들이 자기를 조소할 것이라고 믿을 수도 있다. 이러한 현상을 파국화(catastrophization)라고 하는데, Anna의 경우에 이유도 없이 외부의 사건을 자기 일로 받아들이고 자기 탓으로 돌리는 태도를 보였다. 예를 들어, Anna는 복도에서 소곤거리는 급우들이 반드시 자기에 대해 이야기하고 자기를 흉보고 있다고 생각했다. 그러나 이러한 생각을 뒷받침하는 증거는 전혀 없었다.

우울증과 관련된 또 하나의 인지적 이론은 학습된 무력감(learned helplessness)인데, 이것은 여러 가지 생활상의 사건에 대한 부정확한 귀인에 슬픔을 연결시키는 것이다(Abramson et al., 2002). 특히 우울증을 가진 사람들은 부정적인 사건의 원인을 내부적 · 포괄적 · 안정적인 요인으로 돌린다. 예를 들어, 시험실패는 상황의 내재성(예: "그것은 나의 잘못이야"), 포괄성(예: "나는 모든 일에서 실패자야"), 그리고 안정성(예: "나는 이런 시험에서 항상 실패할거야")과 관련된 부정적인 자기진술을 하게 할 수도 있다. 이와 같은 사고방식은 환경에 대한 통제를 거의 하지 못했거나 못한다고 느꼈던 과거의 경험에서 종종 초래된다. Anna의 경우에 부모의 이혼과 같은 부정적이고 통제불가능한 사건을 자신의 탓으로 종종 돌렸다. 그녀는 또한 앞으로의 자신의 사회생활에 대해 비관적이었다. 그러나 이와 같은 사고는 우울증이 없는 청소년들도 종종 보인다. 따라서 청소년 시기에 우울증의 인지적 증상을 평가하는 것이 때로는 어렵다.

우울증의 유발과 유지에 다른 요인들도 관련되어 있을 수 있는데, 이러한 요인들에는 자기주장 결여, 충동성, 불안, 약한 또래애착, 빈약한 사회적 지원, 비인기, 문제해결력 결손, 비효율적 대처방식, 낮은 학업수행, 냉담한 부모, 분열적인 또는 적대적인 가족, 스트레스 요인에 대한 부정적인 반응, 경제적 불리 등이 포함된다(Hammen & Rudolph, 2003). 이러한 요인들 중 몇 가지는 Anna에게 해당되었는데, 특히 그녀의 힘든 가족상황, 충동적인 행동, 우정의 결여, 타인으로부터의 지원이 거의 없다는 믿음 등이 그 예이다.

몇몇 이론가들은 앞에 기술된 요인들 가운데 많은 부분을 결합하여 우울증의 통합적 모델을 제시하였다(Birmaher et al., 1996; Hammen & Rudolph, 2003). 어떤 사람들은 우울증의 유전적 소인뿐만 아니라 힘든 가족상황, 빈약한 대인기술과 대처방식, 비효능감 등을 가지고 있을 것이다. 이와 같은 생물학적 · 심리학적 소인들은 나중에 스트레스를 주는 사건에 의해서 우울증을 유발하는 역할을 하게 될 지도 모른다. 그러나 우울증의 심각성은 스트레스 호르몬, 귀인, 사회적 접촉, 다른 변인들에 있어서의 무력감의 정도 등에 의해 조정될 수도 있다. Anna의 경우에는 우울증에 대한 일반적 소인이 부정적인 가족내 상호작용으로부터 형성되었을 것이다. 그리고 새 학교로의 전학, 사회적 지원의 부족, 인지적 왜곡 등이 그녀의 주요우울증 에피소드를 발달시키는 데 공조하였을 것이다.

4. 발달 양상

우울증의 발달과정은 논쟁의 여지가 있는 주제이다. 어떤 사람들은 청소년과 성인만이 인지적인 근거를 둔 진정한 임상적 우울증을 경험한다고 주장한다. 그러나 연구자들은 영아, 유아, 어린 아동들에게 나타나는 우울증상들도 눈여겨 보아왔다. 비록 다소의 중요한 구분(예: 인지적 요인)은 할 수 있다 하더라도, 대체로 우울증의 출현율과 증후학은 연령집단에 따라 크게 다르지 않다.

예를 들어, 매우 어린 아동들의 우울증은 사회적 위축 또는 무분별적 애착(예: DSM-IV-TR 영유아기 반응성 애착장애)과 같이 좀 더 행동적인 증후형태를 띨 수 있다. Greenspan(1997)은 나중의 정서적 어려움의 근간을 제공할 수도 있는 영아기 발달 문제들을 주목했는데 이러한 문제들에는 자기조절, 호기심, 의사소통, 행동조직화, 표현능력 등에 있어서의 결함이 포함된다.

유아원(preschool)(역자 주: 미국에서 3~5세 유아들이 다니는 교육기관) 아동들의 우울증은 그들이 진보된 운동기술을 보이고 기본 정서에 대해 더 많은 이야기를 하게 되면서 확인이 다소 더 쉬워진다. 일반적으로 유아원 아동들의 우울증은 위축, 느린 동작, 울기, 성장결핍, 복통과 같은 신체적 호소 등으로 나타난다. 그러나 이러한 증후들은 다른 장애에 기인할 수도 있으며, 이 연령층에서의 우울증상은 가끔 저항행동으로 나타나기도 한다. 따라서 유아원 아동들의 우울증은 종종 그 진단이 어렵다.

학령기 아동들은 정서적으로 혼란스러울 때 자신을 더 표현할 수 있고 또 그렇게 하려고 한다. 6세부터 12세까지의 아동에게 나타나는 전형적인 우울증상으로는 두통·복통과 같은 신체적 호소, 떨어지는 학업수행, 약한 정신집중, 울기, 성마름, 불행한 기분, 피곤, 불면증, 증가 또는 감소되는 신체활동, 걱정, 낮은 자아존중감 등이 있다(Mitchell, McCauley, Burke, & Moss, 1988). 이에 더하여, 아동의 연령이 높아지면서 자살생각과 자살시도가 더 많이 나타난다. 그러나 이러한 증상들은 때때로 다른 장애의 징후일 수도 있다. 또한 우울증을 가진 어떤 아동들은 명백한 증상을 전혀 보이지 않기도 한다. 예를 들어, Mrs. Thompson은 Anna가 어떤 명백한 행동문제도 보인 적이 없었다고 했다.

청소년기와 성인기의 우울증은 DSM-IV-TR 준거에 의해 표현되는 "전형적인" 우울증에 더 접근한다. 구체적으로, 청소년과 성인은 유아원 아동 또는 학령기 아동보다 우울한 기분, 정신운동 지체, 수면문제 등을 더 많이 보인다. 또한 유아원 아동이나 학령기 아동들의 우울증이 분리불안장애로 나타나는 경향이 더 많은 반면, 청소년과 성인의 우울증은 정신병적 특성을 보이는 경향이 더 많다(Kovacs, 1996). 또한 나이가 들면 어릴 때에 비하여 우울한 모습, 신체적 호소, 낮은 자아존중감 등이 덜 나타난다(Carlson & Kashani, 1988).

우울증을 가진 청소년들이 흔히 보이는 또 다른 증상들이 Anna에게 나타났다. 예를 들어 그녀는 사회적으로 위축되어 있었는데, 이사를 한 후에 특히 그러했다. 우울증을 가진 사람들은 때때로 새로운 자극에 부끄러워 멀리하려 하고, 새로운 대인관계에 대처하는 힘이 결여되어 있다. Anna는 사회적 접촉을 좋아하는 것처럼 보였으나 거부와 창피함에 대한 두려움이 그녀를 억압했다. 사실, 걱정하고 불안해하는 증상은 우울증을 가진 청소년들에게 일반적으로 나타난다. Anna는 그녀의 생활상황(특히 가족의 재정, 그녀의 사회적 상태, 그리고 어머니의 일반적 복지)에 대해 끊임없이 걱정을 하였다. 사실상, Anna는 전반적 걱정을 초래하는 일반화된 불안장애의 진단준거를 엄밀하게 만족시켰다. 앞서 언급된 Anna의 인지적 왜곡은 이러한 불안증후를 한층 악화시키는 경향이 있었다.

우울증을 가진 청소년들에게 특히 흔하게 나타나는 다른 증상으로는 교란된 행동, 신체적 호소, 신체외형과 관련된 낮은 자아존중감, 그리고 자살관념화 등이 있다(Hammen & Rudolph, 2003). Anna는 어떠한 돌출행동문제도 나타내지 않았지만 두통이나 복통 같은 신체적 호소를 보였다. 더욱이 그녀는 자신의 체중을 대해 아주 걱정하고 우울해 했다. Anna는 지난 몇 개월 동안 상당한 체중증가를 보였으며 그 결과 사회적으로 거부당한다고 생각했다. 그러나 그녀는 계속 과식을 하고 집단활동에 잘 참여하지 않음으로써 사태에 도움이 되지 않았다. 따라서 체중조절이 외래치료계획의 중요한 일부가 되었다. 마지막으로, Anna는 자살에 대한 생각을 분명히 하고 있었으며, 그녀의 자살행위는 자해할 위험이 일반인들보다 그녀에게 더 높다는 것을 암시하는 것이었다. 정신과 의사는 Anna의 행위가 주로 관심에 대한 욕구의 결과이며 또 그녀의 산발적인 충동행동과 관련되어 있다고 생각했다.

청소년의 주요우울증 에피소드의 평균 지속기간은 16주 내지 36주이다(Del Medico, Weller, & Weller, 1996). 이 에피소드 지속기간은 생활사건의 심각성, 자살관념화의 정도, 합병적 장애(comorbid disorder)의 존재여부 등과 관련되어 있을 수 있다. 예를 들어 마지막 사항에 대해서 살펴보자면, 만약 우울증 에피소드가 식욕부진, 적대적 반항장애나 품행장애, 불안장애, 또는 물질남용 등과 연관되어 있다면 그 지속기간은 길어질 것이다. 앞서 언급된 바와 같이 Anna는 상당한 불안증세를 보였다. Anna의 경우처럼, 주요우울증 에피소드의 지속기간은 가족기능장애의 존재와 더불어 길어진다. 특히, 높은 수준의 감정표출이나 가족구성원간의 공공연한 적대행위는 청소년의 우울증을 한층 악화시킨다. 낮은 자아존중감과 낮은 자아효능감 또한 청소년의 우울증을 연장시킨다(Del Medico et al., 1996).

주요우울증 에피소드를 한 번 경험한 적이 있는 사람들의 40%가 2년 이내에, 약 70%는 5년 이내에 두 번째 에피소드를 결국 경험하게 된다(Birmaher et al., 1996). 또한 우울증 에피소드를 가지고 있는 사람들 중 상당수가 일상기능에 커다란 지장 없이 기분부전증(dysthymia) 또는 진행성의 우울한 기분을 계속 나타낼 것이다(Nobile, Cataldo, Marino, & Molteni, 2003). 예를 들어, Anna의 경우에 그녀는 외래치료 후에도 가끔씩 나타나는 우울한 기분과 사회적 위축을 계속 경험했다.

청소년이 주요우울증 에피소드로부터 회복되는 데 소요되는 평균시간은 7개월 내지 9개월이며, 몇 가지 요인들이 만족할 만한 회복에 관련되어 있다(Kovacs, 1996). 이 가운데 두 가지 중요한 요인은 첫째가 조기에 치료를 의뢰하는 것이며, 둘째는 보다 늦은 연령에서 첫 주요우울증 에피소드를 경험하는 것이다. Anna의 경우에는 이 두 가지 요인 모두가 존재했다. 계속되는 치료와 가족 및 사회적 지원 또한 청소년이 계속 우울증을 겪을 것인지를 가늠할 수 있는 중요한 준거이다. 다음 절에 논의되어 있는 바와 같이, Anna의 경우에는 외래치료에의 의뢰와 또래지원의 형성이 그녀의 회복에 결정적인 역할을 했다. 또래지원은 특히 적절했는데, 왜냐하면 Mrs. Thompson이 계속해서 Anna가 아버지와 남동생과 접촉하는 것을 받아들이지 않았기 때문이었다.

5. 치료

우울증을 가진 청소년의 치료는 Anna의 경우처럼 입원과 외래 둘 다를 통해 이루어질 수 있다. 입원치료는 심한 우울증상, 자살관념화, 임박한 위해를 줄이기 위하여 보통 이루어진다. 이러한 입원치료는 개인치료 및 가족치료와 더불어 항우울제 복용, 집단치료, 환경치료(milieu therapy)를 포함한다. 환경치료는 환자가 자신의 치료에 대한 책임감을 느끼고 치료활동에 적극적으로 참여하도록 유도하는 환경을 조성하는 것을 의미한다. 예를 들어, Anna의 경우에 정신과 의사와 간호사, 그리고 다른 직원들이 집단치료에 참석하고 좋은 개인위생을 유지하도록 그녀를 고무했다.

집단치료는 전형적으로 사회적 지원뿐만 아니라 사회성기술, 대화기술, 문제해결기술을 형성하는 데 초점을 둔다(Kashani & McNaul, 1997). Anna와 같이 입원을 한 경우에는 단기집단치료가 상례이다. 그 곳에 있는 많은 청소년들의 경우처럼 Anna의 입원기간은 3주간이었으므로 집단치료사는 토론과 지원을 강조했다. 집단치료 동안에 Anna는 자신의 최근 문제와 두려움에 대해 이야기했고 그녀의 걱정이 다른 집단구성원들의 걱정과 종종 중복된다는 것을 발견했다. Anna의 어떤 근본적인 문제도 완전히 해결된 것은 아니었지만, 입원해 있는 동안 그녀의 기분은 전반적으로 개선되었다.

청소년들을 위한 항우울제로는 삼환계 항우울제(tricyclic antidepressants), 선별적 세로토닌 재흡수 차단제(selective serotonin reuptake inhibitors: SSRIs), 그리고 모노아민 옥시다제 억제제[monoamine oxidase(MAO) inhibitors]가 있다. 몇 가지 삼환계 항우울제가 사용가능한데, 여기에는 이미프라민(imipramine), 아미트립티린(amitriptyline), 노어트립티린(nortriptyline), 데시프라민(desipramine) 등이 포함된다. 그러나 이러한 삼환계 항우울제들은 우울증을 가진 청소년들에게는 효과가 크지 않다. 우울증을 가진 청소년들을 대상으로 가장 많은 연구가 이루어진 선별적 세로토닌 재흡수 차단제(SSRI)는 플루옥시틴(fluoxetine)[약명은 프로작(Prozac)]인데, 이 약물은 위약(placebo)보다 약간 더 효과가 있는 것으로 보이며 특히 불안증상을 가진 청소년들에게 그와 같이 나타났다. 마지막으로, MAO 억제제는 삼환계 항우울제와 선별적 세로토닌 재흡수 차단제(SSRI)가 효과가 없을 때 가끔 사용되는데, 위험한 부작용이 있을 수 있으므로 신중하게 사용되어야만 한다. 일반적으로 사용되는 MAO 억제제로는 트라닐사이프로민(Tranylcypromine)이 있는데, 청소년들에게 다소의 복용효과가 있는 것으로 알려져 있다(American Academy of Child and Adolescent Psychiatry, 1998).

입원해 있는 동안 Anna에게는 소량의 플루옥시틴이 처방되었다. 3주간의 입원기간에 걸쳐 그녀는 정신과 의사에게 기분이 개선되었다고 이야기했으나 이것이 약물 때문이었는지 아니면 증가된 사회적 접촉 때문이었는지는 분명하지 않았다. 그러나 Anna는 불안이 상당히 감소되었다고 말했는데 이것은 플루옥시틴의 결과이었을지도 모른다.

단기간의 입원에 뒤이어 Anna는 외래치료를 위해 임상심리가에게 의뢰되었다. 청소년 우울증을 위한 외래치료는 흔히 행동주의 접근을 시도하는데, 이 때 약물치료가 병행될 수도 있다. Anna의 경우에는, 6개월 동안 플루옥시틴이 심리치료에 병행되었으며 그 이후에는 중단되었다. 우울증 환자를 위한 행동치료는 흔히 부가적인 활동 일정잡기, 타인으로부터의 정적강화 증가시키기, 사회성기술과 문제해결기술 형성하기, 다양한 상황에서 사회성기술 연습하기 등을 포함한다(Kazdin & Marciano, 1998).

외래치료를 시작하면서 심리가와 Anna 그리고 Mrs. Thompson은 몇 가지 치료목표를 논의하였는데 이러한 목표에는 등교재개, 개선된 기분과 사회화, 체중감량 등이 포함되었다. 또한 심리가는 자살과 관련해서 Anna와 대화를 나누었다. Anna는 자살에 대한 생각이 들거나 자해하려는 충동을 느낄 때면 어머니나 심리가와 접촉을 하기로 동의했다.

Anna와 충분한 래포가 형성되었을 때 심리가는 Anna가 자아존중감과 사회화를 높이는 방법을 마련하도록 도왔다. 문제해결 접근을 시도하면서 그 두 사람은 Anna가 지역 체중감량클리닉에 등록하고 학교에 부분출석하며 적어도 한 가지 또래활동에 참여할 수 있다고 결정을 했다. Anna는 이 해결방안을 받아들여 2주 이내에 약간의 체중감량을 했고, 방과후 프로그램을 통해 부분적인 성적을 받았으며, 교내합창부에서 노래를 시작했다. 이에 더하여 심리가는 Mrs. Thompson을 도와 주말에 Anna와 함께 하는 시간을 늘리고 딸과 함께 적어도 한 가지 집밖 활동을 하도록 하였다. 또한 Mrs. Thompson은 Anna에게 다른 사람들을 저녁식사에 초대하라고 권유하기도 했다.

또한 치료사는 원만하지만 세밀한 조정을 필요로 하는 Anna의 사회적 기술에 초점을 두었다. 예를 들어, Anna는 낯선 사람들, 특히 소년들에게 접근하는 데 어려움을 느끼고 있었다. 치료사는 Anna가 대화를 시작 · 유지하고 언어적 행동과 비언어적 행동을 통합하며 이러한 기술들을 학교에서 만나는 사람들에게 적용시키도록 그녀를 도왔다. Anna는 일단 알게 되면 누구에게든지 말을 건네는 데는 별다른 어려움이 없었으며, 마침내 교내합창부와 방과후 수업 구성원들 중 몇 명과 관계를 만들 수 있었다. 이따금 Anna는 이러한 상황들을 회피하고 어머니와 더 많은 시간을 보냈으나, 치료사와 Mrs. Thompson은 또래들과의 사회적 접촉을 유지하도록 Anna를 끊임없이 격려했다.

치료과정을 통해서 심리가는 다소 좀 더 심층적인 문제들도 다루어질 필요가 있다는 것을 인지했다. 예를 들어, Anna는 끊임없이 자신을 억압하고 가족생황에 대해 불평을 하며 다른 사람들이 나쁜 짓을 한다고 의심했다. 심리가는 Anna가 지적인 능력이 있고 인지치료를 소화할 수 있을 것이라고 생각했으며, 이러한 생각은 치료의 다음 단계에서 주요 초점이 되었다. 심리치료는 보통 몇 단계를 거치게 된다(Friedberg & McClure, 2002). 일반적으로 환자는 다음과 같은 것을 하도록 지도를 받는다:

1) 자기생각 감찰하기
2) 자신의 생각과 자신의 행동 사이의 연관성 이해하기
3) 각 생각의 정확성 평가하기
4) 부정확한 생각을 보다 긍정적이고 현실적인 생각으로 대체하기

앞서 언급된 바와 같이, Anna에게 계속 나타나는 인지적 왜곡 중의 하나는 개인화(personalization) 또는 다른 사람들이 의도적으로 자기에게 적대적으로 행동한다고 믿는 것이었다. 처음에 치료사는 Anna로 하여금 다른 사람들이 경멸적인 말을 하거나 무례하게 대한다고 느꼈던 때를 기입하는 일지를 작성하도록 하였다. 그 사이에 치료사는 Anna의 생각이 가끔 그녀의 회피행동 및 우울증과 어떻게 연계되어 있는지를 지적하였다. 예를 들어, Anna는 급우들이 소리죽이고 웃으면서 자기를 응시하는 것을 보고 그들이 자기에 대해 이야기하고 있다고 생각할 수 있다. 그리고 나면 Anna는 그 사건을 그녀가 아는 다른 사람들에게 과잉일반화시키고 그 결과 특정 사회적 상황을 회피하려 할 것이다. 그녀의 사회적 위축이 증가함에 따라 그녀는 우울해지게 된다. Anna의 일지로부터 치료사는 Anna의 생각이 어떻게 우울행동으로 연결되는지에 대한 다른 예들을 찾아내었다.

그 다음, 치료사는 Anna에게 자신의 부정적인 생각에 직접 도전하도록 요구했다. 구체적으로 말하면, Anna는 자신의 각 생각을 지지하거나 거부할 수 있는 어떠한 증거라도 검토해 볼 것을 요구받았다. 만약 Anna가 자신의 생각을 지지하는 믿을 만한 어떤 증거도 발견하지 못하게 되면 좀 더 논리적이고 현실적인 설명(예: 그 소녀들은 무엇인가 다른 것에 대해 이야기를 하고 있었다)을 찾도록 요청받았다. 이에 더하여 치료사는 누군가가 그녀에게 무례한 행동을 하더라도 어떻게 행동해야 할 것인가를 생각해 보도록 Anna를 도왔다. 시간이 경과하면서, Anna의 의심과 우울증상을 점차 줄어들었다.

Anna는 거의 1년 동안 외래치료를 받았는데, 그 때쯤 치료사는 그녀가 치료를 종료할 만큼 충분히 생활을 잘 하고 있다고 생각했다. 그러나 몇몇 문제들은 해결되지 않은 채 남아 있었다. 예를 들어, Mrs. Thompson은 Anna가 아버지와 남동생을 만나는 것을 계속 금지하면서 현재의 가족상황에 대해 여전히 완강한 태도를 보였다. Anna는 가끔 이 점에 대해서 슬퍼하였으나 그녀의 새로운 생활 방식에 잘 적응하였으며 이제는 몇 명의 좋은 친구도 생겼다. 치료가 종료된 후 6개월 동안의 전화연락을 통해 주요우울증이나 자살시도는 재발하지 않았음이 확인되었다.

6. 토론 문제

1) 영아, 유아, 그리고 학령기 아동들에게 우울증이 정말로 출현한다고 믿는가? 자신의 대답을 변호해 보라. 연령에 따라 가장 뚜렷한 우울증의 징후는 무엇이라고 생각하는가?
2) 여아들이 남아들보다 우울증을 더 나타내는 이유는 무엇이라고 생각하는가? 사회화 문제를 반드시 탐색하라. 또한 남성들보다 여성들이 우울하다는 말을 더 자주 한다고 생각하는가? 그렇다면, 그 이유는 무엇일까?
3) 자살을 위해서 남성이 여성보다 더 치명적인 방법을 선택하는 경향이 나타나

는 이유는 무엇이라고 생각하는가?

4) 어떤 유형의 사람이 가장 사고에 의한 것처럼 자살할 것 같은가? 그렇게 하는 동기는 무엇이라고 생각하는가?
5) 우울해 보이는 누군가에게 가장 하고 싶은 질문은 무엇인가? 그 사람이 자살에 대해 생각하고 있는지를 알아내기 위해 어떻게 할 것이며 그 정보를 가지고 무엇을 할 것인가?
6) 모든 사람이 때로 우울해지는 것처럼 보인다. 어떤 생활상의 사건이 자신을 슬프거나 우울하게 만드는가? 무엇이 정상적인 우울증과 비정상적인 우울증을 구분하는가? Anna의 우울증은 정상적이었는가 아니면 비정상적이었는가? 왜 그렇게 생각하는가?
7) 우울증을 가진 아동이나 청소년들에게 약물을 복용하도록 하는 것과 관련되어 있는 중요한 윤리적 문제는 무엇인가? 우울증이 종종 무엇인가 잘못되어 있다라는 경고표시가 된다는 것을 감안하면서, 약물복용이 어떻게 심각한 생활문제의 해결을 방해할 수도 있는지를 탐색하라.
8) 우울증을 가진 청소년이 전혀 이야기를 하지 않으려고 할 때 그 청소년을 어떻게 다룰 것인가? 만약 우울증을 가진 청소년이 음주문제나 학대문제 또는 품행장애 증상도 가지고 있다면, 그 청소년을 위한 치료계획은 어떻게 변경될 수 있을까?

섭식장애

(Eating Disorders)

InfoTrac® College Edition

Explore InfoTrac College Edition by going to
http://infotrac.thomsonlearning.com

Hint. Enter these search terms: anorexia nervosa, bulimia nervosa, inpatient therapy, outpatient therapy

1. 증상
2. 평가
3. 위험요인과 유지변인
4. 발달 양상
5. 치료
6. 토론 문제

1. 증상

Andrea Weston은 불안장애, 우울장애 및 섭식장애를 전문으로 하는 임상심리가에게 의뢰된 17살 백인소녀였다. 첫 평가를 받았을 때 그녀는 고등학교 3학년이었다. 그녀의 부모인 Weston씨 부부는 "매우 이례적인 행동"을 보인다는 이유로 그녀를 의뢰했다. 예를 들어, 심리가와의 첫 전화통화에서 Mr. Weston은 최근에 Andrea가 아주 많은 분량의 단 음식을 먹는 것을 그녀의 여동생이 발견했다고 말했다. 이 사건이 특히 걱정스러운 이유는 그 때 Andrea가 여동생의 얼굴을 때렸기 때문이었는데 종전에는 전혀 보이지 않던 행동이었다. Mr. Weston은 또한 Andrea가 화를 잘 내고 위축되며 논쟁적인 태도를 점점 더 많이 보인다고 했다. 특히 그녀의 남자친구와의 관계는 부모와 그녀 사이에 긴장감을 일으키는 원인이 되고 있었다. 또한 Mr. Weston은 Andrea가 치료받는 것을 꺼리고 있으며 가족 전체가 치료받을 경우에만 그렇게 할 것을 동의했다고 말했다.

첫 면접을 하면서 심리가는 Andrea가 심각한 저체중은 아니지만 다소 여위고 왜소하다는 것을 알았다. 대신, 처음에는 그녀의 주된 증상이 우울인 것으로 보였다. Andrea는 당해 학년을 보내면서(그 당시는 2월 초였다) 마음을 짓누르는 사건들로 많은 스트레스를 받아왔다고 보고했다. 그녀는 부모님이 어떻게 보이고 행동하며 미래를 준비할 것인지에 대한 조언을 하면서 끊임없이 자신의 생활에 참견을 한다고 했다. 특히, 그녀의 어머니는 그녀의 외모, 학업, 사회생활, 데이트 등의 사생활에 대해 종종 "공연한 간섭"을 했다. 더욱이 그녀는 자신의 학업성적이 나빠서 3학년으로서는 심각한 처지라고 했다. 이에 더하여 그녀는 많은 친구들이 다른 사회집단에 소속되어 있는 것 같아서 자신은 외로움과 소외감을 느낀다고 했다.

그녀의 아버지로 하여금 심리가에게 전화를 하게 한 최근의 사건들에 대한 질문을 받았을 때, Andrea는 부모님 모두가 지난 5개월 동안 사귀어 온 자신의 남자친구를 탐탁지 않게 생각한다고 했다. 부모님 모두 그의 더 많은 나이(20살), 거친 품행, 미심쩍은 신분, Andrea가 좋아하는 것 같은 특성 등을 싫어했다. 좀 더 자세한 사항을 요구하자, Andrea는 그가 자신에게는 첫 번째 진정한 남자친구이며, 부모님은 단지 자신이 어떠한 독립성도 가지기를 원하지 않는다고 간단히 대답했다. Andrea는 남자친구와의 데이트가 부모님을 특히 화나게 한다는 것을 솔직하게 인정하지 않았지만, 그녀의 말투는 심리가로 하여금 그러한 결론을 내리게 했다.

심리가는 또한 Andrea에게 여러 가지 우울증상에 대해 질문했는데, 그녀는 몇 가지 증상을 가지고 있는 것으로 보였다. 예를 들어, 그녀는 슬픔에 젖어 있었으며 종종 피곤함을 느꼈고 낮은 자아존중감을 가지고 있었으며 가끔 자살에 대해 생각을 했다. 따라서 심리가는 자살관념화가 나타난 직후 또는 어떠한 자살시도를 하기 전에 자기와 연락을 취하기로 Andrea와 약속을 했다. Andrea는 또한 자신의 체중과 신체크기에 대해 걱정을 했는데, 그녀는 자신이 "포동포동"하고 다른 사람들에게 매력적으로 보이지 않는다고 생각했다. 심리가가 보기에는 Andrea가 다소 여위었지만 체중은 그녀의 연령, 성별, 신장에 일반적으로 적절하였다. Andrea는 그녀가 성장하면서 부모님 특히 어머니가 자신의 체중에 대해 자주 충고를 했다고 말했다. 예를 들어, 부모님은 때때로 그녀가 자신의 사회적 집단에 걸맞기 위해서는 외모에 신경을 쓸 필요가 있다고 했다. 그 결과, Andrea는 그녀의 체중에 특히 민감해졌으며, 체중이 약간 증가하거나 살쪘다는 느낌이 들 때는 기분이 언짢아졌다.

최근의 자신의 폭식 에피소드에 대한 질문을 받았을 때, Andrea는 눈물을 글썽이며 작은 목소리로 이야기했다. 그녀는 현재의 남자친구와 만나면서 약 3개월 전부터 다이어트를 시작했다고 말했다. 그 남자친구는 그녀의 체중에 대해 스스럼없는 의견을 말했고, Andrea는 그 의견을 자신이 체중을 감량하지 않으면 만나지 않을 것이라는 협박으로 받아들였다. 그러자 그녀는 특정 음식을 제한하고 종전에 비해 상당히 적은 양의 식사를 함으로써 체중을 줄였다. Andrea는 약 20파운드(역자 주: 약 9kg)의 감량으로 약 100파운드(역자 주: 약 45kg)의 체중에 도달했는데, 좀 더 매력적이기는 하지만 여전히 불충분하다고 느꼈다. Andrea는 또한 남자친구뿐만 아니라 다른 친구들과의 관계에 대해서도 걱정을 하였는데, 특히 다른 친구들이 자기를 점점 더 멀리하고 있다고 느꼈으며 그 원인을 본인의 체중으로 돌리는 경향이 있었다.

그러나 체중이 감소하면서 그녀의 우울함이나 불안감은 가시지 않았으며 종종 허기를 느꼈다. 현 시점에서 약 2개월 전부터 그녀는 몰래 폭식을 하기 시작했는데 주로 아이스크림, 케이크, 사탕, 청량음료와 같은 단 음식을 먹었다. Andrea는 단지 2주일에 한 번 정도 폭식을 했다고 말했지만, 심리가는 좀 더 빈번했을 것이라고 생각했다. Andrea는 또한 폭식으로 자신이 비만해진다는 느낌이 들었고, 그래서 폭식을 한 후에는 먹은 것을 토해내기 시작했다고 보고했다. Andrea는 단지 두 번 토해냈을 뿐이며 더 이상 폭식을 하거나 토해내지 않았다고 하였으나 심리가는 이것 또한 의심스러워했다.

그 다음에 심리가는 Weston씨 부부를 면담하였는데, 그들은 Andrea의 진술 중 많은 부분에 동감을 표했으나 상황은 좀 더 긴박한 것처럼 이야기했다. 예를 들어, Mrs. Weston은 그 전년도에 Andrea가 자살을 시도하여 병원에 입원한 적이 있었으며 계속해서 우울증상을 보여왔다고 밝혔다. 계속된 질문들을 통해 그 자살시도는 사실상 Andrea가 운전하면서 낸 차사고였음이 밝혀졌다. Andrea는 나중에 사고로 죽기를 바랬다고 말했지만, 그녀가 실제로 죽으려고 했는지는 분명하지 않았다. 심리가는 Mrs. Weston이 사건을 극적으로 들리도록 만드는 경향이 있음을 주목했다.

Weston씨 부부는 또 Andrea와 관련하여 최근의 몇 가지 당황스러운 일들을 이야기했다. 그 가운데 첫 번째는 그녀와 남자친구의 관계였는데, Weston씨 부부는 그를 "불량배(bad seed)"라고 표현했다. 계속된 질문을 통해 그가 약물사용의 전력을 가지고 있으며 지난 4년 동안 절도죄로 두 번 체포된 적이 있었다는 사실이 드러났다. 게다가 Weston씨 부부는 Andrea가 남자친구와 성관계를 맺고 있다고 느꼈으며 일어날 수 있는 결과에 대해 걱정했다. 그들은 남자친구와 만나는 것을 그만두도록 Andrea를 설득했으나 성공하지 못했다. Weston씨 부부는 또한 Andrea의 학업성적이 나빠지고 사회생활이 위축되며 가족활동에의 참여가 줄어들고 있다는 것을 감지했다. 지난 몇 달간의 이러한 문제들에 대해 두 사람 모두 Andrea와 격렬한 논쟁을 벌였으나, 그녀의 행동에 어떠한 변화도 가져오지 못했다. 그러나 두 사람 모두 Andrea와의 관계는 매우 좋은 편이라고 했다.

심리가는 또한 Andrea의 체중과 식사습관에 대해 질문을 했다. Mrs. Weston은 앞서 Mr. Weston이 언급한 "폭식(binge)" 이야기를 되풀이하고 Andrea가 자신이 어떻게 보이는 지에 대해서 너무 까다롭게 구는 것 같다고 덧붙였다. Mrs. Weston은 딸이 줄곧 체중문제를 가지고 있었으며 그녀의 음식을 통제하려고 노력해 왔다고 했다. 특히 Mrs. Weston은 Andrea의 체중이 그녀의 기분변화에 따라 마치 요요(yo-yo)(역자 주: 두 개가 한 짝으로 된 납작한 실감개 모양의 공을 실에 감았다 풀었다 하면서 위아래로 움직이게 하는 장난감)처럼 오르내린다고 했다. (심리가는 Mrs. Weston의 말에 자기모순이 있음을 주목했다: 그녀는 Andrea가 외모에 너무 까다롭게 군다고 주장하였으나 그녀 자신이 그러한 외모를 강조하였다.) Weston씨 부부는 Andrea가 최근에 폭식행동을 보였을 때 더욱 걱정을 하게 되었으며 그녀가 또한 토해내고 있다고 생각했다. 그러나 그들의 최우선 치료목표는 자신의 체중이 적절하지 않다는 느낌을 극복하도록 Andrea를 돕는 것이었다.

Weston씨 부부의 허락을 받은 후 심리가는 Andrea의 학교선생님들과도 이야기를 나누었다. 선생님들은 모두 Andrea가 통상적으로 좋은 학생에 속하지만 최근에 불완전한 숙제 때문에 성적이 떨어졌다는 것을 지적하였다. 그들은 또한 Andrea가 다른 문제에 정신이 팔린 것처럼 보인 것을 주목하였으며 가정생활이 최근의 학업문제의 원인일 것이라고 추측하였다. Andrea, 부모, 및 교사들로부터 얻은 정보에 근거하여 심리가는 Andrea가 준임상적 우울증뿐만 아니라 폭식/배출형(binging/purging subtype)의 준임상적 거식증을 보이고 있다라는 예비결론을 내렸다.

2. 평가

DSM-IV-TR에 의하면, 거식증의 근본적 특성은 다음과 같다(American Psychiatric Association, 2000, p. 583):

1) 최소한의 정상체중 유지 거부
2) 체중증가에 대한 극도의 두려움
3) 체형이나 신체크기에 대한 지각에 있어서의 유의미한 교란
4) 월경이 시작된 여성에 있어서의 무월경

구체적으로 말하면, 거식증을 보이는 사람들은 연령과 신장에 적합한 체중의 85% 수준에도 못미치는 체중을 유지한다. 더욱이, 그들은 공통적으로 체중증가를 두려워하고(저체중인 경우에도) 체중에 자기가치의 근거를 두며 그리고/또는 문제가 있다는 것을 부인한다. 거식증에 있어서의 여성무월경이란 3회 연속해서 생리가 없는 것을 의미한다.

거식증은 두 가지 유형으로 구분될 수 있다: (1) 폭식이나 억지배출은 하지 않으나 체중을 감소시키는 제한형(restricting type), 그리고 (2) 폭식을 할 뿐만 아니라 토하기, 하제 남용, 과도한 운동 등으로 억지로 배출시키는 폭식/배출형(binge eating/purging type). DSM-IV-TR은 폭식을 "유사한 상황에서 대부분의 사람들이 먹는 양보다 확실히 더 많은 분량의 음식을 일정시간 동안 먹는 것"으로 정의하고 있다[American Psychiatric Association(APA), 2000, p. 589].

Andrea의 경우는 진단이 쉽지 않았다. 심리가는 일단 폭식증 진단을 자제했는데 그 이유는 Andrea의 폭식과 억지배출이 진단준거를 만족시키기에는 너무 이따금 나타났기 때문이었다. DSM-IV-TR의 폭식증 진단준거는 폭식/억지배출 에피소드가 3개월 동안 1주일에 평균 2회씩 나타날 것을 요구한다. 이것은 섭식장애를 가진 사람들에게서 흔히 발견되는 폭식/배출형 거식증의 진단 가능성을 남겼다. Andrea는 무월경 또는 15% 이상의 체중미달은 보이지 않았으나 지난 몇 주 동안에 20파운드(역자 주: 약 9kg)의 체중감소를 보였다. 그녀는 계속 체중감량을 시도할 것으로 보였는데, 만약 그녀가 이러한 현상을 지속한다면 단기간에 심각한 체중미달에 도달할 수도 있었다.

심리가는 또한 Andrea의 체중증가에 대한 공포와 남자친구를 잃는 것에 대한 걱정을 이유로 1차적으로 거식증 진단을 택하였다. Andrea는 만약 체중이 증가하면 남자친구 및 다른 친구들이 자기를 멀리할 것이며 부모님은 자신의 "비만"에 대해 이러쿵저러쿵 말할 것이라고 확신하고 있었다. 그녀는 또한 자신이 "볼품없어" 보인다고 느꼈다. 게다가 심리가는 Andrea가 더 많은 체중감량의 부정적인 결과를 알아채지 못하고 있으며 자신의 체형이 어떻게 보이느냐에 근거를 두고 거의 자기가치를 판단하는 것으로 보이는 점을 주목했다. DSM-IV-TR에 따르면, Andrea처럼 거식증의 모든 증상이 아닌 대부분의 증상을 보이는 사람들은 "불특정 섭식장애" 진단을 받을 수도 있다. 심리가는 또한 Andrea가 비록 주요우울증 에피소드의 진단기준은 만족시키지 않지만 치료를 요하는 우울증상을 보이고 있다고 생각했다.

거식증을 가진 사람들의 평가는 우선 의학적 검사로 시작되어야만 하는데 그 이유는 심각한 신체적 합병증 그리고 사망까지도 초래할 수 있기 때문이다. 거식증은 다음과 같은 많은 신체적 문제를 가져올 수도 있다: 위통(gastrointestinal distress), 붓기(bloating), 현기증(dizziness), 탈수(dehydration), 전해질 불균형(electrolyte imbalances), 혼수상태(lethargy), 건조한 피부(dry skin), 부종(浮腫)(edema), 빈혈(anemia), 심장혈관 이상(cardiovascular abnormalities), 신장 기능장애(renal dysfunction), 그리고 비정형적 신경학적 패턴(atypical neurological patterns)(Herzog & Beresin, 1997). 토해내기를 하는 사람들에게는 치아 에나멜질의 부식(erosion of the dental enamel)이 나타나기도 한다. 그러나 Andrea의 경우에는 어떤 주요 신체적 증상도 보이지 않았으며 의학적 검사는 실시되지 않았다.

섭식장애를 가진 사람들의 심리적 평가나 면접은 반드시 다음과 같은 면에 집중하여야 한다(Garner & Garner, 1992):

1) 체중과 체형에 대한 태도
2) 폭식과 배출의 특성

3) 통제력 상실감, 비탄, 불안, 우울
4) 충동적 행동
5) 학대 내력
6) 비적응적인 성격 특성
7) 사회적 기능 및 가족 기능
8) 치료추구 및 변화동기화의 이유

첫 번째 사항과 관련하여 Andrea는 자신과 어머니는 항상 체중에 세심한 주의를 기울여 왔으며 자기가치는 자신의 체중과 밀접하게 연관되어 있다고 말했다. 사실 Andrea는 자신의 체중과 식사습관에 대한 일지를 쓰고 있었으며 이 일지를 심리가에게 보여 주는 데 동의했다. 그와 같은 일지를 쓰는 것은 이러한 사람들에 있어서의 일반적인 평가형태이다.

폭식 특성과 관련된 평가에서는 그 사람이 먹는 음식, 폭식의 기간, 관련 정서, 폭식 전후의 상태 등에 초점을 두어야만 한다. 심리가는 Andrea가 보통 방과 후 그리고 남자친구를 만나기 전에 폭식을 한다는 것을 발견했다. Andrea가 때때로 소외감, 무력감, 허기를 느끼면서 집으로 돌아오고 케이크와 같은 손쉽게 가져다 먹을 수 있는 것들을 가끔 많이 먹었음이 명백했다. 전형적으로 이 시간에는 집에 아무도 없었다. 이러한 폭식과 가족들과의 저녁식사가 있고 나면 Andrea는 소화된 음식이 체중을 증가시키고 남자친구에게 열등하게 보이게 할 것이라는 걱정을 했다. 그러면 그녀는 남자친구와 만나기 전에 억지배출을 하려고 하였다. 심리가는 Andrea에게 자신의 폭식와 억지배출에 대한 기록도 하라고 지도했다.

심리가는 또한 Andrea의 기분이 종종 음식과 결부되어 있다는 것을 발견했다. 예를 들어, 그녀는 불안하거나 우울할 때 먹거나 폭식을 하였으며, 죄책감이 들거나 자신이 뚱뚱하고 볼품없이 느껴질 때는 억지배출을 하였다. 전반적으로 Andrea는 거의 모든 기분이 먹는 것과 결부되어 있었고, 종종 통제력 없이 충동적으로 먹었다. 그러나 심리가는 경계선 성격특성, 공격성, 물질남용의 주요 패턴은 전혀 찾아내지 못했다. 게다가 신체적 또는 성적 학대 내력도 전혀 보고되지 않았다. 이러한 발견은 거식증을 가진 모든 사람들에게 필연적으로 들어맞는 어떤 하나의 패턴이 있을 수 없다는 의견을 뒷받침했다.

심리가는 Andrea의 사회적 · 가족적 상호작용과 그녀의 식사행동 사이의 연계성에도 초점을 두었다. 특히, Andrea는 자신의 체중이 증가하면 다른 사람들이 자기를 멀리할 것이며 자신의 체중이 충분히 감소하면 인기를 얻을 것이라는 왜곡된 사고를 가지고 있었다. Andrea 그리고 부모님과의 심층적 논의는 사사로이 얽히고 충돌하는 패턴을 드러냈다. 다시 말하면, Andrea와 부모님은 종종 서로의 생활에 지나치게 관여하고 이로 인해 다투었다. 예를 들어, Andrea와 어머니는 쇼핑하고 Andrea의 외모에 대해 이야기하면서 몇 시간을 보내곤 했다. 그 결과로서, Andrea는 어머니가 자기를 통제하려 한다고 불평했다. 유사한 패턴이 비록 Andrea의 남자친구와의 관계에서는 아니지만 여자친구들과의 관계에서도 나타났다.

심리가는 또한 치료를 추구하고 변화를 위해 동기유발된 가족이유를 탐색했다. 흥미로운 관찰결과로, 누구도 Andrea의 식사습관에 초점을 맞추지 않았으며 대신에 가족에 있어서의 서로의 역할에 대해 불평을 했다. 결국, 심리가의 촉진에 의해 Weston씨 부부는 Andrea의 체중에 대한 그들의 걱정을 자인했으며 그 문제는 나중에 실시된 가족치료의 중심부에 놓이게 되었다.

섭식장애를 가진 사람들을 위한 면접은 사회적 기술, 성적 행동, 월경 내력에도 초점을 둘 수 있으나 Andrea의 경우에는 이러한 것들이 장황하게 거론되지 않았다. 이에 더하여, 이 영역의 평가는 섭식태도 검사(Eating Attitudes Test)(Garner & Garfinkel, 1979)와 같은 평정척도, 인지적 측정(Mizes & Christiano, 1995), 가족환경 척도(Family Environment Scale: FES)(Moos & Moos, 1986)와 같은 표준화된 가족평가, 그리고 특정 사례에 영향을 미치는 문화적 요인의 고려(Foreyt & Mikhail, 1997) 등을 포함할 수 있다. 섭식태도 검사*의 견본문항으로

* Reproduced with permission by Dr. D. Garner (Garner et al., 1982. The eating attitudes

는 다음과 같은 것들이 있다:

1) 과체중이 되는 것이 무섭다.
2) 자신이 음식에 몰두하고 있는 것을 발견한다.
3) 마른 사람이 되려는 열망으로 정신이 없다.
4) 음식을 먹도록 다른 사람들이 나를 강요하는 느낌이 든다.
5) 식사 후에 구토하고 싶은 충동을 느낀다.

3. 위험요인과 유지변인

일반적인 섭식장애와 특별한 거식증을 초래하는 요인들은 신체적, 심리적 그리고 사회문화적 변인들이 혼합되어 나타난다. 더욱이 섭식장애의 원인은 우울증의 원인과 중복될 수도 있다. 신체적 요인과 관련해서 예를 들어보면, 거식증과 우울증은 코티졸(cortisol)과 신경전달물질인 세로토닌(serotonin) 및 노르에피네프린(norepinephrine)에 있어서의 변화와 관계가 있다(Herzog & Beresin, 1997). Andrea의 경우에 있어서 주목할 만한 발견은 그녀의 친척들 중에 몇 사람이 우울증상이 있다는 Mrs. Weston의 보고였다.

섭식장애를 유발하는 다른 생물학적 요인에는 유전과 미각의 차이가 포함된다. 일란성 쌍생아의 거식증 일치율은 이란성 쌍생아의 일치율보다 상당히 더 높다(Holland, Sicotte, & Treasure, 1988). 게다가 섭식장애를 가진 사람들의 가족 구성원들은 일반인들에 비해 섭식장애를 보일 가능성이 더 높다(Strober, 1995). 또한 폭식을 하는 사람들은 높은 열량의 음식에 더 강한 감각적 반응을 보이는 경향이 있다(Sunday, Einhorn, & Halmi, 1992). 그러나 Andrea의 경우에는 이러

---

test: Psychometric features and clinical correlates. *Psychological Medicine*, 12, 871-878). Further information on the EAT-26 can be obtained from www.river-center.org.

한 요인들이 해당되지 않았다.

개인의 몇 가지 심리적 특성 또한 거식증과 관련되어 왔다. 예를 들어, 거식증을 가진 젊은이들은 순종적이고 유순하며 강박적이고 금욕적이다. 또한 폭식과 억지배출을 하는 사람들은 다른 사람들의 인정을 받으려 하고 기복이 심한 기분과 충동성을 보이며 진기한 자극을 좋아한다(Strober, 1995). Andrea의 경우에는, 이러한 특성들 중 몇 가지는 나타났으나 이와는 다른 특성들도 보였다. 예를 들어, Andrea는 행동에 있어서 극적이었는데, 이것은 거식증을 가진 사람들의 전형적인 특성이 아니다. 게다가 그녀는 다소 불복종적이있고 부모님을 화나게 하는 것을 즐기는 것처럼 보였다.

반면에 Andrea는 다른 사람들, 특히 남자친구와 다른 친구들의 인정을 받으려 하는 것은 분명했다. 그녀가 부정하였음에도 불구하고 부모님의 의견도 그녀에게 중요해 보였다. 이에 더하여, Andrea가 기복이 심한 기분과 충동적 행동을 보인다는 것은 누구나 알고 있었는데 이것은 부모님에게 큰 걱정거리였다. 특히, Andrea는 가끔 운전을 빨리 한다거나 성급하게 옷을 사는 등 생각 없이 말하고 행동했다. 마지막으로, Andrea가 다른 사람들과의 관계와 자신의 체중에 대한 생각에 지나치게 사로잡혀 있다는 것이 명백했다. 그녀는 또한 자신의 체중에 대해 왜곡된 지각과 인지를 하고 있었는데, 체중이 감소되었을 때조차 자신이 "못나고 뚱뚱하다"라고 단언했으며 다른 사람들이 종종 뒤에서 자신의 체중에 대해 말들을 한다고 주장했다.

섭식장애 특히 폭식의 인지적 행동주의 모델은 감정의 순환과 강박적 사고에 초점을 두는 경향이 있다(Rosen & Leitenberg, 1985; Wilson, Fairburn, & Agras, 1997). 한 가지 시나리오를 예로 들어보면, 스트레스 상황, 낮은 자아존중감, 체형 및 체중에 대한 걱정은 전반적인 불안감을 초래한다. 이러한 불안이나 긴장을 일시적으로 줄이기 위하여 폭식이 뒤따라 올 수도 있다. 그러나 폭식 후에는 죄책감과 부끄러움이 서서히 나타나기 때문에 이러한 감정을 줄이기 위하여 억지배출을 한다. 불행하게도, 스트레스 상황과 낮은 자아존중감은 여전히 남아 있고, 이러한 순환은 반복된다. 이 시나리오는 학교에서 스트레스를 많이 받은 날에 가끔 폭식을 하는 Andrea에게 어느 정도 적용이 되었다. 그러나 그녀는 체중증가의 가능성을 포함한 고민과 후회를 하게 되어 토해냄으로써 억지배출을 하였다.

섭식장애에 대한 다른 심리학적 이론은 가족변인을 강조한다. 고전적인 발달적/정신역동적/목적관계 관점(classic developmental/psychodynamic/object relations view)은 거식증을 내부갈등의 발로라는 입장을 견지한다. 여기에서는 거식증을 심리성적 발달상의 구강기 동안에 발생한 포만 또는 분리 문제에 대한 보상행동으로 본다. 관련된 다른 관점은 거식증을 어머니-아동 애착문제의 결과라고 본다. 이 경우에, 어머니는 아동의 생리적인 욕구는 채워주지만 정서적 욕구는 만족시키지 못한다. 이것은 어머니의 불안정과 아동에 대한 적대심에서 유래되지만 그 결과물은 불안정과 거부당함을 느끼고 우울증과 섭식장애에 노출될 가능성이 있는 아동이다.

섭식장애에 대한 다른 가족이론은 모든 가족구성원간의 상호작용에 초점을 둔다. 예를 들어, 거식증을 가진 청소년의 어떤 가족들은 서로 사사로이 얽혀 있는데, 이것은 가족구성원들이 일상복장과 같은 사소한 일조차 관심의 근원이 될 정도로 서로의 생활에 지나치게 관여하는 것을 의미한다. 이런 경우에, 부모님에 의해 지배당한다고 느낀 청소년은 아마 매우 사적인 면(예: 체중)을 과다통제함으로써 반항을 할 것이다. 더욱이 사사로이 얽힌 가족으로부터 부가적인 관심을 끌기 위해 청소년은 체중감소와 그에 관련된 의학적 문제를 이용할 지도 모른다.

Andrea의 경우에, 그녀는 부모님과의 기묘하고 모순되는 관계를 보였는데 그 예는 다음과 같다:

1) Andrea는 부모님의 의견을 존중은 했으나 그 의견을 단호히 거부했다.
2) 그녀는 부모님으로부터 조언은 구했으나 과다통제를 받고 있다고 불평을 했다.
3) 그녀는 부모님을 사랑한다고 고백은 했으나 그들을 괴롭히는 것을 아주 즐겼다.

게다가 Mrs. Weston은 종종 Andrea에게 다음과 같은 혼합된 메시지를 주었다:

1) Mrs. Weston은 외모와 체중의 중요성은 무시했으나 Andrea에게 이와 관련된 장황한 조언을 하였다.
2) 그녀는 눈맞춤을 피하면서 Andrea에게 사랑한다라고 말했다.
3) 그녀는 Andrea에 대한 비판과 칭찬을 뒤섞었다.

그 결과 Andrea는 아마 부모님과 다른 사람들이 자기를 어떻게 여기는 지에 대해 혼란스러웠을 것이다. 아마도 그 후에 그녀는 낮은 자아존중감을 발달시키고 다른 사람들의 관심을 얻는 필수적인 방법이 체중감소라는 그릇된 믿음을 형성하였을 것이다.

거식증을 가진 청소년의 어떤 가족들은 또한 과잉보호, 갈등회피, 빈약한 문제해결기술, 부정적인 대화와 대립 등의 특성을 보이기도 한다. 이와 같은 특성들은 Andrea의 경우에도 어느 정도 나타났다. 그녀의 가족은 종종 빈정대고 비판적이며 특정 문제를 두고 논의하는 것을 꺼렸다. 이에 더하여, 어떤 이론들은 아동들이 체중감소에 몰두하는 부모님을 모방한다고 주장한다(Wilson, Becker, & Heffernan, 2003). Andrea의 경우에, 그녀의 어머니는 자신의 외모에 까다로운 것으로 보였으며, 심리가는 Mrs. Weston 또한 체중이 늘면 규칙적으로 다이어트를 한다는 것을 발견했다. 아마도 Andrea는 성장하면서 이 행동을 모방했을 것이다.

섭식장애에 대한 또 하나의 잘 알려진 모델은 사회문화적 모델이다. 이 모델의 지지자들은 야윈 것에 대한 대중매체의 호의적 전달이 많은 젊은 여성들로 하여금 다이어트를 하게 한 원인이라고 주장한다. 사실, 대중매체에 나타나는 여성의 “이상적인” 신체크기는 지난 몇 십 년 동안 더 야윈 것으로 차츰 변해 왔다. 이것은 두 가지 방식으로 거식증을 유발할 수 있다. 첫째, 더 많은 젊은 여성들이 다이어트에 대한 압박감을 느낄수록 더 많은 여성들이 거식증의 생물학적 소인을 활성화시킬 수 있다. 둘째, 야윔에 대한 사회적 요구를 충족시키는 데 실패를 하게 되면 우울증, 낮은 자아존중감, 비정상인 식사패턴이 나타날 수도 있다(Wilson et al., 2003).

사회문화적 관점은 비정상적인 식사패턴이 서부사회의 고소득층 여자청소년들에게 더 많이 보이는 이유를 설명할 수도 있다. 흥미롭게도, 이러한 특성은 Andrea와 그의 가족의 특성과 일치하였다. 이에 더하여 심리가는 Andrea와 그녀의 어머니가 몇 가지 여성패션잡지를 구독한다는 것을 주목했다. 두 사람은 종종 그들의 모습을 잡지에 나와 있는 모델에 견주어 보았다.

4. 발달 양상

몇 가지 발달변인이 섭식장애를 가지고 있는 청소년들의 발병, 진행과정, 치료와 관련되어 있다. 여아가 남아보다 거식증을 더 많이 보이는 이유를 설명할 수도 있는 한 가지 발달변인은 신체적 발달을 포함한다. 청소년기에 성장을 하면서 여성들은 남성보다 더 높은 비율로 지방조직의 양을 증가시키는 경향이 있으며, 이것은 명백히 대중매체에 그려져 있는 “이상적인” 신체크기로부터 그들을 멀어지게 한다. 이것은 또한 거식증과 폭식증이 아동들보다 청소년들에게 더 일반적으로 나타나는 이유도 설명할 수 있을 것이다. 섭식장애의 출현과 관련이 있을 것으로 보이는 다른 신체적 요인들로는 이른 초경과 가슴발달이 있다(Striegel-Moore, Silberstein, & Rodin, 1986). 이러한 신체변화에 대한 부모의 반응 또한 결정적이다.

Andrea의 경우에, 심리가는 그녀가 “조숙아”였으며 그것 때문에 급우들로부터 놀림을 받았다는 것을 발견했다. Andrea는 이것을 창피하게 여겼으며 겉으로 드러나는 자신의 체중과 외모에 민감해졌다. 이러한 태도는 앞에서 언급된 어머니의 충고와 결합되어 Andrea로 하여금 자신의 외모에 대해 수줍어하게 만들었다. 그녀는 다른 사람들이 자기를 어떻게 볼까라는 생각에 사로잡혀 있었으며 자신의 외모에 있어서 사소한 흠(예: 주름, 피부 부스럼)조차 불행으로 여겼다. 어떤 학자들은 불안정한 여자청소년들이 종종 신체적 특성에만 근거하여 자신의 정체감을 형성한다고 주장하는데(Striegel-Moore, 1993), Andrea의 경우도 그러한 것으로 보였다. 심리가가 Andrea에게 자신의 긍정적인 면들을 열거해 보라고 했을 때 자신의 외모, 체중, 신장, 자신의 외모에 대한 다른 사람들의 반응 등을 언급했다. 그러나 학생, 딸, 여자친구로서의 자신의 역할에 대해서는 거의 언급을 하지 않았다.

다이어트는 또한 섭식장애의 중요한 발달 양상 가운데 하나이다. Wilson 등(2003)은 다이어트를 "체중과 체형에 영향을 주기 위한 총칼로리 섭취량의 엄격하고 비건강한 제한, 식사 거르기, 특정 음식에 대한 과도한 회피(p. 703)"라고 정의한다. 그들은 만성적인 다이어트가 실제로 어떤 사람들에게 고칼로리 음식을 더 섭취하게 하고, 이것은 폭식과 다른 섭식이상을 유발할 수도 있다고 지적한다. Patton(1988)은 다이어트를 해 온 십대소녀들의 21%가 일년 후에 섭식장애를 나타내는 것을 발견했다. 그러나 다이어트를 하지 않은 십대소녀들의 경우에는 단지 3%만이 섭식장애를 보였다.

사람들이 다이어트를 하게 되면 그들의 신진대사율은 저하되고 체중감소는 더 어려워진다(Wilson et al., 2003). 그 결과, 그들은 더 심한 다이어트를 하게 되고 폭식에 노출될 위험은 더 커지게 된다. 이러한 행동이 형성되면서 섭식장애에 대한 생물학적 · 심리적 취약성이 활성화된다. 더욱이, 다이어트를 하는 사람들은 점점 더 통제력을 잃은 듯한 느낌을 가지게 되고 억지배출이 폭식의 영향을 완화하는 유일한 방법이라는 결정을 하게 될 수도 있다. 그 다음에는 앞서 기술된 인지적 행동주의 사이클(Rosen & Leitenberg, 1985; Wilson et al., 1997)이 그 장애를 유지하는 역할을 할 수 있다. 제한적 거식증을 가진 사람들에 있어서는 다이어트가 그들의 일상식단에서 특정 음식(예: 과자)을 제거하는 것으로 시작될 수 있다. 그러나 이 장애가 진행됨에 따라 더욱 더 많은 음식들(예: 육류, 빵)이 "금지" 항목에 첨가되고, 그 사람의 하루 칼로리 섭취량과 체중은 꾸준히 감소한다.

Andrea의 경우에, 그녀와 어머니는 오랫동안 다이어트를 해 왔었다. 보고된 바에 의하면, Andrea는 종종 어떤 옷들이 몸에 맞거나 사회적 모임에 참석할 정도로 체중이 줄었다가 몇 주 이내에 체중이 원상태로 되돌아오는 다이어트의 변동효과(yo-yo effect)에 좌절을 느끼기도 했다. 그러나 남자친구의 출현과 그녀의 체중에 대한 그의 비판은 그녀에게 다이어트의 긴급성을 새롭게 부각시켰다. 앞서 언급된 바와 같이, Andrea는 지난 몇 주 동안에 20파운드(역자 주: 약 9kg)의 체중감량을 하였으며 지금은 감량된 체중이 되돌아올까봐 두려워했다. 이러한 두려움은 그녀로 하여금 종전보다 더 식사를 제한하도록 하였으나 이것은 그녀의 사회적 고립감, 우울증, 허기를 더 악화시켰다. 이에 따라 최근에 그녀의 폭식과 억지배출이 시작되었다.

일정 시간에 걸친 섭식장애의 발달은 동시발생한 우울증의 정도에 의해 영향을 받을 수도 있다. 예를 들어, Smith와 Steiner(1992)는 거식증을 가진 여자청소년들과 거식증 및 우울증을 동시에 가진 여자청소년들을 비교해 보았다. 2년 동안 추적한 결과, 거식증과 우울증을 동시에 가진 집단이 거식증만을 가진 집단보다 더 심한 정신병리와 나쁜 예후를 보였다. 따라서 우울증의 존재는 섭식장애를 가진 사람들의 효과적인 치료에 주목할 만한 방해물이 될 수도 있다.

Andrea의 경우에, 심하지 않은 우울증상이 그녀의 치료기간을 연장했다. 예를 들어, 그녀의 낮은 자아존중감과 전반적인 무가치감은 그녀의 "볼품없는" 신체크기와 체중에 대한 인지적 왜곡으로 연결되었다. 더욱이, Andrea는 그 자체만으로도 치료가 요구되는 자살에 대해 가끔 깊이 생각했다. 마지막으로, Andrea의 우울증은 여자친구들과의 상호작용을 저해하고 있었는데, 이것은 아이러니컬하게도 Andrea에게 누구도 자기와 어울리기를 원하지 않는다라는 느낌을 갖게 했다. 뒤이어 나타난 거부감은 나중에 다이어트, 폭식, 억지배출에 대한 그녀의 욕구를 증대시켰다.

섭식장애를 가진 사람들의 장기적인 진행과정은 어떨까? 일정 기간에 걸쳐 다양한 방향으로 전개될 수 있다. 예를 들어, 거식증을 가진 어떤 사람들은 단 한 번의 체중감량 에피소드를 보이고는 곧 정상적인 패턴의 식사와 체중조절로 되돌아간다. 다른 사람들은 심각한 증후를 드러내지 않으면서 점진적인 체중감소와 체중증가의 과정을 보인다. 또 어떤 사람들은 치료와 후속적인 개선으로 연결되는 심각한 체중감소 기간을 경험한다. 그러나 거식증을 가진 사람들의 10~15%가 심장마비, 전해질 불균형(electrolyte imbalance), 또는 자살로 결국 사망한다.

폭식증의 장기적 패턴은 약간 다른데 그 이유는 이 장애가 보통 보다 늦은 시기에 발병하기 때문이다. 가장 유력한 증거에 의하면 폭식증 증후는 일정 기간에 걸쳐 호전과 악화를 교대로 보인다. 비록 재발율이 높기는 하지만, 치료 후에는 이 장애의 진행과정이 바람직한 방향으로 변화되는 것으로 보인다(Mizes, 1995). 특히 폭식증을 가진 많은 사람들은 과도한 다이어트, 하제 사용, 운동과 같은 낮은 수준의 섭식이상을 계속해서 나타낸다.

섭식장애를 가진 사람들의 예후는 몇 가지 요인에 달려 있다. 나쁜 예후와 관련된 요인에는 물질남용, 경계선 성격장애, 신체 크기에 대한 인식에 있어서의 심한 교란, 임상적 불안과 우울증 등이 포함된다(Mizes, 1995). 그러나 좋은 결과는 인지적 행동주의 치료 및 감소된 고립과 관련되어 있을 수 있다(Fairburn, Jones, Peveler, Hope, & O'Connor, 1993).

Andrea는 어떨까? 전반적으로 그녀의 장기적 결과는 좋을 가능성이 있으며 섭식장애를 가진 대부분의 사람들의 예후보다는 확실히 낫다. 그 주된 이유는 거식증 또는 폭식증을 가진 사람들이 때때로 치료를 시작하기 전 몇 년 동안 그들의 행동을 숨기는 반면, Andrea는 비교적 빠른 시기에 치료를 받았기 때문이다. 게다가 Andrea의 치료사는 섭식장애를 치료해 본 경험이 있었으며 인지적-행동주의 방법을 사용하였다. 또한 Andrea의 섭식장애는 꽤 제한적인 범위내에 있었으며, 비록 문제는 있었지만 그녀의 가족은 최근의 어려움을 해결하려는 동기부여가 되어 있었다. 마지막으로, Andrea의 우울증은 임상적 수준이 아니었으며 그녀의 섭식문제를 위한 개인치료 및 가족치료가 진행됨에 따라 대체로 사라졌다.

5. 치료

섭식장애를 가진 사람들의 치료는 입원치료와 외래치료 둘 다를 포함할 수 있다. 입원치료는 보통 섭식장애가 심각한 경우(특히, 거식증)에 적용된다. 예를 들어, 입원치료는 거식증의 합병증이 급박하거나 환자의 행동이 생명을 위협할 때 최상의 방법이다. 주요한 합병증에는 정상체중의 상당한 감소(>25%), 전해질 불균형(electrolyte imbalance), 심장 문제(cardiac problems), 심한 탈수(dehydration) 등이 포함된다(Stevenson, 1989). 이에 더하여 심한 우울증상과 자살행위도 때로는 반드시 언급되어야 한다.

입원기간 중의 주된 목표는 환자의 건강을 안정시키고, 체중과 영양을 증가시키는 것이다. 특히, 의료진은 퇴원 전에 반드시 도달해야 할 목표체중을 정한다. 중재에는 다음과 같은 것들이 포함될 수 있다(Honig & Sharman, 2000; Mehler & Andersen, 1999):

1) 의료진 및 가족과 함께 하는 구조화된 식사시간
2) 섭식장애에 대한 교육
3) 적절한 식사습관 및 영양습관의 재구성
4) 집단치료 및 환경치료
5) 신체적 합병증 및 우울증에 대한 약물치료

Andrea의 경우, 그녀의 섭식문제는 상대적으로 심하지 않은 편이었으므로 입원을 필요로 하지는 않았다.

거식증을 가진 사람들의 외래치료는 종종 약물, 집단, 개인, 및 가족 치료를 포함한다. 약물치료는 아미트립티린(amitriptyline) 또는 플루옥시틴(fluoxetine) [약명은 프로작(Prozac)]과 같은 항우울제를 사용한다. 이 약물들은 거식증을 유발하거나 악화시키는 강박행동과 우울행동을 성공적으로 줄여줌으로써 때때로 효과를 나타낸다. 더욱이 항-불안 약물은 가끔 긴장감과 폭식 · 억지배출을 하려는 유혹을 감소시킨다. 그러나 약물사용에 대한 관련 가족구성원들의 교육이 실시되어야만 하고 부작용이 반드시 감시되어야 한다. Andrea의 경우에, 처음에는 항우울제 사용이 논의되었으나 나중에 취소되었다. 대신, 개인치료와 집단치료가 강조되었다.

거식증을 가진 사람들을 위한 개인치료의 주요목표에는 다음과 같은 몇 가지 요소들이 포함된다(Garner & Garner, 1992):

1) 환자와 래포 형성하기
2) 행동변화에 대한 환자의 동기부여 증가시키기
3) 환자의 체중을 정상화시키고 폭식과 억지배출을 제거하기
4) 체중과 신체크기에 대한 환자의 인지적 왜곡을 수정하기
5) 우울증과 같은 다른 건강상태를 언급하기

인지적 행동주의 체제 내에서의 치료가 보통 권장된다.

Andrea의 경우에, 심리가는 Andrea와 긍정적인 치료 관계를 형성하기 위해 상당한 시간을 보냈다. 그녀가 고립감을 느끼고 가끔 다른 사람들을 불신하였기 때문에 치료사는 그녀의 관심사를 분간하고 그녀의 행동에 대해 어떠한 판단도 내리지 않았다. 그 결과, 처음 세 번의 치료회기는 적절한 식사습관에 대한 교육뿐만 아니라 긍정적인 활동관계의 형성에도 집중하였다. 예를 들어, 심리가와 Andrea는 주로 지방은 없으나 영양분이 풍부한 식단을 짰다. 이에 더하여, 그들은 Andrea의 체중이 100파운드(역자 주: 약 45kg)와 110파운드(역자 주: 약 50kg) 사이에서 유동적인 변화를 보일 수 있으나 100파운드보다 적은 체중은 안 된다는 데 동의했다. Andrea는 또한 매주 심리가가 방문하는 동안 심리가 앞에서 체중을 재는 데에도 동의했다. 이러한 치료에 대한 Andrea의 반응은 빠르게 나타났는데, 그 이유는 그녀가 새로운 다이어트에 매우 충실했으며 더 이상의 체중감량을 하지 않았기 때문이었다. 폭식, 억지배출, 그리고 사회적 문제와 가족문제를 해결하려는 그녀의 동기부여 또한 증대되는 것처럼 보였다.

거식증을 가진 사람들을 위한 개인치료에서 더 힘든 부분은 폭식과 억지배출을 제거하고 신체크기에 대한 인지적 왜곡을 수정하는 것이다. 폭식과 억지배출의 감소는 그 행동이 공개적으로 이루어지고 자신과 주위의 사람들이 적극적으로 그 행동을 감시할 때 가끔 쉽게 나타난다. Andrea의 경우가 이에 해당되는데, 그녀는 부모님이 그 문제에 대해 더 알게 된 이후로 단 세 번 폭식과 토해내기를 했다. 폭식과 억지배출을 제거하는 치료방법은 환자로 하여금 치료실에서 고칼로리 음식을 먹게 한 다음 억지배출 반응이 일어나지 못하게 하는 것이다(Rosen & Leitenberg, 1985; Wilson et al., 1997). 강박증상을 위해 사용되는 방법과 유사한 이러한 접근법은 환자가 억지배출을 제지당함에 따라 그의 불안도 결국 줄어들 것이라고 가정한다. 그런 식으로 환자는 폭식/억지배출 사이클이 스트레스를 줄이는 데 불필요한 것이라는 사실을 깨닫는다.

심리가는 이 치료기법의 개요를 Andrea에게 말해 주었고, 그녀는 그 기법을 시도해 보는 데 동의를 했다. Andrea는 꽤 상당한 양의 아이스크림, 사탕, 케이크를 30분 이내에 먹었고 그 다음에는 기다리라는 요청을 받았다. 그녀에게는 화장실 사용이 허락되지 않았으며, 심리가는 그녀에게 편안히 쉬는 방법을 가르쳤다. 이에 더하여 심리가는 어쨌든 섭취한 칼로리 중 많은 양이 신체에 재빨리 흡수되기 때문에 스스로 유발시킨 토해내기는 폭식을 무효화하기 위한 방법으로는 효과적이지 못하다는 것을 Andrea에게 상기시켰다. Andrea는 이러한 과정의 결과 발생하는 다소의 불안감을 보였지만 편안히 기다릴 수 있었다. 그러나 체중증가에 대한 두려움으로 인해 그 기법을 다시 시도하는 것은 원하지 않는다고 말했다. 그 대신, 가족구성원들이 폭식과 억지배출의 징후에 대해 그녀의 행동을 주의깊게 감시하도록 하는 데 동의했다. 그 다음 몇 주에 걸쳐 Andrea의 가족은 어떤 징후도 보고하지 않았다.

섭식장애를 가진 사람들의 개인치료는 또한 인지적 왜곡을 다룰 수도 있다. 그러한 왜곡은 음식, 체중, 신체 크기뿐만 아니라 버림받음, 자율성 상실, 죄책감 등의 테마도 포함할 수 있다(Christie, 2000; Robin, Bedway, Siegel, & Gilroy, 1996). Andrea의 경우에, 심리가는 그녀로 하여금 자신의 체중이 감소 또는 증가하면 달라지는 것, 자신의 이상적인 그리고 현실적인 신체크기, 다른 사람들로부터의 고립 등에 대해 좀 더 현실적인 사고를 하도록 도와주는 데 초점을 두었다.

심리가는 Andrea와 함께 체중의 감소와 증가로부터 나타날 가능성이 있는 결과들을 탐색하기 시작했다. 예를 들어, 그녀의 체중이 약간씩 오르내려도 친구들이 그다지 분간하지 못하거나 또는 그녀에 대한 그들의 의견에 별다른 변화가 나타나지 않는 것을 그녀에게 보여 주었다. 이에 더하여, Andrea는 자신의 신체에 대한 인지방식과 자신의 부정적인 생각이 자신의 사회관계에 미치는 영향에 대한 피드백을 받았다. 예를 들어, Andrea는 다른 사람들이 사기를 버릴 것이라는 두려움이 자신을 위축시키고 그보다 더한 고립감을 야기시켰다는 것을 깨닫게 되었다. 따라서 이러한 믿음을 없애고 상호작용을 증가시키며 우울증을 감소시키기 위해 Andrea의 친구들과 함께 일련의 옥외활동이 계획되었다.

가족치료도 섭식장애를 가진 젊은이들의 치료에 있어서 중요한 구성요소인데, 이 치료에서는 종종 결속력, 일관성, 의사소통, 갈등해결 등을 발달시키는 데 초점을 둔다(Honig, 2000; Lask & Bryant-Waugh, 1997). Andrea의 경우에, 치료사는 특히 딸의 외모와 사회생활을 과다통제하려는 Mrs. Weston의 태도에 집중하면서 가족사이에 사사로이 얽혀 있는 패턴을 탐색했다. 다행히도, Mrs. Weston은 이러한 접근에 긍정적인 반응을 보였으며 특정 조건(예: 외출금지 시간) 하에서 Andrea가 상당한 자유시간을 남자친구 및 다른 친구들과 보낼 수 있도록 허락하였다. 게다가 Andrea는 적어도 1주일에 5회는 가족들과 같이 저녁식사를 하고 부모님이 자신의 체중과 폭식 및 억지배출의 가능성에 대해 감시하도록 하는 것에 동의했다.

Andrea의 남자친구, 학업수행, 그리고 향후 교육상태 등과 관련된 다른 문제들도 논의되었다. 예를 들어, Weston씨 부부는 Andrea의 데이트에 대한 그들의 걱정을 교대로 이야기했으며, Andrea는 남자친구가 그녀의 부모님을 어느 정도 화나게 한다는 것을 인정했다. 치료가 진행됨에 따라, Andrea는 다른 사람들을 만나기 시작했다. 이에 더하여, Andrea의 부모는 그녀가 수업에 더 많은 노력을 기울이고(Andrea 자신도 그렇게 하고 있었다) 대학에 진학할 계획을 세우도록 용기를 북돋아주었다.

Andrea와 그의 가족은 4개월 동안 치료에 참여했다. 치료에 뒤따른 Andrea의 전반적인 기능은 양호했다. Andrea의 성적인 활동과 같은 약간의 문제들은 해결되지 않은 채 남아 있었으나, 그녀의 섭식문제는 더 이상 나타나지 않았으며 그녀의 기분은 치료가 시작된 이후로 매우 개선되고 있었다. 게다가 심리가는 Andrea의 가족이 그들 자신의 역동성과 서로간의 배려에 대한 통찰력을 향상시켜 왔다고 생각했다. 가족구성원들은 또한 앞으로의 문제를 협력해서 해결하고자 하는 동기부여가 더 되어 있었다. 6개월 후에 Andrea와 이루어진 비공식적 전화연락은 더 이상의 섭식문제나 우울증이 없었다는 것을 보여 주었다.

6. 토론 문제

1) 폭식/배출형 거식증을 가진 사람과 폭식증을 가진 사람을 구별해 주는 것은 무엇인가? 진단준거뿐만 아니라 사회적 변인, 가족변인, 그리고 다른 변인들도 탐색해 보라.
2) 섭식장애는 주로 서구사회에 한정된 것으로 보인다. 왜 그렇다고 생각하는가? 일반인들의 거식증과 폭식증의 감소로 이어질 수 있는 사회적 변화에는 어떠한 것들이 있을까? 섭식장애를 예방하기 위해 무엇이 이루어져야 할까?
3) 섭식장애는 또한 주로 여성에게 한정된 것으로 보인다. 왜 그렇다고 생각하는가? 젊은 여성들에게 이 장애를 촉진할 수 있는 대중매체, 가족구성원, 그리고 동료들로부터의 메시지 가운데 구체적인 예를 들어 보라.
4) 자신의 섭식행동이 종종 자신의 감정상태와 결부되어 있다고 느끼는가? 어떻게 결부되어 있다고 생각하는가? 스트레스를 조절하는 방식에 있어서의 어떤 변화가 자신의 식사습관의 개선에 이바지할 수 있을까?
5) 민감하게 체중을 줄이기를 원하는 누군가를 위해 치료계획을 고안해 보아라. 어떤 종류의 음식, 장보기와 식사준비 행동, 식사 시간과 장소, 식사 중의 활

동, 그리고 다른 변인들에 초점을 두겠는가?

6) 위험할 정도의 저체중으로 보이는 누군가가 있다면 무슨 말이라도 해 줄 것인가? 그렇다면 그 사람에게 어떤 말을 할 것인가? 피하고 싶은 섣부른 판단은 무엇인가?
7) Andrea의 섭식문제의 발달과 유지에 그녀의 남자친구가 미친 영향은 무엇이라고 생각하는가? 그녀의 남자친구를 치료과정에 참여시키는 것은 좋은 착상일까? 왜 그렇다고 생각하며 또는 왜 그렇지 않다고 생각하는가? 만약 좋은 착상이라고 생각한다면, 그녀의 남자친구를 어떤 방식으로 치료에 참여시키겠는가?
8) 거식증 치료를 받은 환자를 가족구성원들에게 돌려보내는 데에는 어떤 위험성이 있는가? 이 상황에서 재발을 예방하기 위해 무엇이 이루어져야 하는가?
9) 어떤 사람이 거식증으로 인해 사망할 위험에 도달했으나 치료를 거부한다면 어떻게 할 것인가?

제 5 장

배설장애

(Elimination Disorders)

InfoTrac® College Edition

Explore InfoTrac College Edition by going to http://infotrac.thomsonlearning.com

Hint. Enter these search terms: elimination disorder, enuresis, encopresis, toilet training, moisture alarm

1. 증상

Amber Dillon은 아동들과 가족을 위한 외래정신건강클리닉에 의뢰된 7살 백인 소녀였다. 그녀가 최초로 평가를 받았을 때에는 2학년이었다. 그녀는 딸의 문제에 대해 당황한 아버지, Mr. Dillon에 의해 클리닉에 의뢰되었다. 전화를 통한 선별면담에서, 그는 Amber가 밤에 더 잠자리에 오줌을 싸며, 종종 수업동안에 소변보는 것을 필요로 한다고 보고했다. 그녀는 또한 약간의 학업문제도 경험하고 있었다. 그녀의 가족은 1주일 후로 예약되었다.

수용면접은 임상심리 석사학위를 가진 부부관계 · 가족 치료사에 의해 실시되었다. 최초의 평가회기에 Amber는 부모님과 2살 난 남동생, Daniel을 동행했다. 치료사는 먼저 Amber를 단독으로 면접했는데, 그녀는 처음에 조용하였으며 눈을 맞추지 않았다. 게다가 그녀는 치료사의 어떤 질문에도 반응을 하지 않았는데, 이것은 그녀의 보고된 문제와 전혀 관계가 없는 질문에도 마찬가지였다. 20분간 혼자서만 말을 한 치료사는 Amber에게 부모님과 집에 돌아가기를 원하는지 물었다. Amber는 이 질문에 머리를 끄덕여 그렇다는 표시를 했으나 다음 주에 다시 오는 것에 대해서는 동의를 했다. 치료사는 Dillon씨 부부와 다시 예약을 하였으나 이러한 스케줄변동이 면접 중 Amber의 어떤 잘못된 행동에 기인한 것은 아니라는 점을 언급했다. 치료사는 Amber가 치료사와 부모님과의 대화를 주의깊게 듣는 것을 알아차렸다.

그 다음 주의 두 번째 평가회기에서 Amber는 좀 더 편안한 듯이 보였다. 치료사는 다시 그녀를 단독으로 면접했는데, 그녀는 좀 더 협조적이기는 하였으나 여전히 조용했다. 몇 분 동안 일반적 이야기와 기밀보장에 대한 재확인 등을 한 후, 치료사는 Amber에게 왜 부모님이 자기를 클리닉에 데려왔다고 생각하는지를 물었다. Amber는 처음에 어깨를 으쓱하였으며, 치료사는 대답을 하도록 그녀를 부드럽게 격려했다. Amber는 자신이 집에서 많은 말썽을 일으키고, 부모님은 자기에게 화가 나 있다고 했다. 부모님이 화가 나 있는 이유를 물었을 때 Amber는 자신이 학교에서 잘 하지 못하며 초조함을 느낀다고 말했다. 치료사는 그녀의 대답에 대해서 조심스럽게 칭찬을 했다.

회기가 진행되는 동안 Amber는 좀 더 편안해졌으나 여전히 눈맞춤을 피하고 조용한 목소리로 이야기했다. 그녀는 자신의 학업성적이 이번 학년동안 계속 더 나빠지고 있으며 학습과제에 집중하는 데 어려움이 있다고 말했다. 그 전년도에 그녀는 분명히 성적(특히 읽기성적)이 좋은 학생이었으나, 지금은 여러 과목에서 어려움을 겪고 있었다. 치료사는 Amber가 대화의 주제에 대해 분명히 불편해 하고 있었으므로 그녀로부터 정보를 얻어내기 위해서는 많은 예/아니오 질문을 해야만 한다는 것을 감지했다. 그 결과, 치료사는 래포를 유지하기 위해 간헐적으로 좀 더 가벼운 주제로 바꾸기도 했다.

Amber가 충분히 편안해졌다는 생각이 들었을 때, 치료사는 그녀의 소변통제문제를 꺼냈다. Amber는 1주일에 1~2회 정도 밤에 오줌을 싼다고 했다. 게다가 그녀는 학교에서 자주(하루에 3~4회 정도) 화장실을 사용해야 했다. 이것은 확실히 그녀의 교사팀인 Mrs. Thelmisa와 Mrs. Mayberry를 성가시게 했다. 한 번은 Amber가 화장실에 때맞춰 가지 못해 바지를 약간 적셨다. 다행히도, 이것은 눈에 띌 만한 것이 아니었으나, Amber는 이 사건에 대해 당혹해 하였다. 사실, 그녀는 앞으로 있을 수 있는 곤란을 줄이기 위해 현재 화장지 뭉치를 그녀의 속옷에 넣어 두고 있었다. 치료사는 또한 Amber의 오줌싸기가 그 전년도부터 증가해 왔음을 알아냈는데, 그 전년도에는 단지 "이따금" 오줌을 쌌으며 학교에서는 문제가 전혀 없었다. 자기가 클리닉에 오게 된 다른 이유가 있는지 질문을 받았을 때, Amber는 머리를 가로젓고는 조용해졌다. 치료사는 곤란한 질문에 대답해 준 것에 대해 그녀를 칭찬해 주고는 부모님과 이야기하는 동안에 밖에서 기다려 달라고 했다.

면접을 하는 동안, Dillon씨 부부는 먼저 그들이 Amber에 대해 매우 걱정을 하고 있으며 그녀의 문제에 대해 좀 더 알기를 원한다고 했다. 두 사람은 10월 이후로(면접 당시는 2월이었다) 1주일에 2회 정도 Amber가 오줌을 쌌으나 지난 달에는 거의 이틀에 한 번씩 오줌을 쌌다는 데 같은 의견을 보였다. 그들은 이 현상에 매우 놀라워했는데, 그 이유는 유치원 이후로 Amber가 실수를 하지 않는 밤이 점점 더 많아지고 있었기 때문이었다. 유치원을 다닐 당시, Amber는 1주일에 3회 정도 밤에 오줌을 쌌으며 낮에는 전혀 그렇지 않았다. 그 때 받아 본 의학검사에서는 아무런 문제도 나타나지 않았고, 소아과 의사는 Dillon씨 부부에게 일년 이내에 오줌싸기가 없어질 것이라고 조언했다. 이 조언은 Amber가 한 달에 한 번 정도만 오줌을 쌌던 1학년과 2학년 일부 동안에는 사실인 듯 보였다.

Dillon씨 부부는 또한 딸의 학업성적에 대해서도 걱정을 하였는데, 그녀의 성적은 10월 이후로 끊임없이 떨어지고 있었으며 크리스마스 이후로는 더 급격하게 떨어졌다. Dillon씨 부부는 Amber가 동기부여가 되지 않으며, 우울하고, 위축되어 있으며, 또한 평상시보다 식사를 더 적게 한다고 말했다. 특별한 돌출행동문제는 전혀 보고되지 않았으며, Amber는 전반적으로 순종적이고 재능있는 아동으로 묘사되었다. 이에 더하여, Dillon씨 부부는 최근에 Amber의 선생님들과 교장을 만났는데, 그들은 Amber가 학교에서 적절한 학업수행을 하고 있으나 그녀의 잠재력에는 확실히 못 미친다고 했다. 그들은 Amber 가족이 상담을 받아 볼 것을 분명하게 권장했다.

이 마지막 진술은 치료사로 하여금 가정에 어떤 중요한 변화가 있는지를 물어보도록 만들었다. 이 질문은 Dillon씨 부부의 신경을 건드리는 것처럼 보였는데, 그 이유는 대답하기 전에 두 사람이 이야기를 멈추고 신경질적으로 서로를 쳐다보았기 때문이었다. 마침내, Mr. Dillon은 지난 1년 동안 그들 부부간에 문제를 겪어 왔으며 평상시보다 많이 다투고 있다고 말했다. 실은, 이혼가능성도 이미 제기되었으며 두 사람은 별거를 고려하고 있는 중이었다. 이와 같은 상황이 오게 된 이유에 대한 질문을 받았을 때, 두 사람은 말을 삼갔으나 Mr. Dillon의 과도한 직장스케줄과 2살 된 아기의 양육스트레스가 핵심적인 문제였다고 말했다. 심리가는 다른 문제도 있을 것이라고 추측은 했지만 이번에는 더 이상 Dillon씨 부부를 다그치지 않았다.

일 주일에 2회 정도 일어나는 Dillon씨 부부간의 언쟁은 상당한 것이 분명했고, Amber는 이러한 언쟁을 피해 집밖으로 뛰어나가기조차 하였다. 그러나 보고에 의하면 가족구성원들 중 신체적 학대의 피해자는 없었다. 그 부부간의 문제가 혹시 Amber의 배설 및 학업 문제와 관련이 되어 있는지 물었을 때, 두 사람 모두 그렇게 생각하지 않는다고 대답했다. 그들의 논리는 Amber가 잠자리에 오줌싸는 것과 관련된 어떤 문제들을 항상 가지고 있다는 사실에 근거를 두고 있었다.

Dillon씨 부부의 동의를 얻은 후, 치료사는 Amber의 선생님들과도 면담을 했다. Mrs. Thelmisa는 Amber가 좋은 학생이 되려고 마음먹었을 때는 좋은 학생이었다고 말했으나 Amber의 학업수행이 떨어지고 있음을 확인시켜 주었다. 그 선생님은 Amber가 외면적인 행동문제는 보이지 않으나 과제를 완수하고 깨어 있고 수업에 귀기울이라는 주의를 종종 필요로 한다고 말했다. 그러나 Mrs. Thelmisa와 Mrs. Mayberry는 Amber의 가장 성가신 행동이 끊임없이 화장실사용을 요구하는 것이라는 데 의견을 같이 했다. 이것은 연초에는 문제가 되지 않았으나 지금은 Amber가 하루에 3~4회 화장실에 가는 것을 요구하고 있었다. 두 선생님은 Amber가 관심을 받으려고 그렇게 한다고 생각하였는데, 왜냐하면 그녀가 불필요한 다른 질문들도 하곤 했기 때문이었다. 게다가 두 선생님은 가족문제가 Amber의 현재행동과 관련이 있을 것이라고 추측했으며 어떤 가능한 방법으로든 치료사를 돕겠다고 제의했다.

면담결과를 토대로, 치료사는 Amber가 배설장애, 구체적으로는 유뇨증을 보이고 있는 것으로 예비결론을 내렸다. 이에 더하여, 치료사는 Amber가 주로 야간형 유뇨증(야뇨증)을 보인다고 느꼈다. 그러나 Amber가 일차적 유뇨증을 보이는지 또는 이차적 유뇨증을 보이는지에 대한 결정은 보류하였다.

2. 평가

DSM-IV-TR에 의하면, 유뇨증의 근본적 특성은 "주간 또는 야간에 잠자리 또는 옷에 소변을 반복해서 배설하는 것"이다(American Psychiatric Association, 2000, p. 118). 소변배설은 무의식적일 수도 있고 의도적일 수도 있으며, 아동은 3개월 동안 1주일에 적어도 2회 오줌을 싸거나 또는 오줌을 싸는 것 때문에 학업적, 사회적 또는 다른 영역의 수행에 상당한 고통 또는 손상을 보여야만 한다. 이에 더하여 아동은 적어도 5세 이상이거나 그 연령층과 유사한 발달수준이어야만 한다. 마지막으로, 유뇨증은 물질(예: 약물) 또는 의학적 상태(예: 간질 또는 전염병)에 기인해서는 안 된다. 유뇨증에는 다음과 같은 하위유형이 있다:

1) 야간형, 아동이 밤에 자는 동안에만 오줌을 쌀 때
2) 주간형, 아동이 낮 동안에만 오줌을 쌀 때
3) 주야간형

또한, 일차적 유뇨증은 일반적으로 아동이 소변을 완전히 가려본 적이 전혀 없는 경우를 말하고, 반면에 이차적 유뇨증은 아동이 1년 이상 소변을 가리다가 다시 못가리게 되는 경우를 말한다. 이차적 유뇨증은 종종 어떤 환경적 스트레스에 뒤따라 나타난다.

Amber의 경우 그녀는 연령, 오줌싸는 빈도, 의학적 문제의 부재 등을 고려할 때 유뇨증의 진단준거를 명백히 만족시켰다. 또 Amber의 유뇨증은 기본적으로 야간형이었다: 그녀는 단 한 번 낮 동안에 증상을 보였다. 그러나 Amber가 일차적 유뇨증을 보이는지 또는 이차적 유뇨증을 보이는지에 대한 판단은 더 힘들었는데, 그 이유는 Amber가 1학년 때조차도 잠자리에 오줌싸는 것을 완전히 멈춘 적이 없었기 때문이었다. 이 사실은 일차적 유뇨증임을 암시했다. 그러나 그 행동이 그 해에는 드물게 나타났으며 문제로 간주되지는 않았다. 따라서 그녀의 증가된 오줌싸기는 이차적 유뇨증을 나타냈다. 잠자리에 오줌싸는 Amber의 행동의 증가에 앞서 나타났던 생활 스트레스(예: 부부간의 갈등) 또한 일차적이 아닌 이차적 유뇨증을 시사했다.

유분증을 포함한 배설장애를 가진 아동들의 평가는 우선 가능한 의학적 설명에 초점을 맞추어야 한다. 이것은 발달장애를 가진 아동들의 경우에 특히 필요하지만, Amber와 같은 아동들에게도 또한 적용된다. 유뇨증에 대한 설득력 있는 의학적 설명들로는 다음과 같은 것들이 있다(Walsh & Menvielle, 1997):

- 당뇨
- 요도 감염
- 발작장애(seizure disorders)
- 수분섭취와 소변통제에 영향을 미치는 신경학적 손상
- 신장 이상
- 약물 사용
- 비뇨계통의 해부학적 기능장애

다른 가능성 있는 요인들로는 호르몬변화와 중추신경계장애 등이 있다. 소변분석(urinalysis), 요로조영사진(urogram), 방광요도조영상(cystourethrogram), 괄약근 근전도(sphincter electromyography), 방광경 검사법(cystoscopy) 등은 이러한 문제들을 확인하는 데 종종 사용된다. Amber의 경우에, 새로 실시한 신체적 검사에서는 아무런 의학적 문제도 나타나지 않았다. 따라서 그녀의 유뇨증은 기능적 또는 심인성(心因性)적인 것으로 생각되었다.

섭식장애를 가진 아동들의 필수적인 평가방법은 면접이다. 면접은 아동의 장애가 가족변인에 의해 크게 영향을 받고 있는 Dillon씨 가족과 같은 경우에 특히 적합하다. 이러한 면접에서는 유뇨증상의 출현과 발달에 대한 충분한 설명, 유뇨증의 가족내력 또는 관련문제들, 가족상황, 합병적 장애(comorbid disorders), 아동의 유뇨증에 대한 부모의 태도 및 반응, 그리고 이전의 치료 등이 다루어져야만 한다(Fielding & Doleys, 1988). 수용면접에서 Dillon씨 가족은 Amber의 유뇨증상의 출현과 발달에 대해 설명해 주었다.

후속면접에서 치료사는 Amber의 유뇨증에 영향을 미치고 있을지도 모르는 가족변인들을 조사하였다. 비록 Mrs. Dillon이 약간의 요도감염을 가지고는 있었으나, 유뇨증의 가족내력은 없었다. 부부간의 문제와 관련하여, Dillon씨 부부는 그들의 갈등이 최근 몇 달 동안 Amber에 대한 그들의 관심을 감소시켰을 가능성이 있었음을 시인했다. 그러자 치료사는 Amber의 행동이 부모님의 관심을 그들 자신의 문제로부터 그녀의 생활로 돌리려는 방법일 가능성이 있는지를 물었고,

Mrs. Dillon은 그 가능성을 인정했다. 치료사는 또한 Amber가 가족상황에 스트레스 반응을 보이고 있었는지를 물었는데, Mrs. Dillon은 그 가능성도 인정했다. 확실히 가정분위기는 긴장되어 있었으나, 보고에 의하면 부모 중 누구도 Amber와의 상호작용을 지나치게 걱정하지는 않았다. 대신에 그들은 딸이 유뇨증과 학업문제를 보일 때 그녀의 용기를 북돋워 주었다고 주장하였으나, 그들의 대처능력에 점점 무리를 느꼈다고 말했다. 마지막으로, 비록 Mrs. Dillon이 Amber의 취침전 수분섭취를 제한하려는 노력은 했으나 그녀의 유뇨증에 대한 어떤 체계적인 치료가 시도된 적은 없었다.

별도로 실시된 Amber와의 면접은 이와 같은 진술들을 뒷받침했으며 그녀의 우울증상과 학업수행에 초점을 맞추었다. Amber는 부모님이 다투는 것이 싫었으며 그것은 자신의 기분을 언짢게 했다고 말했다. 그녀는 종종 부모님에 대해서 염려를 하고 저녁식사가 평온할 것인지 또는 소란스러울 것인지에 대해 걱정을 하였기 때문에 자신의 일에 집중하는 것이 어려웠다고 말했다. Amber는 자신이 종종 울고 낮 동안에 자신을 진정시키기 위해 화장실에 가기를 원했다고 덧붙였다. 그녀는 또한 자신의 방을 가지고 있는데 가끔 밤에 외롭고 슬픈 느낌이 든다고 했다. 이에 더하여 그녀는 자주 피곤함을 느꼈다. 그녀가 잠자리에 오줌을 쌌을 때는 보통 어머니에게 자신의 방에 와 달라고 부탁했다. 대부분의 경우에, Mrs. Dillon은 그렇게 했으며 잠자리로 돌아가기 전에 딸이 잠옷을 갈아입고 침대시트를 바꾸는 것을 도와주었다.

Amber는 화장실 사용방법을 정확하게 설명했으며, 낮 동안에 소변보는 것을 기다리는 데 아무런 문제가 없다고 말했다. 평가회기 중에 한번은 치료사의 요청에 따라 Amber가 화장실에 갔는데, 소변을 보는 도중에도 소변을 멈출 수가 있었다. 따라서 방광통제에는 문제가 없는 것이 확실했다. 흥미롭게도, Amber는 잠자리에 오줌싸는 것에 대해서는 지나치게 걱정하지 않았으나 낮 동안에 문제가 일어날 가능성에 대해서는 심한 두려움을 보였다. 치료사는 또한 Amber에게 부모님으로부터 더 많은 관심을 받기를 원하는지 물었다. Amber는 그러길 원하지만 부모님이 다만 다투지 않기를 가장 원한다고 대답했다.

유뇨증을 가진 아동들의 평가는 아동의 오줌싸는 빈도, 취침시각, 오줌싸는 시각, 오줌싸는 정도(예: 많이 또는 조금), 적절한 화장실 사용, 잠깨는 시각과 과정, 이례적인 사건(예: 늦잠자기) 등에 대한 기초선 정보를 얻기 위해 일지 또는 일기를 작성하도록 한다(Fielding & Doleys, 1988). Amber의 경우에, 치료사는 Mrs. Dillon과 Amber에게 이러한 사항들을 기록해 줄 것을 요청했고 이 요청에 그들이 따라 주었다. 2주간의 기초선 자료에 의하면, Amber는 잠자리에 다섯 번 오줌을 싼 것으로 나타났으며, 그 때마다 그녀와 어머니가 같이 침대시트를 바꾸었다. 매번 소변의 양은 많지도 적지도 않았으며 이례적인 사건은 보이지 않았다. 그러나 Mrs. Dillon은 아침에 Amber를 깨우고 침대에서 일어나게 하는 것이 어렵다는 점을 제기하였다. Dillon씨 부부는 이러한 사항들을 치료기간 동안 계속 점검해 줄 것을 요청받았다.

3. 위험요인과 유지변인

앞서 언급된 바와 같이, 유뇨증은 다양한 생리적 조건 또는 약물과 관련되어 나타날 수 있다. 이러한 문제들은 보통 의학적으로 치료될 수도 있는데 여기서는 생략하기로 한다. 다른 경우에, 유뇨증이 방광기능의 발달지체와 관련되어 있을 수 있다. 아무런 의학적 설명도 명백하지 않은 기능적 유뇨증과 관련해서 연구자들은 이 장애의 위험요인을 찾아내기 위해 아동변인, 가족변인, 유전적 변인, 그리고 다른 변인들을 조사하여 왔다.

아동요인과 관련해서 보면, 조기 유뇨증은 많은 운동활동, 공격성, 새로운 상황에 대한 낮은 적응성, 낮은 성취동기, 과도한 의존행위, 젖는 것에 대한 혐오의 결핍 등과 연관되어 왔다(Kaffman & Elizur, 1977). Amber에게 해당되는 유일한 요인은 그녀의 관심추구적이고 의존적이며 미성숙된 행동이었다. 예를 들어, 그녀는 종종 음식을 가지고 놀았으며, 2살 된 남동생처럼 보이려고 했고, 무엇인가를 원할 때 우는 소리를 내거나 울었다. 유뇨증을 가진 아동들이나 청소년들은 때때로 이와 같은 퇴행적 행동을 보이는데, 이러한 경향은 더 어린 놀이친구를 선호하는 데에서도 명백히 나타날 수 있다.

Amber는 Kaffman과 Elizur(1977)가 언급한 다른 특성들은 전혀 보이지 않았다. 예를 들어, 그녀는 과잉행동적이거나 공격적이지 않았으며 젖는 것을 전혀 좋아하지 않았다. 게다가, 비록 지금보다는 종전에 더 해당되는 것이기는 하지만 좋은 학업성취에 대한 동기부여도 되어 있었다. Dillon씨 부부에 의하면, Amber는 새로운 상황(예: 새로운 사람들과의 만남)에 비교적 잘 적응하였다.

유뇨증에 대한 전통적인 심리학적 관점은 높은 수준의 불안이나 우울증을 가진 아동들이 유뇨증도 가지고 있거나 또는 유뇨증을 가진 아동들이 높은 수준의 불안이나 우울증도 가지고 있다는 점에서 유뇨증을 정서적 교란과 관련을 시킨다. 후자의 경우에, 아동의 불안과 우울은 가족기능장애 또는 생활스트레스와 긴밀하게 결부되어 있을 수 있다. 얼른 보기에도 이 관점은 Amber에게 아주 적합한 것으로 보인다; 그녀는 부모님이 다투는 것에 대해 초조감과 슬픔을 느낀다고 말했다. 아마도 7살짜리 아동은 걱정과 긴장감에서 오는 신체적 증후에 의해 압도당했을 것이다. 그 다음에 이러한 신체적 증후는 소변을 보려는 그녀의 욕구를 증가시켰을 수도 있다.

그러나 Amber의 문제를 더 면밀히 검토했을 때, 정서적 교란보다는 관심추구적 행동패턴이 더 강하게 드러났다. 특히, Amber는 종종 부모님의 관심을 그들의 다툼에서 그녀의 요구로 돌리기 위한 의도적 행동을 했다. 게다가 Amber의 아동기 초기에는 어떤 외상성 생활사건도 없었다. 그럼에도 불구하고 Amber는 부모님의 상황 때문에 마음이 어지럽혀져 있는 것이 분명했으며, 치료사는 그녀의 유뇨증을 성공적으로 치료하기 위해서는 가족문제 해결을 위한 몇 가지 방안도 마련되어야만 한다는 것을 인지했다.

아동의 유뇨증을 유발하는 원인으로 의심되는 다른 요인에는 적절한 화장실 사용방법을 배우거나 소변반사를 인지적으로 통제하는 데에 있어서의 실패가 포함된다. 예를 들어, 유뇨증을 가진 어떤 아동들은 화장실 사용을 거부하거나 배변훈련 문제 또는 화장실 공포의 내력을 가지고 있다. 그러나 이 사항은 Amber

에게 해당되지 않았다. 인지적 통제와 관련해서 보면, 대부분의 아동들은 소변을 지연시키기 위해 방광에 있는 특정 근육을 수축 · 이완시키는 것을 배운다. 방광 근육 통제의 실패는 유아원(preschool)(역자 주: 미국에서 3~5세 유아들이 다니는 교육기관) 아동으로서의 Amber의 유뇨증을 해명할 수도 있었지만 확실히 알기 위한 공식적인 검사는 그 당시 전혀 실시되지 않았다. 현재, 기다려야 한다는 생각에 불편함을 느끼기는 하지만 Amber는 낮 동안에 화장실 가는 것을 기다리는 데 전혀 문제가 없었다.

유뇨증을 가진 어떤 아동들은 또한 그렇지 않은 아동들과는 다른 수면 및 각성 패턴을 보인다. 예를 들어, 유뇨증을 가진 어떤 아동들은 깨우기가 어려운데 Amber의 경우가 그렇게 보였다. 유뇨증은 어떤 수면단계에서도 나타날 수 있으나 몇몇 연구자들은 잠자리에 오줌을 싸는 아동들이 아주 얕은 잠을 자거나 아주 깊은 잠을 잔다고 주장한다. 이와 같이, 유뇨증을 가진 아동들은 일반인들보다 더 높은 또는 더 낮은 각성상태를 보일 수도 있다(Friman & Jones, 1998). Amber의 경우에, Mrs. Dillon은 Amber가 단속적으로(fitfully) 잠을 자며 4살 때 짧은 기간의 악몽을 경험했다고 보고했다. 그러나 Mrs. Dillon은 Amber가 잠자리에 오줌을 쌀 때 잘 나타나는 수면 또는 각성 수준을 식별해낼 수는 없었다. 이는 밤에 오줌을 쌌을 때 보통 Amber가 어머니를 깨우기 때문이었다.

유전적 요인 또한 유뇨증의 병인에 영향을 미칠 수 있다. 유뇨증은 이란성 쌍생아보다 일란성 쌍생아 사이에서 거의 2배 정도 같이 나타난다. 더욱이 유뇨증을 가진 부모는 유뇨증을 가진 자녀를 두는 경향이 있다(Cendron, 1999). 그러나 유전적 전달은 유뇨증 그 자체에 한정되기보다는 비뇨체계, 일반적 학습능력, 각성, 방뇨와 관련된 신호에 대한 반응과 같은 다른 요인들에 특성을 부여할 수도 있다.

따라서 유뇨증은 여러 가지 변인들과 관련되어 있으나 부모의 반응이 종종 그 문제의 지속여부를 결정한다. 이것은 유뇨증을 가진 아동에 대해 부모가 보이는 비판적인 태도에 특히 해당된다. 예를 들어, 어떤 부모들은 밤중 일과에 대한 게으름 및 불복종과 같은 특성을 언급하면서 오줌싼 것을 두고 아동을 부분적으로 비난한다(Butler, Brewin, & Forsythe, 1986). 게다가 어떤 부모들은 오줌싼 아동을 당혹하게 하거나 심한 벌을 가할 정도로 아동이 오줌싸는 것에 대해 참을성을 잃게 된다. 그러나 이와 같은 부모의 행동은 유뇨증을 악화시키는 경향이 있다.

Dillon씨 가족은 Amber가 잠자리에 오줌을 싸거나 학업수행이 좋지 않을 때 그들이 그녀의 힘이 되어준다고 처음에는 말했다. 그러나 후속 면접에서 이러한 문제들을 다루는 방식을 두고 Mr. Dillon이 아내 및 딸에게 매우 화가 나 있었다는 것이 드러났다. Mrs. Dillon은 Amber로 하여금 침대시트를 바꾸고 잠옷을 갈아입게 하고 그 문제가 Amber 자신의 잘못은 아니라고 말해 주는 등의 지원적인 접근을 택하였다. 이에 더하여, 2년 전 소아과 의사의 조언에 따라 Mrs. Dillon은 Amber에게 그 문제가 결국은 사라질 것이라고 계속 이야기했다. 그러나 Mr. Dillon은 이와 같은 접근을 아주 반대하였으며 Amber에게 그녀의 행동은 용납할 수 없는 것이라고 말했다. 그는 종종 Amber에게 자신의 행동에 대해 책임감을 더 가질 필요성이 있다고 잔소리했다. 게다가 그는 Amber에게 그녀가 밤중의 행동과 학업성적을 향상시키지 않으면 체벌을 시작할 것이라고 경고했다. 놀랄 것도 없이, Dillon씨 부부는 이 문제를 두고 여러 번 언쟁을 했으며 그 결과 치료방법을 찾아보는 데 동의했다.

Amber의 유뇨증을 유지시킨 또 다른 확실한 요인은 (1) 밤중에 어머니로부터, (2) 잔소리할 때 아버지로부터, (3) 치료기간 중 부모로부터 받은 관심이었다. 치료사는 부모의 사이가 좋을 때와 부모가 그녀의 행동에 대해 논의할 때 Amber가 긍정적인 감정을 보인다는 점에 주목했다. 예를 들어, 부모님이 조용히 이야기를 나눌 때 Amber는 미소를 지으며 주의깊게 들었다. 반대로, 부모님이 무엇인가에 대해 의견이 충돌하거나 또는 치료사가 오줌을 싼 후에 스스로 뒷처리를 하도록 Amber를 돕는 문제를 제기할 때 Amber는 더욱 초조해 했다.

4. 발달 양상

대부분의 아동들, 특히 여아들은 3세(36개월)까지 비교적 적절한 방광통제를 발달시키며, 연령이 증가함에 따라 유뇨증의 출현율은 낮아진다. 일반적으로 야간형 유뇨증(야뇨증)은 3세 아동들의 약 33%, 4세 아동들의 약 25%, 5세 아동들의 약 15~20%, 10세 아동들의 약 5%, 초기 청소년들의 약 2%, 후기 청소년들과 성인들의 약 1~2% 정도에서 나타난다. 주간형 유뇨증은 비교적 출현율이 낮은 편인데, 5세 이후 아동들의 약 3%에서 나타난다. 대체로 일차적 유뇨증의 전체 사례율은 시간이 흐를수록 감소한다(Walker, Kenning, & Faust-Campanile, 1989). 이것은, 비록 Amber의 경우는 예외이기는 하지만, 나이 든 아동과 청소년들이 어린 아동들에 비해 이차적 유뇨증을 더 보이는 경향이 있다는 것을 의미한다.

이 절에서는 배변훈련의 주요한 발달지표(developmental milestone)를 논의하고자 한다. Brazelton(1962; Brazelton & Cramer, 1990)에 의하면, 어린 아동들이 배변훈련에 성공적으로 참여하기 위해서는 신체적으로 그리고 심리적으로 준비가 되어야만 한다. 괄약근 통제능력을 포함하는 신체적 준비는 흔히 출생후 첫 1년의 마지막 무렵에 나타난다. 아동의 앉고 걷는 능력 또한 배변훈련의 시작 가능성을 알리는 중요한 신호이다. 게다가 아동은 심리적으로 준비가 되어야만 하는데, 이것은 아동이 양육자에게 반응적이어야 하고 기본적인 표현언어기술, 타인모방능력, 그리고 화장실 사용을 배우고자 하는 열의가 있어야만 한다는 것을 의미한다. 다른 연구자들은 또한 아동들이 방광을 비우고 적어도 2~3시간 옷을 적시지 않은 채 있으며 근육운동을 조절하고 배변욕구를 어떤 방식(예: 가리키기, 얼굴표정)으로든 나타내는 능력을 갖추어야만 한다는 것을 지적하여 왔다(Azrin & Foxx, 1974). 전형적인 아동은 24~30개월 정도에 배변훈련을 위한 준비가 된다.

Brazelton은 아동들이 자신의 속도에 따라 나아가도록 허용하는 단계적 배변훈련 접근을 제안했다. 첫 번째 단계는 아동으로 하여금 변기 혹은 작은 변기의자에 길들도록 하는 것을 포함한다. 이것은 아동에게 변기의자를 보여 주고 그 의자 주위를 걷다가 옷을 입은 채 그 의자에 앉도록 요구하고 그 의자에 앉아서 노래를 부르거나 다른 재미있는 놀이를 함으로써 실시할 수 있다. 두 번째 단계에서는 아동이 옷 혹은 기저귀를 벗은 채 변기 또는 변기의자에 앉는 것과 이러한 자세에 적응하는 것을 여러 번에 걸쳐 학습하여야만 한다. 그 이후에 아동이 기저귀에 소변 또는 대변을 보게 되면 부모는 그 기저귀를 빼서 변기 또는 변기의자 안에 놓고 그것을 아동에게 보여 주며 그 변기/의자에 앉도록 해야 한다. 이쯤에서 부모는 아동에게 왜 기저귀가 변기/의자 안에 있는지 그리고 변기/의자의 용도는 무엇인지에 대해 피드백을 줄 수도 있다.

배변훈련의 다음 단계는 낮 동안에 여러 번 아동을 변기/의자로 데리고 가는 것을 포함한다. 매번 부모는 변기/의자 안에 대소변을 보도록 아동을 격려하고 그 노력이나 성공에 대해 언어적 칭찬을 해야 한다. 시간이 흐르면서 아동은 대소변 욕구를 화장실에 가서 변기를 사용해야 할 필요성과 관련지어 생각할 수 있어야만 한다. 물론 가끔씩 실수가 나타나기도 하는데 부모는 이러한 사건을 사무적인 태도로 처리하고 다음에는 더 잘 하도록 아동을 격려해야 한다. 이에 덧붙여, 다른 배변기술도 지도할 수 있는데 이러한 기술들에는 옷입고 벗기, 변기에 접근하기, 물내리기, 씻기 등이 포함된다(Azrin & Besalel, 1979; Azrin & Foxx, 1974).

적절한 언어 및 운동 기술을 가진 대부분의 아동들은 몇 시간 또는 몇 일 이내에 배변훈련을 끝낼 수 있다. 그러나 이 과정에서 몇 가지 장애물이 나타날 수 있다. 예를 들어, 발달장애 또는 학습문제를 가진 아동들은 더 상세한 본보기와 피드백을 요구할 지도 모른다. 심한 인지적 어려움을 가진 아동들에게는 더 오랜 시간 동안 더 천천히 진행될 필요가 있을 수 있다. 더욱이 부모님이 배변훈련에 요구되는 시간과 노력의 양에 이의를 제기할지도 모른다. 그러므로 배변훈련은 부모가 폭넓은 피드백을 줄 여유가 있는 휴일 또는 연장된 주말에 걸쳐 시작할 수도 있다. 마지막으로 아동들은, 특히 배변훈련이 너무 빨리 진행될 경우에, 그 과정을 거부할 수도 있다. 부모는 아동들이 자신의 속도에 따라 나아가도록 허용하고 가혹한 비판 또는 비현실적인 기대는 피하며 변기에 대한 아동의 두려움을 관찰하여야 한다.

만약 아동이 변기사용을 거부하면 부모는 배변훈련의 연기를 고려하고자 할 수도 있다. 게다가 부모들은 아동이 변비에 걸려 있는지를 점검하여야만 한다; 전형적으로 유아원 아동은 하루에 약 1번 변통을 한다(Christophersen & Rapoff, 1992). 만약 아동이 변비에 걸려 있으면, 광유(mineral oil)와 섬유질을 식사에 첨가하고 유제품(dairy products)을 줄일 수 있다. 좌약(suppositories)을 사용하는 것도 도움이 될 수 있다. 반약 아동이 변기를 두려워하면, 아동이 변기에 더 잘 접근할 수 있도록 변기 앞에 디딤대를 마련할 수도 있다. 이에 더하여 부모는 물을 내리는 동안 변기가 위험한 것이 아니라는 것을 아동에게 보여 주어야만 한다. 예를 들어, 부모는 물이 내려가는 동안 변기 안쪽에 손을 넣어 보일 수 있다.

대부분의 아동들은 Amber처럼 별다른 문제없이 배변훈련을 거친다. 그러나 성공적인 배변훈련이 장래의 유뇨증이나 더럽힘을 반드시 예방한다고 할 수는 없다. Amber의 경우에, 그녀는 1개월 동안의 배변훈련을 거쳤지만 계속 밤에 잠자리에 오줌을 쌌다. 이 오줌싸기는 그 다음에 부모님에 의해 무심코 강화되었는데, 초기에 그들은 오줌을 싸고 나면 Amber로 하여금 그들의 침대에서 자도록 하였다. 이러한 실행은 Amber의 남동생이 태어난 2년 전에 끝이 났으나 Amber는 그 때 이미 밤에 잠자리에 오줌싸는 것과 부모님의 관심을 결부시키고 있었다.

5. 치료

유뇨증을 가진 아동들의 치료는 의학적 또는 심리적 처치를 통해 이루어질 수 있는데, 일반적으로 성공적인 결과를 보인다. 유뇨증을 위한 약물로는 방광 주변의 근육을 이완시킬 수 있는 이미프라민(imipramine)과 같은 삼환계 항우울제(tricyclic antidepressants)가 있다. 이미프라민은 종종 효과가 빨리 나타나므로 유뇨증상의 시급한 해결을 필요로 하는 아동들에게 유용하다(예: 하계캠프가 다가올 때). 그러나 3명 중 2명꼴로 재발이 나타난다. 또한 항이뇨제(antidiuretic)인 데스모프레신(desmopressin)도 비강분무제로 사용될 수 있는데, 효과와 재발율에 있어서는 이미프라민과 유사하다(Walsh & Menvielle, 1997).

일차적 야뇨증의 경우에, 수분경보기(moisture alarm)가 가장 효과있는 장기적 중재이다. 전통적인 방법은 "벨-패드(bell and pad)"인데, 이 장치를 사용하는 아동은 경보기가 부착된 특수담요 위에서 자게 된다. 경보기는 아동의 방, 부모의 방 또는 양쪽 방에 설치된다. 아동이 밤중에 몇 방울의 오줌을 싸기 시작하면 그 수분은 경보기를 작동시키는 회로를 연결시킨다. 아동은 방광이 가득 찬 느낌에 잠에서 깨고 적절하게 화장실로 간다. 여러 날을 거치면서 아동은 방광이 가득 찼다는 느낌과 깨어나서 화장실을 사용하는 것을 결부시켜야 한다. 이와 같은 처치는 사례의 90%까지 효과가 있다. 더욱이 5주~12주씩 1회 또는 2회 정도 실시하게 되면, 그 재발율은 낮아진다(Walker et al., 1989).

Amber의 치료사는 Dillon씨 부부에게 소변경보기(urine alarm) 사용에 대한 의사를 물었는데, Mr. Dillon은 거부했다. 소변경보기에 관련된 문제점에는 불편함, 시간소요, 발생가능한 작동오류 등이 포함된다. 치료사는 Mr. Dillon이 밤중에 성가시게 되는 것을 원하지 않았고 대신 아내가 Amber를 계속 돌보기를 바란다고 추측했다.

유뇨증을 가진 아동들을 위한 또 다른 일반적 중재에는 소변참기훈련(urine retention training)이 있는데, 이 훈련을 통하여 아동은 화장실 사용을 기다리는 연습을 한다(Houts & Liebert, 1984). 이 훈련은 아동이 인지적 · 신체적으로 소변을 통제하는 것을 배우도록 돕는다. 일단 변기에 앉게 되면, 아동은 소변을 보는 도중에 소변을 멈추는 연습을 하도록 요구받을 수도 있다. 이 연습은 앞으로 약간의 실수가 더 악화되는 것을 방지할 수 있도록 아동을 돕는다. 이와 같은 처치들은 어떤 아동들에게는 효과가 있지만 다른 아동들에게는 그렇지 않을 수도 있다. Amber의 경우에, 소변참기훈련은 사용되지 않았는데 그 이유는 그녀가 이미 적절하게 기다릴 수 있었고 필요하다면 소변을 보는 도중에도 소변을 멈출 수 있었기 때문이었다.

앞서 언급된 바와 같이, Amber의 경우는 부모와 가족 요인들에 의해 유발된 이차적 유뇨증을 보이고 있었다. 그 결과, 치료사는 밤중 및 아침 일과의 편성, 가족치료, 교실행동 관리, 수정된 마른 잠자리 훈련 등을 포함하는 치료프로그램을 짰다. Dillon씨 부부는 Amber의 치료에 깊이 관여되어 있었다. 그들은 또한 앞서 제기된 사적인 문제들을 다루기 위한 부부치료를 위해 제2의 치료사에게 의뢰되었다.

치료사는 먼저 Amber에게 예상가능한 밤중 및 아침 일과를 짰다. 처음에는 그 일과 중 어떤 것도 제대로 이루어지지 않고 있었으며 부모 모두 잠자리 및 야간 훈육에 느슨해져 가고 있었다. 이것은 자신들의 다툼, 두 살배기 아기에 대한 증가된 관심, Amber에게 독립성을 더 부여하려는 욕구 등에 주로 기인하였다. Amber 및 그녀의 부모와 치료를 진행하면서, 치료사는 "취침 준비하기" 일과를 고안했다. 구체적으로, 밤 8시가 되면 Amber는 취침할 준비를 해야 한다는 말을 듣게 되는데 이것은 텔레비전 시청과 놀이활동을 끝내야 한다는 것을 의미했다. 그 때 Amber는 잠옷으로 갈아입고 약간의 음료수를 마시며(이것은 의도적으로 이루어졌다) 양치질을 하고는 침대에 들어가기로 되어 있었다. 이러한 활동들에 15분~20분이 소요되는 것으로 예상되었다. 8시 20분에 Dillon씨 부부는 방으로 들어가 Amber에게 짧은 이야기를 읽어 주기로 되어 있었는데, 이것은 Amber를 차분하게 하고 쉽게 잠들 수 있게 하기 위한 것이었다.

아침 일과도 짜여졌는데, 여기에는 잠에서 깨기, 침대에서 일어나기, 옷입기, 식사하기, 양치질 하기, 등교물 챙기기 등이 포함되었다. 이에 덧붙여, 치료사와 Dillon씨 부부는 이러한 일과에 있어서의 Amber의 복종 또는 불복종의 결과에 대한 계획도 세웠다. 구체적으로, 어떠한 불복종이라도 나타나면 그것은 하루 밤 동안 특전을 누리지 못하는 것을 의미했는데 이러한 특전에는 텔레비전 시청하기, 후식, 어머니를 도와 두 살배기 남동생 돌보기, 또는 특정 놀이감 등이 포함될 수 있었다. 반면에, 복종을 하면 언어적 칭찬, 주말에 더 늦게 잠자리에 들기, 부모님과의 특별 활동 등으로 보상받을 수 있도록 하였다. Amber는 자신의 복종에 대해 많은 관심을 받을 수 있다는 것을 보자 이러한 조건들에 동의를 했다. 비록 Dillon씨 부부가 계획의 목적한 바를 이행하는 데 가끔 실수를 하였으나 Amber가 비교적 잘 복종한다는 것을 치료사는 다음 몇 회기에 걸쳐 발견하였다. 그러나 전반적으로 Amber는 현재 밤중과 아침에 통상적인 일과에 따르고 있었다.

이와 같은 과정 속에서, 치료사는 또한 전반적인 가족치료에 집중하였다. 특히 치료사는 Amber의 행동을 유지시키는 것으로 보이는 다양한 가족역동성을 기술하였다. 예를 들어, Amber가 어떻게 불평하고, 울며, 불복종적이고, 부모의 관심을 받기 위해 학교에서 낮은 수행을 나타내는지를 Dillon씨 부부에게 보여주었다. 이에 더하여 치료사는 딸의 행동문제를 상의할 때 Dillon씨 부부가 가장 잘 지낸다는 점을 지적하였다. 물론 Amber는 이 점을 매우 좋아했으며 이와 같은 긍정적인 부모간의 대화를 유지하기 위하여 종종 문제행동을 했다. 부모간의 상호작용이 Amber의 행동과 어떻게 연계되어 있는지에 대한 구체적인 예를 들어주었으며 Dillon씨 부부는 가족문제에 대해 사적으로 더 많은 대화를 하는 데 동의했다. 그들은 또한 숙제를 끝내는 것, 선생님으로부터 바람직한 메모를 받는 것, 밤에 오줌을 싸지 않는 것과 같은 Amber의 긍정적인 행동에 더 많은 관심을 보이는 데에도 동의했다.

이 문제와 관련하여, 치료사는 Amber의 선생님인 Mrs. Thelmisa와 Mrs. Mayberry에게 매일 한 번만 Amber가 화장실에 가도록 허락할 것을 부탁하였다. 추가적인 요청은 돌발사태가 발생했을 때, Amber가 실제로 화장실에 갈 필요가 있다고 교사가 확신할 때, 또는 Amber의 과제수행과 일반적인 교실행동이 바람직할 때만 허락하기로 하였다. Amber에게 이 계획을 알려 주었는데 그녀는 만족하는 것처럼 보였다. 다행히, 선생님들은 이 계획을 빈틈없이 실시했으며 화장실 사용에 대한 Amber의 부적절한 요청은 줄어들었다. 치료가 진행되는 동안 Amber의 일반적인 교실행동(특히 과제완성)도 다소 향상되었다. 그러나 빈번한 피드백은 여전히 필요했다. Amber의 학습을 돕기 위한 다른 처치도 실시되었다. 예를 들어, Amber는 자신의 과제수행에 대한 메모를 매일 받았으며, Mr. Dillon은 밤에 Amber의 숙제를 도와주기 시작하였다.

Amber를 위한 다른 중요한 치료로서 수정된 마른 잠자리 훈련이 실시되었다. 마른 잠자리 훈련은 여러 가지 형태로 실시될 수 있으나 치우기 훈련, 실행, 규칙적으로 밤중에 깨기, 그리고 젖음 및 마름에 대한 결과 등은 필수적인 요소로 포함된다. 이 훈련의 일반적 계획안에는 훈련시작 첫날 밤에 실시되는 다음과 같은 몇 가지 단계가 포함되어 있다:

1) 잠자리에 들기 전에 아동에게 음료수 주기
2) 소변경보기 설치하기
3) 아동이 잠자리에 누워서 50까지 세고 난 후 화장실사용을 시도하도록 하는 것을 20회 시험해 보기
4) 화장실사용과 소변참기를 격려하면서 매 시간 아동을 깨우기
5) 오줌을 싸기 시작하면 아동과 부모를 깨우도록 경보기를 작동시키기

첫날 이후의 밤에는, 소변경보기를 설치하고 오줌을 싸지 않았을 때에는 보상을 그리고 오줌을 쌌을 때에는 약한 벌을 아동에게 준다. 이에 더하여, 아동은 마른 잠자리로 돌아가기 전에 시트를 바꾸고 잠옷을 갈아입는 것을 실행한다(Luxem & Christophersen, 1999). 마른 잠자리 훈련은 효과는 있으나 부모들은 일반적으로 불편하다고 생각한다.

Amber는 처음에 자신의 침대 이불과 시트를 바꾸고 그것들은 광주리에 넣고 새 시트를 깔고 잠옷을 갈아입는 방법을 지도받았다. 그 목적은 Amber로 하여금 오줌싼 것에 대해 상당한 대가를 치르게 하는 것이었다. Mrs. Dillon은 Amber가 화장실을 사용해야 하는지를 점검하기 위해 하루 밤에 네 번 그녀를 깨우도록 요청받았다(소변경보기는 사용되지 않았다). 만약 오줌을 싸게 되면, Amber는 어머니의 도움 없이 앞서 지도받았던 치우기 기술을 실행해야 했다. 이에 더하여, Mrs. Dillon은 이 때 Amber와 대화 없이 단지 지도만 할 것을 요청받았다. 따라서 어떤 별도의 언어적 · 신체적 관심도 제공되지 않았다. 오줌을 싼 다음 날에 Amber는 또한 별도의 집안일을 하도록 요구받았다. 만약 오줌을 싸지

않으면, Amber는 부모님으로부터 보상을 받았다. 또한 치료사는 Dillon씨 부부에게 오줌싸는 것에 대한 어떠한 훈계도 하지 말고 더욱 사무적인 태도로 문제를 처리할 것을 부탁했다.

처음에 Amber는 오줌을 싼 다음에 따라오는 치우기 훈련을 주저했으며, Mrs. Dillon은 하루 밤에 네 번 일어나는 것이 힘들다고 보고했다. 그러나 치료사와 Mr. Dillon은 Amber와 Mrs. Dillon으로 하여금 계속하도록 격려했으며, 곧 얼마간의 성공이 나타났다. Amber의 잠자리에 오줌싸는 빈도는 4주 이내에 1주일에 1회 정도로, 8주 이내에는 2주일에 1회 정도로 줄어들었다. 치료가 진행되면서, 자명종 시계가 밤에 Amber를 두 번 깨우기 위해 사용되었는데, 이 때 그녀는 화장실에 가거나 침대시트를 바꾸고 잠옷을 갈아입었다.

3개월 이내에 Amber의 오줌싸는 비율은 그 전년도의 낮은 비율과 유사해졌다. 게다가 학교에서의 학업이 향상되었고 부단한 화장실사용 요청이 줄어들었다. 그러나 이 때쯤 Dillon씨 부부는 별거를 결정했다. 이 결정에 대해 Amber는 성질부리기와 슬픔/동기결여를 번갈아 보이면서 아주 좋지 않은 반응을 보였다.

그러나 다행히 Dillon씨 부부는 부부치료에 여전히 참여하였으며 새로운 걱정거리를 다루기 위해 Amber의 치료사와 계속 만났다. 또한 Amber의 잠자리에 오줌싸기는 증가하지 않았다. 치료는 2개월 후에 종료되었는데, 그 때 Dillon씨 부부는 Amber가 생활을 잘 하며 부모님의 별거에도 적응을 했다고 확신했다. 4개월 후에 이루어진 그 가족과의 비공식적인 접촉에서는 별다른 변화가 발견되지 않았다.

6. 토론 문제

1) 이 장에 기술된 배변훈련 프로그램을 변경하고자 하는가? 어떻게 변경하고자 하는가? 그 과정에서 부모는 아동에게 어떤 말을 할 수 있을까?
2) 배설장애의 어떤 사례에서는 아동이 오줌싸기 또는 더럽힘의 빈도에 대해 실

제보다 높게 또는 낮게 거짓보고를 할 것이다. 아동이 누군가에게 이러한 정보를 속이는 이유는 무엇일까? 이것을 방지하기 위해 치료사 또는 부모는 무엇을 할 수 있을까? 아동의 보고를 확인할 수 있는 방법을 논의해 보라.

3) 남아가 여아보다 유뇨증을 더 많이 보이는 이유를 설명할 수 있는 심리적 요인은 무엇인가?
4) 대부분의 아동들은 자라면서 결국은 기능적 배설문제를 벗어나는 것으로 보이지만, 어떤 아동들은 그렇지 않다. 나이 든 아동이나 청소년들이 계속해서 이러한 문제를 보이는 이유를 설명할 수 있는 요인은 무엇인가?
5) 배설문제를 가진 많은 아동들은 그 때문에 학교에서 사회적 문제를 경험한다. 학교에서 실수를 하여 한 아동이 낙인찍히거나 소외된다면 학교 교직원들에게 어떤 처치를 권유할 수 있을까? 교실에서 아동이 실수를 했다면 그 아동과 교사는 무엇을 해야만 할까? 만약 아동이 소변문제가 아닌 대변문제를 가지고 있다면 권유사항을 어떻게 변경할 수 있을까?
6) Amber의 경우에, 대부분의 오줌싸기는 무의식적인 것으로 보였다. 의도적으로 소변문제 또는 배변문제를 보이는 아동을 위해서는 어떤 치료절차가 제안될 수 있을까? 만약 그 아동이 심한 발달장애를 가지고 있다면 어떻게 될까?
7) 배설장애를 가진 누군가를 치료할 때 아동, 부모, 교사의 어떤 행동들을 가장 피하고 싶은가?
8) 배설문제를 통제하기 위한 약물사용의 장단점을 탐색해 보라.

제 6 장

주의력결핍과잉행동장애

(Attention Deficit Hyperactivity Disorder)

InfoTrac® College Edition

Explore InfoTrac College Edition by going to
http://infotrac.thomsonlearning.com

Hint. Enter these search terms: attention deficit/hyperactivity disorder, psychostimulants, behavior modification

1. 증상

Ricky Smith는 학교심리가, 교장, 어머니(Mrs. Smith)에 의해 외래정신건강클리닉에 의뢰된 7살 흑인소년이었다. 첫 평가가 실시되었을 당시 Ricky는 2학년이었다. 클리닉에 처음 전화를 했을 때, Mrs. Smith는 그녀의 아들이 통제가 불가능하다고 했다. 구체적인 설명을 요구했을 때, Mrs. Smith는 Ricky가 사방으로 돌아다니며 끊임없이 말썽을 일으킨다라고 간단히 대답했다. 편모(single mother)인 그녀는 아들의 행동에 아주 당황하고 있었으며 7일 후로 예약이 되었다. 예약은 한 번 연기되었고, Mrs. Smith와 Ricky는 최초의 전화통화가 있은 후 약 3주가 지나서 클리닉에 왔다.

평가의 일부로서, Ricky와 어머니는 임상심리 박사과정 인턴에 의해 개별적으로 면접을 받았다. Ricky가 먼저 면접을 받았는데 그는 예절바르고, 내성적이었으며, 약간 사회적으로 불안해 보였다. 그는 새 학교, 특히 새 교사에 적응하는데 어려움이 있다고 말했다. 그는 선생님인 Mrs. Candler가 늘 그에게 소리를 지르며 어머니에게 메모를 보낸다고 했다. 왜 선생님이 그에게 소리지르는지를 물어보자, 처음에는 모른다고 했으나 그 다음에는 주의를 집중하지 않고 학급규칙을 따르지 않는 것이 주된 이유라고 했다. Ricky는 자신이 종종 빨간색 이름표를 붙이고 있다고 했다; 그 학급에는 학생들이 학급규칙을 위반할 때마다 그들의 이름표를 초록색, 노란색, 오렌지색, 빨간색의 순으로 바꿔야만 하는 징계체계가 있었다. 빨간색 이름표는 학생의 부모님에게 전화하는 것을 의미했다. 지난 한달 동안에만 Ricky는 빨간색 이름표와 오렌지색 이름표를 각각 5회, 7회 붙였다.

학교를 좋아하는지 물었을 때 Ricky는 어깨를 으쓱하며 일부 학급활동, 특히 과학과 관련된 것들을 좋아한다고 대답했다(그 학급에서는 올챙이의 성장에 대한 학습이 진행되고 있었다). 그는 친구가 몇 명 있지만 종종 혼자 있어야만 한다고 했는데, 그 이유는 Mrs. Candler가 과제를 끝내도록 그를 교실 한 구석에서 많은 시간을 보내게 하기 때문이었다. 불행하게도, 성공적으로 끝나는 과제는 거의 없었다. Ricky는 교실에서 지루하고, 슬프며, 피곤하고 화가 난다고 했다. 그는 학교를 그만두고 집에 있고 싶어했지만 그것이 불가능하다는 것도 알고 있었다.

학교 밖의 일과 관련하여, Ricky는 어머니도 그에게 소리를 많이 지른다고 했다. 그러나 그의 어머니는 종종 일을 하였으므로 14살 된 누나가 보통 Ricky를 돌보았다. 이 때 Ricky는 텔레비전 시청하기, 비디오 게임하기, 또는 밖에서 자전거타기 등을 하곤 했다. 그는 자전거를 탈 때가 가장 행복하다고 하였는데, 그 이유는 아무도 그에게 소리를 지르지 않고 원하는 대로 어디든지 갈 수 있기 때문이었다. 다른 질문들을 통해서, Ricky는 옷입기 · 식사하기 같은 적응행동에는 별 문제가 없으나 야간 수면에 어려움이 있다는 것이 나타났다. 이에 더하여, Ricky는 어머니에게 고민거리를 안겨주고 있는 것을 유감스러워했으며 학교에서 잘하지 못하는 이유에 대해 혼란스러워했다.

뒤이어 이뤄진 Mrs. Smith와의 면접에서 좀 더 세부적인 사항과 더불어 Ricky의 보고가 사실인 것으로 나타났다. 예를 들어, Mrs. Smith는 Ricky가 교실에서 거의 견딜 수 없어 하며, 종종 성질을 부리고, 무엇인가를 요구할 때는 울며, 스탐프(역자 주: 빠르고 격렬한 리듬의 재즈 음악) 춤을 추고, 교사에게 무례하게 군다고 했다. 특히, Ricky는 선생님에게 "아니오"와 "나와는 상관없어요"라는 말을 습관적으로 했으며, 그 결과 선생님은 그의 이름표를 다른 색깔로 바꾸게 하곤 했다. Mrs. Smith는 이미 학교에서 그 선생님과 네 번에 걸친 면담을 했으며 그 중 한 번은 교장과 학교심리가도 참석한 면담이었다. 선생님은 Ricky가 특수학급에 의뢰되기를 원했으나 Mrs. Smith는 그 의견에 반대했다. 대신, 학교심리가는 학교 외부의 누군가에 의해 Ricky가 평가받는 것을 권유했다. 이 권유로 인하여 Mrs. Smith는 정신건강클리닉에 전화를 하게 되었다.

Mrs. Smith는 또한 Ricky가 집에서도 전반적으로 통제가 불가능하다고 했다. 그는 그녀의 요구에 귀기울이지 않았으며 종종 그가 원하는 것을 얻을 때까지 집안을 돌아다녔다. 그녀와 그는 그의 숙제 · 가사 · 문제행동 · 오랜 시간 집에 없기와 그녀의 직장스케줄을 두고 종종 언쟁을 했다. Mrs. Smith는 Ricky가 그러한 언쟁 중 어떤 때는 그녀가 말하는 바를 이해하지 못하는 것 같았고 우울한 것처럼 보였다고 호소했다. 더 세부적인 질문을 통해 Ricky가 종종 안절부절못하며 학교와 관련된 물건들을 많이 잃어버리는 경향이 있다는 것이 드러났다. 그는 조직적이지 못했으며 장기적 결과에 거의 관심을 두지 않았다. 더욱이 슈퍼마켓이나 교회와 같은 공공장소에서 통제하기가 어려웠다.

Mrs. Smith는 어떤 가족요인들이 Ricky의 행동에 영향을 미쳤을 것이라고 추측했다. 그녀와 남편은 약 14개월 전에 별거했으며 Ricky와 아버지의 접촉은 단지 돌발적으로 이루어졌다. Mrs. Smith는 별거 전에도 Ricky가 법석을 부리는 편이었다고 말했으나, 극도의 부부간 갈등이 그의 문제행동을 더 심화시켰을 수도 있었음을 넌지시 비쳤다. 예를 들어, 별거에 뒤이어 Ricky가 1학년을 시작했으며 학교에 전혀 흥미가 없어 보였다. 한 번은 그가 싸움을 하다가 집으로 돌려보내졌으며, 다른 아이들에게 욕을 하다가 여러 번 벌을 받았다. Mrs. Smith는 지난 14개월에 걸쳐 Ricky의 행동이 더 악화되어 왔는데, 그 이유는 특히 그녀가 종전만큼 아들을 지도할 수 없었기 때문이었다고 말했다. Mrs. Smith는 Ricky와 누나와의 관계를 긍정적으로 묘사하였으나, 누나가 Ricky의 행동을 위해 할 수 있는 것은 거의 없었다고 했다.

Ricky에 관해 학교 교직원과 이야기할 수 있도록 허락되었다. Ricky의 선생님인 Mrs. Candler는 Ricky가 새 학년이 시작된 2개월 전에 비해 더 다루기 힘들어지고 있다고 보고했다. 학년 초에 Ricky는 다소 위축되어 있었으나 학급에 친숙해지면서 그의 행동은 다루기 더 힘들어졌다. 그는 1주일에 3회 정도 심하게 성질을 부렸는데, 매번 20~30분 정도 자신을 괴롭히는 사람들, 학급과제를 이해하지 못하는 자신의 능력, 죽고 싶은 마음 등에 대해 울분을 터뜨렸다. 대부분의 경우에 Ricky는 무시되었으며 스스로 가라앉힐 수 있었다. 그러나 어떤 경우에는 그의 돌출행동이 너무 심해 그 날의 나머지 시간을 교장실에서 감독을 받아야 했다.

Mrs. Candler는 Ricky의 학업수행이 낙제는 아니지만 평균이하라고 덧붙였다. 그는 동기부여가 되면 읽기와 산수 과제는 이해하고 끝내는 것으로 보였으나 그의 주의력은 산만하고 충분하지 못했다. Ricky는 과제 또는 교수방법이 비교적 새로울 때는 좀 더 주의를 기울였으나 그 후에 쉽게 주의가 흩어졌다. 최근 몇 주 동안 Ricky는 끊임없는 반응을 요구하면서 점점 더 자리를 이탈하고 있었다. Mrs. Candler는 이 행동이 관심을 추구하는 의도적인 것인지 아니면 제어불가능한 것인지 확실히 알지 못했다. 그녀는 또한 Ricky가 개별화된 관심과 구성에 가장 잘 반응하지만 교과과정상 1대1 교수가 많이 허용되지 않는다고 했다. Mrs. Candler는 Ricky가 특수교육을 위한 평가를 받아볼 것을 제의하였다.

학교심리가인 Mrs. Dee와의 논의에서 Ricky의 지능검사점수는 정상범위에 있는 것으로 나타났다. 게다가 그의 전반적인 성취수준은 낮기는 하였으나 그의 지능점수로부터 2표준편차 이상의 차이는 보이지 않았다. 따라서 학습장애 진단은 유보되었다. Ricky의 가장 시급한 문제는 긴 과제에 주의를 기울이는 것이었다. 그는 학급또래들과 다소 멀어져 있었으나 인기가 없는 것은 아니었다. 사실 그는 체육수업시간에 탁월했으며 거기서는 인기있는 아동들에 속했다. Mrs. Dee는 Ricky가 특수교육을 받아야 할 것으로는 보지 않았으나 그의 교란된 행동을 통제하기 위한 행동수정 또는 약물프로그램이 다소 필요하다고 생각했다. 예비조사에 의거하여 인턴은 Ricky에게 주의력결핍 우세형(predominantly inattentive type)의 주의력결핍과잉행동장애(attention deficit hyperactivity disorder: ADHD) 진단을 내렸다.

2. 평가

DSM-IV-TR에 의하면, ADHD의 근본적 특성은 "동등한 발달수준에 있는 개인들에게서 전형적으로 관찰되는 것보다 더 빈번하고 심하게 나타나는 지속적인 패턴의 부주의 그리고/또는 과잉행동-충동성"이다(American Psychiatric Association, 2000, p. 85). ADHD의 증상에는 다음과 같은 것들이 포함된다:

- 부주의
- 지시에 끝까지 따르지 않기

- 지속적인 정신적 노력을 요하는 과제 회피하기
- 물건 잃어버리기
- 산만함
- 쉽게 잊어버리기
- 안절부절못하기
- 자리 이탈하기
- 마구 돌아다니거나 기어오르기
- 과다하게 말하기
- 기다리지 못하기
- 다른 사람 방해하기

이러한 증상들은 한 아동에게 정상적으로 기대되는 것보다 훨씬 많이 나타나야만 한다. 진단이 내려지기 위해서는 다소의 방해 증상들이 7세 이전에 나타나야 하고, 적어도 두 장소에서 관찰되어야 하며, 생활기능에 의미 있는 손상을 초래해야 한다. 하위유형에는 주의력결핍 우세형(predominantly inattentive type), 과잉행동-충동 우세형(predominantly hyperactive-impulsive type), 복합형(combined type)이 있다. 비록 두 번째와 세 번째 유형은 타당한 것으로 보이지만 첫 번째 유형은 논쟁의 여지가 있다(Barkley, 1996).

이미 언급되었듯이, Ricky를 평가한 임상심리 인턴은 주의력결핍 우세형의 ADHD라는 예비진단을 내렸다. 그는 지난 몇 개월 동안 Ricky가 학습과제에 주의집중을 하지 못하고, 과제에 주의력을 지속시키는 데 어려움을 보였으며, 매우 조직적이지 못하고, 종종 학교와 관련된 것들을 잃어버리며, 전형적으로 산만하고 잘 잊어버리는 증상을 보였다는 점에 근거하여 그 진단을 내렸다. 더욱이, Ricky는 가끔 다른 사람들이 그에게 하는 말을 이해하지 못했는데, 이 증상은 대부분 어머니와의 사이에서 나타났다.

임상심리 인턴은 또한 Ricky의 증상이 그의 검사점수와 성적에 영향을 주었으며, 그의 증상 중 몇 가지(예: 산만함, 주의력을 지속시키기 어려움)는 7세 이전에 그리고 부모님이 별거하기 전에 나타났다고 판단했다. 또한 세 가지 다른 장소(학교, 집, 교회의 종교수업 교실)에서 손상이 관찰되었다. 이와 같은 증상들은 주의력결핍형 ADHD 진단을 뒷받침하였다.

Ricky는 과잉행동-충동형 ADHD로 진단되지는 않았는데, 그 이유는 그의 다른 증상들이 충분한 빈도와 정도로 나타나지 않았기 때문이었다. 예를 들어, Ricky는 안절부절못하고 마구 돌아다녔으나 이러한 행동들이 7살 된 남아 행동의 정상범위를 벗어나는 것으로 간주되지는 않았다. 게다가, Ricky가 학교와 집에서 종종 자리를 이탈하였지만 이 한 가지 증상이 과잉행동-충동형 ADHD 진단을 보장하지는 않는다.

ADHD의 가능성이 있는 경우, 먼저 의학적 문제는 반드시 배제되어야 한다. ADHD의 전형적인 증상들—부주의, 과잉행동, 충동성—은 가끔 신경학적 이상, 감각적 이상, 신진대사이상, 피부이상, 그리고/또는 틱장애에 의해 유발된다(Waslick & Greenhill, 1997). 이러한 문제들(특히 틱)에 대한 지식은 각성제(stimulant medication)의 사용여부를 결정할 때 중요하다. 나중에 그의 어머니가 과거에 약간의 알코올사용 내력이 있었다고 밝혔지만, Ricky의 경우에는 이러한 문제들이 전혀 나타나지 않았다. Mrs. Smith는 Ricky를 임신하고 있는 동안 술을 마셨다; 따라서 태아알코올증후군(fetal alcohol syndrome: FAS)의 징후가 보였을 수도 있었다. Ricky의 동요, 약간의 충동성, 충분히 주의를 집중하거나 지속시키지 못하는 것 등은 FAS의 징후일 가능성이 있었다. 그러나 앞서 언급된 바와 같이, Ricky는 FAS 아동에게 일반적으로 나타나는 지적 결함을 전혀 보이지 않았다. 따라서 FAS가 Ricky의 경우에 관련되어 있는지는 분명하지 않았다.

Mrs. Smith의 알코올 사용은 또한 남편과의 별거를 부추겼으나 그녀의 직무기능이나 부모의무에 있어서는 어떠한 결함도 나타나지 않고 있었다. 그럼에도 불구하고, 인턴은 Ricky의 치료기간 동안 그녀가 알코올 사용과 관련된 개인치료를 받을 것을 권유했다. 그러나 이 권유는 받아들여지지 않았다.

결론이 나오지 않는 의학적 검사에 뒤이어, 인턴은 여러 장소에 있어서의 Ricky의 행동에 대한 몇 가지 자료에 평가의 초점을 맞추었다. 이러한 평가는

ADHD와 같은 복합장애에 필요한데, 여기에는 면접, 평정척도, 행동관찰 등이 포함된다.

ADHD 가능성이 있는 아동에 대한 부모면접에서 면접자는 부부간의 문제, 생활스트레스, 가족기능, 부모의 불만 · 태도 · 정신병리가능성 등에 초점을 두어야만 한다. 이에 더하여, 면접자는 아동의 발달내력과 현재문제를 상세하게 탐색하여야 하는데 특히 "운동, 언어, 지적, 사고, 학업, 정서, 그리고 사회적 기능(Barkley, 1997b, p. 91)"을 살펴보아야 한다. 마지막으로, 가장 중요할 수도 있는 것은 성인면접에서 부모-아동 및 교사-아동 상호작용에 초점을 두는 것이다. Ricky의 경우에, 의미 있는 가족요인들이 그의 행동을 한층 악화시켜 왔을 지도 모른다. 따라서 인턴은 부모의 갈등, 별거, 알코올 사용이 미친 부정적인 영향의 가능성에 관심을 기울였다.

ADHD 가능성이 있는 아동을 면접하는 것도 중요하다. 그러나 ADHD를 가진 아동들은 종종 새로운 환경에서 그들의 증상을 보이지 않는다. Ricky의 경우에 이 점이 특히 분명하게 나타났는데, 그는 첫 면접에서 자기통제적이었으며 내성적이기조차 했다. 더욱이, Ricky의 선생님은 그가 새로운 교수방법이나 과제에 더 면밀한 주의를 기울인다고 보고했다. 그러나 시간의 경과에 따라 익숙해지면서 부주의와 과잉행동이 표면화되는 경향이 있다. 실로, Ricky의 경우에 그의 교실행동은 9월(역자 주: 미국에서는 새 학년이 9월에 시작됨) 이후로 더 악화되어 왔으며, 치료가 진행되면서 그와의 상호작용은 더 힘들어졌다.

ADHD 가능성이 있는 아동과의 면접은 자신의 행동, 대인관계, 학업성취에 대한 아동의 인식에 초점을 모아야 한다. 그러나 이러한 문제에 대한 어린 아동과의 면접은 가끔 신뢰성이 떨어진다. 예를 들어, Ricky의 경우에 그는 자신이 직면하고 있는 모든 문제들에 대하여 혼란스러워 했으며 학교에서의 대인관계의 양과 질에 대해서도 확실치 않았다.

교사면접은 이러한 아동들을 위해 결정적으로 중요할 뿐만 아니라 아동행동의 선행사건(antecedents)과 후속결과(consequences)에 집중하여야 한다. 이러한 정보는 아동들 사이에 특정 행동이 유지되는 이유를 알아내는 데 중요하다.

Mrs. Candler는 무엇이 Ricky의 행동을 유지시켰는지에 대한 많은 정보는 가지고 있지 않았으나 Ricky가 1대1 관심에 반응을 가장 잘 하였다고 말했다.

평정척도 또한 ADHD 문제를 확인하는 데 도움이 될 수 있다. 아동 행동 체크리스트(Child Behavior Checklist: CBCL)와 교사 보고 형식(Teacher's Report Form: TRF)(Achenbach & Rescorla, 2001), 가정 및 학교 상황 질문지(Home and School Situations Questionnaires(Barkley, 1997c), 그리고 아동용 행동 사정 시스템(Behavior Assessment System for Children)(Reynolds & Kamphaus, 2004)이 특히 유용하다. Conners ADHD/DSM-IV 척도(Conners ADHD/DSM-IV Scales)*(Conners, 1999)도 일반적으로 사용되고 있는데 견본문항으로는 다음과 같은 것들이 있다:

1) 학급 또는 자리에 앉아 있어야 할 상황에서 자리를 이탈한다.
2) 수업 중에 집중하기가 어렵다.
3) 마치 발동기가 달린 것처럼 행동을 멈추지 않는다.
4) 부적절한 상황에서 과도하게 돌아다니거나 기어오른다.
5) 여가활동에서 조용히 놀거나 참여하는 데 어려움이 있다.

Ricky의 경우에, Mrs. Smith가 작성한 CBCL에서 사고와 주의력 문제들이 높게 평정되었는데, 핵심적인 문항들에는 집중의 어려움, 가만히 앉아있지 못함, 혼란스러움 등이 포함되었다. 연속수행 검사(Conners, 2000)와 같은 부주의 검사 또한 ADHD를 가진 아동들에게 유용하다. 그러나 Ricky의 경우에 이 검사는 실시되지 않았다.

직접적인 행동관찰은 ADHD 가능성이 있는 아동들을 위한 평가에서 필수적

인데, 그 목적은 (1) 학업상황과 일반상황에서 행동을 평가하고 (2) ADHD 증상이 두 장소 이상에서 나타나는지를 확인하는 것이다. 인턴은 교실과 집에서 Ricky를 관찰하였는데, 그 결과는 교사와 부모의 사전보고와 대부분 일치하였다. 게다가 인턴은 Ricky가 면접 중에 보고된 것보다는 더 많이 또래들과의 사회적 접촉을 시작하고 경험한다는 것을 발견했다.

마지막으로, ADHD 가능성이 있는 아동들을 평가할 때는 다른 가능한 장애들이 배제되어야만 한다. 예를 들어, ADHD가 오진될 수도 있는데 그 이유는 다른 문제들이 ADHD로 잘못 판단되기 때문이다. 이러한 다른 문제들로는 적대적 반항장애 혹은 품행장애, 학습장애 혹은 경도 발달장애, 또는 일반적 교란행동 등이 있다. 더욱이 이와 같은 다른 장애들이 ADHD와 동시에 발생하면서 평가와 진단이 더욱 복잡해지기도 한다. 이러한 장애들을 구별하기 위해서는 일반적 지적기능과 적응행동기능, 학업성취, 공격성과 적대심, 대인관계의 질, 사회적 및 판단 기술, 그리고 ADHD의 전형적 증상 등에 세심한 주의를 기울여야 한다. Ricky의 경우에 정상적인 지적기능, 합격점수를 받을 수 있는 성적, 비공격적인 대인기능, 전형적인 주의력결핍형 ADHD 증상 등에 의거하여 ADHD가 최적의 진단으로 간주되었다.

3. 위험요인과 유지변인

여러 가지 변인들, 특히 생물학적 변인들이 아동들의 ADHD 유발에 기여하는 것 같다. ADHD 아동들은 빈약한 운동협응과 미세뇌기능장애(minimal brain dysfunction)를 보이는 것으로 몇 십 년 동안 생각되었으며, 많은 연구자들이 신경학적 손상 가능성을 집중적으로 연구하여 왔다. 예를 들어, ADHD를 가진 아동들은 뇌의 특정 영역이 약간 다른 것으로 보인다. 특히, 전두엽(frontal lobe) 이상이 거론되어 왔는데, 그 이유는 이 영역이 억제, 사고, 추론, 집중, 주의력, 표현언어, 그리고 운동통제와 연관되어 있기 때문이다. 사실 어떤 연구자들은 전두엽에서, 특히 전전두부 피질선조체망(prefrontal cortical-striatal network)에서 혈류와 신진대사활동이 감소한다는 것을 발견하였다(Zametkin et al., 1993). ADHD 아동들은 또한 수의(隨意)적 움직임에 부분적으로 관여하는 좌측 꼬리핵(caudate nucleus)이 좀 더 작은 경향이 있다(Hynd et al., 1993).

다른 신경학적 이상패턴들도 이 아동집단에서 관찰되었다. ADHD 아동들은 경계심과 지속적 주의력을 요구하는 과제에 반응할 때 불충분한 반응유발패턴을 보이는 경향이 있다(Klorman, Salzman, & Borgstedt, 1988; Tannock, 1998). 따라서 이런 아동들은 학교와 관련된 많은 과제들과 씨름할 수도 있다. 한 가지 흥미로운 관찰결과가 있는데, 리탈린(Ritalin)과 같은 각성제의 사용이 아마도 뇌의 특정 영역으로의 어떤 신경전달물질 또는 혈류를 증가시킴으로써 많은 ADHD 증상들을 완화시키는 역할을 한다는 것이다(Barkley, 1998; Werry & Aman, 1999).

앞서 언급된 바와 같이, Ricky를 위해서 공식적인 신경학적 검사는 전혀 실시되지 않았지만, 그는 새롭고 더 도발적인 자극(예: 새로운 과학과제)이 존재하는 상황에서 좀 더 주의력을 잘 지속시켰다. 또한 임상심리 인턴은 출산전 문제가 Ricky의 뇌변형을 초래했을 것이라고 추측했으나 이것은 확인되지 못했다.

수막염, 갑상선 문제, 중이염(만성적 귀감염), 감각손상(특히 청력손실) 등을 포함하는 유아기 신체적 문제들 또한 ADHD와 관련되어 왔다. 그러나 일반적인 믿음과는 달리, 식품, 설탕, 그리고 알레르기는 ADHD 증상과 거의 관계가 없다. 납독성이 ADHD 출현에 더 관련이 있는데, 납독성은 자동차 밀집, 식수 내의 납, 산업오염 등을 보이는 도시지역에서 특히 문제가 된다. Ricky가 살았던 곳은 빈민지역이었지만 시골이었으므로 이러한 문제들이 그의 경우에는 해당요인으로 보이지 않았다.

ADHD의 유전적 요소에 대한 증거로는 (1) 가계 계승, (2) 이란성 쌍생아보다 일란성 쌍생아에서의 더 많은 출현, (3) ADHD 아동의 입양부모보다 친부모에서의 더 많은 출현 등이 있다(Barkley, 1998; Stevenson, 1992). 게다가 ADHD 아동의 친척들은 일반인들에 비해 더 높은 정신병리율을 보인다. 그러나 Ricky처럼 많은 ADHD 아동들이 ADHD 친척들을 전혀 가지고 있지 않기 때문에 ADHD 에는 혈통적 유형과 비혈통적 유형이 있다고 제의하는 연구자들도 있다(예: Sprich-Buckminster, Biederman, Milberger, Faraone, & Lehman, 1993). 다시 말하면, 대부분의 ADHD 유형들은 뇌이상을 초래하는 유전적 요인에 의해 더 영향을 받는 것으로 보이지만 다른 유형들은 환경적 요인에 의해 더 영향을 받을 수도 있다.

대부분의 ADHD 아동들의 경우와 마찬가지로, Ricky의 경우에도 ADHD 증상의 원인이 명백하게 밝혀지지 않았다. 그러나 앞서 언급된 바와 같이, Mrs. Smith는 Ricky를 출산하기 전에 상당한 음주를 했다. 임신 중의 음주와 흡연은 ADHD를 반영하는 다양한 증상들, 특히 주의력결핍을 초래할 수 있다. 게다가, Mrs. Smith는 Ricky의 출산이 난산이었다고 보고했다. 이것에 대한 더 이상의 정보는 수집되지 않았으나, Ricky의 출산시 문제와 이후의 ADHD 증상이 서로 관련되었을 가능성이 있다. 출산시 문제로는 산소결핍증(anoxia)과 출혈(hemorrhaging)이 있다.

종합적으로 볼 때, 다양한 생물학적 요인들이 ADHD 출현을 해명하는 대부분의 변차(variance)를 설명하는 것 같다. 그러나 원인경로가 무엇이든 간에 그 결과는 반응억제 또는 자신의 행동을 중단시키는 능력에 있어서의 핵심적 결핍이다(Barkley, 1997a). 그 다음에 이 결핍은 ADHD 아동의 다른 특성들을 초래할 수도 있는데, 이러한 특성에는 기억력, 규칙지배적 행동, 문제해결력, 인내심, 운동적 · 정서적 통제 등의 부족이 포함된다(Barkley, 1997a).

따라서 생물학적 요인은 ADHD의 원인을 설명하는 데 중요하다. 그러나 환경적 변인이 ADHD 증상을 유지시키고 최종적 결과에 영향을 미치는 데 상당한 역할을 하는 것 같다. 이러한 환경적 변인들 가운데 가장 주목할 만한 것은 부모-아동간 그리고 교사-아동간 상호작용이다.

몇 가지 부모행동들이 ADHD 행동을 통제하거나 또는 통제를 실패하는 데 중요한 요소로 작용한다. 이미 언급된 바와 같이, 많은 ADHD 아동들은 부모의 요구에 주의를 기울이거나 그 요구를 이해하는 데 어려움을 보인다. Mrs. Smith

를 위시해서 어떤 부모들은 아동의 이러한 행동을 고의적인 불복종 또는 보복으로 간주한다. 그 결과, 심한 체벌이 가끔 행해지는데 이것은 종종 문제를 악화시킨다. 한편, 어떤 부모들은 아동과 그 아동의 ADHD 행동을 묵인하거나 그 행동을 통제하기 위해 점두판매의 약(역자 주: 의사의 증명 · 처방이 필요 없는 약)을 먹이고, 또는 오랜 시간 텔레비전을 보거나 비디오게임을 하도록 내버려둠으로써 아동을 진정시킨다. 그러나 이러한 전략들은 장기적 안목으로 보면 일반적으로 실패를 가져온다. 문제행동이나 낮은 학업성취에 대하여 조직, 피드백, 일관적이고 적절한 훈육을 제공하는 부모는 그렇지 않은 부모보다 아동의 ADHD 행동에 대해 더 나은 통제력을 가지게 될 것이다. 따라서 ADHD 아동을 위한 치료계획에는 광범위한 부모교육과 부모참여가 반드시 포함되어야 한다.

비슷한 조건이 ADHD 아동을 향한 교사의 행동에도 적용된다. 일반적으로, 교사는 ADHD 아동 또는 학급이 혼란에 빠질 위험에 세심한 주의를 기울여야만 한다. 그러나 교사는 ADHD 아동의 행동을 강화하거나 또래와의 사회적 상호작용을 못하게 함으로써 그 아동에게 과도한 관심을 보일 수도 있다. 역으로, 구조화된 교육, 학습행동이나 사회적 행동에 대한 빈번한 피드백, 일관성 있는 훈육은 ADHD 아동에게 더 긍정적인 영향을 미치는 경향이 있다. 따라서 ADHD 아동을 위한 어떤 치료계획에 있어서도 반드시 교사와의 상의와 협력이 광범위하게 연루되어야 하고, 교실에서 실행될 가능성이 있는 사항들에 대한 교사들의 의견도 반드시 포함되어야 한다.

4. 발달 양상

많은 연구자들이 ADHD 아동들의 발달 양상을 도표로 만들어 왔으며, 이 장애의 일반적 진행과정이 확인되어 왔다. 이와 같은 발달연구 중 많은 연구가 다섯 가지 발달기간에 초점을 두어 왔다: 영아기, 유아기, 아동기, 청소년기, 그리고 성인기. 비록 최종적으로 ADHD를 발달시키는 많은 아기들이 성미가 까다로운 것으로 소급되어 기술되고는 있지만 영아기(0~2세)에 대한 정보는 적은 편이다. 때때로 이러한 아기들은 상궤를 벗어난 섭식 및 수면 패턴, 성마름, 통상적인 일과에 대한 저항, 기분동요, 예측불허 등을 보인다(Campbell, 1990; Ross & Ross, 1982). Ricky의 경우에, Mrs. Smith는 그녀의 아들이 생후 첫 몇 년 동안 까다로웠다고 말했다. 또한 그녀는 Ricky가 가끔 안기는 것을 거부했고, 온 집안을 기어 다녔으며, 그에게 위험스러운 물건(예: 유독한 세척제)에 과도한 호기심을 보였다고 보고했다. 그러나 Ricky의 조기 행동들이 과잉행동적인지 아니면 두 살배기에게 꽤 정상적인지는 분명하지 않았다.

유아기(3~5세)에는, 최종적으로 ADHD를 발달시키는 아동들이 이 장애의 특성에 더 근접하는 증상을 보인다. 일반적으로, 가장 주목할 만한 증상은 과잉행동 및 충동성과 관련된 것들이다(Campbell, 1990). 구체적으로, 이 아동들은 모든 일에 뛰어들고, 통제하기 더 어려워지며, 상궤를 벗어난 행동패턴을 보인다. 더욱이, 그들은 또래들보다 더 자주 자리를 이탈하며, 과도하게 소리를 내거나 말을 하고, 다른 사람들의 활동을 방해한다. Ricky의 경우에, Mrs. Smith는 그녀의 아들이 다루기 어려울 정도로 설쳤다고 하면서도 이 행동이 3~4세 아동에게 정상적으로 기대되는 바를 넘어서는 것인지는 확신하지 못했다. 그녀는 Ricky가 물건들, 특히 이전에 그가 본 적이 없는 물건들에 대해 과도한 호기심을 보였다고 보고했다. 이 점은 Ricky의 현재 행동에도 일관성있게 나타나는 것 같았다; 그는 자신에게 가장 새로운 자극에 가장 많은 관심을 보이는 경향이 있었다.

궁극적으로 ADHD를 발달시키는 유아기 아동들은 또한 대부분의 자기또래 아동들에 비해 더 불복종적이고 공격적인 경향이 있다. 사실, 적대적 반항장애와 품행장애 특유의 어떤 증상들이 나타나기 시작할 수 있다. 이러한 증상들에는 과도한 언쟁, 강렬하고 짧은 성마름, 센 고집, 언어적 · 신체적 공격성, 부정적인 감정 등이 포함된다. Mrs. Smith에 의하면, Ricky는 다른 사람들에 대해 일반적으로 공격적이지 않았으며, 사실 대부분의 이웃 친구들이 그를 좋아했다. 그러나 Mrs. Smith는 Ricky가 자기 방식대로 모든 일을 하려는 고집을 부린다고 했다. 예를 들어, 그의 뜻대로 되지 않으면 그는 종종 집안을 돌아다니면서 소리를 질렸다. 그럼에도 불구하고 Ricky의 어떤 증상도 과잉행동-충동형 ADHD 진단을 만족시킬 만큼 심하지는 않았다.

이러한 아동들의 유아기는 또한 주위사건들에 대한 지나친 정서적 반동성(emotional reactivity)의 특성을 보인다. 예를 들어, 이러한 아동들은 자신들을 성가시게 하는 것들에 대해 또래들에 비하여 더 당황해 할 뿐 아니라 그 지속기간도 더 길게 보이는 경향이 있다. 비록 유아기에 나타나는 많은 ADHD 특성들이 Ricky에게는 적용되지 않았으나 그는 정서적 반동성을 보였다. Mrs. Smith에 의하면, Ricky가 기다렸다는 듯이 당황하고 가족들은 종종 "Ricky의 주위에서 살얼음을 딛는(walking on eggshells around Ricky)" 기분이었다. 분명한 것은 자신을 초조하게 만들거나 자신의 뜻대로 되지 않을 때 Ricky가 성질을 부린다는 것이었다. 이 점은 그가 새로운 무엇인가를 박탈당했을 때 특히 나타났다. 더욱이, 텔레비전 시청을 허락받지 못하는 것과 같은 사소한 문제를 두고도 그의 성질부리기는 가끔 2시간까지 지속되었다. Mrs. Smith는 유아기 이후로 이러한 Ricky의 행동에 별다른 변화가 없었다고 말했다.

마지막으로, 궁극적으로 ADHD를 발달시키는 아동의 유아기는 심한 부모-아동간의 갈등에 의해 가끔 특징지어진다. 이러한 갈등 중 어떤 것들은 부모들이 종종 불복종으로 해석하는 부모의 요구에 대한 아동의 만성적인 부주의에서 비롯된다. 비록 구분하기 어려울 때도 가끔 있지만 Ricky의 행동은 불복종이라기보다는 부주의였다. 그의 어머니는 Ricky가 산만하지 않은 것으로 생각될 때는 그녀에게 귀를 기울이고 자신의 일을 수행하려고 한다고 보고했다. 그러나 Ricky가 어머니의 말을 이해하지 못할 때 어머니와 많이 다투었다. Mrs. Smith는 아들이 끊임없이 무책임하게 구는 것에 반해 딸은 책임감있고 순종적인 사람으로 성장하고 있는 이유를 이해할 수가 없다고 말하기도 했다.

학령기(6~12세) 동안에는, 학교와 사회적 요구가 적절한 행동에 대한 기대 및 실패에 대한 기회를 증가시키면서 ADHD 증상이 확연히 드러나게 된다. Ricky의 경우처럼 부주의가 핵심적 사항인 사례에서는 목적지향이 특히 문제시된다. 이에 더하여 과제완결, 조직화, 집중, 기억, 계획, 사회적 책무 등에서 만성적인 문제가 나타난다. 또한 이러한 아동들의 절반 가량이 아동기 전반에 걸쳐 반항적 · 적대적 성향을 보인다. 자기조절 결함도 나타나 자기관리, 가사완수, 사회적 기술, 시간 맞추기 등에 있어서의 문제로 이어질 수도 있다(Barkley, 1996). 비록 그의 사회적 기술은 그다지 교란되지 않았으나, 이러한 문제들 중 많은 것들이 Ricky에게도 보였다.

청소년기에는 부주의, 과잉행동, 충동성의 증상이 덜 심하게 나타나지만 일반인들에게 나타나는 것보다는 여전히 더 문제가 있다. 더욱이 ADHD 청소년들은 학업문제, 반사회적 행동, 미성숙, 또래들보다 더 낮은 자아존중감을 보인다(Hechtman, 1996). 또한 청소년기에도 여전히 ADHD 진단준거를 만족시키는 경우가 많다. 청소년기까지 지속되는 ADHD의 주요 예측변인에는 동시발생한 적대적 반항장애나 품행장애, 빈약한 사회적 기술, 부모-아동간 갈등과 가족기능장애, 더 단기적인 치료, 어머니의 우울증(적절한 양육을 방해할 가능성이 있음) 등이 포함된다(Barkely, 1996). Ricky는 꽤 원만한 사회적 기술을 가졌고 어린 나이에 치료를 받고 있었기 때문에 청소년기에 대한 예후는 다른 ADHD 아동들에 비해 좋을 것으로 보였다.

성인기로의 ADHD 지속여부에 대해서는 알려진 바가 적으나 성인기까지 그 증상을 계속 나타내는 경우는 이 집단의 65%에 이른다(Weiss & Hechtman, 1993). 이러한 현상은 부주의 문제에 특히 더 해당된다. 게다가 아동기에 ADHD를 가졌던 성인들은 물질남용과 반사회적 또는 범죄 행위를 보일 가능성도 있다(Farrington, 1990). 낮은 학력, 낮은 자아존중감, 빈약한 사회적 기술, 자살시도 등도 ADHD의 성인기 결과에 포함된다(Weiss, Hechtman, Milroy, & Perlman, 1985). 그러나 아동기에 ADHD를 가졌던 개인들이 모두 성인기에 문제를 반드시 보이는 것은 아니다. 실은 지능, 정서적 안정, 지원적인 가족환경과 같은 요인들이 긍정적인 장기적 결과를 늘릴 수도 있다(Herrero, Hechtman, & Weiss, 1994).

5. 치료

ADHD 아동들의 치료는 종종 약물과 행동수정에 중점을 둔 다중적 접근을 취한다. 앞서 언급된 바와 같이, ADHD 아동들은 특정 신경전달물질 또는 뇌변형으로 인하여 자신의 행동을 억제하거나 통제하는 데 어려움을 겪을 수 있다. 따라서 각성제가 이러한 아동들의 일부를 치료하는 데 유용하다. 가장 잘 알려진 각성제인 메틸페니데이트(methylphenidate) 또는 리탈린(Ritalin)이 비교적 빠른 효과를 나타내며, 어떤 경우에는 아동의 행동에 극적인 변화를 가져온다. 이러한 현상은 과잉행동 및 충동성과 관련된 증상에 특히 더 해당된다.

리탈린(Ritalin)은 하루에 한 번 또는 여러 번 투약될 수 있다. 투약정도는 다양하지만, 많은 아동들이 1회당 5mg 복용에서 시작한다. 투약정도는 시간이 흐르면서 필요하면 전형적으로 증가되지만 일반적으로 하루에 60mg을 초과하지는 않는다(Waslick & Greenhill, 1997). 보편적으로 처방되는 다른 정신각성제로는 덱스트로암페타민(dextroamphetamine)[약명은 덱시드린(Dexedrine), 아데랄(Adderall)]과 페몰린(pemoline)[약명은 사이럴트(Cylert)]이 있다. 각성제를 복용하는 ADHD 아동들의 3/4 가량이 어느 정도 개선을 보인다. 틱장애를 수반하는 ADHD 아동들이나 각성제에 반응을 보이지 않는 아동들을 위해서는 삼환계 항우울제(tricyclic antidepressants) 또는 다른 항우울제가 가끔 처방된다.

Ricky의 경우에, 약물사용 여부에 대한 상당한 논란이 있었다. 대체로 학교 교직원들은 약물사용에 상당히 호의적이었다; 그러나 Mrs. Smith는 불안해하였고, 임상인턴도 처음에는 약물이 Ricky의 주의력결핍에 도움이 될 것이라고 확신하지 못했다. 부작용 가능성을 둘러싼 논란도 많았다. 각성제와 관련된 일반적인 부작용으로는 식욕 및 체중 감소, 불면증, 불안 및 짜증, 울기, 틱, 그리고 장기적인 성장억제 가능성 등이 있다(Werry & Aman, 1999). 이 집단의 약물사용에 대한 다른 우려에는 (1) 과잉진단에 의한 과잉약물, (2) 만병통치약으로서의 약물복용(많은 아동들이 행동수정프로그램의 실시 없이 약물처방을 받는다), (3) 낙인 및 사회적 배척(많은 아동들이 학교에서 하루에 한 번은 약물복용을 한다), 그리고 (4) 행동통제 및 수정을 위한 약물사용에 있어서의 혼란된 정보 등이 포함된다.

Ricky의 경우에, Mrs. Smith는 결국 약물사용을 시도해 보기로 결정했다. 그녀는 또한 아들의 행동을 통제하기 위해 점두판매(역자 주: 의사의 증명 · 처방이 필요 없는) 감기약 또는 카페인을 한 달에 2~3회 사용했었다고 밝혔는데, 인턴은 그것을 즉시 중단하도록 권유했다. 그 이유는 Ricky의 본질적인 행동을 파악하고, 빈번한 감기약 복용에 따른 유해가능성을 줄이며, 앞으로 진행될 소아과 의사의 평가에 혼란을 주는 어떤 요인도 제거하기 위해서였다. 비록 Ricky의 행동에 주요한 변화는 전혀 나타나지 않았지만 Mrs. Smith는 이 권유에 즉각 동의를 했다.

Ricky는 ADHD를 전문으로 하는 소아과 의사에게 의뢰되었는데, 그녀는 초기의 진단에 동의를 했다. Ricky는 처음에 5mg의 리탈린(Ritalin)을 하루 2회(총 10mg) 복용하도록 처방받았다. 약은 아침에는 집에서 그리고 점심식사 후에는 학교 양호실에서 복용하도록 되어 있었으며, Ricky는 이러한 복용법에 불평 없이 따랐다. 인턴과 Mrs. Smith는 Ricky에게 약물이 그로 하여금 어머니와 선생님에게 주의를 더 잘 기울이도록 도움을 줄 것이라고 설명했다. 약물복용은 이틀 후부터 시작되었으나 어떤 효과도 나타나지 않았다. 그러자 소아과 의사는 이후 4주간 Ricky의 복용량을 2배로 늘였는데, 최종 복용량은 하루에 30mg이었다.

이 4주 동안에 Ricky는 학교와 집에서 면밀히 관찰되었다. 그의 선생님인 Mrs. Candler는 Ricky가 다소 더 유순해졌고 더 나은 주의력을 보였으며 자리를 더 잘 지킨다고 보고했다. 그러나 그의 학업수행 수준은 개선되지 않았다. Mrs. Smith는, 비록 그녀의 개선에 대한 기대가 그녀의 인식을 흐리게 했을 수도 있으나, Mrs. Candler가 보고한 바와 유사한 효과를 보고했다. 따라서 임상인턴은 교실에서 Ricky를 2회 관찰하였다. 그는 Ricky가 자리는 좀 더 잘 지키고 있었으나 그의 주의력은 치료전보다 약간 향상되었을 뿐이라는 것을 발견했다.

약물치료를 보완하기 위해, Ricky는 행동수정프로그램에 배치되었다. 이 프로그램은 주로 Ricky의 주의력, 조직화하고 학습하는 기술, 학습과제 완성 등을 개선하기 위해 계획되었다. 처음에 이 프로그램은 앞서 언급된 학급카드체제를 보완하는 광범위한 토큰경제로 이루어졌다. 처음에 토큰경제는 Ricky의 착석행동에만 적용되었는데, 그는 적절하게 앉아 있는 매 시간당 20점을 받을 수 있었다. 이 시간동안 그는 교사가 요청할 때 자리를 떠날 수 있도록 허용되었다. 이에 더하여, 그는 한 번의 실수 또는 이유 없는 자리이탈은 묵인되었다. 변명이 되지 않는 첫 번째 자리이탈에 대해서는 경고가 주어졌으며 한 시간 이내에 나타나는 후속 자리이탈은 2점의 반응대가(response cost)를 가져왔다. 따라서 만약 Ricky가 경고가 주어진 이후 10번 이상 이유 없이 자리를 이탈하면 점수를 전혀 얻을 수 없었다. 착석행동이 먼저 선택된 이유는 Ricky가 비교적 쉽게 점수를 얻을 수 있을 것이라고 선생님들과 인턴이 믿었기 때문이었다. 점수를 얻음으로써 그는 바람직한 행동에 대한 긍정적인 강화를 받았고 토큰경제에 친숙해졌을 것이다.

만약 Ricky가 6시간의 학교시간이 끝날 무렵까지 최소한 100점을 누적하면 흥미로운 학급활동에 참여할 수 있는 권리를 얻었다. 이러한 활동에는 새로운 게임, 비디오테이프, 또는 Mrs. Candler와의 1대1 대화 등이 포함되었다. 4주간에 걸쳐 Ricky의 착석행동은 다소 향상되었으나 그 변화는 크지 않았는데, 그 이유는 그 행동이 시작단계에서 그다지 심각하지 않았기 때문이었다. 그 결과, Ricky의 착석행동은 초록색-빨간색 카드 체제로만 실시되었으며 이틀 연속 초록색 카드가 유지될 때에는 보상이 주어졌다.

그 다음 토큰경제 프로그램은 Ricky의 주의력과 학습과제 완성을 표적행동으로 삼았다. Ricky는 Mrs. Candler의 지시에 귀를 기울이고 그것을 조용히 자신에게 되풀이해서 말하도록 지도받았다. 만약 Ricky가 주의를 기울이지 않는다고 Mrs. Candler가 판단하면 2점을 빼앗았다. 이 경우에, 주의를 기울이지 않는다는 것은 광의로 정의되었는데, 다른 사람들에게 말을 걸거나 지시 중에 눈을 맞추지 않는 것과 같은 행동들을 포함했다. 이에 더하여 Ricky는 완성하지 못한 과제에 대해서도 점수를 잃었다. 이러한 토큰경제는 처음에는 느리게 진행되었는데, 그 이유는 성인들이 특정행동들을 정의하고 Ricky를 감독하는 방법에 대해 여러 가지 질문들을 가지고 있었기 때문이었다. 다행히, 모두가 Ricky를 도

우려 하였으며 그의 주의력과 과제완성은 6개월간에 걸쳐 50%정도 개선된 것으로 추정되었다.

이 6개월 동안, 토큰경제는 학습하고 조직화하는 기술에까지 확대하여 적용되었다. 예를 들어, 학습기술과 관련해서 Ricky는 공부하는 데 시간을 보내고 적절하게 손을 들며 주위에 있는 또래들을 괴롭히지 않는 것에 대해 보상을 받았다. 조직화 기술과 관련해서는 자신의 책상을 깨끗하게 유지하고 시간을 적절하게 구별하며 숙제를 기한 내에 제출하고 학교에서 필요한 물품을 어머니에게 이야기하는 것에 대해 Ricky에게 보상이 주어졌다. 비록 이러한 행동들이 공식적으로 측정되지는 않았지만, Mrs. Candler는 이 두 영역에서 전반적인 향상이 있었다고 보고했다.

부모훈련도 실시되었는데 그 목적은 Ricky의 적대적 문제를 집에서 통제하고, Ricky의 주의력 문제에 대해 Mrs. Smith와 그녀의 딸을 교육시키며, 토큰경제에 대한 각자의 동기화와 일관성을 유지시키고자 하는 것이었다. 특히 Mrs. Smith에게는 Ricky의 성질부리기와 불복종을 통제하기 위해 집에서 타임아웃을 어떻게 사용하는가에 대해 가르쳤다. Ricky는 또한 당일 자신의 행동을 평가한 일지를 Mrs. Candler로부터 받았다. 만약 평가결과가 좋으면 Ricky는 집에서 Mrs. Smith로부터 부가적 보상을 받았다. 만약 평가결과가 좋지 않으면 그는 잠자리에 일찍 보내졌다. 유관성 관리(contingency management)(역자 주: 자극과 반응, 예컨대 행동과 강화물 사이의 인과관계를 변화시킴으로써 행동을 수정하는 절차)의 여러 측면들(예: 부모의 적절한 명령)도 강조되었다.

6개월의 치료기간 동안 Ricky는 덜 혼란스럽고 주의력에 전반적인 향상을 보이는 등 꽤 호전을 보였다. 그러나 매주 보는 시험의 점수와 등수에서는 전혀 변화가 나타나지 않았다. 불행히도 Mrs. Smith는 그 해 여름에 Ricky의 심리치료를 종료했다. 인턴의 회의적 태도에도 불구하고, Mrs. Smith는 Ricky가 약물치료만으로 유지될 수 있을 만큼 충분히 개선되었다고 판단했다. 이와 같은 일은 이 집단에서 흔히 발생한다. 다음 해에 이루어진 Mrs. Smith와의 전화통화에서는 Ricky의 문제행동은 여전히 다루기 쉬웠으나 학업수행은 보통 또는 열등 수준에 머물러 있는 것으로 나타났다.

6. 토론 문제

1) 과잉행동-충동형 ADHD 진단을 받은 아동과 나이에 비해 과도하게 설치는 아동 간에 차이점이 있다면 무엇일까? 단지 주의를 기울이도록 동기화되지 않는 아동은 어떤가?
2) ADHD, 품행장애, 경도 정신지체, 그리고 학습장애는 가끔 구별하기가 어렵다. 어떤 징후나 증상에 의해 아동이 이 가운데 한 가지를 가지고 있다고 결론을 내릴 수 있을까?
3) ADHD가 과잉진단되고 있는지 또는 실지로 아동들에 있어서 출현율이 높은지에 대한 상당한 논쟁이 일고 있다. 이 점에 대해 어떻게 생각하는가? ADHD 진단을 내릴 때 피하기를 원하는 아동의 행동에 대한 편견은 무엇인가?
4) ADHD는 4~5배 정도 여아보다 남아에게 더 나타난다. 이것을 실제 차이라고 생각하는가 아니면 아동들의 성장과정에서 우리들이 갖는 남아와 여아에 대한 기대에 의해 더 쉽게 설명될 수 있는 것이라고 생각하는가? 남아들이 ADHD 증상들을 더 흔히 보이는 이유를 설명할 수 있는 남아와 여아간의 사회화에 있어서의 차이점은 무엇인가?
5) ADHD 아동을 평가하는 최상의 방법은 무엇인가? Ricky와 주위 사람들에게 어떤 질문을 하는 것이 좋을까? 일방경(one-way mirror)을 통해 학교에서 한 아동을 관찰할 때 무엇을 기대하겠는가?
6) ADHD의 치료에 있어서 약물처방이 해야만 하는 역할에 대한 상당한 논쟁이 이루어지고 있다. 이 집단을 위한 약물치료를 어떻게 생각하는가? 찬반양론은 무엇인가? 많은 ADHD 아동들이 오랜 기간 약물치료를 받는 이유는 무엇이라고 생각하는가? 이것은 바람직한 방법일까? 방해받지 않고 교육을 받을 다른 아동들의 권리에 대해 숙고해 보라.

7) 선생님이 참여하기를 원하지 않는 경우에 대비하여 ADHD 아동을 위한 치료 계획을 세워 보아라. 어떻게 그 일에 착수할 것인가? 그 밖에 누구를 참여시킬 것인가?

제 7 장

학습장애

(Learning Disability)

InfoTrac® College Edition

Explore InfoTrac College Edition by going to
http://infotrac.thomsonlearning.com

Hint. Enter these search terms: learning disability/disorder, dyslexia, dyscalculia, intelligence/achievement testing

1. 증상

Gisela Garcia는 평가 및 치료권장을 위해 학교심리가에게 의뢰된 8살 라틴아메리카계 소녀였다. 의뢰 당시, Gisela는 2학년이었다. 의뢰는 그 학년 후기에 Gisela의 부모인 Garcia씨 부부가 평가에 대한 심한 반대를 철회한 후에 이루어졌다. 그 학년 동안, Gisela는 영어가 그녀의 제1 언어임에도 불구하고 읽기과제와 철자시험에서 많은 어려움을 보였다. 이러한 어려움은 Gisela의 수학 및 과학 과목에도 영향을 미쳤는데, 그 이유는 이 과목들 과제의 많은 부분이 폭넓은 읽기 및 쓰기를 요구하는 문제에 근거를 두고 있었기 때문이었다.

학교심리가인 Mrs. Dartil은 Gisela의 학업문제를 약 2개월 동안 감지하고 있었다. Gisela의 2학년 담임교사인 Mrs. Martinez는 학교심리가에게 그녀의 한 학생이 읽기와 철자에 특별한 문제를 가지고 있으나 그 학생의 부모님이 어떤 형태의 부가적인 평가와 중재도 거부하고 있다는 것을 알렸다. Mrs. Martinez는 그 부모님과의 회의에 학교심리가가 같이 참석하여 Gisela의 평가필요성에 대해 부모님을 설득해 주기를 희망했다. 몇 주의 연기가 있은 후, Garcia씨 부부는 그 회의 참석에 마지못해 동의했다.

Gisela의 부모님과 학교심리가가 참석한 회의에서 Mrs. Martinez는 Gisela의 학업문제를 설명했다. 가장 우선적으로 거론된 문제는 학급 또래들에 비해 심하게 뒤쳐져 있는 Gisela의 읽기수행과 철자수행이었다. Gisela는 현재 Mrs. Martinez 학급에서 최하위 수준의 읽기그룹에 속해 있었으며 다루어지는 학습물에 주의를 기울이고 그 내용을 이해하는 데 어려움을 보이고 있었다. 예를 들어, Mrs. Martinez는 학생들에게 이야기를 읽어 주고 그 다음에 그 이야기에 대한 질문을 하곤 했다. 비록 좀 복잡한 질문에는 많은 학생들이 고심하기도 했지만, 간단한 질문에 대해서는 대부분의 학생들이 쉽게 대답했다. 그러나 Gisela는 더 간단한 질문(예: 이 이야기는 무슨 동물에 대한 이야기인가?)조차 대답하는 데 어려움을 종종 보였다. 그 문제는 부분적으로 Gisela의 부주의로부터 생겼는데, 왜냐하면 Mrs. Martinez가 이야기를 읽을 때 Gisela는 가끔 바닥에 앉아서 빙빙 돌고 있었기 때문이었다. 그녀는 질책을 받으면 보통 멈추었으나 곧 다시 계속하곤 했다.

Mrs. Martinez는 또한 Gisela가 새롭고 다른 단어들, 심지어는 그룹으로 묶여 제시되는 단어들(예: law, paw, saw)조차 식별하는 데 어려움을 보였다고 말했다. 예를 들어, Gesela가 속해 있는 읽기그룹의 학생들이 각각 특정 책의 짧은 한 구절을 읽도록 지시받았을 때, 대개 Gisela는 그 구절이 한 달 이내에 다루어진 내용일 경우 읽을 수 있었으나 비교적 새로운 책의 구절들일 경우에는 거의 모든 단어들을 식별하는 데 어려움을 보였다. 아이러니컬하게도, 충분한 시간이 주어지면 Gisela는 알파벳 문자를 식별하는 데 어려움이 없었으며 결국은 단어의 의미를 해독하고 읽기를 계속할 수 있었다. 불행히도, 이것은 종종 많은 시간을 요구하고 읽기그룹에 방해가 되었다.

Mrs. Martinez는 Gisela의 읽기문제가 그녀의 철자문제와 관련되어 있다고 했다. Gisela는 시험에서처럼 구두로 제시되는 단어들의 철자를 말하는 데 큰 어려움이 있었다. 그러나 책의 단어를 옮겨 쓰고 그 단어를 여러 번 반복해서 쓰는 데에는 별다른 어려움이 없었다. 예를 들어, Mrs. Martinez는 학생들에게 월요일에 내 준 단어들을 주중에 반복하여 쓰면서 공부할 것을 요구하고 금요일에 구두시험을 실시했다. Gisela는 비록 단어들을 느리게 쓰기는 했으나 주중의 공부과정에는 거의 문제가 없었다. 그러나 최근 철자 구두시험들에서의 그녀의 수행은 평균 30%정도의 정확성을 보일 뿐이었다. 이것은 기계적인 읽기과제와 쓰기과제에 있어서의 실패를 가져오는 결과를 낳았다.

Mrs. Martinez는 Gisela의 읽기 및 철자 문제가 수학 및 과학수업에도 영향을 미치고 있다고 덧붙여 설명했다. 그 이유는 Mrs. Martinez가 수학과 과학을 가르치는 데 있어, 문제를 이야기로 제시하고 보고서 및 서면으로 과제를 작성하도록 하는 창의적인 실험 프로젝트(예: 식물키우기)를 이용하였기 때문이었다. 이와 같은 과제들은 읽기 및 쓰기와 씨름하는 학생에게는 어려웠을 것이다. 그러나 이러한 프로젝트를 수행하는 동안에 Gisela는 실지 작업이나 자신의 흥미와 주의를 끄는 과제에는 별다른 어려움을 보이지 않았다.

Mrs. Martinez는 Gisela가 1학년 초기 수준의 기능을 보이고 있다고 생각했다. 그러나 그녀는 또한 Gisela가 영리해 보이고 몇 가지 강점을 가지고 있다고도 했다. 특히, Gisela는 음악과 미술 수업에서 남보다 뛰어났는데, 그 수업에서는 활동에 강한 흥미와 동기를 보였다. Gisela의 강점에는 사회적 기술도 포함되었다. 그녀는 기지가 풍부했으며 상호작용이 활발했고 그 학급에서 가장 선호되는 학생들 중의 하나였다. 게다가 Gisela의 언어적 기술은 정상이었다. 종합적으로, Mrs. Martinez는 Gisela가 정상적인 지능을 갖고 있는 것으로 보이나 학업과제에는 명백하게 어려움을 가지고 있다고 말했다.

그 다음에 Mrs. Martinez는 Gisela의 학급행동에 대해 언급했다. Mrs. Martinez는 Gisela가 다소 안절부절못하며 주의를 기울이는 데 어려움을 보이지만 교란행동은 보이지 않는다고 했다. 예를 들어, Gisela는 공격성, 과잉행동, 충동성, 무례한 행동은 보이지 않았다. 더욱이 그녀는 일반적으로 복종적이었으나 과제에 집중하도록 끊임없는 주의를 주어야 했다. Mrs. Martinez는 또한 Gisela가 학습용품을 정리하고 학업기술을 조직화하는 데 심각한 문제를 보인다고 보고했다. 예를 들어, 그녀의 책상은 관련 없는 자료와 필기도구들로 가득하였다. 그녀는 또한 시험을 준비하거나 과제를 완성하는 데 체계적이지 못했다. 이러한 보고들은 Gisela의 부모인 Garcia씨 부부에게 잘 받아들여지지 않았다. 그들은 딸이 내재적인 문제를 가지고 있다는 것을 믿으려 하지 않았으며 대신 교수방법이 잘못되었다고 학교(간접적으로는 Mrs. Martinez)를 탓했다. 그들은 Gisela가 그 전 해에 다른 지방에서는 좋은 학업수행을 보였다고 말했으나 그 학업기록을 학교심리가에게 보여 주는 것은 거부했다. 그들은 또한 Gisela가 집에서는 집중을 잘 하며 그들이 감독을 할 때는 언제나 학습과제를 끝마쳤다고 했다. 더욱이 그들은 Gisela가 그들에게 주의를 기울이는 데 전혀 문제가 없으며 전반적으로 정상적인 8살 아동으로 보인다고 주장했다.

이에 반응하여 Mrs. Martinez는 Gisela가 부모님과 함께 숙제를 완성하였을 수도 있지만 제출된 숙제는 거의 없다고 말했다(Gisela는 종종 숙제를 잃어버렸다고 했다). Mrs. Martinez는 다음 한 달 동안 Garcia씨 부부가 읽기그룹에 있는 딸을 관찰하고 시험결과와 학급에서 완성된 과제물을 면밀히 검토할 것을 권유했으며, 그들은 그렇게 하는 데 동의했다.

두 달 후에 두 번째 회의가 열렸다. 학교심리가인 Mrs. Dartil과 Gisela의 선생님인 Mrs. Martinez는 Gisela의 발달상황을 검토하였고 평가를 받아볼 것을 다시 권유하였다. Gisela의 학업수행은 근본적으로 변화를 보이지 않았으며 Garcia 씨 부부는 딸의 학업문제를 더 알아차리게 되었다. 그들은 여전히 검사를 꺼려했으나, 그 다음 2주간에 걸친 비공식적 논의가 있은 후 마침내 평가를 받는 데 동의를 했다. Mrs. Dartil은 Gisela가 학습장애를 가지고 있는지의 여부를 판단하려는 초기의 의도대로 즉시 포괄적 평가를 위한 스케줄을 잡았다.

2. 평가

DSM-IV-TR에 의하면, 학습장애 진단은 "읽기, 셈하기, 쓰기 영역과 관련해서 개별적으로 실시된 표준화검사의 결과가 연령, 학교교육, 지능수준에 기대되는 정도보다 현저하게 낮을 때" 적합하다(American Psychiatric Association, 2000, p. 49). 지능수준과 관련해서, "현저하게 낮다"는 것은 학업성취수준과 지능수준 간에 2표준편차 이상의 차이가 있다는 것을 의미한다. 이에 더하여 학습문제가 반드시 학업기능 또는 일상기능을 현저하게 방해해야 한다. Gisela의 경우에, 그녀의 학습문제가 학업기능을 방해하고 있는 것이 명백했다: 그녀는 비록 음악과 미술에서 A학점을 받고 있었으나 읽기와 철자 그리고 수학에서는 F학점을, 과학에서는 D학점을 받고 있었다. DSM-IV-TR은 학습장애를 읽기장애, 산술장애, 쓰기표현장애로 분류한다. 사전자료에 비추어 볼 때, Gisela는 읽기장애와 쓰기표현장애를 가지고 있는 것으로 보였다.

만약 아동의 학업문제가 "학업성취에 있어서의 정상적인 변동, … 기회결손, 부적절한 교수, 또는 문화적 요인"에 주로 기인하면 학습장애로 진단되지 않는다(APA, 2000, p. 51). 영양불량에 기인하는 경우도 배제되어야 한다. 이에 더하여

아동이 감각적 결함(예: 시력 문제)을 가지고 있으면 일반적으로 학습장애로 진단받지 않지만, 학습문제가 그 결함을 넘어서는 것이 분명한 경우에는 학습장애로 진단을 받을 수도 있다. Gisela의 경우에, Garcia씨 부부는 딸의 문제가 특별히는 부적절한 교수 때문에 그리고 일반적으로는 빈약한 학교재정 때문에 나타난 것이라고 주장했다. 그들은 Gisela가 학습장애를 가지고 있다고 생각하지 않았다. 이러한 논쟁은 수업에서 실패하는 아동에게 학습장애 진단을 내릴 것인가를 결정할 때 세심한 주의를 요하는 문제이다.

학습장애 가능성을 가진 아동들을 평가할 때는 몇 가지 필수적인 사항이 고려되어야만 한다(Taylor, 1988). 첫째, 아동의 학습문제는 여러 가지 형태(예: 빈약한 조직화, 지속적인 과제수행을 못함, 지각문제)로 나타날 수 있기 때문에 상세하게 검토되어야 한다. 예를 들어, Mrs. Martinez는 Gisela가 학업수행을 잘 하지 못하는 몇 가지 문제들을 언급했다. 둘째, 단어해독문제와 같은 특정 결함은 일반적 읽기 또는 학업성취에서 광범위한 결과로 나타날 수 있다. 셋째, 부모와 교사의 걱정 및 기대가 신중하게 고려되어야 한다. 학교에 대한 Gisela 부모의 유보행위(reservations)를 참작해 볼 때 이 사항은 Gisela에게 특히 해당되었다. 넷째, 인지적 특성과 행동적 특성은 서로 영향을 미친다는 것을 기억해야 한다. 예를 들어, 언어결함은 아동으로 하여금 사회적으로 위축되게 할 수 있다(Taylor, 1988). Gisela의 경우에, 그녀의 계속되는 학업문제는 그녀의 자아존중감에 부정적인 영향을 미칠지도 모른다. 다섯째, 사회문화적 요인과 같은 환경적 변인들이 반드시 고려되어야 한다. 사회경제적 지위를 포함하는 이러한 변인들은 아동의 학교와 관련된 동기, 경쟁력, 성취지향, 또는 태도 등에 영향을 준다. 마지막으로, 생물학적 요인들도 고려되어야 한다. 난독증 선별도구(Dyslexia Screening Instrument)*가 학습장애의 초기 평가도구로 가끔 사용되는데 견본문항으로는 다음과 같은 것들이 있다(Coon, Waguespack, & Polk, 1994):

---

1) 빈약한 배열 기술
2) 빈약한 작문 구성(사건들이 구성상 연대순 또는 어떤 구분가능한 순으로 되어 있지 않음)
3) 알파벳 문제(학습하기 그리고/또는 말하기)

Mrs. Dartil은 아동용 Wechsler 지능검사(Wechsler Intelligence Scale for Children: WISC)(Wechsler, 2003)를 사용하여 Gisela에 대한 평가를 시작했다. 학습장애의 가능성이 있는 아동을 평가할 때는 인지기능에 주된 초점이 맞추어 진다. 특히, 지능검사 점수와 성취도검사 점수 간에 어떤 큰 차이가 있는지를 주목해야 한다. Gisela는 지능검사에서 정상 또는 보통 범위에 속하는 점수인 IQ 104를 얻었다. Mrs. Dartil은 또한 Gisela의 셈하기, 읽기, 철자 기술에 있어서의 약점을 찾아내기 위하여 광범위 성취도검사(Wide Range Achievement Test)(Wilkinson, 1993)을 실시하였다. 대체로 예상된 바와 같이, Gisela의 셈하기, 읽기, 그리고 철자의 표준점수는 각각 88, 68, 60에 그쳤다. 따라서 Gisela의 지능수준과 성취수준은 차이가 아주 컸다. 즉, 그녀는 자신의 잠재력에 미치지 못하는 수행을 하고 있었다.

그러나 지능검사 점수와 성취도검사 점수 간의 차이를 학습장애의 진단기준으로는 부적절한 것으로 보는 연구자들도 있다. 대신, 이들은 읽기와 듣기 이해력이 평가의 초점이 되어야 한다고 제안한다(Lyon, Fletcher, & Barnes, 2003). 이해력을 평가하는 검사는 특정 문장으로부터의 사실적 정보와 그 문장으로부터 추론하여 얻어진 결과를 아동이 어떻게 받아들이는가 그리고 자신의 배경지식으로부터의 정보를 아동이 어떻게 사용하는가에 중점을 두어야만 한다.

지능검사와 성취도검사가 갖고 있는 또 다른 문제는 이들 검사가 아동의 특정한 결함이나 문제를 찾아내지 못한다는 것이다. 이 때문에 Mrs. Dartil은 Gisela의 부모님과 선생님을 다시 면담하였고, Gisela의 과제물과 학급행동을 더 상세히 검토하였다. Garcia씨 부부에 의하면, Gisela는 적절한 연령에 말하고 걸었으며 다른 사람들에게 관심을 보이는 등 항상 정상적인 발달을 했다. 마침내 그들은 Gisela가 1학년 때 다소 어려움을 보였다는 것을 인정하였으나 선생님으로부터 심각한 문제는 전혀 없는 것으로 전해 들었다고 말했다. 사실, 어떤 언어적 문제도 보고된 바가 없었다. 1학년 담임선생님으로부터의 이러한 의견은 Garcia씨 부부로 하여금 딸에게 전혀 문제가 없다는 입장을 가지게 하였다. 그러나 Mrs. Garcia는 Gisela가 특정 단어들을 잘 파악하지 못해서 읽기가 느리다는 것을 시인했다. Garcia씨 부부는 Gisela가 1학년을 마칠 때까지 읽지 못한다는 것에 놀랐으나, 그녀가 단지 만성형의 아동이라고 생각했다. 그들은 Gisela가 예절바른 아동이라고 다시 한번 단언하였으며 학업적인 면에서 Gisela를 기꺼이 도우려 한다고 주장했다.

그 다음에 Mrs. Dartil은 Gisela의 필기과제를 복사하여 모으고 교실에서 Gisela를 관찰하였다. 그녀는 Gisela가 종종 읽기과제와 쓰기과제를 끝내는 데 오랜 시간을 소요하며 그 결과 요점을 놓치는 것을 발견했다. 그러나 충분한 시간이 주어지면 그녀의 수행은 나아졌다. 이에 더하여 Gisela는 쉽게 산만해지고 안절부절못하였으며, 이러한 행동들은 그녀의 하던 일을 방해하였다. 그러나 Gisela를 다른 또래들로부터 떼어놓으면 그녀의 수행이 나아졌다. 마지막으로 Mrs. Dartil은 Gisela의 필기과제에 몇 가지 문제점이 있는 것을 발견했다. 이러한 문제점에는 느림, 압축, 고르지 않은 줄 등이 포함되었다. 전반적으로, Gisela는 옮겨 쓰고 다시 베껴 쓰는 데 많은 시간을 보냈으며 이러한 일은 가끔 그녀로 하여금 좌절감을 느끼게 했다.

그 다음으로 Mrs. Dartil은 Gisela의 선생님과 더 심층적인 논의를 했다. Mrs. Martinez는 Gisela가 어떤 유형의 "처리 결함" 또는 주어지는 정보를 동화하고 통합하는 데 있어서의 어려움을 가지고 있다고 생각했다. 예를 들어, Gisela는 책에서 본 단어들의 철자를 기억하는 데 어려움을 보였다. 그러나 Gisela는 교사가 청각을 통한 학습(예: 단어를 말하기, 그 단어의 철자를 큰 소리로 말하기, 학생들에게 그 단어를 종이 위에 쓰도록 하기)을 강조할 때는 더 나은 수행을 보였다. Gisela는 시각적 결함을 보인 적이 전혀 없었으므로, 지각적 또는 언어적 처리의 문제가 그녀의 어려움을 초래한 것으로 생각되었다.

다행히, Mrs. Dartil은 Gisela가 학업적 실패에도 불구하고 동기화는 잘 된다는 것을 발견했다. 예를 들어, Gisela는 자신의 성적, 특히 읽기를 향상시키기 위한 부가적인 도움에 관심이 있다고 말했다. 그녀의 안절부절못하는 행동과 마구 돌아다니는 행동에 대한 질문을 받았을 때, Gisela는 자신이 초조함을 느끼며 가끔 수업이 지루하다고 했다. 그러나 그녀는 스스로 자신을 통제할 수 있다고 생각했다. 사실, Mrs. Dartil은 과제가 새롭거나 특별히 흥미로운 경우에는 Gisela가 집중을 더 잘 하고 덜 돌아다니는 것을 보았다. Mrs. Dartil은 Gisela가 읽기와 쓰기표현에서 중등도의 학습장애가 있다라고 평가의 결론을 내렸다. 그러나 그녀는 그 문제들이 나중에 기술되는 단계에 따라 다루어질 수 있을 것이라는 것도 선생님과 Garcia씨 부부에게 전했다.

3. 위험요인과 유지변인

전통적으로 학습문제는 알려지지 않았거나 광범위한 어떤 뇌손상(즉, "미세뇌손상 또는 미세뇌기능장애")과 관련이 있는 것으로 생각되었다. 현재에도 학습장애에 있어서의 인지적 결함이 다양한 신경학적 문제와 관계가 있을 것으로 보는 학자들이 많다. 이와 같은 인지적 결함에는 (1) 문자나 단어를 구별하는 데 있어서의 어려움과 같은 지각적 문제 그리고/또는 (2) 단어를 형성하기 위해 말소리를 조직화하는 데 있어서의 어려움과 같은 언어적 처리 문제가 포함될 수 있다 (Feinstein & Wiener, 1997).

읽기문제를 가진 아동들에게 나타나는 일반 인지적 결함 또는 특정 언어적 처리 문제는 좌반구 이상과 관련되어 있을 수 있다(Feinstein & Wiener, 1997). 이러한 이상은 페리실비안/좌측 측두엽 부위 이상(perisylvian/left temporal region anomalies), 좌반구의 비대칭적 발달, 또는 각회전의 활성화 부족(poor activation of the angular gyrus) 등을 포함할 수 있다. 그러나 상호연결된 신경회로망의 어떠한 교란도 학습장애를 유발할 수 있다(Beitchman & Young, 1997).

학습장애는 또한 유전적 요인에 의해 영향을 받을 수도 있다. 읽기장애 일치율은 이란성 쌍생아보다 일란성 쌍생아에서 더 높게 나타나며 학습장애 양상은 가계 안에서 계승되는 경향이 있다(Shepherd & Uhry, 1993; Wong, 1996). 더 구체적으로, 6번과 15번 염색체의 변형이 아동들로 하여금 음운론적 자각이나 개별단어 읽기에서 문제를 가지게 할 수도 있다(Grigorenko et al., 1997).

뇌의 좌반구(left hemisphere)와 편평측두(planum temporale)의 변형이 읽기문제와 관련된 핵심적 결함을 설명할 지도 모른다. 지능의 영향을 받지 않는 이러한 핵심적 결함에는 해독 및 개별단어 읽기에 있어서의 어려움이 포함된다(Lyon et al., 2003). 읽기에 능숙한 아동들은 읽으면서 개개의 단어들을 재빨리 인지한다. 그러나 읽기장애를 가진 아동들은 더 느리게 단어들을 식별하며, 이러한 속도결핍은 전체적인 자료를 통합하고 이해하는 데 방해가 된다(Stanovich, 1994). 이와 같은 어려움 때문에 문장의 전후관계를 통하여 단어를 이해하는 총체적 언어 학습(whole-language learning)은 읽기장애를 가진 아동들에게는 비효과적일 수 있다.

읽기장애를 가진 아동들은 읽으면서 단어들을 인지하는 데 어려움을 보이며, 이러한 인지문제는 처리결함으로 연결된다. 이 결함은 기억문제로부터 나타날 수 있으나 언어 또는 음운론적 결함에서 더 명백하게 나타날 가능성이 있다. 본질적으로, 읽기문제를 가진 아동들은 하나의 단어를 구성하는 다양한 음소들 또는 기본적 음단위들(예: "sp", "ee", 그리고 "ch" 음소들이 "speech"라는 단어를 구성한다)을 결합하는 데 어려움을 보인다. 이와 같은 능력결핍은 철자에도 영향을 미칠 수 있다.

Gisela의 읽기문제와 철자문제는 개별단어 식별의 어려움과 관련되어 있는 것으로 보였다. 따라서 그녀의 학업문제는 좌반구의 변형에, 반면 음악과 미술에서 보인 그녀의 학업적 강점은 더 우세한 우반구에 기인한 것일지도 모른다. 또한 Gisela는 왼손잡이였는데, 이는 우뇌우세형이라는 것을 시사한다. 그러나 그녀에게 어떤 의학적 또는 신경학적 검사도 실시되지 않았다.

좀 더 구체적으로 살펴보면, Gisela의 읽기문제는 기억결함과 음운론적 처리 결함에 기인한 것일 수 있다. 그녀는 이전에 배웠을 것으로 생각되는 단어들을 기억하는 데 명백한 어려움을 보였으며, 종종 한 단어를 형성하기 위해 음단위를 연결시키지 못하였다. 예를 들어, Mrs. Martinez가 "poisonous"와 같은 단어를 소리내어 보라고 학생들에게 요구하면, Gisela는 좌절하곤 했다. Mrs. Martinez는 Gisela의 어려움이 단순히 안절부절못하고 빙빙 도는 행동으로부터 오는 부주의에 기인하는 것으로 생각했다. 그러나 부주의와 음운론적 자각, 또는 단어식별 및 정보처리를 위해 음소들을 사용하는 방법의 인식은 대체로 서로에게 영향을 주지 않는다(Lyon et al., 2003). Gisela는 어떤 사소한 행동문제나 주의력결핍과잉행동장애 증상들에 더하여 학습문제를 명백히 가지고 있었다.

Gisela의 쓰기문제는 어떨까? 학습장애를 가진 아동들은 (1) 더 적게 쓰고, (2) 쓰기에서 조직화된 아이디어와 전환을 덜 사용하며, (3) 목표지향성을 덜 보이고, (4) 철자와 문법이 바르게 쓰였는지에 대해 적절한 감시를 하지 않는다(Berninger, 1994). 쓰기와 철자에 어려움을 보이는 많은 아동들은 또한 문자를 생각해내 쓰고, 손가락 움직임을 조직화하며, 음운론적으로 단어들은 배치하고, 시각-운동 자극을 통합하는 데 어려움을 보인다.

Gisela는 단어들의 음운론적 구조를 통합하는 데 어려움을 가지고 있는 것이 확실했다. 게다가 그녀는 종종 좌절감을 나타냈으며 과제에 어떤 실수가 있는지도 적절하게 점검하지 않았다. 그녀의 선생님은 또한 시각적 움직임과 운동적 움직임을 조정하는 그녀의 능력에 대해서도 의문을 가졌다. 그러나 Gisela는 읽기와 철자에 문제가 없는 아동들의 특성도 다소 보이고 있었다. 예를 들어, 그녀는 목표지향적이었으며, 손가락 움직임에 문제가 없었고, 어렵지 않게 문자를 생각해내 썼다(느리고 간결하기는 했지만). Gisela가 보이는 패턴은 학습장애를 가진 아동들에게 이례적인 것은 아니었으며, 오히려 그 패턴은 학습장애를 가진 아동들이 종종 보이는 엄청난 이질성과 증상의 다양성을 입증하는 것이었다.

Gisela에게는 수학문제[계산장애(dyscalculia)]가 많이 나타나지 않았지만, 계산장애의 원인을 여기서 간단히 기술하고자 한다. 계산장애를 가진 아동들은 종종 수 세기, 양 조작하기, 수학적 개념 이해하기, 계산하기, 수학적 기호 읽고 ·

쓰고 · 말하기 등에서 어려움을 보인다(von Aster, 1994). 이러한 아동들은 시공간(visual-spatial) 기능과 시지각(visual-perceptual) 기능, 지능, 언어능력, 불안 등에서도 문제를 보일 수 있다. 이러한 문제들은 공간능력을 관장하는 우뇌의 변형과 뇌의 전두엽 및 측두엽의 변형 때문에 나타날 수 있다(Rourke & Conway, 1997). 더욱이 어떤 연구자들은 계산장애를 초등 수학교과서들의 구조와 관련시켜 오기도 했다. 예를 들어, 이 교과서들은 기본적인 수학적 처리의 숙달에 대한 배려가 결여되어 있다는 비판을 받아왔다(Lyon et al., 2003).

학습장애의 어떤 원인을 제안할 때는 학습장애와 주의력결핍과잉행동장애(ADHD)와의 빈번한 합병(comorbidity) 문제도 설명되어야 한다. Wong(1996)은 ADHD를 가진 아동들의 7~92%가 학습장애를 보인다고 보고했다. 더욱이 ADHD와 학습장애를 동시에 보이는 아동들은 두 장애 중 하나만을 보이는 아동들보다 주의력과 인지에 더 심각한 문제를 가지는 경향이 있다. 따라서 ADHD와 학습장애의 어떤 원인들은 중복될 가능성이 있다. 사실, Gisela의 경우도 종종 산만했으며, 안절부절못하고 빙빙 돌 때는 가끔 과잉행동을 보이기도 했다. 학습장애를 가진 아동들은 또한 사회적 · 정서적 문제와 우울장애 및 품행장애와 관련된 문제를 가질 수도 있다. 그러나 이러한 문제들은 더 가변적이며(Gisela에게는 이 문제들이 적용되지 않았다) 가끔 학업실패와 같이 나타나는 좌절감과 사회적 거부감에 관련되어 있을 가능성이 있다.

4. 발달 양상

앞서 언급된 바와 같이, 읽기장애[난독증(dyslexia)]는 종종 언어 또는 음운론적 처리 결함을 수반하는데 이러한 결함은 빠르게는 생후 1년경에도 나타날 수 있다. 예를 들어, 발성(예: 옹알이, 쿠잉)에 지체가 나타날 수 있다. 게다가 걸음을 시작한 유아(toddler)(역자 주: 생후 12~36개월 유아)들은 지체된 언어와 발달상으로 부적절한 언어적 오류를 보인다(Beitchman & Brownlie, 1996). 이해력 문제도 이 시기에 발생할 수 있는데, 다른 사람들이 말하는 것을 잘 이해하지 못하는 아동이 있다면 이 문제를 의심해 볼 만하다. 마지막으로, 언어문제와 관련된 행동문제도 이 시기에 더 명백하게 나타난다. 일반적인 행동문제에는 과잉행동, 충동성, 부주의, 공격성 그리고 사회적 위축 등이 있다.

Garcia씨 부부는 유아원(preschool)(역자 주: 미국에서 3~5세 유아들이 다니는 교육기관) 시기 동안 Gisela가 꽤 정상적이었다고 보고했다. 이와 같은 보고는 유다른 것이 아니었으며 아동들이 공식적인 학업을 시작하기 전에는 학습장애를 확인하기 어렵다는 점을 지적하는 것이다. Garcia씨 부부는 Gisela가 가끔 산만하고 부주의했다고 말은 했으나 이것을 그녀 성격의 일부이거나 유아원 아동에게는 정상적인 것으로 간주했다. 게다가 그들은 Gisela가 끊임없이 안절부절못하는 것을 주목하였으나 이 행동 또는 다른 어떤 행동도 심각한 문제로 보지 않았다.

학령기 초기에 아동들이 학업적 요구에 부응하려고 노력하게 되면서 학습장애가 더 뚜렷하게 드러나게 된다. 예를 들어, 유치원(kindergarten) 시기(역자 주: 미국에서는 1학년이 시작되기 전 1년간의 유치원 시기도 공교육에 포함됨)에 아동들은 지시에 귀를 기울여야 하고, 자신의 요구를 언어적으로 표현해야 하며, 가만히 앉아 있어야 하고, 과제 속의 문자들을 식별해야 한다. 학습장애를 가진 아동들은 이러한 영역에서 가끔 어려움을 보이며 그 결과 돌출행동을 하거나 다른 사람들로부터 위축되는 행동을 보일 수 있다. 많은 경우에, 가외의 연습과 행동수정 프로그램이 이러한 문제들을 줄이는 데 도움이 될 수 있다. 그러나 만약 그 문제들이 발견되지 않은 채 계속되거나 그 아동이 그럭저럭 지내게 되면 학습장애는 1학년과 2학년 동안에 더욱 심각해질 것이다. 이와 같은 상황은 말과 언어 결함에 특히 해당되는데, 이러한 결함은 나중의 학습장애를 가장 잘 예견하는 요인들 중의 하나이다(Beitchman & Brownlie, 1996).

유치원 시기에는 Gisela의 문제가 크게 두드러지지 않았다. 그 당시의 선생님은 Gisela가 대부분의 다른 아동들에 비해 과제를 시작하는 데 시간을 더 소요했고 쉽게 산만해졌으나 언어문제 또는 문자식별에 있어서의 어려움은 보이지 않았다고 말했다. 게다가, 비록 Gisela가 교실 프로젝트에 관해 선생님의 많은 관심을 구하기는 했지만 그녀의 행동은 사회적으로 적절했고 전반적으로 예의발랐다. Gisela의 학습장애는 형식적인 읽기 · 쓰기 · 철자 · 수학 과제와 씨름하게 되면서 1학년과 2학년 동안에 확연히 드러났다. 음운론적 처리 문제도 Gisela가 다양한 단어들을 해독하는 데 어려움을 보임에 따라 이 시기에 더욱 현저하게 나타났다.

읽기문제는 성인기까지 지속될 정도로 시간의 흐름에 꽤 안정적인 것으로 보인다. 그러나 이 문제가 실지로 안정적인지 또는 단순히 다른 요인들의 기능인지에 대한 논쟁이 일고 있다. 예를 들어, 지능과 읽기성취 사이의 차이가 더 뚜렷해지는 3학년까지는 학습장애를 가진 많은 아동들이 확인되지 않기 때문에 읽기문제가 안정적일 수 있다(Lyon et al., 2003). 따라서 학습장애 발견의 지연은 치료를 지연시키고 장애의 비타협성을 더할 수 있다. 게다가 학습장애의 안정성은 부분적으로 교사와 다른 사람들의 다양하고 서로 조정되지 않은 중재의 사용으로부터 나타날 수 있다. 이와 같은 경우는 심한 학습장애를 가진 아동들에게 악영향을 미쳐 그들의 문제가 안정적으로 남아 있게 된다. 학습장애를 가진 많은 아동들은 학업실패를 계속하기 때문에 과제를 완성하려는 그들의 동기도 줄어든다(Lyon et al., 2003). 이와 같이 줄어든 동기는 향후 정상적인 학업수행 성취를 위한 기회를 해치게 될 것이다.

Gisela는 좋고 나쁜 예후조건을 혼합적으로 가지고 있었다. 평가와 치료가 2학년 말경에 실시되었다는 것은 한 편으로는 그녀에게 다행이었다. 그러나 좀 더 일찍 발견되고 더 나은 부모의 협조가 있었더라면 더 빠른 치료가 가능했을 것이다. 또한 학교의 특수도움실 교사인 Mrs. Rankin이 학습장애를 가진 아동들의 교육에 많은 경험을 가지고 있었다는 것도 Gisela에게는 다행스러운 일이었다. 가장 큰 걱정거리로 남아 있었던 것은 Gisela의 동기화였다. 2학년 담임교사인 Mrs. Martinez는 Gisela가 그녀의 과제에 점점 더 좌절하고 있었다고 말했다. 그녀의 좌절감은 학년말이 다가올수록 더 복잡해지는 과제의 어려움과 관련되어 있을 수 있었다. 게다가 Gisela는 몇 달간의 노력에도 불구하고 합격점수를 별로 받지 못한 데 실망을 했는지도 모른다.

학습장애를 가진 아동들의 예후는 전반적 발달장애를 가진 아동들의 예후와 마찬가지로 말 · 언어 결함의 정도에 크게 의존한다. 이 결함에는 표현언어, 듣기 이해력, 시운동(visual-motor) 기술, 전반적인 인지기능 등에 있어서의 지체가 포함된다. 다행스럽게도 Gisela는 이러한 영역에서 비교적 좋은 기능을 보였다. 이에 더하여, Beitchman과 Brownlie(1996)은 고등학교 교육을 마치지 못한 어머니가 아동의 학습장애를 아주 잘 예견하는 요인이라고 보고했다. Gisela의 경우에, 아버지는 고등학교를 졸업했으나 어머니는 10학년(역자 주: 우리나라의 고등학교 1학년) 때 중도 퇴학하였다.

학습장애 정도의 경과는 또한 합병적 장애와 관련되어 있을 수 있다. 학습장애와 함께 ADHD, 품행장애, 또는 우울증을 가진 아동은 학습장애만을 가진 아동에 비해 예후가 좋지 않다. 더욱이 학습장애를 가진 아동들은 이른 학업실패에 따른 다른 문제들도 발달시킬 수 있다. 가능성이 있는 장기적 결과로는 반사회적 행동, 빈약한 충동통제, 학업성취에 대한 부정적 태도, 사회적 위축, 대인관계의 어려움 등이 있다(Taylor, 1988). 이와 같은 장기적 결과를 이른 시기(예: 청소년기)에 경험하는 사람은 더 나중에 경험하는 사람들에 비해 종종 예후가 더 좋지 않다.

Gisela의 장기적 예후는 좋을 가능성이 있는데 왜냐하면 그녀의 지능이 정상적이고, 학습문제가 2학년 때 다루어졌고, 그녀에게 의미 있는 사람들이 그녀의 문제를 개선시키고자 하는 의지를 보였기 때문이다. 그러나 학교심리가가 많은 학습장애아동들에 의해 압도되어 있는 학교에서는 이와 같은 좋은 결과가 항상 보장되는 것은 아니다. 이러한 학교의 많은 아동들은 도움도 없이 학업적 어려움을 계속 겪으며 중도퇴학을 하기도 한다. 따라서 장기적 예후는 과외자료의 활용 여부에 크게 의존할 수 있다.

5. 치료

학습장애를 가진 아동을 위한 치료는 보통 다음과 같은 몇 가지 요소를 포함한다(Lyon & Cutting, 1998):

1) 학업치료프로그램에 참여시키기(가끔은 시간제 분리학급에서)
2) 상위인지(역자 주: 자신의 정보처리체계를 이해하는 것) 기술 향상시키기
3) 학습을 방해하는 관련 행동문제 통제하기
4) 학생의 동기 높이기

대부분의 경우에, 이와 같은 치료는 교사, 부모, 학생 간의 조화된 노력을 요구한다.

Taylor(1989)는 학업치료프로그램에 대한 몇 가지 권고를 했다. 첫째, 치료프로그램은 성공할 수 있는 충분한 가능성을 강조해야 하고 학생에게 자료를 제공하는 데 많은 시간을 들여야 한다. 더욱이, 이러한 프로그램은 학생이 다양한 영역에서 자신의 능력을 발휘하고 다양한 기술을 연습할 수 있도록 하여야 한다. 교사들은 또한 빈번한 피드백을 제공하고 학생의 결손된 학업영역을 면밀하게 추적해야 한다.

둘째, 치료프로그램은 매우 구조적이고 지시적이어야 한다. 치료프로그램은 구체적인 개념을 강조하고 마음을 산만하게 하는 것들을 제거하며 단계적으로 진행되어야만 한다. 예를 들어, 단어 해독 및 인식 기술을 위한 지시적 교수를 제공하는 프로그램은 읽기장애를 가진 아동들에게 효과적이다. 치료프로그램은 또한 1대1 교수, 숙달학습, 학습물의 일반화, 학업수행에 대한 장려 등을 강조하여야 한다(Taylor, 1989). 이와 같은 프로그램은 또한 아동의 모든 학습 결함을 표적대상으로 삼아야 한다.

상당한 논의가 있은 후, Garcia씨 부부는 Gisela가 하루에 한 시간씩 특수학급에서 수업을 받도록 허락했다. 이에 더하여, 그들은 하루 밤에 30분씩 Gisela가

그 학급에서 배운 것을 연습하도록 돕는 데 동의했다. 특수도움실 교사인 Mrs. Rankin은 그 학년이 끝날 때가 가까워지고 있었으므로 즉시 Gisela를 지도하기 시작했다. Mrs. Rankin은 Gisela의 읽기와 해독 문제에 치중하기로 결정했다. 처음에는 다양한 모음 및 자음 음소, 음소결합(예: "ou"와 "sp"), 정음법(역자 주: 철자 읽는 법을 가르치는 발음중심의 어학교수법) 활용하기에 대한 지식과 같은 기본적 개념들을 복습했다. Gisela에게는 마지막 개념만이 특히 어려웠다.

이와 같은 기본적 개념들의 복습을 약 2주간 실시한 후, Mrs. Rankin은 읽기 자료의 숙달과제로 빨리 옮겨가기로 결정했다. 이 과정에서 그녀는 Wong(1996)이 제안한 바와 유사한 접근법을 채택했다. 이 접근법에서는 교사가 책 속의 특정 구절을 검토한 후 학생이 찾기 힘들어 할 것으로 여겨지는 단어들을 적어 둔다. 이 단어들을 다시 색인카드에 쓴 후 그 카드를 학생에게 제시하여 단어들을 해독하도록 한다. 학생은 각 단어의 음소들은 확인하고, 그 음소들을 혼합하며, 그 단어의 정의를 학습하는 것을 연습한다. 학생이 실수 없이 두 번씩 각 단어를 연습하고 나면 교사는 아동으로 하여금 손가락 또는 연필로 따라 오게 하면서 그 구절을 두 번 읽는다. 그 다음에는 학생이 그 구절을 큰소리로 한 번은 교사에게 한 번은 자기자신에게 읽어 준다. 학생이 그 책의 각 페이지 당 두 번 이하의 실수만 보일 때까지 각 페이지는 반복된다(Wong, 1996).

이 과정의 일부로 Gisela의 경우처럼 철자문제도 다루어질 수 있다. 많은 단어들은 읽기연습으로부터 생성되기 때문에 아동은 몇 개의 단어들을 집으로 가져 가 학습할 수 있다. Wong(1996)은 1~2학년 아동들은 3개의 단어를 그리고 3~4학년 아동들은 4개의 단어를 집으로 가져 갈 것을 권유했다. 아동은 주어진 단어들을 공부하고 그 다음 날 그 단어들의 철자와 의미 시험을 본다. 구체적으로, 아동은 그 단어의 철자를 말하고 뜻을 쓴다. 아동이 철자와 의미 모두를 숙달한 단어들은 아동의 자아존중감을 돋구고 아동의 학업적 발전에 피드백을 주기 위해 눈에 띄게 진열한다.

읽기와 철자, 특히 단어 해독 및 인식에 쏟은 가외의 관심은 Gisela에게 도움이 되었다. 더욱이 Mrs. Rankin과 Gisela 간에 래포가 잘 형성되었으며, 이것은 교실에서의 Gisela의 기분을 향상시켰다. 처음에 Gisela는 각 페이지 당 평균 11개 정도의 실수를 보였으나, 이것은 그 학년이 끝날 무렵까지 페이지 당 2개 정도로 급속히 감소하였다. 유감스럽게도, Gisela가 읽도록 선정된 책들은 1학년 말 또는 2학년 초 수준이었다. 그러나 Mrs. Rankin은 여름 동안 이 지도를 계속 진행한다면 Gisela가 3학년이 되는 시기(역자 주: 미국에서는 새 학년이 9월에 시작됨)까지는 2학년 중간 수준에 도달할 수 있을 것으로 보았다.

학습장애를 가진 아동들을 위한 치료의 또 다른 목표는 그들의 일반적 상위인지(역자 주: 자신의 정보처리체계를 이해하는 것)를 향상시키는 것이다. 상위인지란 본래 자신의 사고과정이나 문제해결과정에 대한 자각을 의미한다. 상위인지는 수학문제를 이론적으로 개념화하고 푸는 데 어려움을 보이는 계산장애를 가진 아동들에게 특히 적용된다(Montague, Applegate, & Marquard, 1993). 이러한 경우에 상위인지를 향상시키기 위해서는, 아동들에게 수학문제를 자신이 선택한 단어로 진술하고 그 문제를 눈에 보이게 구체화하며 답을 예측하고 자신의 계산을 스스로 감찰하는 것을 가르칠 수 있다.

읽기와 관련하여, 난독증을 가진 아동들을 위한 몇 가지 상위인지 표적으로 다음과 같은 것들이 있다(Wong, 1996):

1) 읽기 목적에 대한 자각 높이기(즉, 단순한 해독이 아닌 의미파악)
2) 읽기 전략에 대한 지식 향상시키기(예: 즐거움을 위한 읽기와 자료숙달을 위한 읽기의 차이)
3) 교재의 중요한 부분에 대한 예민함 발달시키기(즉, 관련 정보의 강조)
4) 문장들 내 비일관성을 찾아내는 것 배우기
5) 이해력 문제를 해결하는 능력 발달시키기[예: "돌이켜 보기(look back)" 전략 사용하기]

유사한 방식으로, 읽기를 위한 상위인지 기술은 읽기과정 및 그 과정의 중요성에 대한 이해를 포함한다. Mrs. Rankin은 Gisela가 자신의 이해력을 감찰하고 자신의 기억력을 향상시키기 위해 가능한 한 빨리 그리고 빈번히 읽기자료를 재참조할 수 있도록 가르치는 데 우선적으로 초점을 맞추었다.

학습장애를 가진 아동들을 위한 치료가 지향하는 또 하나의 목표는 학습을 방해하는 과도한 행동문제를 통제하는 것이다. 이 목표는 안절부절못하고 약간 산만한 것에 한정된 행동문제를 보였던 Gisela에게는 그다지 적절하지 않았다. 이러한 행동들을 약화시키기 위하여 Mrs. Martinez는 Gisela가 과잉행동적이거나 산만할 때는 피드백을 주었으며 적절한 과제수행 행동을 보일 때는 칭찬을 해주었다. 그러나 다른 아동들을 위해서는 좀 더 광범위한 절차가 필요할 수도 있다. 학습장애를 가진 아동들의 일부는 과잉행동 증상도 보이므로 주의를 집중시키고 과도한 신체활동을 감소시키기 위하여 각성제가 가끔 사용된다. 반응대가를 치르는 토큰경제도 돌출행동과 교란행동을 줄이는데 유용할 수 있다.

마지막으로, 학습장애를 가진 아동들을 다루는 데 있어 중요한 난제는 숙제와 다른 과제물을 완성하도록 그들의 동기를 유지하는 것이다. 이것은 실패의 원인을 능력결여가 아닌 노력부족으로 돌리도록 아동을 가르치는 것을 포함한다 (Borkowski, Weyhing, & Can, 1988). 아동들은 "실패는 네가 더 열심히 노력해야 한다는 것을 의미한다"라고 생각하도록 지도받을 수 있다. 다른 방법으로는, 동기를 증진시키기 위해 좀 더 유형적인 보상 체제가 사용될 수도 있다. 예를 들어, Gisela의 경우에 그녀의 부모는 숙제를 특정 횟수 완성하여 제출하면(이전에 Gisela의 숙제가 많이 분실되었던 것을 상기하라) 주말특권을 주기로 하는 보상체제를 실시하였다. 그 다음 해에, 이 보상체제는 확대되어 적절하게 공부하고, 물건들을 잘 정돈하며, Gisela가 많은 필기를 할 필요가 없도록 타이프 치는 기술을 늘리는 것도 포함하였다.

Gisela는 다음 여름에 이르기까지 좋은 발전을 보였으나 읽기수준은 2학년 초기에 해당하는 정도에 그쳤다. 그 결과, Mrs. Rankin, Mrs. Martinez, 그리고 Mrs. Dartil은 Gisela의 2학년으로의 유급 가능성에 대해 논의하였다. 그러나 Garcia씨 부부는 이 논의를 강하게 거부하였으며, 그 대신 Gisela가 특수도움실 교사의 읽기지도를 받는 시간을 하루에 90분으로 늘리는 데 동의했다. 이에 더하여, 그 부부는 모두 앞으로도 집에서 Gisela가 학업기술을 연습할 때 그녀를 적극적으로 돕겠다는 것을 약속했다. 이것은 비교적 성공적이었으며, Gisela는 그 다음 학년이 끝날 무렵까지 3학년 중반 수준의 읽기기술에 도달했다.

6. 토론 문제

1) 학습장애 진단의 결정에 있어 한 가지 고민스러운 점은 그 문제가 아동의 내면적인 것인지 아니면 부적절한 수업이나 학교와 같은 외부적 요인에 의한 것인지를 알아내는 것이다. 이와 같은 구별을 하기 위해 어떤 정보들을 이용할 것인가? 아동이 학습장애를 가지고 있지 않다거나 아동의 학업문제가 주위환경 탓이라고 결론짓기 위해 어떤 기준들을 사용할 것인가? 후자의 상황과 관련된 사례를 어떻게 다룰 것인가?
2) 읽기에 종종 어려움을 보이는 남아들을 대상으로는 많은 개인지도와 특수도움실 프로그램이 학교에서 실시되지만 수학에 종종 어려움을 보이는 여아들을 대상으로는 그와 같은 유형의 도움이 항상 주어지는 것은 아니다. 이것은 사실일까? 그렇다면 또는 그렇지 않다면 그 이유는 무엇일까?
3) 대개, 여아들에 비해 남아들이 학급 교사들로부터 더 많은 관심을 받는다. 이것이 학습장애에서 나타나는 성차와 관련되어 있다고 생각하는가? 만약 그렇다면, 이것은 어떻게 치료될 수 있을까? 성-특정(gender-specific) 학급의 가능한 장단점을 탐색해 보라.
4) 지능검사에 문화적 · 인종적 편견이 내재되어 있는가? 모든 편견을 배제하기 위해 어떤 평가절차를 사용할 수 있을까? 이것은 가능한가?
5) Gisela의 가족이 미국에 처음 왔다고 가정하자. 이 장에서 언급된 평가 및 치료 절차를 조금이나마 바꿀 수 있다면 어떻게 바꿀 수 있을까?
6) 컴퓨터와 컴퓨터 소프트웨어에 있어서의 최신 기술이 향후 일반교육 그리고 학습장애 출현 및 치료에 어떠한 영향을 미치게 될까?

7) 이 장에 소개된 사례에서, Gisela의 부모는 그들의 딸이 평가받는 것에 대해 거부감을 나타내었다. 학습장애의 가능성이 있는 아동의 경우에 이러한 부모들에게 어떻게 이야기를 건넬 것인가?

8) 학업에 대한 아동의 자아효능감을 어떻게 증진시킬 것인가?

제 8 장

품행장애와 공격성

(Conduct Disorder and Aggression)

InfoTrac® College Edition

Explore InfoTrac College Edition by going to
http://infotrac.thomsonlearning.com

Hint. Enter these search terms: conduct disorder, aggression, antisocial personality disorder, multisystemic treatment

1. 증상

Derek Pratt는 학교 생활지도 상담교사, 청소년 선도경찰관, 그리고 아버지에 의해 교란행동문제를 가진 아동들을 위한 정신건강 외래클리닉에 의뢰된 15살 백인소년이었다. 최초의 평가가 실시되었을 때 Derek은 10학년(역자 주: 우리나라의 고등학교 1학년)이었다. Derek의 아버지인 Mr. Pratt는 클리닉에 연락하여 Derek이 최근에 보인 범법행위, 학교결석, 청소년범죄치안계와의 연계 등을 언급하면서 조속한 예약을 요구했다. 첫 번째 평가예약은 5일 후로 잡혔다.

평가의 일부로서, Derek과 그의 아버지는 외현화 행동장애(externalizing behavior disorders)를 가진 청소년들을 전문적으로 보는 임상심리가에 의해 개별적으로 면접을 받았다. 면접이 시작되었을 때, Derek은 면접자가 자신을 별명인 "Tree"로 불렀다고 주장하고 어떠한 질문에도 대답하지 않을 것이라고 말하면서 호전적이고 적대적인 태도를 보였다. 그의 기밀보장권에 대해 좀 더 상세히 알려 주었을 때, Derek은 경멸적인 태도로 치료사에게 "어쨌든 당신은 당신이 말하고자 하는 것은 무엇이든 이야기할 것이고 그러면 이 면접은 끝나 나는 여기에서 나갈 수가 있어요."라고 말했다.

질의를 통해, 4주 전에 들치기(역자 주: 가게에서 물건을 사는 체하고 훔치는 것)로 체포되면서 Derek이 최근에 더 심각한 문제에 빠지고 있다는 것이 드러났다. Derek은 그가 다수의 친구들과 떼를 지어 편의점에 가서 자동차로 떠나기 전에 그들이 훔칠 수 있는 거의 모든 물건들을 훔쳤을 때 한 친구와 함께 체포되었다. 이 사건에 이어 비슷한 범죄가 콤팩트디스크 가게와 소매 옷가게에서도 발생했다. Derek은 그가 친구들에게서 뒤떨어져 편의점을 빠져나올 때 친구들이 그를 남겨 두고 떠나버렸기 때문에 자신이 붙잡힌 것이라면서 친구들을 탓했다. 그러나 경찰은 그가 단지 캔디바(candy bar) 세 개와 포테이토칩(potato chips) 한 봉지를 가지고 있는 것을 확인하고 그를 들치기로만 기소하였던 것이다. Derek은 자신의 절도행위에 대해서 전혀 죄책감을 보이지 않았으며, 친구 중 한 명이 유리진열장으로 밀어 부상을 당한 가게 여종업원에 대해서도 전혀 염려하지 않았다. 예를 들어, 종업원의 부상에 대해 이야기해 주었을 때 Derek은 "내가 그러지 않았는데 나랑 무슨 상관이예요?"라고 대꾸했다.

심리가는 다른 법률위반에 대해서 Derek에게 추가질문을 하였고 문제가 꽤 장기간에 걸쳐 있어 왔음을 발견했다. 10개월 전에, Derek은 학교기물을 파괴(창문 부수기, 자동차 훼손하기 등)하여 붙잡힌 적이 있었다. 이것은 그의 초범이었으므로 그는 6개월의 보호관찰을 선고받았다. 이에 더하여, 그는 붙잡히지 않고 저지른 다른 행위(예: 몇 번의 들치기 에피소드, 주말에 과다한 마리화나 흡입, 난폭운전, 학교결석)들을 자랑으로 삼았다. 학교결석과 관련하여, Derek은 새 학년이 시작된 이후 23일(50%)을 결석하였다. 이에 덧붙여, Derek은 이웃 아파트의 불법침입 시도와 이른 성행위에 대해서도 이야기하였는데, 후자의 경우 심리가에게 아주 자랑처럼 들렸다. 사실, 면접 동안 아주 드물게 Derek이 허풍에서 벗어났다. 예를 들어, 면접이 끝나갈 때 그는 "나에게 무슨 일이 일어나는지 정말 상관하지 않아요."라고 말하면서 자신을 그리 좋아하지 않는다고 지적하였다.

Derek은 그의 현재 상황과 미래 목표에 대한 질문을 받았다. 그는 들치기로 기소된 것에 대하여 판사가 엄중한 판결은 내리지 않을 것이라고 생각하고 있었으며 학교로 되돌아가는 것에 대해서는 별로 관심을 가지지 않았다. 그는 시간제 학교프로그램 참석에 대한 면접자의 제안에 무관심 또는 적대감을 보였으며, 대신 퉁명스럽게 그와 친구들이 스스로를 돌볼 수 있다라고 말했다. 이에 더하여, Derek은 아버지가 자주 일을 하며 자신과는 많은 시간을 보내지 않는다고 했다. 그러나 Derek은 이 점에 대해서도 별로 개의치 않았으며, 현상태를 만족해 하거나 심지어는 유지하기를 원하는 것처럼 보였다.

뒤이어 실시된 Mr. Pratt와의 면접에서는, 비록 그가 아들의 행동에 대해 잘 알고 있지는 못했지만, Derek이 했던 진술의 일부분이 확인되었다. Mr. Pratt는 학교 상담교사와 청소년 선도경찰관이 예상되는 결과를 염두에 두고 그와 Derek이 치료를 받아볼 것을 강력하게 권유했다고 말했다. 예를 들어, 학교와 관련하여 Derek은 장기결석으로 인해 퇴학을 당하기 직전이었다. 형사상 기소와 관련해서는, 최근 절도에 의한 Derek의 체포가 그의 재범으로 간주되어 약간의 투옥 또는 지역봉사형이 예상되었다. 그러나 상담교사는 가족상담이 학교와 법정으로부터의 처벌을 중재할 수 있을 것이라고 믿었다.

Mr. Pratt는 면접을 하는 동안 비협조적이지는 않았으나, 부모로서의 자신의 처신을 정당화하고 많은 책임을 지지 않기 위해 신경을 썼다. 그는 편부모 역할이 어렵고, 자주 일을 하며, Derek의 장기결석에 대해 학교 교직원이 너무 늦게 자기에게 알렸고, 경찰이 갱(gang)의 리더들 대신에 자기 아들을 의도적으로 체포했다는 등의 불평을 했다. Mr. Pratt는 아들이 올바른 길로 갈 수 있도록 돕기를 원한다고 말했으며 심리가가 Derek에게 필요한 바를 해 주기를 바라고 있었다. 후자는 Mr. Pratt가 Derek의 치료에 개인적으로 많은 노력을 하는 것을 원하지 않는다는 것을 나타냈다.

또한 Mr. Pratt는 Derek이 집에서는 보통 순종적이지만 종종 밤낮을 친구들과 함께 지낸다고 했다. 그는 Derek이 집에서 벗어나 있을 때 무엇을 했는지 확실히 알지는 못했지만 친구들과 함께 머물면서 비디오게임을 했을 것이라고 추측했다. 그는 아들과 좋은 관계를 유지하고 있으며 Derek의 최근 학교 또는 법적 문제들에 대해 같이 충분한 이야기를 나누었다고 했다. 사실, Mr. Pratt는 Derek이 자신의 행동을 변화시키고 학교로 돌아가고 싶어한다고 했다. 그러나 그는 또한 Derek이 그와 같은 일에 대해서는 대개 거짓말을 하며 전반적으로 신뢰감이 없다라고 했다. Mr. Pratt는 또 Derek이 18세가 되는대로 아들을 두고 그 지역을 떠날 계획이라고 꽤 퉁명스럽게 이야기했다.

동의를 구한 후, 심리가는 또한 Derek의 학교 상담교사와 청소년 선도경찰관을 만났다. 학교 상담교사는 Derek의 잦은 결석 때문에 그를 잘 모르지만 그의 몇몇 선생님과 이야기한 적이 있다고 했다. 선생님들은 Derek이 학급에서 위축되어 있고, 학급 프로젝트에 거의 참여하지 않으며, 숙제도 거의 해 오지 않는다고 보고했다. 그는 각 교과목에서 실패를 하고 있었으며 그 학년의 통과여부도 불투명했다. 그러나 공공연한 행동문제는 전혀 보고되지 않았다. 상담교사는 학교에 몇 분의 엄한 남자 교직원이 있어서 Derek이 반사회적 행동을 하지 못했을 것이라고 추측했다.

청소년 선도경찰관은 Derek이 가까운 시일 내에 재판을 받도록 예정되어 있는데, 그 때 그 십대들이 어떤 식으로든 선고를 받게 될 수도 있다고 했다. 경찰관은 Derek이 1년 이내에 두 번째로 체포되었고 무례한 태도를 보이기 때문에 중한 벌을 받을 위험이 있다고 믿었다. 그는 판사가 가족상담을 고려하여 판결을 내릴 것이라고 확신했지만 Derek과 그의 아버지가 상담을 계속 받을 것인지에 대해서는 회의적이었다. 그 경찰관은 그들의 내력을 근거로 그와 같은 언급을 했는데, 지난 3주 동안 Mr. Pratt와 Derek은 그와의 세 번의 약속 중에 단 한 번의 약속만을 지켰을 뿐이었다.

허락을 받은 후, 심리가는 재혼해서 다른 지역에 살고 있는 Derek의 어머니인 Mrs. Lander에게 전화를 했다. 그녀는 Mr. Pratt와는 거의 연락을 하지 않지만 Derek과는 한 달에 한 번 정도 이야기를 한다고 했다. 그녀는 또한 Derek이 적절한 감독을 받지 못하는 것에 대한 걱정을 토로했다. Mrs. Lander는 아들을 만나볼 계획은 없으며, 그가 자기와 함께 사는 것이 가능할 것이라고도 생각하지 않는다고 덧붙여 말했다. 그녀는 지난 2년 동안의 Derek의 행동을 근거로 하여 이러한 판단을 내린 것이 분명했다. 이와 같은 모든 보고들을 토대로, 심리가는 Derek이 DSM-IV-TR의 품행장애 준거를 만족시킨다는 예비결론을 내렸다.

2. 평가

DSM-IV-TR에 의하면, 품행장애의 근본적 특성은 "타인의 기본 권리나 연령에 적합한 주요한 사회적 규준/규칙에 위배되는 반복적이고 지속적인 행동패턴"이다(American Psychiatric Association, 2000, p. 93). 이 장애의 진단준거를 만족시키기 위해서는 적어도 12개월 동안 세 가지 특정 행동이 나타났어야 하고 지난 6개월 동안에는 최소한 한 가지 증상이 나타났어야 한다. 이러한 증상에는 다음과 같은 것들이 포함된다:

- 타인 위협
- 싸움걸기
- 무기 사용
- 사람 또는 동물에 대한 신체적 가혹행위
- 도둑질
- 성폭행
- 재산 파괴
- 방화
- 남의 집 무단침입
- 거짓말하기
- 귀가하지 않기
- 가출
- 등교거부

아동들의 교란행동은 가끔 네 개의 유형으로 분류된다: 재산침해, 공격성, 신분침해, 그리고 적대행위(Frick et al. 1993). 이러한 증상들은 아동의 일상기능에 유의미한 손상을 야기하여야만 한다. 이에 더하여, 어떤 증상이 10세 이전에 나타났으면 아동기 발병으로 진단되며 10세 이전에는 어떤 증상도 나타나지 않았으면 청소년기 발병으로 진단된다. 이 장애의 정도는 경도(mild), 중등도(moderate), 또는 중도(severe)로 명시될 수 있다.

심리가는 지난 한 해 동안 Derek이 들치기, 등교거부행위, 기물파괴행위, 야간통행 금지시간 어기기 등을 보였다는 점에 근거하여 품행장애라는 예비진단을 내렸다. 또한 그의 법적 문제와 낮은 학업성취는 기능에 있어서 전반적인 손상이 있음을 지적하는 것이었다. 그러나 Derek이 최근 몇 달 동안 누구에게 신체적 해를 입힌 적은 없었으므로 심리가는 그의 행동장애를 중등도로 평정하였다.

임상가가 품행장애 가능성이 있는 청소년을 평가할 때는 보통 다양한 원천으로부터 정보를 수집한다. 그 이유는 품행장애가 종종 타인에게 미친 부정적인 영향 또는 타인과의 부정적인 상호작용과 연관되어 있기 때문이다. 더욱이, 평가는 가장 문제되는 행동(예: 공격성, 불복종 등), 행동의 외현성 또는 내재성 여부, 행동의 정도와 범위, 행동의 유지변인, 행동에 대한 부모의 반응, 행동의 출현시기, 주의력결핍과잉행동장애와 같은 합병 상태 등에 초점을 두어야 한다(McMahon & Estes, 1997).

예비평가 동안, Derek과 부모, 학교 상담교사, 청소년 선도경찰관과의 면접이 실시되었다. 그 후에 심리가는 또한 세 명의 Derek 선생님, 두 명의 Derek 친구, 한 명의 이웃 사람과도 이야기를 나누었다(모든 경우에 Derek과 Mr. Pratt의 동의가 있었다). 이러한 면접들을 통해서, Derek이 또래중심적이며, 그가 갱단원들을 그의 대리가족으로 간주하고 있다는 것이 드러났다. 이와 같은 애착은 그와 친구들이 스스로를 돌볼 것이라고 앞서 했던 그의 진술을 명확하게 해 주었다. 이에 더하여, Derek이 성급하며, 최근의 생활사건들로 인해 좌절감을 느끼는 것 같고, 타인들에게 위협적이라는 것이 분명했다. 예를 들어, 마지막 사항과 관련하여, 한 이웃 사람은 같은 아파트에 사는 몇몇 거주자들이 Derek의 행동을 감지하고 있으며 Derek이 주위에 있을 때는 자신들과 소유물을 보호하기 위해 더 조심한다고 보고했다. 만약 Derek이 어떤 특정한 것(예: 돈)을 원하거나 약물을 복용한 상태에 있을 때에는 이와 같은 상황이 더욱 분명히 나타났다.

다양한 정보원천에 의존하는 것에 더하여, 품행장애 가능성이 있는 청소년을 평가하기 위해 치료사는 종종 한 가지 이상의 방법을 사용한다. 그러한 방법에는 아동 자기보고 척도, 부모와 교사의 평정척도, 학업 및 법적 기록 검토, 그리고 가능하다면 직접관찰 등이 포함된다. 품행장애를 가진 아동을 평가하기 위해 일반적으로 사용되는 두 가지 아동 자기보고 척도는 청소년 자기보고(Youth Self-Report)(Achenbach & Rescorla, 2001)와 아동용 우울증 목록(Children's Depression Inventory)(Kovacs, 1999)이다. 전자는 청소년으로 하여금 자신의 내면화 행동과 외현화 행동을 평정하도록 하고, 후자는 최근의 우울증상과 돌출행동(예: 싸우기)에 대해 청소년 자신이 평정하도록 한다.

이러한 척도에서 얻어진 Derek의 점수는 예상했던 것처럼 외현화 행동에서는 임상수준을 나타냈으나, 내면화 행동에서도 준임상수준을 보였다. 예를 들어, 청소년 자기보고에서 Derek은 어떤 항목들을 특히 자신과 관련이 있는 것으로 평정하였는데, 이러한 항목에는 슬픔, 무가치감, 수줍음, 미심쩍음 등이 포함되었다. 아동용 우울증 목록에서는 임상범위보다 약간 낮은 점수를 보였다. 그는 미래에 대한 걱정, 자신이 다른 청소년들처럼 좋은 학생이라는 것에 대한 의심, 우울한 기분 등을 지적하는 항목들을 시인했다. Derek의 자기보고를 근거로, 심리가는 Derek이 준임상적 수준의 우울증을 다소 가지고 있다고 믿었다.

품행장애를 가진 청소년들이 한 평정이 항상 신뢰할 수 있는 것이 아니기 때문에 그 아동을 잘 알고 있는 다른 사람들의 평정이 통상적으로 요구된다. 일반적으로 사용되는 부모 평정척도로는 아동 행동 체크리스트(Child Behavior Checklist: CBCL)(Achenbach & Rescorla, 2001), 행동문제 체크리스트 개정판(Revised Behavior Problem Checklist)(Quay & Peterson, 1996), Conners 부모 평정척도(Conners Parent Rating Scale)(Conners, 1997), Eyberg 아동행동 목록(Eyberg Child Behavior Inventory)(Eyberg & Pincus, 1999), 그리고 가족환경척도(Family Environment Scale: FES)(Moos & Moos, 1986) 등이 있다. 부정적인 부모 태도나 기대에 대한 척도 또한 유용한데 그 이유는 이러한 척도들이 행동문제를 가진 아동이 치료에 의뢰될 것인가의 여부를 가끔 예측하기 때문이다. 교사 평정척도로는 교사 보고 형식(Teacher's Report Form)(Achenbach & Rescorla, 2001)과 Conners 교사 평정척도(Conners Teacher Rating Scale)(Conners, 1997)가 일반적으로 사용된다. 부모 또는 교사들의 평정은 품행장애 척도(Conduct Disorder Scale)*로부터 얻을 수도 있는데, 견본문항으로는 다음과 같은 것들이 있다(Gilliam, 2002):

1) 성인의 요구나 규칙에 순응하는 것에 대하여 적극적으로 반항하거나 거부한다.

---

* J. E. Gilliam, Pro Ed, Inc., 2002, Conduct Disorder Scale. Used with permission.

2) 소란을 피운다.
3) 어떤 잘못을 저지르다 발각되어도 수치심이나 죄책감을 거의 보이지 않는다.
4) 물품 또는 호의를 얻거나 의무를 회피하기 위하여 거짓말을 한다.
5) 타인들을 못살게 굴거나 위협 또는 협박을 한다.

Derek의 경우에는, 그의 아버지가 CBCL과 FES를 평정하였는데, 매우 높은 수준의 외현화 행동과 매우 낮은 수준의 내면화 행동이 보고되었다. 이와 같은 결과가 나온 이유는 Mr. Pratt가 Derek의 최근 위법사건을 강조하고 아들의 우울 증상에 대해서는 전반적으로 무지하였기 때문일 수 있었다. FES 결과가 더 긍정적이었는데, 높은 수준의 독립심과 놀라울 정도로 낮은 수준의 2인 가족내 갈등을 드러냈다.

학교 교직원들이 Derek을 잘 알지 못하였기 때문에 교사평정은 도움이 되지 못했다. 그러나 Derek의 학교기록을 검토한 결과, 지난 3년 동안 학업성취가 점차 하락해 왔음을 알 수 있었다. 초등학교 때 Derek은 A나 B 수준의 학생, 중학교 때는 C나 D 수준의 학생이었던 것으로 보였으나 현재 고등학교에서는 합격 성적이 전혀 없었다. 이와 같은 성적하락은 Derek과 같은 집단에서 흔히 나타나는 것이지만, 일반적으로 좋은 학업성취가 더 적은 행동문제를 예측하기 때문에 학업능력을 고양시키는 것이 치료에 있어서 최우선이 되어야 한다.

마지막으로, 직접관찰은 아동의 가족과의 상호작용을 평가하는 데 유용하다. Derek의 경우에, 심리가는 사무실에서 Derek과 아버지가 상호작용하는 것을 유심히 관찰하였다. 전반적으로, 그들의 상호작용은 진심에서 우러나지만 거리감이 있어 보였다. 예상과는 달리, 두 사람 중 누구도 상대방의 대화에 많은 관심을 보이지 않았으며, 어떠한 언쟁 또는 의견차이도 나타나지 않았다. 대신, 결국은 영구적으로 독립된 생활을 하게 될 것이라는 묵인된 가정하에 두 사람은 상대방이 각자의 삶을 살도록 내버려두는 데 만족하는 것처럼 보였다. 그 결과, 두 사람 중 누구도 현재의 상황을 기꺼이 변화시키고자 하는 특별한 노력을 하지 않았다. 사실, Derek의 교란행동은 Mr. Pratt를 짜증나게 하는 것이었는데, 그는 학교 교직원, 청소년 선도경찰관, 그리고 심리가와의 약속에 자신의 시간을 할애하는 것을 염려하였다.

치료사 사무실 밖의 평상시 환경에서 실시되는 아동에 대한 직접적 행동관찰은 가족 및 또래 상호작용, 교란행동의 선행사건과 결과, 강화 기회 등에 대한 더 많은 정보를 제공할 수 있다. 이에 더하여, 직접관찰은 치료사가 (1) 아동의 행동이 수용치료를 정당화할 만큼 심한지의 여부를 결정하거나 또는 (2) 발생하고 있을 수도 있는 어떠한 부모학대를 발견하는 데 도움을 줄 수 있다. 마지막으로, 직접관찰은 행동변화를 추구하는 가족의 열의와 능력에 관련된 편견을 치료사가 떨쳐버리는 데 도움을 줄 수 있다(Hendren & Mullen, 1997). 예를 들어, 치료사가 법정에 의뢰된 품행장애 청소년을 담당하고는 문제를 해결하려는 가족의 동기유발에 대해 그릇된 예상을 할 수도 있다.

3. 위험요인과 유지변인

아동기 행동문제 중 많은 부분이 그러하듯이, 품행장애의 원인은 복잡하고 서로 얽혀 있다. 실로, 많은 생물학적 · 심리적인 변인들이 이 장애와 연관되어 왔다. 비록 어떤 특정 사례에서 이러한 변인들을 정확히 지적하는 것이 어렵기는 하지만, 생물학적 소인과 문제점이 있는 환경의 결합이 종종 추론된다. 예를 들어, 많은 경우에 이 결합은 유전적 또는 신경학적 요인과 고도로 기능장애를 보이는 가정환경과의 상호작용을 의미한다.

생물학적 소인과 관련하여, 품행장애 또는 공격성에 특정 유전자형(genotype)(역자 주: 생물의 체내에 있는 유전자의 구성양식)을 연계시키는 일관성 있는 증거는 전혀 없다. 대신에, 특정 유전자형을 가진 사람이 반사회적으로 될 지에 대해서 가족요인이 더 나은 예측을 해 줄 가능성이 있다. 유전적 요인은 대신 개인의 기질, 색다름 추구, 또는 신경전달물질인 세로토닌의 수준 등을 변화시킴으로써 품행장애에 영향을 미칠 지 모른다. 실로, 어린 아동들의 까다로운 기질은 일반적 행동문제와 관련이 되어 왔다(Bates, Bayles, Bennett, Ridge, & Brown, 1991; Leober, 1996). 더욱이, 세로토닌 수준은 폭력 범죄를 저지르거나 충동을 잘 조절하지 못하는 사람들에게 더 낮게 나타나는 경향이 있다(Lewis, 1997). 낮은 세로토닌 수준은 또한 우울증을 가진 사람들에게 일반적이며, 품행장애를 가진 많은 청소년들이 우울증상을 보인다. Derek의 경우, 이러한 증상에 낮은 자아존중감, 무가치감, 학교에서의 사회적 위축 등이 포함되었다.

다른 생물학적 요인들도 품행장애와 연관되어 있을 수 있는데, 특히 남아들의 경우에 그러하다. 이러한 요인들에는 높은 수준의 테스토스테론(testosterone)과 안드로스테네디온(androstenedione) 같은 도파민(dopamine) 및 내분비원의 변화(endocrinergic changes), 비정상적 뇌파 패턴, 인지능력에 영향을 미치는 미세 중추신경계 기능장애(minor central nervous system dysfunction), 증가된 생리적 반응성, 정상수준보다 낮은 자율각성(autonomic arousal) 등이 있다(Lewis, 1997). 낮은 수준의 자율각성과 관련해서 볼 때, 품행장애를 가진 청소년들은 생물학적 각성 수준을 높이기 위해 모험적이고 전율을 느끼는 행위를 하는 것인지도 모른다. 실로, Derek의 경우에, 그는 자신의 불법행위(예: 약물사용, 들치기) 중 많은 행동들이 자신의 기분을 좋게 만들었다고 했다. 따라서 심하거나 지속적인 벌에도 불구하고, 감각적 강화는 어떤 청소년 범죄행위가 유지되는 주된 원인일 수도 있다.

비록 생물학적 요인이 품행장애에 있어 다소 원인이 되는 역할을 하는 것으로 보이기는 하나, 가족 또는 심리적 변인들이 더 영향력이 있을 가능성이 있다. 실지로, 비록 비행의 대부분은 아니지만 많은 경우에 부부간의 불화, 가족기능장애, 서투른 양육, 부모의 정신병리가 나타난다(Frick, 1998). 예를 들어, 부모의 정신병리와 관련해서 보면, 품행장애를 가진 아동들의 부모들은 그들 자신들이 반사회적 행동, 알코올중독, 또는 다른 문제들을 가끔 보인다. 유전적 요소도 가지고 있을 수 있는 이러한 행동들은 아동에게 모델이 되거나 돌출행동을 유도하는 조건을 만들어 줄 수 있다. 예를 들어, Derek의 경우에, 아들의 행동에 대한

Mr. Pratt의 감독소홀은 거의 태만에 가까웠다. 이것은 Derek이 반사회적 행동에 빠지는 더 많은 기회를 초래했다.

Derek의 경우에서 명백히 나타난 바와 같이, 부부간의 불화와 이혼 또한 품행장애와 깊게 연관되어 있다. 이러한 관계 기제(mechanism)는 처음에는 분명히 나타나 보일 수 있다—부모의 파경으로 인한 스트레스는 아동들에게는 감당하기 힘든 것일지도 모른다. 비록 최근에 비후견 아버지들(noncustodial fathers)의 참여증가가 다툼을 완화시켰을 수도 있으나, 특히 남아들은 부모의 다툼과 이혼에 공격적이고 반항적인 행동으로 종종 반응한다(Hetherington, Bridges, & Insabella, 1998). 그러나 역으로, 아동들의 돌출행동이 먼저 나타나고 그 다음에 훈육이나 다른 문제들에 대한 부부간의 의견차이로 이어질 수도 있다. 어떤 쪽이든, 가족문제와 품행장애 간에는 강한 연관성이 있다.

Derek의 경우에, 부모가 4년 전에 이혼을 했다. 결혼생활 동안, Pratt씨 부부는 외도 의심, 가계, 가사분담 등에 대해 다투었다. 그들이 다툴 때, 비록 신체적 폭력은 전혀 없었다 하더라도 꽤 악의적인 말이 오고갔다. 12년간의 결혼생활을 정리하면서, Mrs. Pratt는 Derek의 두 여동생들에 대한 후견의무를 졌고 18개월 후에 재혼을 했다. Mr. Pratt는 Derek의 후견의무를 맡았고 곧바로 다른 지방으로 이사를 했다. Derek은 이혼, 전학, 이사와 같은 스트레스를 유발하는 사건들과 다른 가족 구성원들과의 접촉상실은 견디기 힘든 것이었다고 말했으나, 1년 후에는 잘 적응했던 것으로 느끼고 있었다. 그러나 심리가는 그렇게 생각하지 않았다.

비록 Derek의 경우에는 나타나지 않았지만, 부모의 심한 학대도 품행장애의 발달과 관련되어 있다. 학대로 인한 여러 가지 장단기 영향에는 돌출행동이 포함된다. 예를 들어, Widom(1989)에 의하면, 학대를 받은 아동들은 그렇지 않은 아동들에 비해 성인기에 폭력범죄로 체포되는 경우가 2배나 되었다. 학대가 품행장애로 이어지는 기제(mechanism)는 분명하지 않지만, 가능성이 있는 것으로는 모델링, 분노배출, 학대로 인한 뇌생리의 변화 등이 있다(Lewis, 1997).

마지막으로, 아동의 심리학적 요인도 품행장애에 영향을 미칠 수 있다. 더 공격적인 아동들은 덜 공격적인 아동들에 비해 더 자기중심적이며 문제해결력 및 도덕적 논리성이 덜 발달된 경향이 있다(Hendren & Mullen, 1997). 더욱이, 이러한 아동들은 충동적이고, 다른 사람들의 행위를 적대적으로 보며, 부정적인 행동에 빠지게 되고, 보상에 대해 거의 반응을 보이지 않는 경향이 있다. 청소년기에 있어서의 정신병 증상의 발달 또한 반사회적 행동과 관련되어 있을 수 있다.

품행장애를 유지하는 변인들은 어떤가? 앞서 언급된 바와 같이, 감각적 강화는 생물학적 각성이 정상보다 낮은 아동들에게 영향을 미칠 수 있다. 이러한 경우에, 약물사용, 속도위반, 성폭행, 싸움, 과잉행동 등을 포함하는 특정 행동들이 각성을 증가시키기 위해 형성된다. 더욱이, 어떤 청소년들은 싫어하는 상황을 피하기 위해 반사회적 행동을 할 수도 있는데, 이러한 행동의 예로는 등교거부, 불복종, 가출, 사회적 위축 등이 있다.

Achenbach와 Rescorla(2001)는 아동기 행동문제에 대한 그의 경험적 분류체계에서 두 가지 주요한 요인이 외현화 행동을 구성하고 있음을 발견했다: 공격적 행동(aggressive behaviors)과 규칙위반 행동(rule-breaking behaviors). 공격적 행동에는 논쟁하기, 불순종하기, 싸우기, 공격하기, 소리지르기, 놀리기, 위협하기 등이 포함된다. 이러한 행동들은 사회적 관심이 품행장애를 유지할 수 있다는 것을 암시하는데, 왜냐하면 대부분이 타인들(예: 부모, 교사, 또래)과의 상호작용이나 그들로부터의 부정적인 관심을 요구하는 행동들이기 때문이다.

규칙위반 행동은 거짓말하기, 속이기, 방화하기, 훔치기, 음주 및 약물 복용하기, 기물파괴하기 등을 포함한다. 이러한 행동들은 유형적 보상이 품행장애를 유지할 수 있다는 것을 암시한다. 예를 들어, 십대들은 옷, 음식, 또는 다른 물건들을 손에 넣기 위해 들치기, 기물파괴, 거짓말 등을 할지도 모른다. 이것은 Derek의 경우에 확실했다.

품행장애를 유지하는 것이 무엇인지를 파악하는 것은 치료사가 최상의 치료 선택을 하는 데 도움이 될 수 있다. 예를 들어, 만약 공격적인 한 청소년이 주로 사회적 관심이나 회피에 의해 동기부여가 되었다면, 치료는 청소년 자신, 부모,

관련 있는 타인들에게 초점을 둘 필요가 있을 것이다. 그러나 만약 공격적인 한 청소년이 주로 감각적 강화 또는 유형적 보상에 의해 동기부여가 되었다면, 치료는 특별히 청소년 자신에게 더 초점을 둘 수 있다. 물론, 많은 청소년들이 다양한 이유로 품행장애적 행동을 보이는데, 이러한 사실은 자연적으로 치료를 더욱 복잡하게 만든다.

4. 발달 양상

어느 정도의 반사회적 행동은 많은 청소년들에게 전형적으로 나타나며, 심한 반사회적 행동조차도 십대에는 나타났다가 없어지는 일이 종종 있다(Moffitt, Caspi, Dickson, Silva, & Stanton, 1996). 그러나 품행장애를 가진 많은 청소년들은 아동기에 문제행동을 보이기 시작하며, 이것은 청소년기와 성인기까지 장기적으로 영향을 미칠 수 있다. 예를 들어, 까다로운 기질과 사회적 정보처리 결함은 부모와의 애착에 손상을 입힐 수 있고, 빈곤상태는 지적 자극 또는 영양을 제한할 수 있으며, 가족기능장애는 아동의 관심추구 행동과 공격적 행동을 증가시킬 수 있고, 생활 스트레스와 또래 거부는 우울증상을 유발할 수 있으며, 교육기회의 결손은 문제해결력을 둔화시킬 수 있다(McMahon & Estes, 1997). 이러한 아동기 패턴들이 반드시 품행장애로 이어지는 것은 아니지만, 만약 그렇게 되는 경우에는 장애가 심하고 지속적이 되는 경향이 있을 것이다.

청소년기의 품행장애로 이어질 수 있는 또 다른 아동기 행동패턴은 적대적 반항장애이다. 적대적 반항장애의 근본적 특성은 "권위자를 향해 최소한 6개월 이상 지속적으로 나타나는 부정적 · 반항적 · 불복종적 · 적대적 행동의 반복 패턴"이다(American Psychiatric Association, 2000, p. 100). 불복종하는 것 외에도, 이러한 아동들은 쉽게 냉정을 잃고, 화를 내며, 논쟁하고, 타인을 귀찮게 하며, 자신의 실수를 남의 탓으로 돌리는 경향이 있다. 이들은 또한 앙심을 품고 있거나 신경이 과민해 있다. 이러한 행동들은 종종 시간이 흐르면서 더 악화되며,

공격성 및 가족기능장애와 함께 나타나게 되면 청소년 비행을 아주 잘 예견해 주는 요인이 된다.

품행장애의 발달에 있어 부모/가족 변인과 불복종/공격성이 어떠한 상호작용을 하는 것일까? Patterson(1982; Patterson, Reid, & Dishion, 1992)은 어떤 아동들은 그들의 불복종과 공격성에 대해 부모로부터 우연히 보상을 받는다는 이론을 세웠다. 이것이 어떻게 발생하는지는 두 가지 시나리오에 의해 설명될 수 있다. 정적강화 함정에서 보면, 아동이 처음에 공격적이거나 불복종적이고, 부모는 보상을 주거나 그 행동을 멈추게 하기 위해 물질적인 것으로 아동을 달래려고 한다. 또 다른 방법으로, 부모는 아동의 행동문제를 타인들(예: 학교 교직원)의 탓으로 돌릴 지도 모른다. 부적강화의 함정에서 보면, 아동이 처음에 (1) 원하는 무엇인가를 얻기 위해 또는 (2) 원하지 않는 무엇인가를 피하기 위해 공격성 또는 불복종을 보인다. 많은 논쟁 끝에, 부모가 결국 아동의 문제행동에 굴복하게 된다. 이 두 함정 모두에서, 아동은 공격성과 불복종을 보임으로써 자신이 원하는 무엇인가를 자신에게 주도록 가족구성원들을 "강요"하는 방법을 성공적으로 학습한다. 이러한 강요는 아동의 연령이 증가함에 따라 더 심해진다.

Derek의 경우에, 그가 어렸을 때에는 겉으로 드러난 부정강화 함정은 없었다. 그러나 Pratt씨 부부가 더 심각한 부부간 갈등을 겪게 되면서, 방임적인 가족환경이 조성되었다. 본질적으로, Derek의 부모는 자신들의 문제에 더 관심을 가지게 되고 자녀들의 양육에는 일관성을 덜 보이게 되었다. 그 결과, Derek의 도덕적 논리와 사회적 기술이 잘 발달될 수 없었을 지도 모른다. 더욱이, Derek은 부모의 관심을 얻기 위하여 학교에서 싸우거나 물건을 훔치는 등의 더 문제가 있는 행동들을 보였다. 부모의 관심을 얻으려는 이러한 시도들은 대부분 실패하였지만, Derek은 또래들의 관심과 범죄행위(예: 들치기)로부터의 유형적 보상을 얻었다. 비행또래들에게 인기를 더 얻게 되면서, Derek은 그들과의 모임을 자신의 진정한 안식처로 느꼈다. Mr. Pratt가 이혼을 하고 아들에게서 더 소원해지자, Derek은 그 또래들과 더욱 더 가까워졌다.

품행장애를 가진 청소년들이 성인기로 성장해 감에 따라, 더 이상 공격적 행동이나 범죄행동을 보이지 않는 경우가 많다. 그러나 심한 품행장애를 가진 청소년들의 약 50%는 나중에 반사회성 성격장애 증상을 보일 것이다. 이 장애는 극도의 사회적 적대감, 순응 실패, 기만, 충동성, 공격성, 무책임감, 그리고 죄책감 결여 등으로 가끔 특징지어진다(APA, 2000). 이 장애는 중년기에 다소 완화될 수 있으나 종종 감금 또는 죽음에 이르기도 하는 심각한 성격장애이다.

예후연구들은 아동기 및 청소년기 공격성이 성인기 반사회성 성격장애의 좋은 예측요인이라고 지적한다. 예를 들어, Farrington(1991)은 8세 때 교사들에 의해 공격적이라고 평정받은 아동은 덜 공격적으로 평정받은 아동들에 비해 (1) 32세 때 공격적이라고 보고되고, (2) 폭력범죄를 저지를 가능성이 더 있다는 것을 발견했다. 물질남용과 실업과 같은 장기적이고 만성적인 문제 또한 아동기 및 청소년기 공격성과 연관되어 있었다. Kratzer와 Hodgins(1997)도 품행장애를 가진 남아 64%와 여아 17%가 성인기 범죄전과를 가지고 있다는 것을 발견했다. 또한, 청소년 구류에 뒤따르는 지원 서비스의 결핍이 공격성과 범죄행위를 유지하는 데 일조하는 지도 모른다(Lewis, Yeager, Lovely, Stein, & Cobham-Portorreal, 1994).

Derek의 경우에, 비록 많은 변인들이 그의 문제에 원인으로 작용한 것이 분명하였지만, 아동기 공격성은 그의 청소년기 비행행동에 대한 좋은 예측요인으로 보였다. 사실은, 단지 공격성이 있다고 해서 비행을 저지를 것이라고 보장할 수는 없다(Loeber & Stouthamer-Loeber, 1998). 권위적인 양육방식, 공격성에 대한 적절한 벌, 친사회적 행동에 대한 강화, 그리고 사회적 · 학업적 능력은 청소년기 품행장애의 예방에 도움이 될 수 있다. Derek의 경우에, 어쩌면 그의 어떤 행동들은 좀 더 신중한 양육으로 예방되었을 수도 있었다.

품행장애를 가진 여아들은 어떨까? 여아들은 일반적으로 남아들에 비해 더 늦은 시기에 비행을 보인다고 연구결과들은 지적한다. 그러나 이것은 남아들에게 비해 여아들에게 교란행동문제를 보일 것이라는 기대를 덜 하는 사실에 기인할 수 있다. 더욱이, 아동기 공격성은 남아들의 청소년기 품행장애에 대한 좋은 예측요인이지만 여아들에게 반드시 그러한 것은 아니다. 대신, 여아들은 남아들보다 더 비공격적인 품행장애를 보이고 좀 더 나은 장기적 예후를 경험할 지 모른다(Zocolillo, 1993). 실은, 여아들의 품행장애 증상은 성인기에 있어서 반사회적 행동보다는 불안 및 우울로 이어질 가능성이 더 있다(Robins & Rutter, 1990). 그러나 Derek의 경우에, 그의 두 여동생들은 비적응적 행동문제를 전혀 보이지 않았다.

여기에 제시된 자료를 볼 때, Derek의 장기적 예후는 보통 정도로 기술될 수 있을 뿐이었다. 그의 아동기 공격성, 문제해결 곤란, 학업실패, 우울증상, 광범위한 가족기능장애 등은 모두 부정적인 예후 징조였다. 그러나 긍정적인 측면도 다소 있었다. Derek의 지능은 평균 이상이었으며, 그는 대체로 자만심이 강하고, 자신의 현재 행동의 무익함에 대한 다소의 통찰력을 가지고 있었다. 비록 장기적 계획을 가지고 있지는 않았지만, 그는 아동기 동안에 누렸던 생활과 같은 더 정상적인 삶을 원했다.

5. 치료

비행예방은 바람직한데, 그 이유는 품행장애를 가진 청소년들을 치료하는 것이 종종 어렵고 성공적이지 못하기 때문이다. 이것은 문제의 복잡성, 문제의 심각성과 지속성, 광범위한 가족기능장애 등에 기인한다. 그러나 치료가 실시되면, 다음과 같은 유형 중 한 가지 또는 그 이상을 포함하게 된다: 부모-가족 치료, 사회적-인지적 치료, 또래중심 및 학교중심 치료, 지역사회중심 또는 수용 치료(Offord & Bennett, 1994). Derek의 치료에는 처음 세 가지 유형의 요소들이 포함되었다. 다른 일반적 치료법으로는 약물복용과 그룹중재가 있으나, Derek의 경우에는 사용되지 않았다. 좀 더 광범위한 경우를 위해서는, 관련 있는 가정 · 학교 · 지역사회 요인들에 초점을 두기 위해 다중체계접근이 사용된다(Henggeler, Schoenwald, Borduin, Rowland, & Cunningham, 1998).

좀 더 심각성이 덜한 경우에 사용되는 부모-가족 중재는 전형적으로 가정에서 아동의 행동을 변화시키는 방법을 부모에게 훈련시키는 유관성 관리 또는 다른 방법들에 초점을 맞춘다(Kazdin, 1996). 부모는 부적절하고 반사회적 행동이 아닌 적절하고 친사회적 행동에 사회적·유형적 강화물을 주도록 지도받는다. 이와 관련된 기술에는 계약하기, 부모명령 재구조화하기, 일과표 구성하기, 아동을 더 주의깊게 감독하기 등이 포함된다. 가족구성원간의 의사소통기술훈련 또한 부수적 치료로 흔히 사용된다.

Derek의 경우에, 대부분의 치료는 (1) Derek과 아버지 사이의 의사소통을 개선하고, (2) 아들에 대한 Mr. Pratt의 감독을 증가시키기 위해 소요되었다. 이 두 가지 목표는 성취하기 어려운 것으로 판명되었는데, 그 이유는 Derek과 아버지가 몇 번 예약을 지키지 않았으며 서로 이야기하는 것을 대체로 마음내키지 않아 했기 때문이었다. 그 결과, Derek으로부터의 정서적 거리감을 만들어내는 Mr. Pratt의 개인적 문제를 논의하는 데 더 많은 시간이 소요되었다. 예를 들어, 심리가는 Mr. Pratt의 이혼이 생각보다 그를 더 힘들게 하고, 그가 결혼의 실패에 대해 잊으려는 노력을 적극적으로 하고 있다는 것을 발견했다. 그러나 Derek은 그에게 결혼의 실패를 끊임없이 상기시키는 존재였으며, Derek의 문제가 Mr. Pratt의 실패감을 강화시키는 것처럼 보였다. 비록 Mr. Pratt의 기분이 다소 개선되기는 했지만, 아들의 행동을 감독하는 능력과 현재 상황을 변화시키고자 하는 동기유발은 부적절한 채로 남았다.

Derek과 아버지간의 의사소통기술훈련은 단지 부분적 효과만 보였는데, 그 이유는 두 사람 중 누구도 상대방과의 대화에 그다지 관심을 두지 않았기 때문이었다. 심리가는 두 사람으로 하여금 상대방의 말을 정확하게 패러프레이즈(역자주: 알기 쉽게 하기 위해 자세한 설명으로 바꾸어 말하기)하도록 할 수는 있었으나, 동기유발이 낮아서 그들의 대화를 확대시키는 데는 애로가 있었다. 더욱이, 심리가는 Derek과 아버지가 동시에 치료를 그만두지 않도록 하기 위해 그들이 도전적이고 위협적이라고 느낄 수 있는 치료의 실시는 경계해야만 했다. 그 결과, 의사소통을 가로막고 있는 것으로 보이는 일반적인 가족문제를 탐색하는 데에 상당한 치료시간이 소요되었다.

Derek의 약물사용과 등교거부행동을 줄이는 노력을 하기 위한 협약도 작성되었다. 비록 Derek과 Mr. Pratt가 이 협약을 작성하는 데는 노력을 기울였지만, 집에서 이 협약을 이행하는 데에는 거의 노력을 하지 않았다. 이와 같이, 낮은 동기유발은 이 치료기법을 방해하였고 Derek의 약물사용에는 어떠한 변화도 나타나지 않았다. 한 가지 희망적인 측면은 Derek이 고등학교 졸업을 위한 부분적 성적을 받을 수 있는 방과후 프로그램에 참여하는 데 동의한 것이었다. 비록 그의 출석은 간헐적이었지만, Derek은 3개월 동안에 걸쳐 필요한 과정을 마쳤다.

또한 치료과정에서 Derek에게 사회적-인지적 기법이 적용되었다. 이 치료의 많은 부분은 Derek의 부정적인 자아진술과 우울증상에 초점을 두었으며, 그는 이 접근에 최상으로 반응하였다. 처음에는, 그에게 자신의 기분과 행동이 어떻게 연결되어 있는지, 특히 그의 부정적인 사고가 가끔 무모하고 충동적인 행동으로 어떻게 이어지는지를 보여 주었다. 그 다음에, 심리가는 다양한 형태의 인지적 왜곡, 특히 최소한도로 평가하기에 대해 설명해 주었다; Derek은 자신뿐만 아니라 자신의 타인과의 상호작용도 과소평가하는 경향이 있었다. 마지막으로, Derek은 자신이 가지고 있는 사고의 양면을 검토하는 것을 배웠으며, 대체할 수 있고 더 현실적인 사고에 대해 생각하는 것을 지도받았다. 치료과정을 통해서, Derek의 우울증은 어느 정도 개선되었다.

Derek은 또한 자신의 분노를 제어하고 충동을 통제하는 방법에 대해 지도받았다. 이 부분에서는, Derek의 문제해결기술의 개선에 중점을 두었다. Derek에게 문제시나리오를 여러 개 제시하고 심리가와 함께 가능한 해결책을 찾도록 하였는데, 이때 심리가는 Derek이 그 과정에서 사용할 수 있는 다양한 자아진술을 선보였다. 두 사람은 각 해결책에 등급을 할당하였고, Derek은 그 중 하나의 해결책에 최고등급을 매겼다. 그리고 나서, 그는 그 해결책의 유용성과 효과성을 평가하는 지도를 받았다. 예를 들어, 심리가는 콤팩트디스크를 들치기할 수 있거든 해 보라고 친구들이 도전해 오는 것과 같은 가상적 문제를 Derek에게 제시했다. 이 문제에 대해서 그 친구들을 피하기, 이전에 체포되었던 사실을 근거로 하여 그 도전을 거절하기, 달아나기 등을 포함하는 다양한 해결책이 나왔다. 심리가는 Derek과 함께 다수의 문제시나리오와 가능한 해결책들을 다루었는데, Derek은 개념은 이해했으나 그 기술을 실생활에 적용하려고 애쓰지는 않았다.

치료에는 또한 Derek이 새 학급에서 보이는 광범위한 행동들의 관리가 다소 약하게나마 포함되어 있었다. Derek은 종종 학급에서 교란행동, 적절한 행동, 위축 등을 돌아가면서 보였다. 심리가는 Derek으로 하여금 그와 같은 다양한 형태로 행동하게 하는 단서들을 식별했다. 예를 들어, Derek은 학급에서 갑자기 질문을 받았을 때 가장 교란된 행동을 나타내며, 학급에서의 상호작용이 자신의 통제하에 이루어질 때 가장 적절한 행동을 보이고, 홀로 남겨졌을 때 가장 위축되었다. Derek의 동의를 얻은 후, 이러한 행동패턴을 설명하고 이후의 문제행동을 예방하기 위한 선생님과의 만남이 이루어졌다. 예를 들어, 선생님은 다음 날 학급에서 나올 수도 있는 질문들을 간단히 적은 목록을 Derek에게 주기 시작했다. Derek에게는 전날 밤에 그 질문들에 대한 대답을 준비해서 그 다음 날 학급에서 그 질문에 대답하도록 하였다. 선생님은 또한 휴식시간에 Derek이 또래들과 상호작용할 수 있는 충분한 기회를 갖는지를 확인했다. 몇 주간에 걸쳐, 선생님은 Derek이 여전히 규칙적인 출석은 하지 않지만 그의 학급행동은 개선되었다고 보고했다.

Derek과 아버지는 약 4개월 동안 치료를 받았으나, 이 기간 동안 치료회기의 약 40%를 불참했다. 따라서 치료의 연속성과 심리가와의 래포는 끊임없이 단절되었다. 그러나 Derek이 얼마간의 가족치료에 참여하였으므로 판사는 Derek에게 단지 50시간의 지역사회 봉사활동을 선고하였다. 그러나 그 봉사활동을 완료하자, Derek은 더 이상 치료에 참석할 의사가 없음을 밝혔다. 혼자서 심리가와 만난 3주 후에, Mr. Pratt도 역시 치료를 계속 받아야 한다는 심리가의 권유에도 불구하고 치료를 종료하였다.

어쩌면 놀라울 일이 아닐 수도 있지만, Derek은 1년 후에 세 번째로 체포되었다. 이번에는 혐의가 들치기와 폭행이었는데, 왜냐하면 Derek이 백화점에서 절도미수 후에 경비원을 주먹으로 쳤기 때문이었다. 그 결과, 그는 청소년 구류시설에 배정되었다. 그 사이에 그는 학교를 중도 퇴학했으며 이전의 반사회적 행동들을 다시 시작했다. 그의 사건에 원래 배정되었던 심리가와의 면담에서, Derek은 덜 우울하기는 하지만 학교에 돌아가거나 치료를 다시 받는 데에는 관심이 없다고 말했다. 더욱이, 그의 부모는 Derek에 대한 후견의무를 주(州: state)에 일임하고 아들과의 접촉을 끊기로 결정했다. 앞서 언급된 바와 같이, 이러한 청소년집단의 재범율은 높은 경향이 있으며, 예후도 좋지 않은 경향이 있다. 재범과 좋지 않은 예후는 Derek의 경우에 나타난 바와 같이 가족과의 접촉 결핍에 의해 더욱 악화되며, 따라서 Derek이 앞으로 비행 행동을 보일 위험은 확실하게 높았다.

6. 토론 문제

1) 품행장애 진단을 받은 십대들과 긴장이 많은 격동의 청소년기를 겪는 십대들과의 사이에 차이가 있다면 무엇일까? 학대하는 부모에게 반항하고 부부간의 갈등을 피하기 위해 가출하는 십대들은 어떤가?
2) DSM-IV-TR의 품행장애 진단기준을 비평해 보라. 예를 들어, 진단을 뒷받침하는 데에 있어 세 가지 증상은 너무 적은 것일까? 어떤 증상들이 중복되는가? 어떤 식으로든 진단에 편견이 있는가? 하위유형과 시간경계는 타당한가? 어떤 증상들을 첨가, 삭제, 혹은 결합할 수 있을까? 왜 그런가?
3) 품행장애는 여아들에 비해 남아들에게 약 4배 정도 더 흔하게 나타나며, 심각한 범죄행위의 비율은 약 8배 정도 여아들에 비해 남아들에게 더 일반적이다. 어떤 생물학적, 심리적, 가족적, 사회적, 또는 다른 요인들이 이러한 차이점을 설명해 줄까?
4) 청소년범죄 문제는 미국에서 격렬한 정치적 · 사회적 논쟁이 되어 왔다. 이 문제가 심각하다고 생각하는가 아니면 과대평가 되었다고 생각하는가? 강간과 살인을 저지른 14세 아동을 다룰 최선의 방법은 무엇일까? 성인 교도소에 십대를 투옥하는 것이 어떤 사회적 이익을 가져오며 어떤 개인적 불이익을 가져

올까?

5) 품행장애 증상을 가진 아동 또는 청소년을 어떻게 평가할 것인가? 평가에서 무엇을 강조하기를 원하는가? 그 이유는 무엇인가? 누구와 가장 많은 시간을 보내며 이야기하기를 원하는가?
6) Derek의 치료에 무엇을 첨가할 수 있을까? Derek의 경우처럼, 만약 청소년의 부모가 치료에 참여하지 않는다면 어떤 절차가 최선의 방법일까?
7) 품행장애는 우울증 및 물질남용과 같은 다른 문제들과 종종 같이 나타난다. 이와 같은 다른 문제들은 비행 행동을 보이는 청소년의 치료를 어떻게 복잡하게 만들 수 있을까?

제 9 장

물질남용

(Substance Abuse)

InfoTrac® College Edition

Explore InfoTrac College Edition by going to
http://infotrac.thomsonlearning.com

Hint. Enter these search terms: substance abuse, substance dependence, tolerance, withdrawal, prevention

1. 증상
2. 평가
3. 위험요인과 유지변인
4. 발달 양상
5. 치료
6. 토론 문제

1. 증상

Jennifer McAllister는 정신건강 외래클리닉에 의뢰된 다중인종적(Caucasian 그리고 Hispanic) 배경을 가진 16세 소녀였다. 의뢰는 약물소지로 2년 기간 내에 Jennifer가 두 번째로 체포되면서 이루어졌다. Jennifer는 학교출석에 문제를 보이는 청소년들을 위한 대안고등학교(alternative high school)에 다니는 10학년(역자 주: 우리나라의 고등학교 1학년) 학생이었다. 그 학교 교직원들은 약물소지 또는 약물사용을 절대 용납하지 않는다는 방침을 적극적으로 장려하였으며, 따라서 불시점검 때 Jennifer의 사물함에서 몇 온스(역자 주: 1ounce = 약 28g)의 마리화나가 발견되자 그녀가 체포되도록 하였다. Jennifer는 약물소지 혐의로 기소되었으며 나중에 지역사회 봉사활동을 이행할 것을 선고받았다. 또한 그녀와 어머니는 상담을 받도록 요구되었다. Jennifer를 배정받은 청소년 선도경찰관이 이 클리닉에 그녀를 의뢰하였다.

최초의 선별 면접에서, Jennifer는 자신은 약물사용을 즐기며 그것을 중단할 의사가 전혀 없다고 말했다. 그녀는 면접 및 상담 절차를 시간을 허비하는 것으로 여겼으며, 이전과 같은 생활을 계속할 작정이었다. 그녀는 매우 협조적이고 자신의 생활에 대해 개방적이었으나, 그녀에 관한 정보를 어머니인 Ms. Ruiz에게는 비밀로 할 것이라는 보장을 받은 후에야 세부적인 이야기를 했다. 지난 2년 동안 가정에 상당한 혼란이 있었기 때문에, Jennifer는 자신의 생활에 속한 문제들 중 많은 부분을 어머니로부터 감추고 싶어했다.

Jennifer는 신체적 · 언어적 · 성적 학대가 계속되었던 15년 간의 결혼생활 끝에 어머니가 2년 전에 아버지와 이혼을 했다고 설명했다. Mr. McAllister가 아내에게 그녀가 떠날 경우 재정적 · 신체적 손상을 입히겠다고 계속 위협했기 때문에 이혼과정은 결코 쉽지 않았다. 경찰과 사회사업단체의 다양한 중재로 Ms. Ruiz는 마침내 남편과 이혼할 수 있었고 그를 상대로 접근금지명령을 받아내었다. 다행히도, Mr. McAllister는 곧 다른 지방으로 이사를 했으며 Ms. Ruiz(그녀의 결혼전의 성), Jennifer, Jennifer의 오빠인 Samuel과의 모든 접촉을 끊었다.

그러나 그는 먼저 은행구좌에 있던 모든 재원을 가족으로부터 빼앗았다. 따라서 Ms. Ruiz는 가족을 부양하기 위해 무(無)에서 출발해야만 했으며, 그 때문에 당시 두 개의 일자리를 가지고 있었다.

이혼 전, 가정폭력은 Jennifer가 초등학교에 입학한 이후로 계속되었다. 다툼이 최악에 이를 때면, Jennifer는 몰래 집을 빠져나와 친구와 함께 지내곤 했다. 중학교에 진학하면서, Jennifer가 친구와 지내는 시간이 가족들과 보내는 시간보다 상대적으로 점점 많아졌으며, 그 결과 학교에 더 많이 결석하기 시작했다. 자신들의 문제에 얽매여 있던 부모는 처음에는 Jennifer를 방관하고 그녀가 원하는 대로 오고 가는 것을 허락했다. 그러나 Jennifer가 7학년(역자 주: 우리나라의 중학교 1학년)이 되었을 때, 그녀의 아버지는 그녀가 집에 더 머물러 있도록 요구했다. Jennifer는 아버지의 그 요구에 따른 후로 그가 자신을 성폭행하기 시작했다고 말했다. 처음에 그는 그녀의 방으로 들어와서 그녀를 쓰다듬었으며, 그 다음에는 그녀에게 키스하고 그녀를 껴안았다. Jennifer는 그러한 접근이 자신을 혼란스럽고 화나고 불편하게 만들었지만 그녀 자신과 어머니를 위한 두려움 때문에 순응하였다. 그러나 질 손상은 뒤따르지 않았으며, 그녀의 부모는 그런 일이 있은 직후에 이혼을 했다. Jennifer는 어머니에게 아버지의 그러한 행동을 결코 이야기하지 않았으나, 그 일이 있은 후 우울하고 불안했다고 보고했다.

Jennifer는 자신의 약물사용은 12살이었던 7학년 때 시작되었다고 말했다. 첫 약물은 알코올이었는데, 그녀는 아버지의 성적 학대가 있고 나면 그녀의 친구들과 종종 술을 마셨다. 겉보기에 그 음주는 친구들과 함께 하는 일반적 "상담"의 일부였는데, 그들은 그녀의 문제에 귀기울여 주고 마음의 의지가 되어 주며 술을 제공해 주었다. 그 그룹은 6~8명의 소녀들로 이루어져 있었는데, 그들 중 일부도 성적 학대를 경험한 적이 있었다. 알코올 사용은 1년간 계속되었는데, 그 기간 동안 술을 마시는 빈도가 점점 늘어났으며 맥주에서 증류주로 옮겨갔다. 이러한 일이 있음에도 불구하고, Jennifer는 자신의 음주를 부모와 오빠에게 숨길 수 있었다.

아버지가 떠나고, 어머니는 가족을 부양하기 위해 두 개의 직장에서 일하기 시작했으며, 오빠가 집을 나가 있던 그 다음 해에, Jennifer의 상황은 극적으로 변했다. Jennifer는 친구들과 더 많은 시간을 보냈고, 담배와 마리화나를 피웠으며, 사교그룹을 확대시켜 소년들까지 포함시키기 시작했다. 많은 경우에, 그 그룹은 학교에 등교하지 않고 한 명의 그룹구성원 집에서 파티를 열곤 했다. 그러다가 한 번은 이웃 사람이 경찰에 신고를 해 Jennifer와 다른 5명의 그룹구성원이 약물소지 혐의로 체포되었다. 이것은 그녀의 초범이었으므로 Jennifer는 1년의 보호관찰을 선고받았다. 흥미롭게도, 그녀의 어머니는 딸의 상황에 거의 관심을 보이지 않았다. Jennifer는 어머니가 그녀 자신의 학대와 이혼에서 받은 정신적 충격으로부터 여전히 회복단계에 있었다고 보고했다.

체포 후, Jennifer의 행동은 다소 개선되었다; 그녀는 학교에 출석했으며, 가정을 돌보는 어머니를 도왔다. 그러나 이러한 행동은 약 6개월 동안만 유지되었는데, 이 기간 동안 Ms. Ruiz는 그녀의 딸에게서 더욱 멀어졌다. 그러자 Jennifer는 예전의 친구집단과 함께 지내기 시작했으며 전보다 더 심하게 알코올과 마리화나에 빠졌다. Jennifer는 보통 1주일에 한두 번은 술에 취했으며, 적어도 1주일에 한 번은 마리화나를 흡입했다. 그녀의 학교출석은 급격하게 줄어들었으며, 그녀는 더 적당한 속도로 학점을 받을 수 있도록 대안고등학교에 배치되었다.

Jennifer는 또한 지난 몇 달동안 그녀의 사교그룹에 속해 있는 한 소년과 성관계를 맺었다고 보고했다. 그 관계는 앞서 경험했던 아버지의 성폭행을 상기시켰으므로 그녀에게는 불안의 원인이 되었다. 그 결과, 성관계를 가지는 것에 대한 불안을 줄이기 위해 술을 마셨다. 놀라운 사실은 어떠한 예방책도 사용하지 않았음에도 불구하고 그녀는 임신을 하지 않았으며 성병에도 걸리지 않았다는 것이었다. Jennifer는 최근 몇 주 동안 다른 약물들도 시험삼아 사용해 보기로 마음먹었었는데, 코카인과 메탐페타민을 가장 두드러지게 사용하였다. 그녀는 코카인은 단지 3회만 시도하였으나, 메탐페타민은 한 달에 4회 정도 사용하기 시작하였다(일반적으로 성관계 전후). 이 즈음, Jennifer는 학교에 거의 등교하지 않았으나 어리석게도 그녀의 사물함에 소량의 마리화나를 남겨 놓는 바람에 체포되었다.

면접관은 Ms. Ruiz와도 잠시 이야기를 나누었는데, 그녀는 정보를 거의 제공하지 않았다. 그녀는 Jennifer가 한 행동 때문에 자신이 체포될까봐 눈에 띌 정도로 궁금해하면서 자신의 법적 문책에 우선적 관심을 두었다. 자신은 체포되지 않는다는 것이 확실해졌을 때, Ms. Ruiz는 자신은 딸의 행동에 대해 거의 아는 바가 없으나 Jennifer가 아마도 대부분의 이웃 아이들처럼 행동하고 있을 것이라고 말했다. 사실, Ms. Ruiz는 긴장을 풀고 남편과의 과거사를 잊기 위해 그녀 자신이 가끔 마리화나를 사용한다고 이야기했다. 전반적으로, Ms. Ruiz는 Jennifer의 상황을 심각하게 느끼지 않았으며, 그녀 자신 또는 딸의 행동을 변화시키는 데에 거의 관심을 표명하지 않았다.

그러나 면접관은 Jennifer의 상황을 심각하고 인생을 위협할 만한 것으로 받아들였다. Jennifer의 법적 기록을 더욱 깊이 검토한 후에, 면접관은 Jennifer가 알코올, 마리화나, 메탐페타민과 관련하여 DSM-IV-TR의 물질남용 준거를 만족시키는 것으로 일단 생각하였다. 그러나 물질의존 진단은 알맞지 않다고 생각했는데, 그 이유는 뚜렷한 내성(耐性) 또는 금단증상이 전혀 나타나지 않았기 때문이었다.

2. 평가

DSM-IV-TR에 의하면, 물질남용의 근본적 특성은 "반복되는 물질사용과 관련되어 되풀이해서 나타나는 유의미한 악영향으로 특징지어지는 물질사용의 비적응적 패턴"이다(American Psychiatric Association, 2000, p. 198). 이 장애로 진단받기 위해서는 12개월 동안 다음과 같은 네 가지 기준을 만족시켜야 한다:

1) "직장, 학교, 또는 가정에서 자신의 주된 역할수행에 있어 실패를 야기하는 반복되는 물질사용"
2) "신체적으로 위험한 상황에서 반복되는 물질사용"

3) "물질과 관련된 반복적인 법적 문제"
4) "지속적이고 반복되는 사회적 혹은 대인 문제를 야기하고 악화시킴에도 불구하고 계속되는 물질사용"

이에 더하여, 내성, 금단증상, 지속적으로 약물을 구하는 행동 등에 의해 부분적으로 특징지워지는 물질의존 준거를 만족시켜서는 안 된다.

Jennifer는 물질의존 준거를 만족시키지는 않았지만, 물질남용 준거는 만족시켰다. 그녀의 물질사용, 특히 알코올 · 마리화나 · 메탐페타민 사용은 되풀이되었으며 학교출석과 학습과제 완성을 확실히 방해하였다. 이에 더하여, 그녀의 계속되는 약물사용은 신체적 위해의 위험이 있는 장소에서도 일어났다. 예를 들어, 그녀는 중독되어 있는 친구들과 함께 정규적으로 차를 타고 다녔으며, 무방비 성관계를 가졌다. 더욱이, Jennifer는 현재 약물사용에 의한 법적 문제 내력을 가지고 있었으며, 가족과의 관계 및 자신의 미래에 대한 장기계획을 희생시켜 가면서 약물사용을 계속하고 있었다.

법원위임 평가의 일부로서, 상담심리학 상급학위(역자 주: 학사학위보다 위의 학위로서 석사 · 박사 학위)를 가진 정신건강 전문가가 Jennifer의 사례에 배정되었다. 물질남용 평가는 많은 형식을 취할 수 있지만 위험하고 인생을 위협하는 행동에 집중하여야 한다. 평가받는 사람에게 이름, 장소, 시간, 현재 사건들을 물어보는 간단한 정신상태 정위(定位)검사가 실시될 수 있는데, 이 검사는 그 사람이 약물에 중독되어 있는지 또는 약물사용에 의한 일시적 정신착란 상태에 있는지의 여부를 판단하기 위한 것이다. 이에 더하여, 자신 또는 타인에게 위해를 가할 위험성 여부를 판단하기 위해서 더 세부적인 평가가 실시되어야만 한다. 그러나 이 가능성은 Jennifer에게는 적용되지 않았다.

Jennifer의 경우에 더 해당되는 것은 현실적으로 인생을 위협할 가능성이 있는 사건들이었다. 이와 같은 사건들에는 중독되어 있는 친구들과 함께 차를 타고 다니는 것과 무방비로 성관계를 갖는 것이 포함되었다. Jennifer는 이러한 사건들이 각각 지난 1년간 월 4~5회 일어난 것으로 추정했다. 그러나 지난 달에는 어떠한 사건도 일어나지 않았었는데, 그 주된 이유는 Jennifer가 체포되었었고 어머니가 그녀를 주의깊게 감시하고 있었기 때문이었다.

이 영역에 있어서의 평가는 독물검사도 포함할 수 있는데, 이 검사에서는 소변, 혈액, 또는 머리카락 검사를 통하여 과거의 약물사용을 판별한다. 소변 또는 혈액 분석은 다양한 약물 대사산물(代謝産物)을 검출하는 데 유용하며, 호흡의 알코올 함유량을 측정하는 음주검사기와 같은 검사도구를 포함한다. 알코올 사용은 적혈구의 세포용적(cell volume of red blood cells)과 감마-글루타밀 트랜스펩티다제(gamma-glutamyl transpeptidase)의 수준을 검사함으로써도 판별될 수 있다. 아편제(예: 헤로인), 코카인, 암페타민(역자 주: 중추신경을 자극하는 각성제), 항불안 약물, 그리고 마리화나를 최근에 사용했는지에 대한 소변검사도 가능하다. 이와 같은 검사에는 박층 크로마토그래피(thin layer chromatography), 가스-액체 크로마토그래피(gas-liquid chromatography), 고압 액체 크로마토그래피(high-pressure liquid chromatography), 그리고 효소-증식 면역분석법(enzyme-multiplied immunoassay techniques) 등이 포함된다(Farrell & Strang, 1991). 이에 더하여, 머리카락 분석은 지난 몇 개월 이내의 약물사용을 점검하는 데 유용하다. Jennifer의 경우, 혈액검사가 실시되었는데, 그 이유는 지난 2주 이내의 약물사용 여부가 주 관심사였기 때문이었다. 마리화나의 흔적이 다소 보였으나, Jennifer가 보고한 3주 전 약물사용의 잔여수치일 수도 있었다. Jennifer에게는 혈액검사가 그녀의 법원위임 치료프로그램에서 정기적으로 실시될 것임을 알려 주었다.

물질남용으로 의심받는 청소년을 대상으로 하는 초기 판별방법에는 질문지와 면접도 포함된다. 알코올 사용을 위해 사용되는 도구로는 Rutgers 알코올 문제 지표(Rutgers Alcohol Problem Index)(White & Labouvie, 1989), 약물 및 알코올 문제 신속선별(Drug and Alcohol Problem Quick Screen)(Schwartz & Wirtz, 1990), 알코올 문제 질문지(Alcohol Problems Questionnaire)(Drummond, 1990), 그리고 알코올 사용장애 감정검사(Alcohol Use Disorders Identification Test)(Babor, de la Fuente, Saunders, & Grant, 1992) 등이 있다.

선별 검사와 면접은 일반적인 약물 사용에 대해서도 실시가능한데, 이를 위한 도구의 예로는 청소년 약물연루 척도(Adolescent Drug Involvement Scale)(Moberg & Hahn, 1991), 십대용 문제위주 선별도구(Problem Oriented Screening Instrument for Teenagers)(McLaney, Del Boca, & Babor, 1994), 십대 상용 정도 지표(Teen Addiction Severity Index)(Kaminer, Wagner, Plummer, & Seifer, 1993), 개인경험 목록(Personal Experience Inventory)과 개인경험 선별 질문지(Personal Experience Screening Questionnaire)(Winters, 1991, 1992) 등이 있다. 또 하나의 일반적 선별도구인 청소년 물질남용 민감선별목록(Adolescent Substance Abuse Subtle Screening Inventory)*의 견본문항으로는 다음과 같은 것들이 있다(Miller, 2001):

1) 자신의 감정과 생각을 이야기하는 데 도움을 얻기 위해 술을 마신 적이 있는가?
2) 자신의 음주 때문에 학교나 집, 또는 직장에서 혹은 경찰과 말썽을 일으킨 적이 있는가?
3) 무기력감 또는 무가치감을 잊는 데 도움을 얻기 위해 약물을 복용한 적이 있는가?
4) 약물에 심하게 취한 적이 있는가? (단순히 많이 취한 것 이상으로)
5) 자신의 약물사용이 인생에서 원하는 바를 얻는 것을 방해해 왔다고 느낀 적이 있는가?

면접의 일부로, Jennifer는 자신이 음주를 너무 많이 한다고 이따금 생각했으며 친구들과 함께 그 문제를 거론한 적도 있었다고 말했다. 그녀는 억제할 수 없는 느낌이 들게 만드는 메탐페타민(역자 주: 각성제의 일종)의 사용에 대해 특히 염

* G. A. Miller, SASSI Institute, 2001, Adolescent Substance Abuse Subtle Screening Inventory (SASSI-A2). Used with permission.

려를 하였다. 그러나 그녀는 이러한 의혹을 갖는 것에 대해 친구들의 비난을 받았으며 다시는 그 문제를 끄집어 내지 않았다. Jennifer는 자신의 음주나 다른 약물사용에 대해서 자기를 언짢게 한 사람은 아무도 없었다고 말했으나, 이것은 누구도 그다지 관심을 보이지 않았기 때문이었을 수도 있다. Jennifer는 또한 자신의 약물사용에 대해 가책을 받지는 않지만 어머니가 그 사실을 전부 알게 되어 더 심한 정신적 긴장을 경험하게 될까봐 걱정된다고 말했다. 마지막으로, Jennifer는 오전에 알코올 또는 다른 약물을 사용하는 경우는 거의 없으며 보통 늦은 오후, 저녁, 주말, 특히 남자친구와 성관계를 가질 때 그렇게 한다고 말했다.

물질남용으로 의심받는 청소년을 면접할 때 임상가는 그 청소년이 약물사용을 시작하고 계속하게 된 이유들에 집중해야만 한다(Farrell & Strang, 1991). 이에 더하여, 면접관은 청소년이 약물사용에서 벗어나려는 동기부여가 되어 있는지도 주목해야 한다. Jennifer가 약물사용을 시작하게 된 이유는 다양하고 복잡했으나, 일반적으로 다음과 같은 네 가지 중 하나에 속했다:

1) 가족의 다툼과 아버지의 성적 접근에 대한 생각을 회피하기 위해
2) 자신을 환영해 주고 지원해 주는 또래그룹에 맞추기 위해
3) 약물에 대한 자신의 호기심을 충족시키기 위해
4) 권위에 대한 반항감을 경험하기 위해

그러나 그녀에 의하면, 약물사용을 계속한 이유는 좀 더 구체적이었는데, 여기에는 성관계를 갖는 동안의 불안 감소와 약물 자체가 주는 감각적 강화(기분이 좋아지는 것) 등이 포함되었다. 이러한 이유들은 강력했기 때문에 Jennifer는 현재의 약물사용 패턴에서 벗어나는 데 거의 관심이 없었다.

청소년의 물질사용에 관한 질문에 답하는 데 있어서, 다른 중요한 사람들과의 면접도 도움이 될 수 있다. 불행히도, Jennifer의 경우에는 그렇지가 못했다. 비록 Ms. Ruiz가 사실대로 이야기 했는지는 분명하지 않았지만, 그녀는 딸의 행동에 대한 정보를 거의 가지고 있지 않았다. 그녀는 Jennifer가 약물로부터 벗어

나 학교에 규칙적으로 출석하고 새로운 친구들을 사귀도록 돕고 싶다고 했다. 그러나 그렇게 하려는 Ms. Ruiz의 동기부여는 의문스러웠다. 이에 더하여, Jennifer의 친구들 및 학교 교직원들과의 접촉도 유익함이 없는 것으로 판명되었다. 그녀의 친구들은 스스로 자신에게 죄가 있음을 나타낼까봐 두려워했는지 어떠한 정보도 주기를 원하지 않았으며, 그녀의 선생님들 및 생활지도 상담교사도 그녀에 대한 충분한 정보를 갖고 있지 않았다. Jennifer의 오빠인 Samuel은 집밖으로 거처를 옮겼으며 의도적으로 가족과 거리를 두었는데, 그와의 면접은 불가능하였다.

3. 위험요인과 유지변인

다수의 위험요인들이 물질남용과 관련되어 있는데, 이러한 요인들로는 유전적/생화학적 변인, 환경적/심리사회적 스트레스 요인, 문화적/사회적 요인, 합병적 장애, 그리고 개인적 성격특성 등이 있다. 유전적 요인과 관련해서 보면, 알코올중독은 어느 정도의 유전적 요소를 가지고 있는 것으로 보이는데 남성의 경우에 특히 그렇다(Chassin, Ritter, Trim, & King, 2003). 이에 더하여, 일반적 물질남용의 일치율이 이란성 쌍생아에 비해 일란성 쌍생아에게 2배 정도 높게 나타난다(Houston & Wiener, 1997). 따라서 유전은 물질관련 장애의 발달에 있어서 강력한 기질적 요인일 수 있다.

물질남용에 연계되어 있는 다른 생화학적 변인으로는 도파민(dopamine), 세로토닌(serotonin), 모노아민 옥시다제(monoamine oxidase), 내부발생적 오피오이드(endogenous opioids)에 있어서의 변화가 있다. 더욱이, 알코올중독 가족내력을 가진 십대들은 그렇지 않은 십대들에 비해 신경심리학적 문제, 뇌파, 선택적 주의력 교란을 더 많이 보이는 경향이 있다(Brown, Mott, & Stewart, 1992). 그러나 이와 같은 생물학적 변인들은 각각 환경요인에 의해 대부분 중재될 수 있다.

물질남용과 관련된 Jennifer의 가족내력은 명확하지 않았다. 예를 들어, 보고된 바에 의하면 그녀의 아버지는 술에 취하면 더 난폭해지고 부적절한 성적 행동을 더 보였으나, 그가 실제로 알코올중독이었는지 여부는 분명하지 않았다. Jennifer의 어머니인 Ms. Ruiz는 그녀 자신이 약간의 약물사용을 했다고 보고하였으나, 그것은 지난 몇 년간의 생활사건에 대한 반응으로 비교적 최근에 이따금 나타난 일이었다. 물질남용 또는 물질의존 진단은 그녀에게 적용되는 것으로 보이지 않았다. 또한, 보고에 의하면 Jennifer의 오빠인 Samuel은 알코올 또는 다른 약물사용과 관련된 문제를 전혀 가지고 있지 않았다. 따라서 Jennifer가 약물사용에 대한 유전적 소인을 가지고 있는지는 분명하지 않았다. 그러나 한 가지 흥미로운 관찰결과는 모든 가족구성원이 우울증상을 보였다는 것인데, 그러한 상황은 세로토닌에 있어서의 변화로 가끔 특징지워지며 물질사용에 의한 자기-약물치료로 이어질 수 있는 것이다.

만약 한 개인이 물질남용에 대한 생물학적 소인을 가지고 있다면, 종종 긴장이 많고 피하고 싶은 주위 사건들에 의해 그 증상이 야기되는 것은 당연하다. Jennifer의 경우가 그러하였는데, 그녀에게 스트레스를 많이 준 생활사건에는 학대적인 아버지, 방임적인 어머니, 낮은 학업성취, 성적 불안(sexual anxiety), 친구들과 떨어져 있을 때 느끼는 고립감, 법적인 문제, 그리고 낮은 사회경제적 지위 등이 포함되었다. 물질남용에 대한 환경적 위험요인에는 다른 사람들의 약물사용 모델링 및 지도, 약물사용에 의한 사회적 강화, 그리고 약물의 구입가능성도 포함된다. Jennifer의 경우에, 그녀는 다년간 아버지의, 최근에는 친구들의 알코올 사용을 본받았다. 이에 더하여, 그녀의 사회그룹과 연상의 남자친구는 그녀에게 다양한 약물 사용법을 가르쳤으며 그녀가 그렇게 할 때 관심을 보여 주었다. 또한 Jennifer도 그 그룹에 받아들여지기 위해서는 약물사용을 계속할 필요가 있다고 느꼈다. 그 그룹은 안정적인 약물공급을 받고 있었는데, Jennifer의 남자친구는 그녀에게 무료로 약물을 제공하였다.

가족 및 부모 요인도 물질남용에 대한 생물학적 소인을 발동시킬 수 있는데, Jennifer에게는 이러한 요인들 중 많은 것들이 아주 잘 들어맞았다. 가족요인으로는 냉담, 갈등, 관심의 결여, 일관성 없는 훈육, 그리고 비전통적 가치 등이 있다. 부모요인에는 반사회적 행동, 약물의 사용, 약물사용에 대한 허용적 태도, 그리고 자녀의 삶에 대한 무관심 등이 포함된다(Vik, Brown, & Myers, 1997). 더 일반적인 환경적 요인들이 Jennifer의 약물사용을 심화시켜 왔을 수도 있었는데, 이러한 요인들로는 약물사용에 호의적인 지역규범과 무질서한 이웃 등이 있다(Newcomb & Richardson, 1995).

합병적 정신장애 또한 청소년들의 물질관련 문제를 악화시킨다. 이러한 정신장애에는 우울증 및 양극성 장애, 불안장애, 섭식장애, 적대적 반항장애, 주의력결핍과잉행동장애, 경계선 성격장애 등이 포함된다(Houston & Wiener, 1997). Jennifer의 경우에, 그녀는 품행장애의 전문적 진단준거를 만족시켰으며, 또한 다소 충동적이고 우울하며 불안해하였다. 그 불안은 아버지의 성적 학대에서 비롯된 외상후 스트레스 장애 증상으로 보였다.

마지막으로, 다음과 같은 개인적 성격특성들은 청소년들에게 약물사용을 할 소지를 심어줄 수 있다:

- 독립하고자 하는 욕망
- 호기심
- 전통적 사회 규범과 가치에 대한 거부
- 반항심
- 색다름 및 큰 사회적 파장의 추구
- 낮은 학업성취
- 남성
- 비행 또는 범죄 행위
- 분노
- 낮은 자아존중감
- 약물사용이 긍정적인 사회적 · 감각적 결과를 가져다 줄 것이라는 기대

관련 특성들로는 사회적 소외감, 약해진 신앙심, 다른 사람들의 약물사용에 대한 관용, 까다로운 기질 등이 있다(Houston & Wiener, 1997).

이와 같은 성격 특성들 중 몇 가지는 Jennifer에게 해당되었으나 다른 것들은 그렇지 않았다. 이러한 결과는 약물사용을 하는 청소년들을 특징짓는 한 가지 특정 성격 또는 프로필은 없다는 견해를 지지한다. 사실, 이러한 청소년들 중 많은 경우에, 이도저도 아닌 애매한 상황들이 존재한다. 예를 들어, 독립하고자 하는 열망과 관련해서 볼 때, Jennifer는 정상적인 가족생활을 원하는 것과 남자친구 및 다른 친구들과 함께 완전히 독립하기를 원하는 것 사이에서 마음이 어지러웠다. 그녀는 어머니가 재혼하고 오빠가 가족과 재결합하기를 바란다고 말했으나 이러한 일들이 가능하지 않다는 것을 알고 있었다. 그러나 그러한 일이 일어난다 하더라도, Jennifer는 지금 그녀의 가족과 같은 친구들에게 우선적으로 성실할 것이라고 말했다.

앞서 언급된 성격 특성들 중 몇 가지는 Jennifer에게 명백히 해당되었다. 예를 들어, 그녀는 호기심이 많았으며 종종 새롭고 사회적 파장을 일으키는 경험을 추구했다. 그 결과, 그녀는 다양한 약물을 시도해 보는 것에 대해 꺼려하지 않았다. 사실, 그녀는 새로운 약물을 시도해 보는 것을 좋아했으며, 그렇게 함으로써 얻는 자연적 · 신체적으로 기분이 좋은 상태를 즐겼다. Jennifer에게 해당되는 다른 특성으로는 낮은 학업성취(주로 그녀의 결석에 기인하는), 내면화 증상, 중간 정도의 자아존중감, 그녀와 직접 관련이 있는 사교그룹에 속해 있지 않는 사람들로부터의 소외감 등이 있었다.

한편, 앞서 언급된 성격 특성들 중 몇 가지는 Jennifer에게 해당되지 않는 것이 분명했다. 그녀는 여성이었으며, 아주 반항적이지도 않았고, 훔치거나 어떤 주요 범죄행위를 저지르지 않았으며, 까다로운 기질을 가지고 있지 않았다. 더욱이, Jennifer는 좋은 언어적 · 사회적 기술을 가지고 있었으며, 어머니의 요구사항에 여전히 순응적이었고, 클리닉 직원에게도 대체로 협조적이었다. 따라서 Jennifer는 물질관련 문제를 가진 청소년들이 일반적으로 보이는 특성들 중 몇 가지는 가지고 있었으나 다른 특성들은 가지고 있지 않았다. 이 점은 물질관련 문제를 가진 청소년들에게서 나타나는 고도의 가변성을 다시 한번 반영한다.

다양한 보호요인은 청소년들의 물질남용 기회를 줄일 수도 있다. 이러한 요인들에는 높은 자아수용감, 높은 내향성, 어머니와의 강한 애정, 높은 지능, 따뜻한 사회적 상호작용 등이 포함된다(Newcomb & Richardson, 1995). 이에 더하여, 많은 아동들은 강한 적응유연성(역자 주: 부정적인 상황에도 불구하고 위험요인들을 극복하고 적응적으로 기능하는 능력)을 보이거나, 도전적이고 비적응적인 환경에서 잘 기능하기도 한다(Masten & Coatsworth, 1998). 보호요인들이 약물사용 그 자체를 줄이는 것은 아니지만, 초기 약물사용의 위험을 줄이고 약물사용에서 약물남용으로의 진전을 지연시킨다. Jennifer의 경우에, 이러한 요인들이 어느 정도 존재했다. 예를 들어, 그녀는 외향적이기보다는 더 내향적이었다. 그러나 Jennifer의 생활에 있어서 어떤 보호요인도 가족, 사회문화적 환경, 전율을 추구하는 행동에 의해 압도당했다. 따라서 그녀의 약물사용은 문제성이 있었다.

4. 발달 양상

약물사용의 발달적 진행은 면밀한 검토와 논란의 대상이 되어 왔는데, 그 주된 이유는 청소년 약물사용과 알코올사용이 아주 흔하기 때문이다. 고등학교 상급생들에 있어서 알코올 사용의 평생유병률(lifetime prevalence rate)(역자 주: 일생의 어떤 시기에 발발하는 모집단내 장애사례의 백분율)은 76.6%로 보고되고 있다. 게다가, 많은 상급생들이 작년에(70.1%), 지난 달에(47.5%), 그리고 매일(3.2%) 알코올을 사용해 왔다. 지난 달의 다른 약물사용 비율도 상당한 것으로 나타나 있다. 이러한 약물에는 담배(tobacco)(31.1%), 마리화나(marijuana) 또는 하시시(hashish)(21.2%), 암페타민(amphetamines)(5.0%), 최면제(barbiturates)(2.9%), 환각제(hallucinogens)(2.7%), 흡입제(inhalants)(2.3%), 코카인(cocaine)(2.1%) 등이 있다(Johnston, O'Malley, Bachman, & Schulenberg, 2004).

약물사용의 발달적 진행을 이해하기 위해 널리 받아들여지고 있는 모델은 그 행동을 하나의 연속체 상에서 보는 것이다(National Institute on Drug Abuse, 1982). 이 연속체는 약물을 사용하지 않는 단계뿐만 아니라 시험적, 부정(不定)적, 습관적, 강박적 약물사용의 단계를 포함한다. 예를 들어, 약물을 사용하지 않는 사람이란 약물을 부적절하게 사용해 본 적이 전혀 없는 사람일 것이다. 시험적 약물사용자는 호기심, 또래의 압력, 또는 자극증가에 대한 욕구 등에 의해 몇 번 약물을 사용해 본 적이 있는 사람이다. 그러나 전형적으로 이러한 사람은 체포되지는 않으며 약물사용으로 인한 주요한 문제를 경험하지도 않는다. 이에 더하여, 이러한 사람의 징서적 상태는 흥분되어 있는 것으로 묘사될 수 있다.

부정(不定)적 또는 사회적/상황적 약물사용자는 정규적으로 약물을 사용하며(예: 1주일에 2~4회) 통제를 유지하려는 노력을 지속적으로 하는 사람이다. 정규적으로 음주를 하면서 부모나 학교 교직원에게 그 행동을 숨기려고 애쓰는 청소년이 그 예가 될 것이다. 떨어지는 학업성적, 평소에 보이지 않던 행동(예: 늘어난 거짓말), 이전에 즐겼던 활동에 대한 흥미 상실 등이 흔히 있을 수 있는 결과이다. 이 단계에 있는 청소년의 정서적 상태도 흥분되어 있는 것으로 묘사될 수 있다.

습관적 약물사용자는 보통 특정 친구집단과 함께 매일 약물을 사용하는 사람이다. 이러한 사람은 반드시 통제력을 잃은 것은 아니지만 학교와 가정에서 주요한 문제들을 경험한다. 이와 같은 경우에, 청소년의 정서적 상태는 충동적이고, 변덕스러우며, 죄책감에 시달리고, 우울한 것으로 묘사될 수 있다. 마지막으로, 강박적 약물사용자는 약물사용에 대한 통제력을 잃고 하루에 몇 번씩 약물을 사용하는 사람이다. 이 단계에 이른 사람의 행동은 대개 정규적인 약물공급의 조달, 유지, 사용에 매달린다. 생명을 위협하는 행동이 드물지 않게 나타나며, 이 단계에 있는 청소년의 정서적 상태는 혼란스러운 것으로 묘사될 수 있다. 마지막 세 가지 범주—부정(不定)적, 습관적, 그리고 강박적—에 속하는 사람들은 물질남용 또는 물질의존 진단을 받을 가능성이 높다.

Jennifer는 시험적 약물사용자 범주를 확실히 웃돌았으나, 그녀가 부정(不定)적, 습관적, 또는 강박적 사용자인지의 여부는 말하기 어려웠다. 여기에서 핵심적인 문제는 주위 사건들에 대한 통제력을 유지할 수 있는지의 여부인데, Jennifer는 보통 그렇게 할 수 있었다. 그러나 보고된 바에 의하면, Jennifer가 통제력을 잃은 경우도 있었는데, 메탐페타민을 사용한 후에 특히 그러했다. 생명을 위협할 가능성이 있는 행동을 보이는 것 또한 그녀가 통제력을 다소 잃었다는 증거였다. 그럼에도 불구하고, Jennifer는 지난 한 달 동안 그러했듯이, 약물을 사용하지 않고 몇 일 그리고 몇 주를 지낼 수 있었다. 또한 그녀의 생활은 약물구입 및 약물사용에 완전히 매달리지 않았다. 따라서 Jennifer는 보통 정도의 약물사용자 또는 부정(不定)적 사용과 습관적 사용 중간 정도의 약물사용자로 기술될 수 있었다.

발달적 관점에서 물질사용을 바라보는 또 다른 일반적 방법은 단계모델이다. 몇몇 연구자들(예: Kandel & Yamaguchi, 1993)은 특정 약물들이 차후에 더 심각한 약물의 사용으로 이어진다고 주장했다. 이 과정에는 다음과 같은 몇 가지 단계들이 있을 수 있다:

1) 약물을 전혀 사용하지 않기
2) 맥주 및 포도주를 보통 정도로 마시기
3) 담배를 피우고 증류주를 보통 정도로 마시기
4) 음주를 더 심하게 하기
5) 마리화나 피우기
6) 암페타민 및 최면제 같은 알약 약물 복용하기
7) 코카인, 환각제, 아편제 같은 더 강한 약물 사용하기

특히, 마리화나는 더 강한 약물사용에 이르게 하는 주요한 통로로 보이는데, 더 강한 약물이 코카인일 경우에 특히 그렇다(Newcomb & Bentler, 1986). 그러나 약물사용을 시작하는 모든 사람이 반드시 이러한 각각의 단계들을 밟는 것은 아니며 또한 그 순서를 정확하게 지키는 것도 아니다.

Jennifer의 경우에, 약물사용의 단계모델은 대충 적용이 될 수 있었다. Jennifer는 처음에 맥주를 마시기 시작했으며, 그 다음 해에 증류주로 옮겨갔다. 그러나 그녀가 담배와 마리화나를 동시에 피우기 시작했을 때, 그녀의 알코올 사용이 극적으로 증가하지는 않았다. 그뿐만 아니라, 그녀의 담배 및 마리화나의 사용은 코카인 및 메탐페타민의 시험적 사용과 중복되었다. 이러한 사실은 물질관련 장애를 가진 청소년들이 약물사용의 유사한 패턴을 나타낼 수 있으나 독특한 개인차가 항상 고려되어야만 한다는 것을 보여 준다.

청소년 물질남용에 대한 다른 발달적 이론들은 생물학적 소인, 기질, 또래 영향, 부모 및 가족 요인, 학교관련 문제, 왜곡된 인지, 스트레스 등에 좌우되는 일반적 생활방식의 일부로서의 그 행동에 초점을 둔다(Chassin & Ritter, 2001; Vik et al., 1997). 그 결과, 한 청소년이 다양한 형태의 약물 사용 및 비사용(非使用)에 이르는 여러 가지 인과경로들 중 어떠한 경로도 따를 수 있다. 예를 들어, 기분을 이완시키기 위해 가끔 약물을 사용하는 친구들을 가진 순응적인 청소년은 그 경로를 따를 수 있으며, 반면에 가족 스트레스를 경험하고 신속한 약물공급을 해줄 수 있는 친구들을 가진 모험적인 십대는 심한 물질사용을 하게 될 수 있다. 이 모델은 Jennifer에게 잘 적용될 수 있는데, Jennifer의 새로움을 추구하는 성격과 심한 가족 스트레스는 문제에 대처하기 위해 자주 약물사용에 의존하는 또래그룹과 상호작용을 했다.

물질사용 및 물질남용을 하는 청소년들의 장기적 예후는 어떨까? 놀라울 것 없이, 결과는 다양하게 나타나지만, 알코올과 담배를 가볍게 경험한 청소년들은 이러한 약물들을 남용하지 않으며 나중에 비교적 삶에 잘 적응한다(Shedler & Block, 1990). 그러나 어떤 청소년들은 소량의 알코올 및 약물에조차 특별히 민감한 반응을 보여 그 결과 결국은 중독될 수도 있다.

그러나 더 분명한 것은, 많은 양의 물질을 사용하는 청소년은 성인기에 다양한 문제를 겪을 위험이 높아진다는 것이다. 예를 들어, Newcomb과 Richardson(1995)은 청소년이 약물을 더 많이 사용하면 할수록, "교육적 추구, 직업 조건, 정서적 건강, 사회적 통합, 범죄 행위, 가정의 구축 및 안정" 등에서 차후 문제를 보일 가능성이 더 높아진다고 했다(p. 420). 이러한 사실은 다양한 물질을 사용하며 그리고/또는 아주 과도한 양의 물질을 사용하는 청소년들에게 특히 적용된다.

Jennifer의 예후는 어떨까? 솔직히, 그녀의 가정 및 사회경제적 배경, 약물의 상습적 조기사용, 치료반응의 부족(다음 절을 참조할 것) 등을 두고 볼 때, 그녀의 장기적 예후는 좋지 않을 것 같다. 뿐만 아니라, 약물사용의 결과들 그 자체가 Jennifer를 좋지 않은 예후의 위험에 처하게 할 것이다. 이러한 결과들에는 사회적 고립, 등교거부, 무방비 성관계, 적절한 의학적 관리 추구의 실패 등이 포함된다.

5. 치료

물질남용 또는 물질의존을 보이는 청소년들의 치료는 종종 두 가지 필수적인 목표를 갖는 특성이 있다: (1) 절제 유지하기, 그리고 (2) 물질관련 문제를 유발하고 연장시키는 가족요인 및 다른 요인들을 변화시키기(Houston & Wiener, 1997). 많은 치료프로그램은 물질남용 또는 물질의존을 보이는 청소년들을 다룰 때 절제가 최선의 방책이라는 공통된 관점을 지니며, 이러한 근본 원리는 Alcoholics Anonymous 또는 Alateen과 같은 자조그룹(self-help groups)뿐만 아니라 입원치료의 기초가 된다.

입원치료는 종종 물질남용이 심각한 사람에게 적용되는데, 이러한 사람은 (1) 외래치료에 반응을 보이지 않으며, (2) 자기 자신 또는 타인들에게 임박한 위험을 야기하고, (3) 신체적 · 정서적 위해를 유발하는 위축증상을 경험할 위험이 있으며, 그리고/또는 (4) 약물사용을 한층 악화시키는 다른 문제(예: 우울증)를 보인다. 많은 입원치료 프로그램은 흔히 일컫는 Minnesota 모델(Minnesota model)에 근거를 두고 있는데, 이 모델은 절제를 근간으로 하는 구조화된 접근, 청소년과 가족의 교육 및 지원, 단기간 체류(보통 2개월 미만), 물질남용을 개념화하는 의학적 또는 질병 모델의 채택 등을 강조한다. 또한 퇴원 후 외래치료도 권장되는데, 이러한 외래치료는 가끔 주간 치료프로그램의 형태로 이루어진다. 입원치료는 단기적 효과는 있으나 장기적 효과는 없는 경향이 있다. 더 성공적인 치료와 관련되어 있는 요인으로는 여성, 한 가지 종류의 약물사용, 더 적은 비행행동, 더 높은 지능 등이 있다(Newcomb & Richardson, 1995).

Jennifer의 경우, 그녀의 물질사용은 그녀를 심각한 결과의 위험에 빠뜨리는 문제임이 명백했다. 그러나 그녀는 임박한 위험에 처해 있지는 않았으며, 위축증상도 전혀 보이지 않았고, 비교적 좋은 사회적 · 언어적 기술을 가지고 있었다. 뿐만 아니라, 입원 프로그램이 물질문제에 대한 당사자의 무력함과 완전한 절제를 강조하는 경향이 있기 때문에, 외래 클리닉에서 Jennifer를 담당한 심리가는 입원치료가 그녀의 성격 또는 현재 기분에 잘 맞지 않을 것이라고 생각했다. 정신 입원병동에 Jennifer를 격리시키는 것도 도움이 되지 않았을 것이다. 따라서 그녀에게는 외래치료 프로그램이 확정되었으며, 그녀는 Alateen에 의뢰되었다.

물질남용 또는 물질의존을 보이는 청소년들을 위한 외래치료는 전형적으로 치료대상자의 여러 가지 특성들을 증가시키는 데 초점을 두는데, 이러한 특성들에는 다음과 같은 것이 포함된다:

1) 자신의 문제에 대한 통찰력
2) 변화에 대한 동기화
3) 치료사와의 래포
4) 특정 또래그룹과의 연계
5) 문제해결력

이에 더하여, 가족치료, 계약하기, 유관성 관리(역자 주: 자극과 반응, 예컨대 행동과 강화물 사이의 인과관계를 변화시킴으로써 행동을 수정하는 절차), 또래거부기술 훈련, 사회적으로 적절한 여가기술, 우울증과 같은 합병문제 다루기 등에 초점을 둔다(Bukstein & Van Hasselt, 1995).

치료의 첫 번째 목표는 아마도 청소년으로 하여금 문제가 존재한다는 것을 인식하도록 하거나 또는 부인(否認)을 제거하도록 하는 것일 것이다. Jennifer의 경우, 치료사는 Jennifer가 자신의 생활방식에 대해 갖고 있는 의문점의 일부를 이용하여 그녀가 자신이 문제를 가지고 있을 가능성을 인정하도록 할 수 있었다. 이러한 "통찰력" 과정의 일부분은 청소년의 과거 경험, 현재 기능, 치료사와의 래포 등에 크게 좌우된다. Jennifer의 경우에는, 래포가 잘 형성되어 있었으며, Jennifer는 치료사의 초기 제안에 잘 반응했다.

물질남용 또는 물질의존을 보이는 청소년들을 위한 외래치료의 또 다른 중요한 면은 가족치료이다. 이것은 비기능적인 의사소통 패턴을 변화시키고, 청소년 행동에 대한 부모의 감시를 증가시키며, 미해결된 문제들을 다루고, 지원을 제공하며, 청소년의 물질관련 문제에 대해 가족구성원들을 교육시키고, 약물사용으로부터 청소년의 관심을 돌리기 위한 활동들을 준비하기 위해 필요하다. 불행히도, Jennifer의 경우, 가족치료는 단지 부분적으로만 효과가 있었다. 앞서 Jennifer의 치료프로그램에 참여하는 데 거의 열의를 보이지 않았던 Ms. Ruiz는 처음 몇 번의 치료회기에는 참석했으나 점차 소원하고 무관심해졌다. 예를 들어, Jennifer가 제기한 성학대 문제의 일부에 관해 논의할 것을 요청받았을 때, Ms. Ruiz는 경멸적이었으며 일어났던 일에 대한 Jennifer의 설명을 받아들이려 하지 않았다. 게다가, Ms. Ruiz는 끊임없이 Jennifer를 문제아로 지목했으며 치료과정에 영향을 미칠 수 있는 그녀 자신의 능력을 중시하지 않았다. 그러나 Ms. Ruiz는 Jennifer를 경제적으로 지원하고, 그녀가 치료를 받도록 하며, 그녀의 학교출석을 좀 더 면밀히 감독하는 것은 기꺼이 하였다.

치료사는 또한 Jennifer 약물사용의 주된 유발자인 또래그룹과의 연계에도 초점을 두었다. 세부적으로 말하면, 그는 Jennifer를 학교에 재등록시킴으로써 그 또래그룹으로부터 멀어지게 하고, 그녀의 많은 시간을 과외활동에서 보내게 하며, 새로운 친구관계를 형성하도록 하고, 초기의 또래그룹과는 전화로만 이야기를 나누도록 시도하였다. Jennifer는 이러한 시도에 대해 처음에는 다소 열의를 보이고 규칙적으로 학교에 출석하기 시작하였다. 그러나 그녀의 남자친구가 Jennifer로 하여금 약물사용과 성행위를 다시 시작하도록 부추김으로써 사실상 치료계획을 방해했다. Jennifer의 남자친구로 하여금 치료과정에 참여하거나 적어도 치료의 시작을 지원하도록 하려는 시도는 실패하였다. 물질관련 문제를 가진 사람들이 재발하는 주된 이유는 물질사용을 처음 유발했던 단서에 다시 노출되기 때문이다. Jennifer의 경우, 남자친구와의 재개된 접촉은 치료에서 보였던 진전에 심각한 손상을 주었다. 그녀는 또한 Alateen 모임에 참석하는 것도 중단하였다.

치료가 퇴보하는 것처럼 보이자, 치료사는 Jennifer의 자아존중감, 또래거부 기술, 문제해결력을 돋구어 주려는 시도를 했다. Jennifer는 자기 자신과 자신의 약물사용에 대한 몇 가지 인지적 왜곡을 가지고 있었는데, 여기에는 스트레스에 대처하고 남자친구를 붙들기 위해 약물사용이 필요하다고 인지하는 것이 포함되었다. 이와 같은 인지적 왜곡은 약물에 대한 심리적 중독의 한 형태이다. 치료사는 Jennifer가 가지고 있는 다양한 기술과 긍정적인 특성들을 지적하고 약물사용을 피하기 위해 남자친구를 대하는 방법들을 제안했다. 불행히도, Jennifer는 치료사와 남자친구 간에 양자택일을 해야만 하는 것으로 느꼈고, 결국 남자친구와 행동을 같이했다. 몇 주간에 걸쳐, Jennifer는 치료에 점점 더 불규칙적으로 참석하였으며, 5개월 후에는 그녀와 어머니 모두 치료를 중단하였다. 2개월 후에 이루어진 Ms. Ruiz와의 전화 통화에서는 Jennifer가 남자친구와 동거하기 위해 이사했으며 그들의 현재 행방은 알려져 있지 않은 것으로 나타났다.

물질관련 문제를 가진 청소년들을 위한 치료는, Jennifer의 경우처럼, 가능성이 있는 아주 많은 장애물을 내포하고 있기 때문에, 예방이 최선의 "치료"일 수 있다. 이 영역에 있어서의 예방 프로그램은 다양한 형태를 취하는데, 여기에는 (1) 절제와 항약물 태도를 장려하기 위한 대중매체 및 법시행 소개와 다른 중재 방법들 그리고 (2) 물질남용 위험이 있는 아동과 청소년들을 위한 특수 조기중재가 포함된다. 조기중재는 아동과 청소년들에게 약물제의를 거부하기 위해 필요한 기술들을 가르치고, 그들의 사회적 기술을 지원하며, 그들을 위해 적절한 기분전환 선택권들을 만들고, 약물의 악영향에 대한 정보를 제공하며, 개인 · 부모 · 가족 · 지역사회의 위험요인들을 줄이는 프로그램들로 구성된다(Botvin,

Schinke, Epstein, Diaz, & Botvin, 1995; Hawkins, Kosterman, Maguin, Catalano, & Arthur, 1997).

예방 프로그램은 약물에 대한 아동들의 태도를 수정하고 약물에 대한 그들의 지식을 증가시킬 수 있는데, 특히 또래에 기초를 둔 프로그램과 기술을 형성하고 적절한 기분전환 활동들을 제공하는 데 초점을 두는 프로그램이 그렇다 (Tobler & Stratton, 1997). 그러나 실제 약물사용에 있어서의 긍정적인 변화는 대부분의 청소년들 사이에 일관성 있게 나타나지 않고 있다. 대신, 예방 프로그램은 물질관련 문제의 위험이 있는 청소년들에게 더 효과적이다. 만약 그러한 프로그램을 이용할 수 있었더라면, Jennifer에게 어떠한 효과가 있었을 것인가는 의구심으로 남을 수 있을 뿐이다.

6. 토론 문제

1) 일상기능에 지장을 주지 않는 이따금의 약물사용과 물질남용에 차이가 있다면 어떻게 구별할 것인가? 합법적 물질과 불법적 물질을 구분하는가? 왜 구분하며 또는 왜 구분하지 않는가?
2) 청소년들이 약물사용을 시작하고 나중에 약물남용으로 발전할 수 있는 이유를 설명해 주는 것으로 보이는 많은 요인들이 있다. 어떤 요인들(예: 개인요인, 가족요인, 사회문화적 요인)이 가장 중요하다고 생각하며 그 이유는 무엇인가?
3) 청소년 물질사용 및 물질남용에 대한 평가는 가정중심 검사로까지 확장되고 있는데, 예를 들어 부모로 하여금 분석을 위해 실험실로 자녀의 머리카락 샘플을 제출하도록 한다. 이것은 좋은 생각일까? 이 기법의 혈통적, 인종적, 임상적 맥락은 무엇일까?
4) 물질남용이 질병이라는 생각은 근년에 많은 논쟁을 불러왔다. 물질남용에 대한 의학적 모델을 채택했을 때 나타나는 이익과 불이익은 무엇일까? 물질남용

을 치료하기 위해 약물을 사용하는 문제를 조사해 보고, 물질남용을 한 사람에게 비난과 책임을 면하게 해 주는 것이 회복에 미치는 영향은 무엇인지 탐색해 보라.

5) 알코올중독자에게는 어떠한 알코올사용도 재발로 간주되며 무서운 결과를 초래할 것이라고 믿는 사람도 있다. 이것이 사실이라고 생각하는가? 알코올중독자에게 술을 알맞게 마시도록 가르칠 수 있을까 아니면 가르쳐야만 할까? 어떻게 그것을 시작할 수 있을까?

6) 담배회사와 주류회사는 과거에 아동과 청소년들에게 그들의 생산품을 직접 거래한 것에 대해 비난을 받아 왔다. 이것이 사실이라고 생각하는가? 만약 그렇다면, 이것이 어떻게 진행된다고 생각하는가? 그러한 노출을 방지하기 위해 어떠한 조치를 취할 수 있을까 또는 취해야만 할까?

7) 효과적인 물질남용 예방 프로그램을 어떻게 기획할 것인가?

제 10 장

가족갈등 및 불복종

(Family Conflict and Noncompliance)

InfoTrac® College Edition

Explore InfoTrac College Edition by going to http://infotrac.thomsonlearning.com

Hint. Enter these search terms: family conflict, noncompliance, oppositional defiant disorder, family therapy

1. 증상
2. 평가
3. 위험요인과 유지변인
4. 발달 양상
5. 치료
6. 토론 문제

1. 증상

Jeremy와 Joshua Simington은 각각 9세, 11세 백인소년이었는데, 부부관계 및 가족 치료사에게 의뢰되었다. 두 소년은 그들의 행동을 통제하는 데 많은 어려움을 가지고 있던 어머니인 Mrs. Simington에 의해 의뢰되었다. 전화로 선별대화가 이루어지는 동안, Mrs. Simington은 두 소년 모두 끊임없이 말썽을 일으키며 점점 더 그녀의 명령에 공공연히 반항한다고 말했다. 게다가, 가족은 새 딸의 출생 및 Mr. Simington의 과도한 직장 스케줄 등이 포함된 최근의 사건들을 두고 혼란에 빠져 있었다. 가사(家事)에 대한 다툼은 참기 어려운 수준에 이르고 있었고, Mrs. Simington은 치료가 가족의 융화를 회복하는 좋은 방법이 될 지도 모른다고 느꼈다

최초의 평가회기에는 Mrs. Simington과 두 아들만이 참석했다. Mrs. Simington이 먼저 면접을 받았는데, 남편이 일을 하고 있어서 당일에는 참석할 수 없을 것이라고 재빨리 설명했다. 그러나 그녀는 차후 회기에는 남편이 참석해 주기를 희망한다고 했다. 그리고 나서, Mrs. Simington은 거의 울면서 두 아들을 통제할 수가 없다고 되풀이하여 말했다. 치료사는 개별적으로 각각의 소년에 대한 정보를 수집하는 것이 현 시점에서는 최선이라고 생각하고, Joshua부터 시작하였다. Mrs. Simington은 Joshua가 학교에서 말썽을 점점 더 일으켜 왔다고 했다. 구체적으로, 그녀는 6학년인 Joshua가 담임선생님에게 말대꾸하고, 불온한 태도를 보이며, 울화통을 터뜨리는 등의 행동으로 인해 한 달 전에 이틀간의 정학을 맞았다고 말했다. 그 정학으로 인해 학교장 및 담임선생님과의 면담이 요구되었다.

학교장 및 담임선생님과 면담이 진행되는 동안, Mrs. Simington은 Joshua가 학급에서 문제행동 패턴을 보인다는 것을 발견했다. 이러한 행동에는 선생님과 언쟁을 하고 급우들을 괴롭히는 것이 포함되었다. 그 문제행동들은 그 학년 대부분 동안 계속되어 왔으나(당시는 2월이었다)(역자 주: 미국에서는 새 학년이 9월에 시작됨), 크리스마스 이후로 더욱 극심해졌다. 뿐만 아니라, Joshua는 학교에서 그

가 해야 할 일 중 많은 것을 하기를 거부하고 있었으며, 학교장은 Mrs. Simington에게 이러한 문제들을 야기하는 어떤 일이 집에 있느냐고 직설적으로 물었다.

Mrs. Simington은 치료사에게 그녀와 남편은 많은 스트레스를 받고 있으며 두 아들을 다루는 자신의 능력이 약해진 것 같다고 말했다. 구체적으로, 생후 1년 정도 된 셋째 아이의 출산은 예기치 않은 일이었으며, 이 아이의 출산은 가족에게 재정적 부담을 다소 가져왔다. 그 결과, Mrs. Simington은 직장을 비상근(非常勤; part time)직에서 상근(常勤; full time)직으로 옮겼으며, 두 아들에게 들이는 시간과 돈이 줄어들었다. Joshua의 행동은 그가 어머니와 더 언쟁을 하고 아버지로부터는 위축되기 시작하면서 특히 나빠졌다. Mrs. Simington은 또한 그녀와 남편이 최근에 자녀들의 훈육방법에 대해 의견을 달리하고 있으며, 이것은 일관성 없는 벌로 이어졌다고 설명했다. Mr. Simington은 체벌을 선호하는 반면, Mrs. Simington은 협상과 긍정적 보상을 선호했다.

치료사는 또한 4학년인 동생 Jeremy에 대해서 질문하였다. Mrs. Simington은 Jeremy가 읽기에 약간의 어려움을 가지고 있기는 하지만 학교에서는 별다른 문제를 보이지 않는다고 했다. 그러나 집에서의 행동은 Joshua처럼 점점 더 나빠졌다. Mrs. Simington은 Jeremy가 주로 형의 행동을 따라하고 있다고 생각했는데, 특히 자기방 청소를 하지 않고, 부루퉁하고 있으며, 가끔 등교를 거부하는 행동 등을 보일 때였다. 그러나 Jeremy는 장기간에 걸친 가출, 아기를 깨우기 위해 가능한 한 크게 소리지르기, 집안을 마구 돌아다니기 등과 같은 형에게 나타나지 않는 행동들도 다소 보였다. Mrs. Simington은 자신의 직장, 아기돌보기, 남편의 부재, 아들의 문제행동 사이에서 가사관리를 유지하는 자신의 능력이 심각하게 떨어졌다고 말했다.

그 다음으로, 치료사는 Mrs. Simington에게 각 가족구성원(아기는 제외하고)이 다른 구성원들과 어떻게 지내는지에 대한 의견을 말해 줄 것을 요청했다. Mrs. Simington은 최근의 문제행동에도 불구하고, 자신과 아들들과의 관계는 전반적으로 긍정적이라고 보고했다. 예를 들어, 두 아들 모두 어려운 점이나 숙제에 대해 그녀의 조언을 구했고, 둘 다 어머니가 화가 나 있는 것을 보면 더 나은 행동을 보였다. 대체로, 더 어린 Jeremy와 그녀의 관계가 Joshua와 그녀의 관계보다 좋았는데, 그녀는 Joshua가 청소년기에 가까워지면서 더 독립성을 추구하고 있다고 믿었다. 반대로, Mr. Simington은 Joshua와 더 좋은 관계를 갖고 있었는데, 그는 Joshua와 스포츠 및 다른 활동들에 있어서 관심을 공유했다. Jeremy와 그와의 관계는 다소 거리감이 있었으며, 최근에 가정에 문제가 일어나는 동안 더 나빠지고 있는 것처럼 보였다.

Jeremy 및 Joshua와 다른 사람들과의 관계는 명백히 더 복잡했다. 어떤 면에서 볼 때, 두 소년은 친구였다—그들은 대부분의 시간을 같이 지냈으며 가사와 숙제를 서로 도왔다. 그러나 그 둘은 별개의 친구집단을 가지고 있었고, 학교버스 안이나 학교에서 전혀 상호작용을 하지 않았으며, 어떤 것(예: 음식, 비디오게임 시간, 장난감 등)을 누가 좀 더 가지는가를 두고 격렬하게 언쟁했다. Mrs. Simington은 또한 두 아들이 자신 또는 남편으로부터 원하는 무엇인가를 얻기 위해 협력하여 일하는 경우가 거의 없다고 말했다. 더욱이, 두 소년은 가끔 서로에게 공격적이었다. 이러한 경우에, Jeremy가 자기와 체구가 비슷한 Joshua에게 보통 싸움을 걸었다. 지난 여름과 새해 첫 날에 한 번씩 그런 경우가 있었는데, 그때의 싸움은 경미한 의학적 조치가 필요할 만큼 격렬했다. 지난 3주간에 걸쳐, 어떤 신체적 공격은 일어나지 않았지만, 두 소년은 거의 매일 언쟁하고 서로에게 소리를 질렀다.

Mrs. Simington에게는 상당히 놀랍게도, 치료사는 또한 남편과 그녀와의 관계에 대해서도 질문을 했다. Mrs. Simington은 이 문제에 대해 조심스러워 보였으며, 배우자와는 좋은 관계를 가지고 있다고 망설이듯 설명했다. 그녀는 남편의 부재에 대해 해명하려 하였으며, 남편의 직장 스케줄에 대해 불필요한 설명을 덧붙였다. 그녀는 남편이 그립다고 하였지만, 치료사는 그녀가 두 아들을 다루는 남편의 능력 또는 그의 애정 및 관심을 더 그리워하는 것이 아닐까라고 생각했다. 치료사가 부드럽게 격려하자, Mrs. Simington은 또한 그녀와 남편이 세 번째 임신의 중절 여부(그녀는 완강하게 반대했다)와 두 아들의 문제행동을 다루는 방법에 대해 격한 논쟁을 벌여 왔다고 했다. 그녀는 결혼생활이 곤경에 빠져 있다고 느끼지는 않았지만 부부관계가 그처럼 긴장된 것은 처음이라고 시인했다.

Mrs. Simington은 남편이 다음 회기에 참석하도록 격려하는 것에 동의하였는데, 남편은 그렇게 해 주었다. Mr. Simington은 가족상황에 대해 아내보다 더 위축되어 있었으나, 그는 아내가 지적한 문제들이 그녀가 생각하는 것만큼 심각하지는 않다고 느꼈다. 그는 어느 정도의 재정적 어려움을 인정하였는데, 이것은 치료의 필요성에 대한 그의 회의감을 가중시켰다. 그는 자신과 아들들과의 관계는 좋은 것으로 그리고 자신과 아내와의 관계는 원만한 것으로 묘사했다. 아기의 출생과 그 이후의 가족에 대한 사신의 느낌에 대해 질문을 받았을 때, Mr. Simington은 가족을 부양하고 자녀들에게 양질의 시간을 제공해야 하는 압박감을 느꼈다고 했다. 그러나 그의 태도는 그가 가족상황에 대한 아내의 고통을 인지하고 있으며 그녀와 치료사로부터의 비난을 피하기를 원하고 있음을 나타냈다.

부모의 동의를 얻은 후, 치료사는 학교 교직원들과도 이야기를 나누었다. 교사들과 학교장은 Mrs. Simington의 설명을 확인해 주었으며, 두 소년 모두 심각한 행동문제를 발달시키고 있다고 보고했다. 학교장은 Simington씨 부부에게 어떤 일이 있어서 그로 인해 두 소년이 학급에서 문제를 보이는 것으로 생각한다고 덧붙였다. 치료사는 Simington씨 가족이 평가회기에서 보고된 바 이상의 광범위한 갈등을 가지고 있으며, 두 소년 모두(특히 Joshua) DSM-IV-TR의 적대적 반항장애의 준거를 만족시키고 있다는 예비결론을 내렸다.

2. 평가

DSM-IV-TR에 의하면, 적대적 반항장애의 근본적 특성은 최소한 6개월 동안 지속된 "권위자에 대한 부정적, 반항적, 불순종적, 적대적인 행동의 반복적 패턴"이다(American Psychiatric Association, 2000, p. 100). 이 진단준거를 만족시키기 위해서 아동은 여덟 가지 증상 중 네 가지를 나타내야만 한다. 이러한 증상에는 자주 화를 내고, 분노를 보이며, 보복적 행위를 하고, 어른들과 언쟁을 하며, 불복종적이고, 다른 사람들을 언짢게 하며, 실수나 잘못된 행동을 남의 탓으로 돌리고, 다른 사람들의 행동에 지나치게 민감한 반응을 보이는 것이 포함된다. “자주”란 그 연령에 해당하는 대부분의 아동들에 대한 규준보다 더욱 더 나타나는 것을 의미한다. 이에 더하여, 그 행동들은 대인관계 또는 학업과 같은 기능영역에서 다소의 손상을 초래해야만 한다.

Jeremy와 Joshua의 경우에, 이러한 준거들이 적용되는 것 같았다. Mrs. Simington은 두 아들이 그녀와 끊임없이 언쟁을 하며 불복종적이라고 보고했다. 더욱이 두 소년, 특히 Jeremy는 자주 화를 냈다. 학교교직원들과의 대화를 통해, 두 소년이 자신들과 관련된 골치 아픈 일들을 남의 탓으로 돌리는 경향이 있으며 Joshua가 특히 보복적이라는 것이 드러났다. 또한 두 소년과 치료사의 면접에서는 부모를 향한 분노와 타인들이 줄곧 자신들을 해치려고 노력한다는 믿음이 그 두 소년에게 있다는 것이 나타났다. 예를 들어, Joshua는 두 명의 급우가 그를 곤궁에 빠뜨리기를 원한다고 주장했으며, Jeremy와 Joshua 모두 집에서 있었던 최근의 사건들과 관련하여 부모를 향한 분노를 표시했다.

갈등과 적대적 반항장애를 가진 아동들이 있는 가족을 평가할 때는 두 가지 사항에 대해 가족구성원들을 면접해야만 한다: (1) 가정내 문제의 내용, 그리고 (2) 가족구성원들이 의사소통을 하고, 문제를 해결하며, 그들이 원하는 바를 얻기 위해 노력하는 과정(내용은 종종 “무엇”으로 간주되며, 과정은 종종 “어떻게”로 간주된다). 내용관련 질문은 서로 다른 가족구성원들의 좋고 싫어함, 언쟁의 원인, 무엇인가에 대해 다른 가족구성원들이 동의를 하도록 강요하는 방법, 언쟁 또는 불복종적 행동 전후의 상황, 현재의 가족문제에 대한 가족구성원 각각의 인식 등에 초점을 맞추어야 한다(Foster & Robin, 1997).

Simington씨 가족에 있어서, 서로 다른 가족구성원들은 부족한 가족자원(예: 돈, 관심, 시간)을 서로에게 강요하려고 노력하고 있는 것이 분명했다. 예를 들어, 두 소년과 관련하여, 부모로부터의 관심이 아기의 출생과 부모의 직장스케줄 변동 이후 급격하게 감소했다. 그러나 학교에서의 다루기 힘든 행동과 집에서의 불복종적 행동이 증가하면서 두 소년에 대한 Simington씨 부부의 관심(비록 부정적이기는 하였지만)은 증가하였다. 따라서 두 소년은 그들에게 더 많은 가족자원을 주도록 부모님을 적극적으로 강요하고 있었다.

그러나 이러한 강요과정은 두 소년에게만 국한된 것은 아니었다. Mrs. Simington은 가족에 대한 남편의 관심결여에 대해 불평을 하였는데, 그 이유는 그가 자녀들을 훈육할 만큼 많이 집에 머물지 않았기 때문이었다. 따라서 그녀는 남편에게 잔소리를 하고 그를 치료회기에 데려옴으로써 가족조직에 그를 끌어들였다. 그러나 이와 같은 강압적인 가족과정 때문에, 문제들은 거의 해결되지 않고 있었으며 협조도 거의 이루어지지 않고 있었다.

가족면접은 또한 언쟁의 실제방법, 의사소통이 다른 사람들에게 미치는 영향, 가상적인 시나리오 등이 포함된 과정관련 질문에도 집중을 해야만 한다(Foster & Robin, 1997). 전형적인 가족언쟁, 분노를 전달하는 방법, 다른 사람들의 분노에 대한 반응, 가족구성원들의 행동에 대한 느낌, 문제해결 방법, 가능성 있는 변화표적, 언쟁의 예방, 가족 역동성, 가정 규율, 자녀들에 대한 부모의 대화 등을 기술하는 것이 그 예이다.

Simington씨 가정에서는 아기의 출생으로 인해 가정 규율과 일과가 거의 깨져 있었다. 예를 들어, 가족이 같이 저녁식사를 하는 경우가 거의 없었으며, 가사는 되는 대로였고, 두 소년을 아침에 등교하게 하고 밤에 잠자리에 들도록 하는 것이 힘들었으며, 귀가시간은 지켜지지 않았고, 숙제 또한 항상 끝마쳐지지 않았다. 전반적으로, Mrs. Simington의 피로와 Mr. Simington의 위축 때문에, 아기가 출생하기 전처럼 능률적인 또는 성실한 문제해결이 이루어지지 않았다. 대신, 부모 두 사람 모두 문제가 심각해질 때까지 그 문제를 방치했다가 그 다음에 심한 벌을 주고 있었다. 그러나 이와 같은 실행은 시간이 흐르면서 그 효과가 점점 줄어들었다.

가족의 갈등, 의사소통, 역동성을 평가할 수 있는 평정척도들도 다양하게 있다. 그 예로 갈등행동 질문지(Conflict Behavior Questionnaire)(Robin & Foster, 1989), 부모-청소년 의사소통 척도(Parent-Adolescent Communication Scale)

(Barnes & Olson, 1985), 가족사정 척도(Family Assessment Measure)(Skinner, Steinhauer, & Santa-Barbara, 1995), 가족 적응력 및 응집력 평가척도(Family Adaptability and Cohesion Evaluation Scales)(Olson, Portner, & Lavee, 1987) 등이 있다. 일반적으로 사용되는 또 다른 가족척도는 가족환경 척도(Family Environment Scale: FES)인데, 이 척도는 90개의 진위(true-false)형 문항으로 구성된 10개의 하위척도로 이루어져 있다: 응집력, 표현력, 갈등, 독립성, 성취-지향성, 지적-문화적 지향성, 활동-기분전환 지향성, 도덕적-종교적 강조, 조직화, 그리고 통제(Moos & Moos, 1986). Simington씨 부부는 FES를 작성하였는데, 응집력, 독립성, 세 가지 모든 지향성 하위척도, 조직화에서 매우 낮은 점수를 드러냈다. 뿐만 아니라, 갈등에서는 매우 높은 점수를 보였다. 종합하여 볼 때, 이러한 점수들은 그 가족이 문제가 심각해질 때까지 또는 누군가가 무엇을 원할 때까지 상호작용을 별로 하지 않았다는 것을 지적하는 것이었다.

직접관찰 또한 가족 역동성과 의사소통패턴, 특히 서로 상충되는 것처럼 보이는 패턴을 평가하는 탁월한 방법이다. 예를 들어, 기능장애를 가진 가족들은 언어적 · 비언어적 메시지들이 충돌하는 이중구속 의사소통(double-bind communications)[역자 주: 이중구속(double-bind)이란 서로 배반되는 두 개의 명제를 동시에 계속적으로 받을 경우에 생기는 심리적 위기상황을 말한다]을 가끔 보인다. 직접관찰은 형식적 코딩시스템을 이용하여 실시될 수 있는데, 이 경우에 치료사는 가족의 상호작용을 녹음하거나 촬영한 후 의사소통을 범주별(예: 적대적, 중립적, 긍정적)로 분석한다. 이러한 코딩시스템의 예로는 가족 코딩시스템(Family Coding System)과 부부 상호작용 코딩시스템(Marital Interaction Coding System)(Gordis & Margolin, 2001; Heyman, Weiss, & Eddy, 1995)이 있다.

이러한 형식적인 방법들이 있음에도 불구하고, 치료사들이 그들의 사무실에서 가족구성원들을 비형식적으로 관찰하는 것이 더 일반적이다. Simington씨 가족의 경우에, 치료사는 긍정적인 가족 상호작용과 상충되는 비언어적 행동들을 찾아내려고 하였다. 그녀는 몇 가지 그러한 행동들을 보았는데, 그러한 행동들로는 어머니가 가족상황에 대해 이야기할 때 Joshua가 눈을 굴리는 것, Jeremy가

팔짱을 끼고 화난 표정을 짓는 것, Mr. Simington이 한숨을 쉬는 것 등이 있었다. 이러한 행동들은 Mrs. Simington만이 "가족문제"가 있다고 느끼고 있음을 말해 주는 것이었는데, 실제로 치료를 시작하고 그 치료에 가족 모두가 참석하기를 주장하는 사람은 그녀 한 사람뿐이었다. 다른 가족구성원들 중 누구도 치료받기를 원하지 않았다. 이와 같은 관찰결과는 치료사에게 가족 서로간의 상호작용에 대한 다소의 통찰력을 제공하였으며, 그 가족이 산발적인 갈등 에피소드를 가지며 대체로 결합력이 상실되어 있다는 견해를 뒷받침해 주었다.

치료사는 또한 두 소년과 부모님에게 언쟁, 규율 위반, 집에서 일어나는 다른 문제들에 대한 일지를 쓰도록 요청했다. 뜻밖은 아니었지만, Mrs. Simington은 엄격하게 일지를 작성하였으나 두 소년은 치료사에게 보고를 할 때 기억에 의존하는 것을 선호했다. 그럼에도 불구하고, 일지와 구두보고는 흥미롭고 지속적인 패턴을 보여 주었다: (1) 특정 일에 대한 책임자가 누구인지에 대한 초반의 혼동, (2) 잇달아 일어나는 혼동에 대한 다툼, 그리고 (3) Mrs. Simington에 의한 최종적 완료. 이러한 패턴을 두고 볼 때, 치료와 현상태에 있어서의 변화를 가장 원하는 사람은 명백히 Mrs. Simington이었다.

3. 위험요인과 유지변인

치료사들은 기능장애적이고 흔히 아동기 행동문제로 연결되는 다양한 가족패턴들을 발견해 왔다. 그 중 하나가 사사로이 얽혀 있는 가족인데, 이러한 가족에서는 구성원들간의 경계(boundary)가 확산되어 있고 모든 구성원들이 다른 모든 구성원들의 생활에 과도하게 연관되어 있는 것처럼 보인다(Gunn & Fisher, 1999). 이러한 가족형태는 흔히 분리불안, 긴장, 과다통제, 적대감 등의 특징을 나타낸다. 더욱이, 고립된 가족은 가족 밖의 사람들과 접촉하는 것을 멀리하는 가족유형이다. 그 결과, 아동들은 그들의 부모와 대부분의 시간을 보내며 과외활동에는 거의 참여하지 않는 경향을 보인다.

Simington씨 가족의 경우에, 냉담과 충돌이 주요 가족패턴으로 보였다. 냉담은 엄격한 경계(boundary)로 특징지워졌는데, 가족구성원들 각각은 필요할 때까지 또는 다른 구성원으로부터 무엇인가를 원할 때까지 서로 떨어져서 초연하게 있었다. 이러한 가족유형의 경우, 의사소통은 매우 불충분하며, 구성원들은 절대적으로 상호작용이 요구되는 상황(예: 심한 행동문제)에서만 서로 상호작용을 한다. 물론 충돌하는 가족은 계속되는 다툼과 증오로 특징지어진다. 전형적으로, 의사소통 및 문제해결 전략이 손상되며, 가족구성원들간에 인지적 왜곡(예: 지각된 악한 의도)도 흔히 나타난다. Simington씨 가족이 냉담과 충돌을 보였듯이, 행동문제를 가진 아동들을 둔 가족은 또한 한 가지 이상의 기능장애적 패턴을 나타낼 수도 있다.

의사소통에 있어서의 문제는 여러 가지 형태로 나타날 수 있으며, 모순된 언동을 보이는 가족구성원들에 의해 가끔 야기된다. 예를 들어, Mr. Simington은 가족의 긍정적인 변화를 희망한다고 말하는 습관을 가지고 있었으나 동시에 한숨을 쉬고 열의가 없는 것처럼 보이곤 했다. 따라서 가족 중 누구도 그의 말을 믿지 않았으며, 그 결과 모두 실망하는 듯이 보였다. 뿐만 아니라, 의사소통 문제는 수동적이고 대화를 시작하는 일이 거의 없는 Jeremy와 같은 가족구성원 때문에 나타날 수 있다. 문제는 또한 다른 가족구성원들 간의 제휴(즉, 패거리를 지어 한 사람을 공격하는 것)에 대해 거의 편집광적으로 지나치게 걱정하는 가족구성원으로부터 초래될 수도 있다. 그러나 이러한 상황은 Simington씨 가족에게는 해당되지 않았다.

의사소통 문제는 다른 사람의 관점을 이해하거나 바르게 평가하기를 거부함으로써 나타날 수 있다. 예를 들어, 가족구성원 중 한 사람이 다른 사람에게 무엇인가를 이야기했으나, 그 사람이 그 이야기를 부인하고 무시하거나 또는 다른 의미로 받아들일 수 있다. 마지막 행동은 의사소통과 상위의사소통(metacommunication)간의 차이 또는 실제 메시지와 메시지의 함축적 의미 혹은 화자가 정말로 말하고자 하는 것간의 차이를 예증하고 있다. 의사소통과 상위의사소통이 아주 다를 때, 문제는 빠르게 진전된다. 이것은 Simington씨 부부에게 해당되는 것처럼 보였는데, 서로 이야기를 나눌 때 그들이 보이는 빈정댐의 수준은 지난 해 동안 극적으로 높아져 왔었다. 근본적으로, 그들은 직접적인 의사소통은 멀리해 왔으며, 대신 서로를 강압하고 응징하기 위해 빈정대는 말을 사용하고 있었다.

다른 가족 의사소통 문제들은 좀 더 세부적이다. 이러한 문제들로는 비난하기, 가로막기, 제3자를 통해 의사소통하기, 간결한 의사소통을 대신해서 훈계 또는 명령하기, 이야기가 옆길로 새기, 지나간 일을 자꾸 이야기하기, 고상한 척하며 말하기, 위협하기, 농담으로 말하기, 대화를 독점하기, 침묵하기 등이 있다(Foster & Robin, 1998).

문제해결 전략은 또한 기능장애적인 가족에서는 와해되는 경향이 있다. 문제는 매일의 가족상황(예: 쌓인 쓰레기) 또는 가족구성원들의 고립감 · 피해의식과 관련되어 있을 수 있다. Simington씨 가족은 이 두 가지 종류의 문제를 다 가지고 있었으며, 그 문제들은 빈약한 의사소통 패턴에 의해 야기되었을 가능성이 있었다. 문제해결의 어려움을 보이는 가족들은 문제를 서투르게 정의하고, 해결책에 대해 의견을 달리하며, 해결책을 협상하는 데 실패하고, 불완전한 해결책을 실행하는 경향이 있다. Simington씨 가족의 경우에, 그들은 자녀의 훈육 및 양육 부담의 대부분을 Mrs. Simington이 지도록 하는 문제해결 전략으로 흘러가 있었다. 그러나 이 전략은 실패로 끝났는데, 그 이유는 Mrs. Simington이 더 많은 스트레스를 겪고 가정의 모든 책임을 적절하게 처리할 수 없었기 때문이었다.

기능장애적 가족은 또한 쉽게 해결되지 않는 과거의 문제, 풀릴 수 없는 문제, 또는 지나치게 복잡한 문제에 초점을 두는 경향도 보인다. 예를 들어, 과거의 일 또는 학교에서의 사고 등과 같은 오래된 상처가 끊임없이 거론될 수 있는데, 이는 문제를 해결하기 위해서가 아니라 잘못을 범한 당사자를 응징하기 위해서이다. 뿐만 아니라, 문제해결 전략이 비틀거릴 수도 있는데, 왜냐하면 가족구성원들이 (1) 자신의 특정 해결책을 받아들이도록 서로 강요하고, (2) 너무 모호하고 이기적인 해결책을 제시하며, (3) 융통성을 보이지 않고, 또는 (4) 처리과정에 좌절하여 포기하기 때문이다.

기능장애적인 가족의 패턴은 또한 부모와 아동이 갖고 있는 인지적 왜곡에 의해 초래되거나 악화되기도 한다(Foster & Robin, 1997). 부모와 관련해서 볼 때, 이러한 왜곡에는 파멸감, 복종, 완벽주의, 자기 비난, 악의 등이 포함된다. 파멸감이란 자녀에게 주어지는 어떤 자유가 파괴적인 결과를 가져올 것이라는 믿음을 의미한다. 복종은 부모가 내리는 모든 명령에 자녀가 복종하여야만 한다는 믿음을 뜻한다(그 기준은 명령의 75~80%에 육박한다). 완벽주의란 아동이 일상의 사건에 대해 항상 이해하고 있고 올바른 결정을 내려야만 한다는 믿음이다. 자기 비난은 아동이 실수를 하게 되면 부모에게 잘못이 있다고 믿는 것이다. 악의란 자녀가 나쁜 행동을 하는 것은 부모를 괴롭히고 화나게 하기 위해서라고 믿는 것을 의미한다. Simington씨 가족의 경우에는 마지막 인지적 왜곡이 적용되는 것처럼 보였다. 몇 번에 걸쳐, Mrs. Simington은 두 아들이 자신을 화나게 하려고 의도적으로 노력하고 있다고 말하면서 눈물을 흘렸다. 그러나 그녀의 말 또한 두 아들과 남편이 죄책감을 느끼도록 하기 위해 고의적으로 한 것이었는지는 분명하지 않았다.

인지적 왜곡은 아동들에게도 나타날 수 있다; 이러한 인지적 왜곡으로는 정당성, 파멸감, 자율성, 승인 등이 있다(Foster & Robin, 1998). 정당성이란 부모가 규율을 시행하는 데 있어 부당하다고 믿는 것을 의미한다. 파멸감은 가정의 규율이 자신의 친구들 또는 전반적인 생활을 포함하는 자신의 지위를 파괴할 것이라는 믿음을 뜻한다. 자율성이란 자신이 원하는 대로 행동할 수 있도록 허용되어야 한다는 믿음이다. 승인은 부모를 화나게 하는 어떤 일도 해서는 안 된다고 믿는 것이다. Simington씨 가족의 경우에, 승인을 제외한 나머지 모든 인지적 왜곡이 큰 아들인 Joshua에게 적용되었다. 그는 자신에게 좀 더 독립성이 허용되어야 하며 부모, 특히 어머니가 친구들과의 시간을 제한하려고 고의적으로 노력한다고 믿고 있었다. 이와 같은 진술은 Joshua가 청소년기에 접어들면서 더 많은 자유를 요구하고 있다고 Mrs. Simington이 앞서 주장했던 바를 뒷받침하는 것이었다.

4. 발달 양상

비록 기능장애적인 가족 패턴이 대개 의사소통, 문제해결, 인지에 있어서의 어려움에 의해 야기되고 악화되기는 하지만, 이러한 어려움들이 하룻밤 사이에 형성되는 것은 아니다. 실로, 반항적 아동 또는 광범위한 갈등을 가진 가족에게는 부적절한 양육, 강압, 또는 다른 기능장애의 패턴이 장기적으로 나타난다. 불행히도, 치료를 받고 있는 가족들 중 일부는 이와 같은 사실을 인정하기를 꺼려하거나 가족구성원들의 편치 않은 모습을 초래했을 지도 모르는 정보를 제공하기를 주저한다. 예를 들어, Simington씨 가족은 그들의 현재 문제들을 최근 아기의 출생 탓으로 돌리는 경향이 있었다. 그러나 치료과정에서 그들이 제기한 문제들 중 많은 부분은 여러 해를 두고 활성화되어 왔음이 명백했다.

아동반항과 가족갈등은 종종 잘못된 정적 강화와 부적 강화의 강압적 과정(coercive process)을 통하여 서서히 형성된다(Patterson, 1982). 예를 들어, 부모는 아동에게 명령(예: "네 방을 청소해")을 내리고 아동은 '아니오'라고 대답할 수 있다. 그러면 부모는 아동의 그 행동을 너그럽게 봐주거나 그러한 불복종을 다른 사람의 탓으로 돌릴 수도 있고, 명령에 따르도록 아동을 달래거나 아동을 대신해 그 일을 할 지도 모른다. 이러한 경우, 아동은 자신의 불복종에 대해 정적 강화를 받게 되고, 그 반항 패턴은 지속되며 시간이 흐르면서 악화된다.

두 번째 예로, 부모는 아동에 의해 거부당한 명령을 다시 내릴 수 있다. 그러나 이러한 경우, 부모가 강제적으로 아동을 복종하도록 하면서 아동과 부모의 고함소리는 더 커진다. 어떤 상황에서는, 부모가 복종을 강요하기 위해 체벌을 사용할 수도 있으나, 이것은 대개 비효과적이다. 다른 상황으로, 부모가 아동을 복종하도록 하는 노력을 마침내 포기할 수도 있다. 이러한 경우, 아동은 불복종적 행동에 대해 부적 강화를 받게 되는데, 왜냐하면 부모가 굴복하고 아동을 일(예: 자신의 방을 청소하는 것)에서 벗어나게 해 주었기 때문이다. 시간이 흐르면서, 아동은 불복종 또는 성질부리기가 부모의 묵종을 강요한다는 점을 학습한다. 여기에 제시된 두 가지 예 모두에서, 가족구성원들은 자신이 원하는 바를 얻기 위해 다른 구성원들을 강요하고 있다.

Simington씨 가족의 경우, 강압적 과정이 적용되는 것처럼 보였다. 예를 들어, 두 소년은 어머니가 굴복할 때까지 무엇인가에 대해 그녀를 괴롭힘으로써 아버지의 부재와 어머니의 지친 상태를 이용하는 것을 학습해 왔었다. Mrs. Simington은 자신이 너무 압도되어서 두 아들에게 많은 도전을 할 수 없다는 것을 스스로 알고 있었으며, 이 때문에 남편의 도움을 더 요구하게 되었다. 흥미롭게도, 이러한 부적 강화 전략은 Mrs. Simington에 의해서도 사용되고 있었는데, 그녀는 가끔 남편의 행동이 나아질 때까지 그에게 끊임없이 잔소리를 하였다. 뿐만 아니라, Mrs. Simington은 남편이 치료에 참여하도록 하기 위해 은근히 이혼으로 협박을 하였다.

가족체제 치료사들은 또한 기능장애의 발달적 모델을 가정한다. 그러나 행동유관성(behavioral contingencies)에 초점을 맞추는 대신, 가족체제 치료사들은 가족들이 발달적 단계를 거친다고 본다(Brown & Christensen, 1986). 일반적으로, 이러한 단계는 다음과 같다:

1) 결혼
2) 첫 아기의 출생 (초기 가족)
3) 자녀들의 학교입학과 직장일/가사노동에 대한 부모의 재조정 (학령기 가족)
4) 자녀의 청소년기 진입과 부모역할의 변화 (청소년기 가족)
5) 자녀의 집을 떠난 대학입학 (진출기 가족)
6) 부모의 은퇴와 손자들과의 상호작용 (부모후기 가족)

대부분의 가족들은 다소의 혼란과 함께 이러한 단계들을 거치지만, 보통 문제가 해결되면서 가족은 다음 단계로 이동한다. 그러나 어떤 경우에는, 하나 또는 그 이상의 단계에 꼼짝없이 빠져 중요한 문제들을 해결하는 데 실패할 수도 있다. 가족체제 치료사들의 역할은 진행을 방해하는 문제들을 해결하도록 부분적으로 가족을 돕는 것이다.

Simington씨 가족의 경우, 세 개의 발달적 단계가 가장 문제성이 있었다. 첫째, Mrs. Simington은 자신의 경력이 충분히 발전되기 전에 자녀들을 가졌다고 불평을 했다. 이 불평은 몇 년간에 걸쳐 금방이라도 폭발할 듯한 원망으로 이어졌고 최근의 사건들에 의해 정도가 심해졌다. 두 번째 발달적 문제는 기대하지 않은 새 아기의 출생이었다. 이 사건은 Mrs. Simington의 사회생활과 두 아들을 효과적으로 양육하는 능력을 감소시켰다. 세 번째 발달적 문제는 두 아들의 일반적 성장과 특히 Joshua의 청소년기 진입이었다. 이러한 사건은 보통 부모로부터 독립하려는 청소년들의 욕망, 또래의 영향 강화, 더 나은 논리적 사고, 더 넓고 깊은 감정경험의 능력 증가, 더 친밀한 관계 등으로 특징지어진다. 청소년기 진입은 그 자체가 격동의 시기가 될 수 있다. 그러나 이 현상은 만약 십대의 가족이 갈등을 겪고 있거나 또는 스트레스가 많은 생활사건들이 발생하고 있다면 그 가능성이 더 높아진다. 이러한 상황은 Joshua에게 명백히 나타났다.

발달적 단계는 이혼 및 재혼 가정에서도 발견될 수 있다. 예를 들어, Brown과 Christensen(1986)은 이러한 가정에 있어서 반드시 다루어져야 할 네 가지 단계와 관련 과제들을 다음과 같이 기술하였다:

1) 별거와 이혼: 슬픔, 친구의 상실, 가족의 반발, 자아존중감의 문제 등을 다루어야 할 필요성에 의해 특징지어진다.
2) 편부모: 가족의 재조직, 새로운 사회적 지원망의 구축, 죄책감과 분노의 해결 등의 필요성에 의해 특징지어진다.
3) 구혼: 외부사람들부터의 새로운 친교 및 갈등 수용의 필요성에 의해 특징지어진다.
4) 재혼: 새로운 가족 내력과 경계체제(boundary system) 구축의 필요성에 의해 특징지어진다.

가족체제 치료사들은 또한 가족내에 다양한 제휴관계가 형성되면서 갈등과 아동기 행동문제를 야기한다고 제시한다. 이러한 제휴관계의 하나인 삼각법결정(triangulation)은 어떤 문제에 대해 계속 의견을 달리하는 두 명의 가족구성원이 제3의 가족구성원에게 그 사이에 끼어들어 한 쪽 편을 들어줄 것을 요청할 때 나타난다. 한 예로, 서로 긴장관계에 있는 모녀가 아버지에게 그들의 논쟁을 해결해 달라고 끊임없이 요청하는 경우가 있을 수 있다. 삼각법결정에 처한 아버지는 균형을 유지하고 자신이 거부당하는 것을 피하기 위해 한 편에서 다른 편으로 자신의 지지를 옮겨가면서 두 사람 사이에서 오락가락할 가능성이 있다.

또 다른 문제성 제휴관계는 두 명 또는 그 이상의 가족구성원들이 또 다른 한 명의 가족구성원에 대항하기 위해 서로 동조하는 연합(coalition)이다. 이와 같은 연합은 한 형제에게 집단행동을 하는 두 명의 아동 사이, 또는 대가족의 경우 부모에게 자신들의 입장을 주장하는 조부모와 손자(즉, 세대간 연합) 사이에 형성될 수 있다. 아동들은 또한 부모의 행동을 변화시키기 위해 서로 동조할 수도 있다. 예를 들어, 어떤 아동들은 부모로 하여금 다툼을 멈추고 대신 자신들의 당면 문제에 신경을 쓰도록 하기 위해 학교에서 돌출행동을 보인다.

물론 자녀를 양육하기 위해 부모 두 사람이 효과적으로 결합하는 경우처럼, 가족구성간의 어떤 연합은 적절하다. 그러나 Simington씨 가족의 경우에는 약한 부모간의 연합이 주요한 문제였다. 이와 같은 연합에서는, 훈육에 대한 부모간의 동의가 이루어지지 않거나, 부모 각자가 혼자 또는 지원 없이 자녀들을 훈육한다. 그 결과, 자녀들은 부모를 효과적으로 조절하고, 자기 자신들의 규칙을 세우며, 그리고/또는 부모를 무시하게 될 수도 있다. Jeremy와 Joshua가 좋은 예가 될 수 있는데, 그 이유는 부모간의 혼란이 나타난 가정에서 자신들이 원하는 바를 얻는 능력을 명백하게 증가시켜 왔기 때문이다. 이러한 경우, 치료사는 균형을 회복하고 그 가족이 다음 발달적 단계로 옮겨갈 수 있도록 돕기 위해 부모에게로 지배력을 전환하는 것이 필요하다는 것을 인식하여야만 한다.

5. 치료

Simington씨 가족을 위해 사용되었던 기법들을 포함하는 가족치료의 주요한 치료기법들 중에는 (1) 유관성 관리에 있어서의 부모훈련, (2) 가족 의사소통 및 문제해결 훈련, (3) 계약하기, 재구성하기, 역설적 중재 등이 포함된다(Foster & Robin, 1998). 경우에 따라, 가족치료는 별도의 부부치료를 포함하기도 한다. Simington씨 부부에게도 이러한 부부치료가 권장되었으나, 그들은 그 제안을 거절했다.

유관성 관리는 자녀들의 문제행동을 다룰 때 일치되고 일관적이며 효과적인 태도를 보이도록 부모들을 가르치는 과정이다(Kearney & Vecchio, 2002). 유관성 관리는 가정규칙, 이러한 규칙의 공동시행, 결과의 실시 등에 의견을 같이 할 필요가 있었던 Simington씨 부부에게 아주 적절했다. 따라서 치료사는 처음에 가족구성원들과 함께 적절한 모든 가정규칙의 개요를 작성했다. 예를 들어, 귀가시간, 숙제, 가사 등에 대한 세부적인 규칙이 정해졌다. 뿐만 아니라, 불복종에 대한 결과도 정해졌다. 모든 가족구성원들은 이 규칙에 동의를 했고, 그 사본을 냉장고 문에 부착하였다.

유관성 관리는 또한 자녀들에게 내리는 명령을 위시해서 부모들의 행동을 변화시키는 것도 포함할 수 있다. Simington씨 가족의 경우, 치료사는 부모의 명령이 간결하고 명료하며 단 한번만 반복되도록 하는 것을 목표로 삼았다. 뿐만 아니라, Simington씨 부부는 명령을 내리는 동안 잔소리나 비판 또는 질문을 자제하도록 지도받았다. 치료사는 또한 Mrs. Simington이 자녀들에게 말을 거는 데 있어 Mr. Simington이 도움을 줄 수 있는 방법을 논의하였다. Mr. Simington은 아침에 더 일찍 출근하고 밤에 더 빨리 퇴근하도록 직장 스케줄을 변경하는 데 동의했다. 이에 더하여, 그는 두 아들에게 더 많은 명령을 내리고, 그들과의 여가활동에 더 많은 시간을 보내며, 그 자신이 더 많은 결과를 실시할 것을 동의했다. 그러나 시간이 흐르면서, Mrs. Simington은 이러한 영역에서 남편이 노력을 유지하도록 그를 계속 상기시켜야만 했다.

치료사는 정기적으로 가정규칙과 후속적으로 발생한 문제들을 검토하였다. 예를 들어, 초기에 누가 그리고 언제 쓰레기를 치울 것인가에 대한 혼란이 다소 있었으므로 치료사는 가사일을 하는 것에 대해 남자 가족구성원들에게 상이한 날짜를 배정하였다. 이에 더하여, 치료사는 Simington씨 부부로 하여금 아침 · 저녁의 규칙적인 일과를 정하도록 도왔다. 이것은 등교하기 및 취침하기를 원활하게 하기 위해 실시되었는데, 어느 정도 성공을 거두었다. 그러나 치료사는 그 가족이 규칙을 정하고 분쟁을 해결하기 위해 치료사 자신에게 점점 더 의존하고 있다는 것을 알아 차렸다. 따라서 의사소통기술 및 문제해결 훈련에도 초점이 맞추어졌다.

의사소통기술 훈련은 가족구성원들이 서로 이야기하고 적절하게 들어주는 방법을 개선하기 위해 사용된다. 처음에, 치료사는 험담하지 않기 또는 가로막지 않기 등과 같은 기본적 규칙을 가족을 위해 정할 수 있다. 그리고 나서, 가족구성원 중 한 사람이 이야기하는 동안 다른 가족구성원들은 듣고 있다가, 차례로 자기들이 들은 바를 패러프레이즈(paraphrase)(역자 주: 알기 쉽게 바꾸어 말하기)한다. 이 과정은 주의력과 경청기술을 증가시키는 데 도움이 되며, 한 사람의 메시지를 다른 사람 모두가 들어 알게 하도록 하고, 가족구성원들에게 다른 사람들의 관점을 받아들이는 연습을 하게 한다. 경청과 패러프레이즈에서 나타나는 문제들은 치료사에 의해 통제가 되는데, 치료사는 교정 피드백을 주기 위해 일시적으로 과정을 중단시킬 수 있다.

Simington씨 가족의 경우, 치료사는 기본적 규칙들(예: 험담하지 않기, 치료사의 사무실 방해하지 않기 등)을 설명한 후 Joshua가 먼저 이야기하도록 했다. 그러자 Joshua는 불평을 늘어놓았고 이 때 치료사는 Joshua에게 한 문제에 대해 하나의 단일문장으로 진술해 줄 것을 요청하였다. 그러자 Joshua는 집 밖에서 친구들과 더 많은 것들을 하길 원한다고 말했다. Jeremy는 이 진술을 패러프레이즈하도록 요청 받았으나, 그 대신에 자신의 진술을 시작하는 실수를 범했다. 나중에 자신의 진술을 할 수 있을 것이라는 말을 들은 후, Jeremy는 형이 이야기한 바를 정확하게 패러프레이즈했다. Simington씨 부부도 Joshua의 말을 패러프레이즈하기보다는 반응을 보이려고 했지만 치료사의 촉구로 패러프레이즈를 했다.

의사소통기술 훈련은 나중에 짧은 대화를 형성하는 데 초점을 둘 수 있는데, 이러한 짧은 대화에서는 한 사람이 두 가지 또는 세 가지 진술을 하고, 다른 한 사람은 경청하고 들은 바를 패러프레이즈하며 첫 번째 화자가 경청하고 있는 것처럼 반응한다. 이 과정이 진행되는 동안, 치료사는 진술되는 바를 감독하고 진술되는 방법에 대해 피드백을 제공한다. 두 사람이 서로 이야기하기를 원하지 않는 경우에는, 치료사가 한 사람의 역할을 맡아 첫 번째 사람이 지켜보게 하면서 두 번째 사람에게 이야기할 수 있다. 그리고 나서, 진보된 의사소통기술 훈련은 더 광범위한 의사소통, 칭찬과 같은 긍정적인 진술, 다른 사람들의 관점에 대한 이해의 표현 등에 초점을 둘 수 있다.

Simington씨 가족의 경우, 의사소통기술 훈련이 치료사의 사무실에서는 원활히 진행되었으나 집에서는 그렇지 않았다. 그 가족은 클리닉에서 보이는 것과 같은 편안한 분위기를 조성하기에는 집이 너무 혼란스럽다고 보고했다. 그 결과, 치료사는 모든 가족구성원이 앉아 그들이 배운 의사소통기술을 연습할 수 있는 시간을 잡아보라고 그 가족에게 일러주었다. 그 가족은 저녁식사 시간에 그렇게 하기로 의견을 모았고, 이것은 다소 성공적으로 이루어졌다.

의사소통기술 훈련과 관련하여, 문제해결 훈련은 Simington씨 가족에게 아주 적절한 것으로 간주되었다. 이 훈련에서는, 특정 문제가 제기되고 가족구성원 모두는 차례로 가능한 한 많은 해결책을 기재한다(브레인스토밍: brainstorming). 비록 해결책이 비상식적인 것(예: 잠자리를 준비하기 위해 가정부를 고용하기)이라 할지라도 기재해 둔다. 가족이 성공적으로 그 과정을 연습할 수 있도록 처음에는 사소한 문제가 다루어진다. Simington씨 가족을 위해서는 최초의 문제로 귀가시간이 다루어졌다—두 아들은 밤 10시까지 귀가하기를 원했고 부모는 그들이 저녁 8시까지 귀가하기를 원했다. 모든 가능한 해결책이 기술되었고, 그리고 나서 가족구성원들은 각각의 해결책에 등급을 매겼다(즉, A, B, C 등). 그 다음에, 가장 높은 등급을 받은 해결책이 이행되도록 선정되었다. 등교하는 주중에는 저녁 8시 30분까지, 그리고 관련된 모든 가사가 완료되었다면 주말에는 밤

10시까지 귀가하기로 하였다. 좀 더 복잡한 문제들은 그 이후에 다루어졌다.

가족 치료사들은 또한 가족 역동성을 개선하고 문제들을 해결하기 위해 다른 기법들도 사용한다(Griffin, 1993). 이러한 기법들에는 유관성 계약하기, 재구성하기, 역설적 중재 등이 포함된다. 계약하기(contracting)는 부모-청소년 갈등을 다루고 치료사가 작성한 계약서에 양자가 동의하도록 요청하기 위해 종종 사용된다. 계약서는 양자의 책임뿐만 아니라 조건에 충실하거나 충실하지 않았을 경우의 긍정적이고 부정적인 결과를 담고 있다. 이 기법의 장점은 협상에서 청소년에게 발언권을 주고 모든 관점들이 고려된다는 것이다.

재구성하기(reframing)는 치료사가 부정적인 진술 또는 문제로 보이는 것을 좀 더 긍정적인 것으로 변환시키도록 가족구성원들을 돕는 과정이다. 예를 들어, 한 아동이 결석을 많이 한다라는 말은 아동이 부모와 더 많은 시간을 보내기를 원한다는 말로 재구성할 수 있다. 마지막으로, 역설적 중재(paradoxical intervention)는 가족구성원들에게 가족 역동성을 증명해 보이기 위해 가끔 사용된다. 예를 들어, 치료사는 아동에게 가능한 한 성질을 많이 부리게 함으로써 부모에게 아동이 그들의 관심을 얻기 위해 그렇게 한다는 것을 보여 줄 수 있다.

Simington씨 가족은 7개월 동안 치료를 받은 후 치료를 종결하였다. 치료가 단지 시간이 지나면서 사태가 더 악화되는 것을 예방하기만 했는지의 여부는 분명하지 않았지만, 전반적으로 가족구성원 각자는 좋은 진전을 보고했다. 6개월 후에 이루어진 전화연락에서는 가족의 기능이 이전 수준으로 다소 퇴보한 것처럼 보였으나 공식적인 치료를 재개할 만큼 심각한 문제는 없었다. 한 가지 특히 희망적인 점은 Mr. Simington이 Jeremy와 Joshua를 돌보고 훈육하는 데 더 많은 역할을 해 주고 있다는 Mrs. Simington의 진술이었다.

6. 토론 문제

1) 정규적으로 불복종적인 아동과 적대적 반항장애를 가진 아동간의 주된 차이

점은 무엇일까? 기능적인 가족과 기능장애적인 가족간의 차이점은 무엇일까? 한 가족이 기능적이고 기능장애적인 양 쪽 요소들을 다 가질 수도 있을까? 예를 들어 보라.

2) 일반적으로 남아들이 여아들보다 더 반항적이라는 것을 설명하기 위한 사회화 과정에서는 어떤 일이 일어날 수 있을까? 부모 및 교사들은 남아들과 여아들에 대해 다른 기대를 가지고 있을까? 그렇다면, 다른 기대란 무엇일까?

3) 자신의 가족을 건강한, 사사로이 얽힌, 고립된, 냉담한, 또는 충돌하는 가족으로 묘사해 보라. 자신의 가족에서는 다른 하위체제(예: 부모-부모, 부모-자녀, 자녀-자녀) 간에 다른 패턴이 나타났는가?

4) 많은 비밀을 가지고 있고 실제 상황에 대해 이야기하기를 두려워하는 가족을 다루는 최선의 방법은 무엇일까? 가족들이 이야기하기를 가장 꺼려하는 문제는 어떤 문제일까?

5) 가족치료에서 흔히 나타나는 문제는 치료사 사무실로부터 가정으로 기술을 이전시키는 것이다. 혼란스러운 가정환경에서 의사소통과 문제해결을 더 원활히 하도록 가족을 돕기 위해 치료사로서 무엇을 권유하며 또는 무엇을 할 것인가?

6) 가족 역동성이 문화에 따라 상당한 차이가 있다고 생각하는가? 차이가 있다면, 히스패닉, 아프리카계 미국인, 아시아계 미국인, 아메리카 인디언, 유럽계 미국인 가족 간에는 어떠한 주된 차이가 있다고 생각하는가? 인종적 신분은 가족치료에 어떻게 영향을 주게 될까?

7) 미국에 있어서 가족구조는 어떻게 변화하고 있는가? 편부모 가족, 이혼 가족, 미숙한 십대가 가장인 가족, 또는 부모가 자녀들과 많은 시간을 보낼 수 없는 가족의 필요를 충족시키기 위해 가족 치료사는 치료를 어떻게 수정할 것인가?

제 11 장

자폐증 및 정신지체

(Autism and Mental Retardation)

InfoTrac® College Edition

Explore InfoTrac College Edition by going to http://infotrac.thomsonlearning.com

Hint. Enter these search terms: autism, mental retardation, developmental disability, Asperger's syndrome

1. 증상
2. 평가
3. 위험요인과 유지변인
4. 발달 양상
5. 치료
6. 토론 문제

1. 증상

Jennie Hobson은 7살 백인소녀였는데, 부모님과 함께 살면서 주간에 중도장애를 가진 아동들을 위한 학교에 다녔다. 그 학교는 Jennie를 포함한 소그룹 아동들의 교육과 훈련을 감독하기 위해 특수교육교사인 Ms. D'Angelo를 최근에 고용하였다. Ms. D'Angelo에게 가장 시급했던 업무는 그녀가 담당한 그룹에 속해 있는 다섯 아동들을 평가하고 그들에게 이전에 내려졌던 진단이 여전히 정확한지를 판단하는 것이었다. 뿐만 아니라, 각 아동의 현재 요구를 반영하는 개별화교육프로그램을 고안하여 실시하는 것도 그녀의 임무였다.

Ms. D'Angelo는 먼저 5일간에 걸쳐 소규모 학급에서 Jennie를 관찰하였다. Jennie는 종종 타인들 특히 학급 또래들에게 무반응적이었으며, 어느 누구와도 거의 눈을 맞추지 않았다. 혼자 남겨지게 될 때면, Jennie는 대개 서 있었으며, 자신의 손을 목구멍 속에 넣었고, 혀를 내밀었으며, 기묘하면서도 낮은 소리를 내곤 했다. 혼자서 놀도록 내버려두면, 이러한 행동은 몇 시간씩 지속되곤 했다. 의자에 앉아 있을 때에는, 비록 넘어지는 일은 전혀 없었다 하더라도, 의자를 앞뒤로 흔들곤 했다. 그녀의 운동기술은 정말 뛰어난 것처럼 보였는데, 요구를 하면 크레용을 사용하고 종이를 손으로 다룰 수 있었다. 그러나 그녀의 기민함은 공격성에서도 나타났다. 예를 들어, Jennie는 종종 사람들의 귀금속과 안경을 잡아채어 교실을 가로질러 내던졌다. 그녀는 이러한 행동을 2초 이내에 할 수 있을 만큼 민첩했다.

Ms. D'Angelo는 Jennie가 새로운 물건 또는 사람을 접하게 될 때 가장 공격적이라는 점에 주목했다. 예를 들어, 어느 날 새 인턴이 Jennie를 살펴보기 위해 방에 들어갔을 때, Jennie는 즉시 인턴의 얼굴을 찰싹 때리고는 매우 놀란 표정을 짓고 있는 것을 보았다(Ms. D'Angelo는 처음 Jennie에게 말을 걸 때는 그녀에게로 몸을 기울이지 말 것을 메모했다). 그리고 난 후, Jennie는 방 한 구석에서 벽을 마주보고 앉아 자신의 머리카락을 잡아당기고 있었다. 인턴은 그 행동을 무시하고 그 방에 있던 다른 아동들을 살펴보기 시작했다. 한 시간 후에, Jennie는 인턴의 요구에 응해 자신의 좌석으로 돌아왔으나 자신의 학업과제를 하는 것은 거부했다. 그러나 다음날 인턴을 만났을 때는 Jennier가 마치 새로운 상황에 적응이라도 한 것처럼 문제를 덜 보였다.

Ms. D'Angelo는 또한 Jennie가 말을 하지 않고, 낮은 소리를 낼 때만 발성을 한다는 점에 주목했다. 비록 소리의 음량에는 거의 변화가 없었지만, 그녀는 지루하거나 불안할 때 소리를 내는 것 같았다. Jennie는 타인들과 의사소통하려는 노력을 전혀 하지 않았으며, 사실 그 방에 다른 사람들이 있다는 것에 주의를 기울이지 않았다. 예를 들이, 그녀는 무엇을 하도록 요구받으면 가끔 깜짝 놀랐다. 그러나 자신의 표현력 결여에도 불구하고, Jennie는 타인들의 간단한 요구들을 이해하고 따랐다. 예를 들어, 점심식사 하기, 화장실 사용하기, 교실로 물건을 회수하기 등을 하도록 지시를 받으면 기꺼이 응했다. 이러한 지시는 명백히 그녀의 일과에 속했으며, 따라서 계속 지켜나갈 가치가 있는 것이었다.

Jennie는 또한 그녀가 원하거나 필요로 할 수 있는 물건들의 사진이 들어 있는 그림책을 가지고 있었다. 비록 Jennie가 스스로 그림책을 집어들거나 다른 사람에게 보여 주는 일은 없었지만, 요청을 하기 위해 그림책을 사용하라는 지시는 따랐다. 예를 들어, Jennie에게 그림책을 보여 주고 그녀가 원하는 것을 가리키라고 요구했을 때, Jennie는 원하는 것이 없으면 책상 위로 그림책을 밀거나 또는 무엇인가 원하는 것이 있으면 다섯 가지 사진(예: 도시락, 과자, 물 한컵, 좋아하는 장난감, 변기) 중 하나를 가리켰다. 그러나 Ms. D'Angelo는 현재 Jennie를 위해서 아무도 표현언어프로그램을 실시하고 있지 않는 것으로 보았다.

Jennie의 인지기술은 대체로 뒤떨어져 있었으며 매우 느리게 발달했다. 당시 Jennie는 색깔의 단순한 식별, 「예」와 「아니오」 개념의 이해, 또는 두 단계 이상(예: 손뼉을 치고 코에 손을 대기)을 포함하는 지시에 따르기 등을 할 수 없었거나 또는 하지 않으려 했다. Jennie의 이전 선생님인 Mr. Evan과 Mrs. Taylor는 Jennie가 기본적 식별은 학습했으나 종종 그 정보를 유지하거나 일반화하지 않았다고 말했다. 예를 들어, Jennie는 교실에서 빨강과 파랑의 차이를 학습했으나, 그 뒤에 좀 더 자연적인 환경에서는 그 차이를 잘 구별하지 못했다.

지체된 인지기술에도 불구하고, Jennie의 적응행동은 과도한 손상을 보이지 않았다. 비록 나이프 또는 포크를 사용한 적은 전혀 없었지만, 그녀는 스스로 식사를 했다. 나이프와 포크를 사용하는 기술은 그녀의 공격성 때문에 미발달 상태로 남겨져 있었을 수도 있었다. Jennie는 옷입기에서 다소의 도움을 필요로 했다; Ms. D'Angelo는 Jennie가 겨울외투를 입을 때 보조를 필요로 한다는 것에 주목했다. 뿐만 아니라, Jennie는 변기사용에는 어려움을 보이지 않았으나, 옷을 다시 입고 손을 씻는 것을 상기시켜야만 했다. Ms. D'Angelo는 Jennie의 부모인 Hobson씨 부부로부터 Jennie가 목욕을 할 때도 도움을 필요로 한다는 것을 나중에 들었다. 그러나 Jennie가 씻기 기술이 부족했는지 또는 단지 불복종적이었는지 여부는 분명하지 않았다. 마지막으로, Jennie는 모든 공공장소에서 그리고 학교 · 집에 머무는 대부분의 시간에 감독을 필요로 했다. 그녀는 도망친 적은 없었지만, 종종 잠재적 위험이 있는 물건들(예: 난로)에 손을 대곤 했다.

교실에서 Jennie를 관찰한 다음, Ms. D'Angelo는 Hobson씨 부부와 광범위한 대화를 나누었다. 그들은 Jennie가 "항상 관찰된 바와 같았다"고 말하고 나서, 그녀의 조기 손상에 대한 예를 들어주었다. 그 두 사람은 모두 Jennie가 안기기를 거부하고 3세까지 말을 하지 못했을 때 Jennie가 "특이한" 아기라는 것을 인지했다. Hobson씨 부부는 처음에는 그들의 딸이 농아라고 생각했으나, 모든 의학적 검사에서는 Jennie가 정상적인 신체기능과 정상보다 약간 나은 운동기능을 보이고 있는 것으로 나타났다. 시간이 지나면서, Jennie는 몇 가지 기본적 일상생활기술들을 습득했으나, 그녀의 행동문제는 종종 충분한 교수를 방해했다. 예를 들어, Hobson씨 부부는 Jennie가 무엇인가(예: 숟가락 잡기)를 하도록 신체적으로 촉진되었을 때 성질을 부리고, 공격적이 되며, 몇 시간씩 구석에 서 있곤 했다고 말했다.

Hobson씨 부부는 Jennie가 네 살 때 그녀를 현재 학교에 입학시켰다. 그들은 Jennie의 행동문제가 지난 3년간에 걸쳐 엄청나게 개선되어 왔으며, 이 사실은 그녀를 집에 머물도록 하는 그들의 결정에 중요한 역할을 했다고 보고하였다. 행동문제의 감소는 Jennie에게 더 많은 적응기술을 가르치는 것을 가능하게 했지만, Hobson씨 부부는 그녀의 딸이 갈 길은 여전히 멀다라고 슬픈 듯이 말했다.

Ms. D'Angelo는 자신의 초기 관찰과 면접이 편견적이지 않도록 하기 위하여 Jennie의 학교파일을 검토했다. 지난 3년간에 걸쳐 심리검사는 제한적이었으나 관찰은 광범위하게 실시되었던 것으로 보였는데, 그 결과에서는 인지와 사회적 기능에 있어서의 Jennie의 지속적인 문제들이 주로 확인되고 있었다. 그러나 그녀의 행동문제는 특수학교에서 다른 아동들과 통합될 수 있을 정도로 개선되어 왔었다. 언어는 심하게 결핍된 채로 남아 있었는데, 이 사실은 Ms. D'Angelo를 가장 고민스럽게 만드는 것이었다. 그녀의 초기 관찰, 면접, 이전 정보의 검토 등을 근거로, Ms. D'Angelo는 Jennie가 여전히 자폐장애와 정도를 세분할 수 없는 정신지체(mental retardation, severity unspecified)의 진단준거를 만족시키고 있는 것으로 잠정적인 결론을 내렸다. 후자는 정신지체가 있는 것으로 의심되지만 표준화 검사를 사용하여 성공적으로 검사를 실시할 수 없거나 그러한 검사에 응하지 않으려는 사람에게 주어지는 진단명이다.

2. 평가

DSM-IV-TR에 의하면, 자폐장애의 근본적 특성은 "사회적 상호작용 및 의사소통에서 현저하게 비정상적이거나 손상된 발달 그리고 활동 및 관심에서 현저하게 제한된 레퍼토리"이다(American Psychiatric Association, 2000, p. 70]. 자폐증을 가진 아동들은 3세 이전에 정상적 기능에서 지체를 보이거나 비정상적 기능을 보여야만 한다. 그러나 이러한 지체의 정도는 상당히 다양할 수 있다. 이 장애를 가진 아동들은 사회적 상호작용, 의사소통, 행동 영역에서 가장 큰 결함을 보인다. 사회적 상호작용의 결함은 자폐증(autism)의 검증각인(hallmark)인데("auto"는 "self"를 의미한다), 자폐아동은 상호관계, 다른 사람들과의 놀이, 또래 관계, 공유하기, 또는 눈맞춤 조차에도 무관심하다. 사실, 자폐증을 가진 많은 아동들은 사회적 · 신체적 접촉을 싫어한다(Jennie가 보였던 안기는 것에 대한 조기 반응과 그녀에게 너무 접근한 인턴에 대한 최근 반응을 주목하라).

대부분의 자폐아동들은 또한 Jennie처럼 말을 못하거나, 또는 타인들과 대화를 시작하거나 유지하는 데 많은 어려움을 보인다. 만약 언어가 사용되더라도, 그 언어는 종종 이상하거나 이해하기 어렵다. 예를 들어, 반향어(echolalia)(역자 주: 다른 사람의 말을 즉각적으로 혹은 시간이 지난 후에 반복하는 것)와 대명사 반전(pronoun reversal)(역자 주: 화자가 자신을 "너", "그", 혹은 "그녀"라고 부르고 다른 사람들을 "나"로 부르는 비정상적인 언어 양상)이 흔히 나타난다. 또한 자폐아동들은 가끔 행동문제도 보이는데, 이러한 문제들로는 자해, 공격성, 자기자극(Jennie의 경우 소리내기와 앞뒤로 흔들기), 틀에 박힌 일에 대한 집착, 무생물 물체의 부분들에 대한 몰두(예: 인형에게 신겨진 신발) 등이 있다. Jennie의 경우, 그녀의 사회적 결함과 언어결함은 명백했다. 그러나 그녀의 문제행동의 수준은 변동이 있었다. 예를 들어, 만약 특정 음식이 제공되면, 그녀는 자신의 머리카락을 잡아당기는 행동을 중지하곤 했다. 이것은 Jennie가 자신의 행동에 주어지는 외부 유관성에 대해 다소 반응적임을 지적하는 것이었다.

DSM-IV-TR에 의하면, 정신지체의 근본적 특성은 "열 가지 기술영역(의사소통, 자기보호, 가정생활, 사회적/대인 기술, 지역사회 자원의 활용, 자기지시, 기능적 학업기술, 직업, 여가, 건강과 안전) 중 적어도 두 가지 영역에서 적응기능상의 유의미한 제한성을 수반하는, 유의미하게 평균이하인 전반적 지적기능"이다(APA, 2000, p. 41). 이 장애는 반드시 18세 이전에 나타나야 한다. 자폐증이 특정 영역(예: 사회적, 의사소통 영역)에서 결함을 보이지만 다른 영역(예: 신체적 발달, 운동기술)에서는 결함을 보이지 않는 반면, 정신지체는 대부분은 아니라 하더라도 많은 기능영역에서 결함을 보인다. 또한 적어도 자폐아동들의 75%는 정신지체 준거도 만족시킨다(Bryson, Clark, & Smith, 1988). 이와 같은 장애는 총체적으로 전반적 발달장애(pervasive developmental disabilities)라고 불릴 수도 있다.

Jennie의 경우에, 그녀가 검사에 응하려 하지 않았기 때문에, 그녀의 지적 기능에 대한 공식적인 검사는 실시되지 못했었다(따라서 세분할 수 없는 정신지체로 진단이 제시되어 있었다). 그럼에도 불구하고, 의사소통, 자기보호, 사회적 기술, 자기관리, 학업기술, 여가 영역에 있어서의 결함은 명백해 보였다. 그러나 이와 같은 전반적이고 정신병 같은 결함을 보이기는 하지만, 대부분의 자폐아동들은 정신분열증 증상을 나타내지 않는다. 예를 들어, Jennie의 경우에, 망상(delusion), 환각(hallucination) 또는 긴장증(catatonia)의 내력이나 증거는 전혀 없었다.

자폐증 또는 정신지체를 가진 아동의 평가는 손상 가능성이 있는 여러 기능 영역에 집중하여 이루어져야 한다. 가장 집중해야 할 것은 가능한 경우 아동의 지적 기능에 대해 평가를 하는 것이다. 전형적인 아동들을 평가하기 위한 표준화된 지능검사로는 Stanford-Binet 지능검사(Stanford-Binet Intelligence Scale)(Roid, 2003), 유아용 Wechsler 지능검사(Wechsler Preschool and Primary Scale of Intelligence)(Wechsler, 2002), 아동용 Wechsler 지능검사(Wechsler Intelligence Scale for Children)(Wechsler, 2003) 등이 있다. 그러나 이러한 검사들은 구두적 내용과 언어 이해력에 크게 의존하기 때문에, 자폐증이나 정신지체를 가진 아동들 중 많은 아동들에게는 적합하지 않다. 따라서 이러한 아동들의 지적 기능에 대한 정확한 묘사는 종종 불가능하다.

대신, 인지기능은 구두적 지시가 요구되지 않는 검사들을 이용하여 평가하는 것이 더 나을 수 있다. 이러한 검사의 한 가지 좋은 예가 Leiter 국제 수행 척도(Leiter International Performance Scale)(Roid & Miller, 1997)이다. 좀 더 고기능적인 아동들을 위해서는 Halstead-Reitan 신경심리학적 검사목록(Halstead-Reitan Neuropsychological Test Battery)(Jarvis & Barth, 1994), Raven 누진행렬(Raven's Progressive Matrices: RPM)(Raven, 2000), Peabody 그림 어휘 검사(Peabody Picture Vocabulary Test: PPVT)(Dunn & Dunn, 1997) 등이 유용하다. Halstead-Reitan 종합검사는 감각운동적 능력을 아주 잘 측정하고, RPM은 지각 능력을 검사하는 데 유용하며, PPVT는 수용언어 문제를 선별하는 좋은 도구이다. 각 검사의 점수들은 전통적인 지능검사 점수들과 상관관계가 높다. 자폐증에 더 한정시킨 측정도구도 고안되어 왔는데, 이러한 도구들로는 교육계획을 위한 자폐증 선별도구(Autism Screening Instrument for Educational Planning) (Krug, Arick, & Almond, 1995)와 아동기 자폐증 평정척도(Childhood Autism Rating Scale)*(Schopler, Reichler, & Renner, 1988)가 있다. 후자의 견본 하위 문항으로는 다음과 같은 것들이 있다:

1) 사람과의 관계: 성인이 하고 있는 일에 대해 지속적으로 무관심하거나 알지 못하며, 성인과의 접촉에 반응하거나 성인과의 접촉을 시작하는 일이 거의 없다. 주의를 끌기 위한 극도의 끈기 있는 시도만이 약간의 효과를 본다.
2) 신체사용: 해당 연령상 확실히 이상하거나 유다른 행동들을 보이는데 이러한 행동들에는 이상한 손가락 움직임, 독특한 손가락 또는 신체 자태, 신체를 응시하거나 찌르기, 자해적인 공격성, 몸흔들기, 돌기, 손가락 흔들기, 까치발 걷기 등이 포함된다.
3) 변화에의 적응: 변화에 대한 심한 반응을 보인다. 어떤 변화가 강요되면 극도로 화를 내거나 비협조적이 되며 분노로 반응한다.
4) 언어적 의사소통: 의미 있는 말을 사용하지 않는다. 유아처럼 깩깩거리며 말하고, 기묘하거나 동물 같은 소리를 내며, 복잡한 잡음에 가까운 말을 한다. 또한 알아들을 수 있는 어떤 단어나 문구를 지속적으로 기묘하게 사용할 수도 있다.
5) 비언어적 의사소통: 명백한 의미가 전혀 없는 기묘하고 독특한 몸짓만을 사용하고 다른 사람들의 몸짓이나 표정과 관련된 의미를 전혀 알지 못한다.

아주 저기능적으로 보이거나 검사에 어려움이 있는 아동들을 위해서는 발

* Material from the CARS copyright © 1988 by Western Psychological Services. Reprinted by permission of the publisher, Western Psychological Services, 12-31 Wilshire Boulevard, Los Angeles, California, 90025, U.S.A., www.wpspulish.com. Not to be reprinted in whole or in part for any additional purpose without the expressed, written permission of the publisher. All rights reserved.

달척도가 더 적절할 수 있다. Jennie의 경우에는, 3세 때 Bayley 유아발달 척도(Bayley Scales of Infant Development: BSID)(Bayley, 1993)에 의해 평가를 받았었다. BSID는 정신, 운동, 및 행동 기능을 측정하는데, 아동으로 하여금 다양한 과제를 수행하게 하고 정서적 · 사회적 행동에 대한 평정척도를 제공한다. BSID 실시결과, Jennie는 평균에서 평균이상 범위의 운동능력(예: 협응, 소근육 기술)을 가졌으나 정신능력(예: 식별, 문제해결, 기억)은 낮은 것으로 나타났다. 이와 같은 패턴은 듣지 못하거나 자폐증을 가진 아동들의 특성을 나타내는 것일 수 있다. 이에 더하여, 접촉에 대한 저항 및 잦은 울화 등의 몇 가지 행동문제도 보였다.

적응행동 또한 이와 같은 아동집단, 특히 정신지체와 손상된 신체 · 운동발달을 보이는 아동들에 있어서 반드시 평가되어야 하는 중요한 영역이다. 너무나 자주 정신지체 진단이 적응행동을 고려하지 않은 채 인지능력에만 의존하여 내려진다. 몇 가지 적응행동 척도가 정신지체를 가진 사람들을 위해 사용되고 있는데, 이러한 도구들의 예로는 AAMR 적응행동 척도(AAMR Adaptive Behavior Scale)(Nihira, Leland, & Lambert, 1993), 적응행동 사정 시스템(Adaptive Behavior Assessment System)(Harrison & Oakland, 2000), 그리고 Vineland 적응행동 척도(Vineland Adaptive Behavior Scales: VABS)(Sparrow, Balla, & Cicchetti, 1984) 등이 있다.

예를 들어, VABS는 양육자 면접을 실시하며 의사소통, 일상생활기술, 사회화, 운동기술에 대한 규준참조 척도를 제공한다. 비적응 행동 하위척도도 포함되어 있다. Jennie의 경우, Ms. D'Angelo는 Hobson씨 부부, Jennie를 봐주는 사람(baby-sitter)(역자 주: 보통 저녁이나 밤에 부모의 외출 중 아이를 돌보기 위해 고용되는 사람), Jennie의 이전 선생님들을 면접하기 위해 VABS를 사용했다. 예상했던 대로, 그들은 Jennie의 의사소통 및 사회성 기술을 매우 낮게 평정했으며 운동기술은 연령에 적절한 것으로 평정했다. 주요한 비적응 행동으로는 위축과 직접 접해 있는 주위에 대한 부지(不知)가 포함되었다.

직접적 행동관찰 또한 사회화 문제와 비적응 행동의 기능을 확인하는 데 유용하다. 예를 들어, 사회화와 관련하여, 몇 일간에 걸친 Ms. D'Angelo의 관찰은 Jennie가 (1) 자신이 일상적인 것으로 여기는 상황에 있을 때, (2) 불안하거나 지루하지 않을 때, 그리고 (3) 자신의 과제를 과도하거나 지나치게 요구하는 것으로 생각하지 않을 때 가장 다른 사람들에게 반응적이라는 것을 드러냈다. Ms. D'Angelo는 Jennie의 사회적 반응성이 휴식 또는 점심식사 후에 주목할 만하게 향상되는 것을 보았으며, 일과 중 Jennie를 위해 잦은 휴식을 계획하도록 메모를 했다. 이와 관련하여, Ms. D'Angelo는 Jennie의 문제행동이 싫어하는 상황을 피하기 위해 주로 발생한다는 것에 주목했다. 이러한 상황들로는 환경에 새로운 자극의 도입, 지루한 과제, 신체적 접촉이 있었다. 이에 더하여, 앞서 주목한 바와 같이, Ms. D'Angelo는 특정 음식물이 Jennie의 문제행동을 약화시킨다는 것도 발견했다.

3. 위험요인과 유지변인

자폐증의 병인은 완전히 알려지지 않고 있지만, 장애가 전반적으로 나타나고 어린 나이에 발생한다는 이유로 생물학적 변인이 의심을 받고 있다. 자폐증이 이란성 쌍생아에서보다 일란성 쌍생아에서 더 빈번하다고 지적하는 자료들을 근거로, 이 영역에 있어서 초기 관심은 유전적 원인에 주어졌다(Steffenburg et al., 1989). 뿐만 아니라, 자폐증은 가끔 1, 7, 11, 15, 18, 21번 염색체와 X 및 Y 염색체의 이상과 관련이 있다(Tsai & Ghaziuddin, 1997). 그러나 자폐증 그 자체가 가계 안에서 계승되는 것은 아니며, 자폐아동의 부모 자신들이 많은 정신병리를 보이지도 않는다. 자폐아동의 친척들이 정서분열 증후군(schizoaffective syndrome) 또는 아스퍼거 증후군(Asperger's syndrome)을 나타낼 위험이 약간 더 높기는 하지만(Gillberg, Gillberg, & Steffenburg, 1992), 이러한 장애들이 아동들의 자폐발달과 관련되어 있는지의 여부와 어떻게 관련되는 지에 대해서는 알려진 바가 없다.

Jennie의 경우, 비록 Mrs. Hobson이 그녀의 어머니가 "신경쇠약"에 한번 걸렸었다고 말하기는 하였으나, 가까운 친척들 중 아무도 명백한 정신병리를 보이지 않았다. Jennie에게는 13살 된 오빠와 9살 된 언니가 있었는데, 누구도 사회적, 인지적, 또는 적응적 기능문제의 내력을 가지고 있지 않았다. Hobson씨 부부가 한 때는 네 번째 자녀는 가질 생각을 했었으나, Jennie와의 경험과 그녀를 돌보는 데 필요한 시간을 고려하여 이제는 그러한 생각을 하지 않고 있었다.

뇌성마비, 수막염, 뇌염, 전염병, 그리고 사고로 인한 상해와 같은 뇌의 상태를 포함하는 다른 요인들도 자폐증과 연계되어 왔다. 그러나 신경학적 문제가 대부분의 자폐증 사례를 설명하는 것 같다(Volkmar, Klin, Marans, & McDougle, 1996). 그러한 문제들은 운동 및 인지 기능을 주로 관장하는 뇌영역과 관련될 수 있는데, 이러한 뇌영역으로는 기저신경절(basal ganglia), 일반 대뇌변연계(general limbic system), 전두엽(frontal lobe)이 있다. 이와 같은 문제들의 평가에는 자기공명영상(magnetic resonance imaging: MRI)과 같은 뇌영상 기법(brain-imaging technique)이 사용될 수도 있다. 그러나 자폐아동들에게 그러한 기법을 실시하는 것이 어렵다는 것은 명백하다. Jennie의 경우에도 그와 같은 평가가 실시된 적이 없었다.

어떤 자폐아동들은 또한 기분과 운동행동에 관계되는 신경전달물질인 세로토닌의 수준이 높아지는 것과 같은 생화학적 변화를 보인다(Volkmar et al., 1996). 그 결과, 펜플루라민(fenfluramine)과 같이 세로토닌의 수준을 낮추는 약물이 과도한 운동활동(예: 자기자극)을 통제하는 데 다소 성공적으로 사용되어 왔다. Jennie의 경우에, 세로토닌의 수준을 측정하기 위한 공식적인 검사는 실시되지 않았다. 그러나 그녀의 능숙한 운동기술과 기묘한 운동행동을 고려한다면, 세로토닌의 수준이 높다는 것이 그럴 듯 하게 보였다.

따라서 자폐증의 많은 생물학적 위험요인들이 연루되어 왔으며 이러한 요인들이 이 장애를 유발하는 데 서로 공조하는 것 같다. 이것은 "최종 공동 경로(final common pathway)" 가설로 알려져 있는데, 이 가설에 의하면 다양한 요인들(예: 유전적 특질, 불충분한 뇌 발달, 높은 세로토닌)이 다양한 자폐아동들에게 다양한 방식으로 상호작용한다. 그러나 이러한 요인들은 모두 자폐증을 유발하는 같은 결과 또는 같은 유형의 뇌기능장애를 초래한다. 불행히도, Jennie의 경우처럼, 그 요인들은 종종 확인이 되지 않는다.

자폐증과는 대조적으로, 정신지체의 원인은 생물학적 변인과 환경적 변인들이 더 다양하게 혼합되어 있다. 특히, 출생 전에 발생한 생물학적 변인은 종종 뇌 발달에 영향을 미친다. 정신지체를 흔히 유발하는 출생전 변화로는 (1) 변형(malformation), 특히 신경관 형성의 문제, (2) 기형(deformation), 또는 머리 혹은 기관의 비정상적 성장, 그리고/또는 (3) 파괴(disruption), 또는 출생전 알코올 사용과 같은 기형발생 물질에 의한 전반적 손상 등이 있다(Szymanski & Kaplan, 1997).

변형에는 유전적 장애 또는 X 결함 증후군(fragile X syndrome), 프레더-윌리 증후군(Prader-Willi syndrome), 다운 증후군(Down syndrome)과 같은 염색체 이상이 포함된다. 예를 들어, 다운 증후군은 전형적으로 세 개의 21번 염색체, 독특한 신체적 결함, 그리고 중등도 정신지체와 연관되어 있다. 페닐케톤뇨증(phenylketonuria: PKU)과 니만-피크병(Niemann-Pick disease)과 같은 신진대사문제 또한 정신지체를 유발할 수 있다. 그러나 Jennie의 경우에는, 이와 같은 상태 중 어떤 것도 해당되지 않았다.

이례적인 외부요인도 정신지체를 야기할 수 있다(Szymanski & Kaplan, 1997). 이러한 외부요인으로는 과도한 산소부족(예: 익사할 뻔한 경우), 뇌 외상(예: 머리 부상의 경우), 중독(예: 과도한 납에 노출된 경우)이 있다. 사고는 유아와 아동들에게 손상을 입히는 주된 원인인데, 인지발달에 관련된 사고의 결과는 심각할 수 있다.

Jennie의 경우에, Mrs. Hobson은 Jennie의 출산이 매우 힘든 경험이었다고 말했다. 첫 두 자녀의 출산 때는 별다른 어려움이 없었지만, Jennie의 출산 때는 조산(3주), 오랜 산고(23시간), 쉽지 않은 분만 등의 어려움이 있었다. 분명히, Jennie는 출생 직전에 이동을 하여 그녀의 적출을 어렵게 만들었다. Jennie는 또한 산도(産道)에서 보통보다 더 긴 시간을 머물렀는데, 그것은 Jennie를 산소손

실의 위험에 놓이게 했다. 그러나 Jennie는 출생에 뒤이어 실시된 아프가 검사(Apgar test)에서 정상적인 점수를 보였으며, 출생과정으로부터 나쁜 영향을 받은 것으로 보이지는 않았다. 따라서 출생 때의 경험이 그녀의 인지적 문제를 야기한 것인지 여부는 알려지지 않았다.

환경적 영향 또한 정신지체에 영향을 미치는데, Jennie의 경우에는 현저했을 수 있다. 이러한 영향은 가족적 지체로 알려져 있는 것과 관련이 있으며, 경미한 신경학적 손상, 선천적으로 좀 더 낮은 지능수준, 환경적 결핍 등과 같은 요인들을 포함할 수 있다(Hodapp & Dykens, 2003). 가족적 지체를 보이는 사람들은 경미한 인지적 결함, 불충분한 교육적 경험, 낮은 사회경제적 지위, 그리고/또는 자녀양육 방식에서 비일관적인 부모를 가지는 경향이 있다.

Jennie의 경우에, 조기의 환경적 결핍이 심하지는 않았지만 어느 정도 발생했다. Hobson씨 부부에 따르면, Jennie가 조기에 보인 위축은 종종 그들로 하여금 그녀를 동요시킬까봐 두려워 그녀를 혼자 있도록 하게 하였다. 그 결과, Jennie는 부모 또는 형제로부터 많은 언어적 · 신체적 관심을 받지 못했다. 뿐만 아니라, Hobson씨 부부는 Jennie가 세 살이 될 때까지 평가를 기다리는 "실수"(그들이 표현한 바와 같이)를 범했다. 대신, 그들은 Jennie의 행동이 발달의 한 단계이거나 혹은 Jennie가 단지 대부분의 아동들보다 약간 느리게 발달하고 있는 것으로 바라고 있었다. 세 살이 될 때까지 Jennie가 한 마디도 하지 않았을 때 비로소 Hobson씨 부부는 평가에 동의를 했다. 그 때조차도, 그들은 Jennie를 현재의 학교에 등록시키기에 앞서 또 1년을 기다렸다. 이 기간 동안에 발생한 교육시기의 손실은 Jennie 문제의 원인은 아마도 아니었겠지만 그 심각성에는 기여했을 수 있다. 예를 들어, 언어와 관련해서 볼 때, 언어기술을 가르칠 적기가 충분히 이용되지 않았었다.

4. 발달 양상

자폐증의 발달과정은 많은 변동을 보이지는 않지만, 아동의 기능수준과 집중적인 조기중재의 실시여부에 좌우된다. 자폐아동이 장기적으로 좋은 결과를 경험할 지의 여부에 대한 믿을 만한 척도는 평균지능과 5세 이전의 언어출현이다(Klinger & Dawson, 1996). 불행히도, Jennie의 경우에는 이 두 가지 조건이 모두 적용되지 않았다. 그러나 조기특수교육서비스가 자폐증의 더 좋은 예후와 관련이 있는데, 이것은 언어와 대인간 기술이 강조된다면 특히 그렇다. Jennie의 경우에, 이러한 기술들을 강조하는 학교에 4세 때 등록했다는 사실은 희망적인 표시였다.

Werry(1996)는 전반적 발달장애를 가진 아동들에 대한 주요한 장기적 추적연구들을 요약했는데, 세 가지 발달패턴이 확인되었다. 사례의 90%를 설명하는 첫 번째 패턴은 전 생애에 걸친 중등도에서 중도까지의 손상으로 특징지어진다. 이 그룹에 속하는 대부분의 사람들은 자폐증의 어떤 핵심증상들에서 부단하지만 느린 향상을 보이는데, 이러한 향상에는 (1) 타인에 대한 온정과 다소의 상호작용, (2) 비정상적이기는 하지만 다소의 언어발달, 그리고 (3) 덜 과도한 활동 및 기이한 행동 등이 포함된다. 이와 같은 향상은 보통 4세 이후에 나타난다.

나머지 사례의 거의 대부분을 설명하는 두 번째 발달패턴은 성인기까지의 비교적 정상적인 기능으로 특징지어진다. 자폐증과 유사하지만 주요한 인지적 결함 및 언어적 결함을 보이지 않는 아스퍼거 증후군을 가진 사람들이 흔히 이 발달패턴을 보인다. 그러나 이 그룹에 속해 있는 사람들조차도 많은 개인적 상호작용을 요구하는 직업에 종사하는 경우는 거의 없으며, 그들의 사회적 행동은 여전히 다소 기이하다. 마지막으로, 아주 드물게 나타나는 세 번째 발달패턴은 기능에 있어서의 점진적인 퇴행으로 특징지워지는데, 이러한 퇴행은 장기적인 시설수용의 결과로 가끔 나타난다.

이러한 각각의 그룹은 의학적 장애와 정신적 장애의 합병증상의 발달을 공통적으로 보인다. 가장 흔한 합병적 의학증상은 간질인데, 이 증상은 $\frac{1}{3}$정도의 사례에서 나타나며(비록 Jennie의 경우에는 나타나지 않았지만) 유아기, 아동기, 청소년기 전체를 통하여 유지된다(Wong, 1993). 합병적 정신증상으로는 과민증, 불안정한 기분동요, 부적절한 감정, 그리고 아주 드물게 나타나는 정신분열증 관련 증상 등이 있다(Wing, 1989).

정신지체아동들의 발달과정은 인지기능 수준과 밀접하게 연계되어 있다. 이 수준은 시간이 흘러도, 아동기와 청소년기 동안조차도, 꽤 안정적으로 남아 있다. 예를 들어, BSID(Jennie에게 실시된 것과 같은 검사)에서 나타난 낮은 점수는 아동기와 성인기의 낮은 지능점수의 전조가 된다. 이것은 특수교육이 아동생활의 일부임에도 불구하고 사실인 것으로 보인다(Maisto & German, 1986; Ross, Begab, Dondis, Giampiccolo, & Meyers, 1985).

중등도, 중도, 또는 최중도 정신지체를 가진 아동들은 안정적이고 뒤떨어진 인지발달을 보이는 경향이 있다. 경도 정신지체를 가진 아동들, 특히 좋은 언어기술을 보이는 아동들은 아주 더 좋은 예후를 가지는 경향이 있다. 뿐만 아니라, 다운 증후군 또는 X 결함 증후군을 가진 아동들은 다른 유형의 정신지체를 가진 아동들보다 아주 더 느린 속도로 인지를 발달시키는 경향이 있다. 따라서 이 경우에 있어서는 연령이 증가하면서 손상이 더 커지는 것이 사실일지도 모른다. 정신지체아동들의 적응행동기술과 관련해서 보면, 유사한 점진적 성장패턴이 나타난다. 그러나 기술의 수평성장이 아동기 중반에 가끔 보인다(Dykens, Hodapp, & Evans, 1994).

Jennie는 어떨까? 사실 그녀의 제한된 언어기술은 좋지 않은 예후의 신호이다(이 점이 Ms. D'Angelo를 가장 고민스럽게 만들었던 것을 기억하라). 좋은 언어기술을 가지고 있지 않는 아동들은 위축되고, 의사소통을 위한 비적응 행동을 발달시키며, 적절한 사회적 기술을 배우는 데 실패하는 경향을 더 보인다. 사실, Jennie의 경우, Ms. D'Angelo는 Jennie가 부담스러운 상황에서 빠져 나오려는 욕구를 표현하기 위한 방법으로 가끔 공격성을 보이는 것이 아닌가 강하게 의심했다. 불행히도 Jennie는 자신의 욕구불만을 표현하는 다른 방법을 가지고 있지 않았다. 따라서 수화(sign language) 또는 광범위한 수용언어 기술들을 포함할 수 있는 어떤 유형의 언어를 발달시키는 것이 Jennie를 위한 최우선 사항이 되었다.

다른 한편, Jennie는 좋은 예후의 신호도 다소 가지고 있었다. 그녀의 부모님인 Hobson씨 부부는 가능한 어떤 방법으로든 자신들의 딸을 돕겠다는 강한 의욕을 표시했다. 그들은 딸을 도우려는 현재의 의욕이 부분적으로는 Jennie의 교육을 늦게 시작한 것에 대한 그들의 죄책감에서 비롯되었다는 것을 시인했다. 그러나 그들은 또한 Jennie의 문제가 전반적이며, 어떠한 교육프로그램이 성공하기 위해서는 부모가 적극적으로 참여해야만 한다는 것도 인정했다. 사실, 언어와 사회적 기술의 일반화는 자폐아동과 정신지체아동의 치료에서 핵심적인 측면이며, 더 좋은 결과로 이어지는 경향이 있다. Hobson씨 부부는 Jennie의 학교에서 실시되는 부모훈련과정에 이미 참석하였으며, 당시는 학교에서 실시되는 교육프로그램을 가정환경에까지 확장시키고 있었다.

Jennie에게 보이는 좋은 예후의 또 다른 신호는 기술결함을 다루기 위해 행동적 전략을 사용하는 특수학교에 등록이 되어 있다는 것이었다. 사실, 그녀의 전반적인 기능은 그녀의 행동에 주어지는 상당한 관심에 의해 향상되어 있었다. 그러한 조기의 집중적인 중재는 아주 중요하며, 이미 Jennie의 외현적 행동문제를 다소 줄이는 데 효과가 있었다. 예를 들어, 그녀의 과제수행행동과 자해행동은 교사들이 유형적 강화물을 사용하기 시작한 이후 크게 개선되었다. 뿐만 아니라, 규칙적인 스케줄이 적용되고 교사들과 더 친숙해졌을 때 Jennie의 공격성이 감소되었다. 또한 무엇을 요청하기 위해 그녀의 그림책을 사용하는 것을 배운 다음에는 그녀의 비적응 행동들도 불시에 줄어들었다. 그러나 이와 같은 진전에도 불구하고 Jennie는 여전히 갈 길이 멀었으며, 그녀의 장기적 예후는 대체로 좋지 않았다.

5. 치료

자폐증 그리고/또는 정신지체를 가진 아동들의 치료는 (1) 언어, 사회적 기술,

및 적응행동 기술의 결함 그리고 (2) 현실적으로 비적응적인 과도한 행동(예: 공격성, 자해, 자기자극 등)에 초점을 두는 경향이 있다. 치료는 두 가지 철학 중 하나를 따를 수 있다. 먼저, 자폐증은 우울증에서와 같이 약물치료를 사용함으로써 포괄적인 장애로 취급될 수 있다. 둘째, 자폐증은 행동치료를 사용하여 개별적으로 다루어지는 별개의 문제들(예: 언어적 문제, 사회적 문제 등)로 분리할 수 있다.

자폐아동들을 위한 약물치료는 중추신경계의 세로토닌 수준을 낮추는 펜플루라닌(fenfluramine)에 집중되어 왔다(많은 자폐아동들이 운동행동과 관련 있는 높은 세로토닌 수준을 나타낸다는 것을 상기하라). 초기에는 펜플루라민이 자폐아동들의 인지기능 및 행동기능을 향상시키는 데 도움을 주는 것으로 생각되었지만, 지금은 과도한 운동행동을 통제하는 데에만 유용한 것으로 여겨지고 있다(Campbell, 1988). 다른 약물들도 자폐증의 치료에 사용되어 왔는데, 이러한 약물들로는 할로페리돌(haloperidol), 날트렉손(naltrexone), 클로미프라민(clomipramine), 클로니딘(clonidine)과 같은 신경이완제(neuroleptics)와 각성제(stimulant medication)가 있다. 일반적으로, 이러한 약물들은 운동행동을 어느 정도 개선시키기는 하지만, 자폐증의 검증각인 증상들(예: 언어지체, 서투른 사회적 기술)에 영향을 미치지는 않는다. Jennie의 경우에는 약물치료가 사용되거나 고려된 적이 전혀 없었다.

행동치료는 자폐아동 치료의 주된 방법이 되어 왔으며, 특수한 문제들을 다루기 위해 사용되고 있다. 자폐아동들에 있어서 언어문제의 교정은 앞서 언급된 이유들 때문에 최우선 사항으로 보통 간주된다. 때때로, 이러한 교정에는 형성법(shaping) 또는 요망되는 반응의 연속적인 접근 강화하기가 포함된다(Lovaas, 1981). 자폐아동의 말(speech)을 대상으로 형성법을 실시할 때는 어떤 소리나 발성을 먼저 강화한다. 아동이 정기적으로 발성을 하면, 이 소리들을 나중에 단어로 구성될 수 있는 다양한 음소(phoneme)(역자 주: 특정한 언어에서 사용되고 있는 일정한 유한수의 음 단위)로 형성시킨다. 예를 들어, 아동은 홍얼거릴 때마다 음식물로 보상을 받을 수 있다. 그리고 나서, 이 홍얼거림은 "mmmm"이라는 음소로 형성될 수 있다. 이어서, 이 음소는 "mama" 또는 "me"와 같은 단어로 형성될 수 있다. 자폐아동들을 위한 다른 의사소통 프로그램들은 상보적인 언어 상호작용, 자발적인 질문, 자기관리 등을 더 강조한다(Koegel & Koegel, 1996).

Jennie의 경우에, Ms. D'Angelo는 Jennie가 이상한 소리를 낼 때마다 강화를 받는 프로그램을 시작했다. 그러나 한동안 Jennie의 발성은 단지 보통 정도로만 증가했다. 사실, Jennie는 자신의 발성에 주어지는 가외의 관심을 싫어했으며, 소리를 내기 시작할 때 종종 얼굴을 돌렸다. Ms. D'Angelo는 Jennie의 발성을 짧은 'o' 소리로 형성하려고 한층 더 노력했지만, 9개월간에 걸친 많은 시도들은 효과가 없는 것으로 나타났다. Ms. D'Angelo는 Jennie의 언어는 수화와 그림책을 포함하는 수용기술로부터 발달시켜야만 할 것으로 결론지었다.

그 결과, Ms. D'Angelo는 이러한 영역에 집중하는 두 가지 언어프로그램을 Jennie에게 실시했다. Jennie는 뛰어난 운동기술을 가지고 있었으므로, 처음에는 그녀에게 몇 가지 기본적인 사인(sings)을 가르쳤다. Jennie의 많은 행동들이 도피-동기화된 행동들이었으므로, Ms. D'Angelo는 처음에 기능적 의사소통훈련을 사용하고 Jennie에게 "휴식"을 나타내는 사인을 가르쳤다(Durand, 1990). 이것은 비교적 간단한 사인(두 주먹을 나란히 했다가 분리시키는 것)이었으며, 자유시간을 줌으로써 강화를 받았다. 초기에는, Jennie가 그 사인을 할 때마다 10분간의 휴식을 취하도록 허락했다. 맨 처음에는, Jennie가 그 사인을 하도록 촉진해야만 했고, 촉진에 필요한 신체적 접촉(즉, 교사가 Jennie의 두 주먹을 같이 잡았다가 분리시키는 것)에 Jennie는 공격적으로 반응했다. 그러나 촉진에 의한 반응에 뒤이어, Jennie는 휴식을 취하도록 허락되었다.

2개월간에 걸쳐, Jennie는 특정 과제를 피하고 싶을 때는 언제나 "휴식" 사인을 하는 것을 성공적으로 학습했다. 이 2개월 후에, Jennie는 하루에 최대 6회의 휴식을 요청할 수 있는 스케줄에 배치되었다. 비록 이러한 스케줄이 처음에는 Jennie를 약간 혼란스럽게 하고 공격성을 나타내게 하였으나, 마침내 그녀는 이해하고 자신의 휴식시간을 선택적으로 사용하였다. 그 결과, Ms. D'Angelo는 교실에서 나타나는 Jennie의 도피-동기화된 공격성이 눈에 띄게 감소한 것을 발견했다. 불행히도, "휴식" 사인의 사용은 학교 내의 다른 장소 또는 집으로는 잘 일반화되지 않았다.

Ms. D'Angelo는 또한 Jennie에게 다른 사인들, 특히 "화장실" 및 "음료"와 관련되는 사인을 가르치려고 노력했다. Jennie는 이러한 사인들을 다소 성공적으로 배웠으나, 그녀의 수행은 한결같지 않았다. 어떤 날에는 사인들을 사용하였으나, 다른 날에는 그 사인들을 사용하려는 생각이 없었다. 뿐만 아니라, 교실 밖에서는 그 사인들을 전혀 사용하지 않았다. Mr. D'Angelo는 또한 다른 개념들—"예", "아니오", "먹다", 그리고 "안녕"—도 시도하였으나, Jennie는 이러한 개념들을 위한 사인은 전혀 보이지 않았다.

수화 프로그램과 관련하여, Ms. D'Angelo는 Jennie의 그림책 사용을 더 확대시키기를 원했다. 이것은 Jennie가 약 12개의 그림을 구별하고 무엇인가를 요청하기 위해 그 그림들을 가리킬 수 있게 되면서 아주 더 성공적으로 이루어졌다. 앞서 언급된 그림들(즉, 도시락, 과자, 물 한컵, 장난감 하나, 변기)에 더하여, 이제 그림책에는 옷, 다양한 음식, 특정 놀이감 같은 항목들이 포함되어 있었다. Jennie가 자신의 그림책을 가지고 다니며 다른 장소, 특히 집에서 그 그림책을 사용하도록 하기 위하여 후속 훈련프로그램이 추가되었다. Hobson씨 부부는 부모훈련과정 중에 집에서 Jennie가 그 책을 사용하도록 촉진하고 적절한 요청에 대해서 그녀에게 보상을 주도록 지도받았다. 나중에 그들은 Jennie의 기본적인 몇 가지 사인도 보상할 것을 요청받았다.

몇 개월간에 걸쳐, Jennie는 그 책 그리고 촉진을 동반한 제한된 수의 사인을 성공적으로 사용하였다. 그러나 그녀는 촉진 없이는 자신의 기술들을 거의 사용하지 않았으며, 새로운 단어와 개념을 배우거나 표현할 수 없는 또는 그렇게 하고 싶어하지 않는 것처럼 보였다. 사실, Jennie는 종종 자신의 현재 기술들의 사용에 대하여 전혀 동기화되지 않았으며, 가끔은 만약 누군가가 자신이 그 기술들을 사용하도록 촉진하는 데 너무 열성을 보이면 공격적으로 되기도 했다.

사회적 상호작용에 대한 Jennie의 혐오를 다루기 위하여, Ms. D'Angelo는 몇 가지 기본적 기술을 훈련시키려고 노력하였다. Jennie는 근본적으로 사회적 행동을 전혀 보이지 않았기 때문에, 눈맞춤을 하도록 하는 것이 최우선 사항이었다. 3개월간에 걸쳐, Jennie는 교사를 쳐다보도록 요구받았다. 처음에는 Jennie가 그렇게 하지 못했으므로, 교사는 Jennie의 턱끝을 부드럽게 올리고 짧은 눈맞춤을 함으로써 그 행동을 촉진하였다. Jennie는 뒤이어 보상을 받았다. 비록 이 과정이 Jennie에게는 다소 혐오적이었다 하더라도, 5개월간의 훈련이 있은 후에는 명령에 따라 교사와 정기적인 눈맞춤을 하였다.

그리고 나서, Ms. D'Angelo는 Jennie의 사회적 기술 훈련을 확장하여 타인들에 대한 기본적 모방과 관찰을 포함시켰다. 이것은 1대1 교수와 그룹활동 참여를 이용하여 실시되었다. 예를 들어, 개인교수가 실시될 때, Jennie는 "일어나서 문으로 가세요."와 같은 교사의 두 단계 명령을 모방하도록 요구되었다. 시간이 흐르면서, 또한 그녀는 더 두드러진 사회적 행동들(예: 손을 흔들어 인사하기, 미소짓기, 자신의 그림책을 가리키고 싶은 욕구를 표현하기 위해 손을 들기 등)을 모방하도록 요구받았다. 그러나 신체적 접촉을 요구하는 사회적 프로그램은 일반적으로 실패에 부딪쳤다. 이에 더하여, Jennie는 다른 아동들과 함께 간단한 그룹활동(예: 다른 사람에게 공을 굴리기, 기본 게임하기, 노래하기 등)에 참여하도록 요구되었다. 비록 Jennie가 이러한 그룹활동 중에 또래들과의 상호작용을 다소 보이기는 하였다 하더라도, 그녀의 행동이 크게 사회적이지는 않았다.

Ms. D'Angelo는 또한 Jennie의 적응적 자조기술에 노력을 기울였는데, 대체로 성공적이었다. 비교적 짧은 기간에, Jennie는 다음과 같은 몇 가지 기술들을 학습했다:

1) 완전히 스스로 옷입기(비록 옷을 가지런히 놓아주는 것이 여전히 필요했지만)
2) 포크로 식사하기
3) 화장실에 가고, 옷을 다시 입으며, 촉진 없이 손을 씻기
4) 도움 없이 차타고 내리기
5) 학업용품 정리하기

뿐만 아니라, Jennie는 스스로 목욕하는 것도 배웠다(비록 끝났을 때 욕조에서 나오도록 촉구할 필요는 있었지만).

Hobson씨 부부는 Jennie의 향상된 적응행동기술과 감소된 비적응 행동에 매우 만족해 하였다. 사실, Jennie의 공격적 반응은 그 학년이 끝날 무렵까지 거의 제로(zero) 상태로 떨어졌다. 그러나 그녀는 여전히 소리를 가끔 질렀고, 당황하면 머리카락을 잡아당겼다. Ms. D'Angelo는 Jennie가 새로운 기술들을 집으로 일반화하도록 돕기 위하여 당해 학년 동안 Hobson씨 부부와 긴밀하게 협력했다. 뿐만 아니라, Jennie가 자신의 기술들을 유지할 수 있도록 하기 위해 하계방학 동안(역자 주: 미국에서는 새 학년이 9월에 시작되기 때문에, 하계방학으로 한 학년이 끝남) 연습할 교육프로그램 목록을 Hobson씨 부부에게 주었다. 다행히도, Hobson씨 부부는 다음 학년이 시작될 때까지 딸의 전반적인 기능수준을 유지할 수 있었다.

그러나 다음 학년 동안 Jennie의 진전 수준은 더 이상 향상되지 않은 채로 남아 있었다. 이것은 특히 언어와 사회적 기술에 해당되었다. 실로, Ms. D'Angelo는 Jennie가 가진 기술들을 단지 유지하기 위하여 상당한 시간을 보내야만 한다는 점을 발견했다. Jennie의 인지기능 수준을 고려한다면, 이러한 시나리오는 다음 학년들에서도 아마 반복될 것이다. 이러한 예측은 자폐아동들의 장기적 예후를 개선하는 데 있어서의 어려움을 예증하는 것이며, Jennie의 미래 전망은 밝지 않은 채 남아 있다.

6. 토론 문제

1) 많은 경우에, 중등도 정신지체, 아스퍼거 증후군, 그리고 심한 학습장애를 가진 아동들로부터 자폐아동들을 분리하는 것이 어렵다. 이러한 구분을 하기 위해 가장 의존하고자 하는 증상과 행동은 무엇인가?
2) 자폐증과 정신지체가 여아에게보다 남아에게 아주 더 흔하게 나타나는 이유

는 무엇이라고 생각하는가? 성 고정관념 문제를 반드시 탐색해 보라. 제안된 이유들 중에 방지할 수 있는 것이 있는가? 그 방법은 무엇인가?

3) 집에서 Jennie를 돌보는 것과 관련하여 Hobson씨 부부에게 어떤 권유를 할 것인가? Jennie 상태의 어떤 세부요인이 일반적으로 가족 그리고 특히 형제에게 있어서 중요하다고 생각하는가?

4) 공교육 체제에서 심한 장애를 가진 사람들을 처우하는 최선의 방법은 무엇이라고 생각하는가? 분리교육과 모든 아동들을 포함하는 통합교육에 대한 찬반 양론을 검토해 보라.

5) 장애를 가진 사람들을 치료하는 데 있어서 한 가지 핵심적인 문제는 사전동의를 하는 것과 관련된 그들의 (무)능력이다. 장애를 가진 사람들을 그들의 동의표시 없이 교육적, 행동적, 또는 혐오적 치료를 받게 해야만 하는가? 그 사람이 생명을 위협하는 행동을 보이고 있다면 어떨까?

6) 살인을 저지른 심한 장애를 가진 청소년이 있다면 어떻게 다룰 것인가? 그 청소년을 다른 사람들처럼 시련을 겪게 해야만 하는가 아니면 그 청소년에게는 특별한 배려가 주어져야만 하는가? 특별히 배려할 만한 것이 있다면, 어떤 것을 권유하겠는가?

7) 사람들은 너무나 자주 정신지체 진단을 내리는 데 있어 지능검사에만 의존한다. 이러한 결정을 내리기 위해서 다른 방법들이 사용되는 것이 보장되도록 돕기 위해 전문가로서 할 수 있는 것은 무엇인가?

제 12 장

소아과적 건강상태

(Pediatric Conditions)

InfoTrac® College Edition

Explore InfoTrac College Edition by going to
http://infotrac.thomsonlearning.com

Hint. Enter these search terms: pediatric psychology, asthma, pain, chronic illness, medical assessment

1. 증상
2. 평가
3. 위험요인과 유지변인
4. 발달 양상
5. 치료
6. 토론 문제

1. 증상

Andrew Barton은 한 지방대학 부설 심리학과 훈련클리닉에 의뢰된 다중인종적(Caucasian 그리고 Brazilian) 배경을 가진 12세 소년이었다. 그에 대한 최초의 평가가 이루어졌을 때, Andrew는 7학년(역자 주: 우리나라의 중학교 1학년)이었다. 그는 소아과의사인 Dr. Morris와 그의 어머니인 Mrs. Barton에 의해 클리닉에 의뢰되었는데, 의뢰 목적은 큰 기질적(器質的) 근거를 가진 것으로 보이지 않는 다양한 신체적 증상을 다루기 위해서였다. 전화로 선별면담이 진행되는 동안, Mrs. Barton은 Andrew가 최근 심한 천식과 복통 때문에 몇 일 학교에 결석을 했다고 말했다. 지난 9주 동안 약 17회 중 각각의 경우에, 호흡곤란과 참기 힘든 위통을 호소함으로써 Andrew는 양호실에 그리고 나중에는 집으로 보내졌다.

최초의 평가회기 동안, Andrew와 그의 어머니는 임상심리학 박사과정 학생에 의해 개별적으로 면접을 받았다. 그 학생 치료사는 먼저 Andrew를 면접하면서 그가 다소 온순하고 수줍어한다는 것을 발견했다. Andrew는 면접이 이루어지는 동안 꽤 조용했으며, 치료사의 질문에 예-아니오 이상의 대답은 거의 하지 않았다. 개방형 질문에 대해서, Andrew는 비교적 막연하고 일반적인 정보를 제공하였다. 예를 들어, 학교에서 나타나는 다양한 증상들의 빈도에 대해 질문을 받았을 때, Andrew는 "가끔" 또는 "모르겠어요."와 같은 문구를 사용했다. 그러나 그는 적대적이지는 않았으며 자신에게 주어지는 질문에 충실하게 대답했다.

치료사는 Andrew에게 학교, 집, 가족, 친구들에 대한 전반적인 질문으로 면접을 시작했다. 처음에 제공된 정보에 의하면, Andrew는 친한 친구들이 몇 명 있고 적절한 학업수행을 보이는 꽤 정상적인 아동처럼 보였다. 그러나 그는 새 중학교에서 경험하는 몇 가지 어려움을 털어놓았다. 예를 들어, 그는 그 학교에 다니기 시작했을 때 학교의 체제에 다소 익숙하지 않았으며, 그의 시간표와 급우들의 복잡성 및 다양성에 놀랐다. 비록 몇몇 초등학교 친구들이 그 학교에 같이 다녔으나, 시간표가 그리 많이 중복되어 있지 않아 단지 가끔 그들과 같이 점심을 먹고 이야기를 나눈다고 말했다.

Andrew가 클리닉에 의뢰된 이유를 알고 있는 치료사는 또한 그의 신체적 증상에 대해 더 구체적인 질문들을 하였다. Andrew는 학교에서 메스꺼워져 집으로 갈 필요성이 종종 있다고 했다. 특히, 그는 자신이 천식을 가지고 있으며, 가끔 학습을 못할 정도로 심한 발작을 일으킨다고 말했다. 이에 더하여, Andrew는 학교에서 빈번한 복통을 겪는다고 했다. 아픈 부위를 말해 줄 것을 요청받았을 때, Andrew는 특정 부위를 지목하지 않는 대신 자신의 배를 문지르며 "배 전체가 아파요."라고 했다. 그는 또한 천식발작과 복통이 동시에 나타나지는 않지만, 둘 중 하나가 거의 모든 등교일에 나타난다고 말했다. 그러나 그는 9월부터 12월까지 단 5일만 결석했을 뿐이라고 거짓말을 했다.

치료사는 또한 Mrs. Barton과도 개별적으로 이야기를 나누었다. 그녀는 더 상세한 정보를 제공할 수 있었으나, Andrew를 나쁘게 보이지 않게 하려고 신경을 썼다. Mrs. Barton은 먼저 Andrew가 가끔 심하게 나타나는 천식 내력을 가지고 있기 때문에 그의 의학적 상태가 염려된다고 말했다. 그의 천식 상태는 유아원(preschool)(역자 주: 미국에서 3~5세 유아들이 다니는 교육기관) 이후로 문제가 되어 왔는데, 그때 Andrew는 호흡문제를 완화시키기 위한 휴대용 기관지확장기의 사용법을 배웠다. 비록 Andrew의 상태가 초등학교에 다니는 동안 대체로 개선되기는 했으나, 올해 들어 갑자기 상태가 더욱 악화되었다.

Mrs. Barton은 Andrew의 천식발작이 몇 가지 생활스트레스 때문에 악화되었다고 추측했다. 이러한 생활스트레스에는 Andrew의 중학교 입학, 한동안의 부부간 갈등에 뒤이은 Mrs. Barton의 Andrew 아버지와의 이혼, 이혼에 이어 그녀의 새 직장 스케줄(그녀는 가끔 이른 아침과 늦은 밤을 포함하여 짬짬이 일을 했다) 때문에 Andrew와 많은 시간을 보낼 수 없게 된 것 등이 포함되었다. 일반적으로, Andrew는 일 주일에 약 1~3회의 천식발작을 경험하고 있었는데, 어떤 경우는 그를 집으로 보내야 할 정도로 심했다. 그러나 이것은 Mrs. Barton에게는 문제가 되었는데, 왜냐하면 이러한 경우에 그녀는 Andrew를 돌보기 위해 직장을 조퇴해야 할 의무를 느꼈기 때문이었다.

전형적인 천식발작이 나타나면, Andrew는 색색거리고, 기침을 하며, 명백한 호흡문제를 보였다. 생명을 위협하는 발작증상은 없었지만, 약물을 복용하기 전까지 Andrew는 고통스러워했다. Andrew를 담당하는 소아과의사인 Dr. Morris는 Andrew의 갑작스러운 천식증상들을 충분히 설명할 수는 없었지만, 그의 증상들이 어느 정도는 스트레스의 탓이라고 생각했다. Dr. Morris는 Andrew의 최근 발작증상들을 고려하여 약물로 조절하였지만 거의 효과가 없는 것처럼 보였다.

또한 치료사는 Andrew의 복통에 대한 질문도 하였다. Mrs. Barton은 이 증상이 새로 나타났고 소아과의사조차도 그 원인을 찾아내지 못했기 때문에 이 증상에 대해 매우 염려스러워 했다. Mrs. Barton은 Andrew가 새 학년이 시작된 직후 복통을 호소하기 시작했고 그 이후로 그 증상이 점점 악화되어 왔다고 보고했다. 대부분의 경우, 증상이 유난히 심하게 나타나면 학교에서는 Andrew를 집으로 보냈다. 흥미롭게도, Andrew는 복부 부위에 둔통이 울려 퍼졌을 뿐 구역질을 느끼지는 않았다고 말했다. 그는 그 다음 주에 의학적 검사를 더 받도록 예정되었지만, 소아과의사는 보조치료로서 가족이 상담을 받아 볼 것을 제안했다.

치료사는 또 최근의 가족내력에 대해 상세히 조사하였는데, 특히 Mrs. Barton의 이전 부부간 관계에 초점을 두었다. Mrs. Barton은 남편이 2년 전에 가족을 떠났고, 최종적 이혼은 8개월 전에 이루어졌다고 말했다. 그녀는 그 문제에 대해 약간의 좌절감과 우울함을 보였는데, 그러한 상황을 결혼생활에 대한 전 남편의 일반적인 환멸감 탓으로 돌렸다. 그녀와 Andrew는 브라질에 살고 있는 Mr. Barton과 접촉을 하고 있었지만, 이것은 이따금 주고받는 전자우편을 통해서 이루어질 뿐이었다. 거의 1년 가까이 얼굴을 마주보는 접촉은 전혀 없었다.

동의를 얻은 후, 치료사는 Andrew의 소아과의사인 Dr. Morris와도 연락을 취했다. Dr. Morris는 Andrew, Andrew의 여동생, 그리고 Mrs. Barton은 사사로이 얽혀 있는 가족으로, 정서적 지원을 위해 서로 지나치게 의존하는 것처럼 보인다고 지적했다. 그는 Andrew가 실제로 천식증상을 가지고 있고 복통증상도 느끼고 있다고 생각했으나 또한 Andrew가 스트레스를 받고 있거나 또는 관심을 얻고 학교로부터 벗어나기 위해 증상을 과장한다고도 추측했다. 이 무렵, 그는 Andrew의 복통 또는 악화되고 있는 천식에 대한 의학적 이유를 전혀 발견하지 못했으며, 상담이 그 문제들을 유지하는 가족 역동성을 변화시키기를 희망했다. 그는 어떤 가능한 방법으로든 치료사를 돕겠다는 의사를 밝혔다.

Mrs. Barton의 동의를 받은 후, 치료사는 또한 Andrew의 학교 간호사 및 몇몇 교사들과 이야기를 나누었다. 학교 간호사인 Ms. Ebersol은 Andrew가 천식 증상 또는 복통을 호소하면서 일주일에 3~4회 그녀의 사무실로 왔다고 말했다. 그녀는 그 증상들에 대해 다소 놀라서 종종 간단한 검사를 한 후 Andrew를 집으로 보냈다는 것을 인정했다. 또한 그녀는 보통 자신의 사무실에 꽤 많은 아동들이 있으므로 Andrew에게 세심한 관심을 주기가 어려웠다고 말했다. Andrew의 선생님들은 그가 뛰어난 잠재력을 가진 좋은 학생이지만 질병 때문에 많은 과제를 하지 못했다고 했다. 그들 모두는 아동이 아프면 양호실로 가도록 허락하는 것이 학교 방침이며, Andrew가 양호실에 갈 것을 요청했을 때는 언제나 아파 보였다고 말했다. 다행히, 모든 선생님들은 Andrew와 그의 상태에 대해 좀 더 알기를 원했으며, 그의 치료프로그램에서 치료사를 도우려는 동기부여가 되어 있었다.

몇 가지 정보원으로부터 수집된 최초의 자료들을 근거로, 치료사는 Andrew가 악화된 천식증상과 되풀이되는 복통을 경험하고 있는 것 같다는 예비결론을 내렸다. 그러나 그는 또한 중요한 심리적 요인이 Andrew의 의학적 상태에 영향을 미치고 있다고 생각했다.

2. 평가

DSM-IV-TR에 따르면, 임상적 관심의 초점이 될 수 있는 문제는 의학적 상태에 영향을 미치는 심리적 또는 행동적 요인들을 포함하고 있다. 예를 들어, 이러한 요인들은 의학적 상태를 악화시키고, 치료를 방해하며, 부가적 건강 위험분자 역할을 하거나 또는 스트레스성 의학적 증상을 야기할 수 있다(American Psychiatric Association, 2000, p. 731). Andrew의 경우, 이와 같은 요인들과 관련이 되어 있었다. 예를 들어, 선행적으로 학교와 다른 상황으로부터의 스트레스가 오랫동안에 걸친 천식과 최근의 복통을 악화시키고 있는 것으로 보였다. 이러한 증상들은 또한 Andrew의 학업 및 일상기능에 지장을 주었다. 그러나 뒤에 논의되어 있는 바와 같이, Andrew의 증상에 영향을 미치는 주된 심리적 요인은 그의 관심-추구 행동 및 도피-동기화된 행동이었다.

의학적 상태(예: 소아 천식, 복통)에 영향을 주는 심리적 요인들을 가진 아동의 평가는 보통 생물정신사회적 관점(biopsychosocial perspective)에 그 근거를 둔다. 이 관점은 "발달적 · 성격적 · 가족적 · 사회적 · 생물학적 요인들의 상호작용이 정신신체적(psychosomatic) 문제들을 야기하고 또 그 문제들에 의해 영향을 받는다"고 가정한다(Kager, Arndt, & Kenny, 1992, p. 309). 마지막 요인과 관련해서 볼 때, 생물학적 평가는 일반적으로 의학적 상태의 정도를 측정하고 생물학적 치료의 지침을 마련하기 위해 실시된다. Andrew의 경우, 그는 심한 천식증상을 조절하기 위하여 기관지확장기를 사용하였다. 그러나 되풀이되는 복통에 대한 기질적(器質的) 원인이나 치료는 전혀 확인되지 않았다.

의학적 상태에 영향을 미치는 심리적 요인들을 가진 아동의 평가는 다른 요인들도 포함한다. 예를 들어, 발달적 요인과 관련해서 보면, 평가의 첫 번째 수단 중의 하나는 지적 평가가 되어야 한다. 이 평가는 아동이 인지기능에서 주요한 지체를 보이는지 그리고 그 아동이 인지적 개조 또는 고통관리와 같은 기법이 포함되는 치료프로그램을 이해할 수 있는지를 알아보기 위해 실시된다. 비록 Andrew를 평가하기 위해 공식적인 검사는 사용되지 않았지만, 선생님들은 그가 꽤 영리하고 마음이 내킬 때는 말도 곧잘 한다고 했다.

낮은 자아상, 외부소재의 통제력, 의존심, 스트레스 조절능력 등과 관련되어 있는 아동 성격 요인들도 반드시 평가되어야 한다. 이러한 요인들의 평가에 유용한 도구로는 아동용 성격 목록(Personality Inventory for Children)(Lachar & Gruber, 2000), 면접, 아동용 Piers-Harris 자아개념 척도(Piers-Harris Children's Self-Concept Scale: PHCSCS)(Piers, Harris, & Herzberg, 2002)와 같은 자기보고 척도가 있다. Andrew의 경우, 치료사는 Andrew와 몇 주간에 걸쳐 광범위한 면접을 실시하였으며, 몇 가지 성격 요인들이 Andrew의 신체적 상태와 관련이 있어 보인다고 기록했다. 예를 들어, Andrew는 낮은 자아상을 가지고 있었으며 자신의 외모, 학업상태, 운동솜씨 등을 비하하였다. 여러 가지 면에서, Andrew는 우울하고 사회적으로 위축되어 보였는데, 이러한 상태는 가끔 신체적 호소와 관련되어 있었다.

치료사는 또한 Andrew가 의존적이고 스트레스를 효율적으로 조절하지 못한다는 점을 발견했다. 예를 들어, 그는 종종 어머니 및 여동생과 함께 있는 것을 선호했고, 그 두 사람 모두의 주의를 끄는 데 관심이 있는 것이 분명했다. 뿐만 아니라, Andrew는 자신의 천식을 스스로 충분히 관리하지 못했다; 그는 색색거리거나 기침이 나오는 증상이 나타날 때는 어머니 또는 간호사를 찾았다. Andrew는 또한 외부소재의 통제력을 보유하고 있었다. 그는 자신의 천식과 복통을 학교 관련 상황 및 그 곳 분위기특성의 탓으로 돌렸다. 그는 또한 어머니의 부부간 문제가 자신이 현재 가지고 있는 증상들 중 많은 부분에 대한 책임이 있다고 말함으로써 어머니의 죄의식을 유도해냈다.

심리적 · 의학적 요인들을 가진 아동들의 평가는 또한 보고된 특정 고통에 초점을 둘 수 있다. Andrew의 경우에, 치료사는 고통인식과 고통행위를 구분했다. 고통인식(pain perception)이 고통에 대한 생각과 느낌을 말하는 반면, 고통행위(pain behavior)는 그 아동이 고통을 표현하는 방식을 말한다. 이러한 구인들(constructs)을 평가하기 위한 일반적 기법으로는 자기보고 척도(self-report measures)[예: 아동용 종합 고통 질문지(Children's Comprehensive Pain Questionnaire)와 소아 고통 질문지(Pediatric Pain Questionnaire)(McGrath, 1987; Varni, Thompson, & Hanson, 1987)], 포괄적 평정척도(global rating scales), 관찰법(observational methods)[예: 부모 관찰기록(Parent Observation Record)(Sanders, Shepherd, Cleghorn, & Woolford, 1994)] 등이 있다.

사무실에서 면접과 관찰을 실시하는 동안, 치료사는 Andrew가 자신의 복통을 자신에게 큰 고통을 야기하는 심한 증상으로 인식하고 있다는 것을 주목했다. 그는 고통에 대한 인내심이 약해 보였으며, 고통의 어려움을 논의할 때는 종종 극적이고 과장스럽기까지 했다. 그는 또한 자신의 천식에 대한 의학적 정보도 많이 알고 있었다. 뿐만 아니라, 그는 아파하는 표정, 구두 호소, 의사에게 데려가 달라는 요청을 다양하게 표현했다. 흥미롭게도 그는 심리치료사를 그다지 좋아하지 않았는데, 치료사가 자신의 상태를 충분히 이해하지 못한다고 이따금 지적하기도 했다.

가족변인들 또한 소아과적 건강상태를 두고 아동들을 평가하는 데 있어 중요하다. Andrew의 경우, 치료사는 가족역동성에 대한 정보를 얻기 위하여 면접과 가족환경 척도(Family Environment Scale: FES)(Moos & Moos, 1986)에 의존했다. 대체로, Andrew가 그의 신체적 증상보다는 다른 여러 가지 관심-추구 행동들에 적극적으로 관여하고 있는 것이 명백했다. 예를 들어, 자기 생각대로 하기 위해 그는 가끔 성질을 부렸고, 집밖으로 뛰어나갔으며, 집안일 하기를 거부했다. 전반적으로, Andrew는 관심을 위한 그의 요구에 응하도록 어머니를 강요하는 데 성공적이었다. Andrew가 천식발작을 일으키면 그를 돌보기 위해 Mrs. Barton이 급히 집으로 오는 경향을 보이는 것은 이러한 강요의 좋은 예였다. FES로부터 수집된 자료는 Barton씨 가족이 사사로이 얽혀있고 타인들로부터는 고립되어 있다고 했던 Dr. Morris의 진술을 확인해 주었다. 실로, Barton씨 가족이 외부사람들과 함께 하는 여가활동은 거의 없었다.

Mrs. Barton은 또한 아동 행동 체크리스트(Child Behavior Checklist: CBCL)를 작성하도록 요청받았다. CBCL의 신체적 호소 하위척도는 심리적 근거의 고통을 가진 아동들을 생리적 근거의 고통을 가진 아동들로부터 구별할 수 있다. Andrew는 이 하위척도에서 아주 높게 평정되었는데, 천식 및 복통에 더하여 임상적 범위의 증상들(예: 두통, 구역질, 구토, 피로)을 보였다. 치료사는 또한 Andrew의 신체적 증상에 대한 Mrs. Barton의 반응을 평가하였다. 대체로, 그녀는 아들의 증상에 대해 꽤 감정적이었는데, 가끔 울면서 Andrew에게 그의 신체적 상태에 관한 상세한 질문을 하기도 했다. 이에 더하여, Andrew는 천식 또는 고통을 호소함으로써 여러 가지 집안일이나 책임을 성공적으로 회피할 수 있었다. 그 다음에, Andrew는 어머니의 관심을 얻고 그리고/또는 학교와 집에서 의

무를 회피하기 위하여 광범위한 증상들을 나타내었다.

계속되는 일상적 평가의 일부분으로, 치료사는 Andrew에게 자신의 천식과 복통의 수준을 평정하도록 요구했다. 고통검온기(pain thermometer)와 체크리스트가 이러한 평가에 사용가능하지만(Allen & Matthews, 1998), 치료사는 단순히 Andrew로 하여금 하루 중 언제 그의 고통이 견디기 어려울 정도로 심해지는지를 지적하도록 했다. Andrew는 대부분의 고통이 학교에 있는 동안 나타난다고 보고했다. 주말이나 휴일에는 문제가 거의 나타나지 않았다.

3. 위험요인과 유지변인

비록 유전적 요인이 종종 연루되기는 하지만, 만성적 천식과 복통과 같은 소아과적 상태의 병인은 정확하게 말하기 어렵다. 이것은 각 상태가 그 자신만의 다양한 인과경로를 가지고 있기 때문이다. 예를 들어, 천식은 세 가지 신체적 경로 중 하나 혹은 그 이상으로부터 나타나는 증상이다. 첫째, 아동은 기도(airway)를 따라 늘어서 있는 평활근(smooth muscle)의 경축(痙縮; spasms)으로부터 수축된 기관지관(bronchial tubes)을 경험할 수 있다. 둘째, 기관지관의 내층(內層)이 부어오를 수 있다. 셋째, 과잉 점액이 기도를 막을 수 있다. 이들 각각의 경우는 이산화탄소(carbon dioxide)의 축적, 그리고 후속적인 색색거림, 기침, 숨참, 가슴 통증 및 죄임으로 이어질 수 있다(Lemanek, Trane, & Weiner, 1999). 심한 경우에는 경축(痙縮) 그리고/또는 부어오름과 함께 점액 분비가 연루되기도 한다. 그러나 Andrew의 경우, 그의 천식은 그다지 심하지 않았으며 근육의 경축(痙縮)과 기관지관 내층의 부어오름이 잠깐 나타날 뿐이었다. 그의 발작이 몇 분 이상 지속되는 경우는 거의 없었으며, 앞서 언급된 것처럼 전혀 생명을 위협하지도 않았다.

다양한 요인들이 천식발작을 유발할 수 있다. 이와 같은 유발요인들은 일반적으로 생리적 요인과 정서적 요인으로 분류될 수 있다. 생리적 유발요인에는 알레르겐(allergens)(역자 주: 알레르기를 일으키는 물질)[예: 동물 인설(鱗屑)]과 먼지, 연기, 향수, 페인트와 같은 자극물이 포함된다. 고려될 수 있는 다른 요인으로는 운동, 찬 공기, 전염병, 아스피린 및 다른 약물 등이 있다(Lemanek et al., 1999).

Andrew의 담당 소아과의사인 Dr. Morris는 Andrew가 꽃가루에 경미한 거부반응을 보이며 봄철에 더 많은 호흡곤란을 보이는 경향이 있다고 보고했다. 뿐만 아니라, Andrew는 바람이 심하게 불어 먼지와 다른 자극물들을 일으키게 되면 천식으로 인한 어려움을 더 겪는 경향이 있었다. 그러나 이 밖의 다른 생리적 요인들은 관련되어 있지 않는 것으로 보였으며, Dr. Morris는 Andrew가 꽃가루나 먼지에 과민하지 않다는 것을 강조했다. 이에 더하여, 생리적 요인들은 Andrew가 갑자기 더 심한 천식발작을 현재 경험하는 이유를 설명할 수 없었다. 그 결과, 정서적 또는 행동적 요인들이 Andrew 천식의 주된 원인 및 유지변인으로 생각되었다.

되풀이되는 복통 또한 다양한 생리적 요인 및 심리적 요인의 결과일 수 있다. 이 상태와 관련되어 있는 일반적인 생리적 요인에는 자율신경계 감각과민(autonomic nervous system hypersensitivity), 과도한 근육긴장(excess muscle tension), 신경성 장증후군(irritable bowel syndrome), 락토오스 불내증(lactose intolerance), 식물섬유(dietary fiber)(역자 주: 食物 성분에 함유되어 있는 건강유지에 필요한 不消化 섬유)의 결핍 등이 포함된다(Scharff, 1997). Andrew는 다양한 사건들에 대해 대부분의 아동들보다 자율각성 반응을 더 보였다. 게다가, 그는 긴장되어 있었으며 그의 식사는 잘 감시되지 않았다. 나머지 검사들을 끝낸 후, Dr. Morris는 Andrew가 이따금 변비에 걸린다고 생각하고는 그의 식사에 섬유질 알약을 추가하였다. 그러나 Dr. Morris는, Andrew의 천식에 대해서도 그러했듯이, 심리사회적(psychosocial) 요인들이 Andrew의 최근 증상들에 대해 주로 책임이 있는 것이 아닌가 생각했다.

만성적인 소아과적 상태를 가진 아동들에게 영향을 미치는 대부분의 중요한 심리사회적 요인들 중 몇 가지에는 가족변인들이 포함된다. 천식에 가장 큰 영향을 미칠 가능성이 있는 가족변인으로는 일관성 없는 양육, 갈등, 사사로이 얽히기 등이 있다. 일관성 없이 관심을 보이고 제재를 가하는 부모를 둔 아동들은 부가적인 동정과 유형적 강화물을 얻기 위해 신체적 증상을 악화시키는 것을 배울지도 모른다. 예를 들어, Andrew의 경우에 그의 어머니는 자기 책임 아래 가족을 부양하기 위해 고심하고 있었고, Mr. Barton이 떠나기 이전만큼 아들에게 관심을 줄 수가 없었다. 그러나 Andrew는 자신이 천식발작을 일으킬 때는 언제나 어머니가 바쁜 스케줄을 제쳐두고 그를 돌본다는 점에 주목했다.

심리사회적 요인들은 또한 되풀이되는 복통을 일으키고 유지하는 데 도움이 될 수도 있다. 이 점에 있어 가능성 있는 요인으로는 불안, 우울, 완벽주의, 수줍음, 생활 스트레스, 그리고 가족의 사사로운 얽힘 등이 있다(Scharff, 1997). 앞서 언급된 바와 같이, Andrew는 어떤 상황, 특히 새로운 사회적 상호작용을 초래하는 상황에서 불안해 보였다. 뿐만 아니라, 그의 어머니는 Andrew가 가끔 우울해하고 위축되어 있다고 말했다. 그러나 Andrew의 신체적 증상이 불안과 우울 때문에 나타난 것인지 또는 이러한 심리적 증상이 그의 천식과 복통 때문에 나타난 것인지는 분명하지 않았다.

구조적 가족치료 모델에 따르면, 갈등과 사사로이 얽히기는 아동들의 정신신체적(psychosomatic) 상태를 초래하고 유지하는 데 핵심적인 역할을 한다. 특히, 가족구성원들간의 불분명한 경계(boundary)는 과잉보호, 서로의 삶에 있어서 과도한 연루, 그리고 궁극적인 갈등으로 이어질 수 있다(Meijer & Oppenheimer, 1995). 그러한 갈등은 가족내 긴장을 증가시키고 아동의 질병을 유발하거나 악화시킨다. Andrew의 경우, Mrs. Barton은 많은 요인들, 가장 주목할 만한 것으로는 자신의 양육능력과 Andrew의 천식 및 통증 때문에 분명 고민하고 있었다. 그 결과, 그녀는 다소 과잉보호적이고 가끔 Andrew와 언쟁을 하였지만, 가족갈등이 실제로 Andrew의 증상으로 이어지고 있는지의 여부는 분명하지 않았다. 대신, 그 반대가 해당되는 것처럼 보였다: Andrew의 증상은 Mrs. Barton의 과잉보호, 관심주기, 그리고 아들에 대한 좌절감으로 종종 이어졌다.

만성적인 소아과적 상태를 가진 아동들에게 영향을 미치는 다른 가족변인들로는 빈약한 문제해결기술, 비관주의, 지원의 결핍, 비융통성, 재정 부담, 고립,

모델링, 소아과적 상태에 대한 가족구성원들의 불안 등이 있다(Barakat & Kazak, 1999). Andrew의 경우, 이러한 가족변인들 중 몇 가지가 해당되는 것처럼 보였다. 예를 들어, 그와 어머니는 그가 학교에서 보내지 못하는 상당한 양의 시간을 위시한 문제들을 효율적으로 해결하지 않았다. 뿐만 아니라, 학교에서 나타나는 Andrew의 천식을 어떻게 관리할 것인지 또는 그 상태를 우선 어떻게 방지할 것인지에 대한 일관성 있는 전략이 전혀 세워져 있지 않았다. 이것은 아들의 증상을 궁극적으로 해결하는 것에 대한 Mrs. Barton 자신의 우울 및 비관주의 증상에 의해 악화되었다. Mrs. Barton의 이혼은 또한 재정 부담과 타인들로부터의 가족구성원의 고립을 초래하였다. 또 그녀는 Andrew의 증상에 반응을 보일 때는 지나치게 극적이었다. 이러한 요인들의 결과, 상당한 긴장이 가족내에 형성되고 있었고, 발생한 결과를 다루기 위한 어떠한 조치도 전혀 취해지지 않았다(치료를 추구하지 않은 채 있었음).

비록 가족변인들이 소아과적 상태에 영향을 미치는 주요한 심리사회적 요인이라 하더라도, 그밖에 질병에 대한 아동의 적응, 아동의 대처방법, 아동의 인지과정 등과 같은 요인들도 있다(Brown, 1999; Thompson, Gustafson, George, & Spock, 1994). Andrew의 경우, 자신의 의학적 상태에 대처하는 그의 능력은 대체로 놀라울 정도로 서툴렀다. 예를 들어, 그는 (1) 기관지확장기와 관련된 보조, (2) 경미한 고통 증상을 보일 때조차 조퇴시켜 주기, 그리고 (3) 공공장소에서 천식 또는 통증을 겪게 되면 무엇을 해야 하는지에 대한 정보를 끊임없이 요청했다. 이러한 요청들은 그의 관심-추구 행동과 연관되어 있을 수도 있었으나, Andrew는 자신의 천식과 통증에 대해 기이한 믿음을 가지고 있었다. 예를 들어, 그는 다른 부단한 보장에도 불구하고 결국 자신이 의학적 문제로 죽게 될 것이라고 믿었다. 뿐만 아니라, 그는 일상생활 스트레스(예: 선생님에게 이야기하기)의 중요성 및 정도, 그리고 이러한 스트레스가 자신의 천식과 통증에 어떻게 영향을 미치는가를 끊임없이 과대평가했다.

4. 발달 양상

질병에 대한 아동들의 인식은 그들의 인지능력이 발달함에 따라 변하게 된다. Bibace와 그의 동료들(Bibace & Walsh, 1980; McQuaid, Howard, Kopel, Rosenblum, & Bibace, 2002)은 아동들이 질병에 대한 개념을 파악할 때 일반적으로 거치는 일곱 가지 주요한 단계를 설명하였다. 이 단계들은 Piaget의 인지발달단계와 밀접하게 연관되어 있다. 첫 번째 단계인 "몰이해(incomprehension)"는 질병과 관련된 어떤 개념도 이해하지 못하는 매우 어린 아동들(0~2세)에게 해당된다.

"전논리적 설명(prelogical explanation)" 단계는 전형적으로 2~6세에 나타나는데, 이 단계의 아동들은 두 가지 국면의 사고를 거치면서 발달한다. 첫 번째, 현상주의(phenomenism) 국면은 질병에 대한 서투른 설명에 의해 특징지어진다. 예를 들어, 아동은 감기가 식물 또는 하늘로부터 온다고 생각할 수 있다. 보통, 이러한 설명은 아동으로부터 멀리 떨어져 있는 원인을 나타낸다. 두 번째 전논리적 국면인 감염(contagion)에서, 아동은 질병의 원인을 자신에게 더 가까이 있는, 그러나 실제로 직접적인 접촉은 일으키지 않는 무엇으로 본다. 예를 들어, 아동은 감기가 아픈 누군가의 옆에 있는 외부 존재로부터 오거나 마술에 의해서 온다고 말할지도 모른다.

"구체적-논리적 설명(concrete-logical explanation)" 단계는 전형적으로 7~10세에 나타나는데, 질병의 내적 원인 대 외적 원인에 역점을 둔다. 첫 번째, 오염(contamination) 국면은 외적 원인(예: 찬 기온)과 내적 원인(예: 막힌 코)의 구별에 의해 특징지어진다. 외적 원인은 직접적인 신체적 접촉이나 오염으로 아동에게 위해를 가하는 다른 사람이나 사건일 수 있다. 두 번째 구체적-논리적 설명 국면인 내면화(internalization)에서도, 유사한 과정이 나타난다. 그러나 이 국면에서는, 아동이 외적 원인과 내적 영향에 대한 더 명확한 이해를 발달시키고, 외적 근원과의 신체적 접촉으로 반드시 아프게 되는 것이 아니라는 것을 더 쉽게 이해한다. 예를 들어, 아동은 어떤 사람이 감기에 걸리려면 세균을 들이마실 수 있다는 것을 이해할 지도 모른다.

12세였던 Andrew는 적어도 자신의 천식에 대한 구체적-논리적 설명을 분명히 발달시켰다. 예를 들어, 그는 먼지 및 다른 자극물들을 함유하고 있는 학교 공기가 다양한 형태의 천식발작(그는 자신이 세 가지 다른 종류의 발작을 나타낸다고 생각하였다)을 어떻게 유발하는 지에 대한 상세한 시나리오를 제공했다. 그는 또한 자신이 운동 또는 체육수업과 같은 악화시키는 특정 사건들을 피한다면 발작이 덜 나타날 수도 있다는 것을 알고 있었다. 그러나 이러한 정보의 많은 부분은 Dr. Morris에 의해 몇 년간에 걸쳐 그에게 전달되어 왔었다. 따라서 질병에 대한 그의 개념화가 정상적으로 발달되어 왔는지 아니면 소아과의사와의 광범위한 접촉에 의해 강화되어 왔는지는 분명하지 않았다.

그러나 천식에 대한 Andrew의 상세한 개념화는 복통에 대한 그의 미흡한 이해와 들어맞지 않았다. 무엇이 그의 통증을 초래한다고 생각하느냐라는 질문을 받았을 때, Andrew는 종종 어깨를 으쓱거리거나 모른다고 대답했다. 다른 경우에, 그는 어머니 또는 선생님들을 단순히 탓하려고 하였지만, 그들의 행동과 자신의 통증간의 직접적인 연결은 지을 수 없었다(천식과 관련해서는 할 수 있었던 것처럼). 이것은 복통은 아니지만 천식에 대한 Andrew의 개념화가 소아과의사에 의해 무심코 강화되어 왔었다는 것을 암시하는 것일 수도 있었다. 치료사는 또한 Andrew가 소아과의사에게 통증에 대한 많은 질문을 했다는 것을 흥미롭게 받아 들였는데, 이것은 고통에 대한 자신의 주장에 신뢰성을 더하려는 노력의 일환이었을 가능성이 있었다.

질병을 이해하는 마지막 단계에서 청소년들은 두 가지 "형식적-논리적 설명(formal-logical explanation)" 국면을 거친다. 이 국면들은 이전보다 아주 더 현저한 내적-외적 구별에 의해 특징지어진다. 첫 번째, 생리적 설명(physiologic explanation) 국면은 질병이 내장(內臟)과 신체작용에 특수하게 영향을 미친다는 것을 아동이 깨닫게 된다는 특성을 갖는다. 예를 들어, 청소년은 특별한 증상, 낮아진 백혈구 수치, 또는 억제된 면역체계의 견지에서 감기를 묘사할 수도 있다. 두 번째 형식적-논리적 국면인 정신생리적(psychophysiologic) 국면은 질병에 대한 추가된 심리적 구성요소를 포함한다. 예를 들어, 청소년은 스트레스가 신체적 증상을 촉진하거나 악화시킨다는 것을 깨닫게 될 수 있다.

Andrew는 이러한 마지막 국면들, 즉 그의 천식 또는 되풀이되는 복통에 대한 상세한 설명을 파악하지 못하는 것처럼 보였다. 예를 들어, 그는 자신의 천식을 설명하기 위하여 물리적 원인(예: 공기의 질, 꽃가루)을 고수하는 경향이 있었다. 어떤 경우에, 그는 자신의 신체적 상태를 다른 사람들의 탓으로 돌렸지만 그들이 그의 질병을 어떻게 초래하고 있는지에 대해서는 모호한 설명만을 할 수 있을 뿐이있다. 예를 들어, 그가 한번은 선생님이 먼지가 특히 많은 교실 한 곳에 자신을 배치했다고 주장했다. 다른 경우에는, 선생님들이 자신을 너무 빨리 걷게 하거나 화장실을 사용할 충분한 시간을 주지 않아서 자신으로 하여금 천식 또는 복통을 겪게 했다고 불평했다.

발달적 요인들 또한 질병의 치료에 대한 아동의 개념화에 영향을 준다. 예를 들어, 더 어린 아동들은 종종 의사와 의학적 절차를 두려워하는데, 왜냐하면 그들은 질병과 치료간에 연결을 하지 못하기 때문이다. 뿐만 아니라, 어린 아동들은 치료에 대한 인지적 왜곡을 보이는 경향이 있다. 예를 들어, 그들은 주사를 맞고 나면 피를 흘려서 죽게 된다고 믿을 수도 있다(Kager et al., 1992). 나이가 든 아동들과 청소년들은 질병과 의학적 치료의 이로움간에 더 나은 연결을 할 수 있다. 사실, 어떤 아동들은 이러한 연결을 이용하기 시작한다; 아동들은 치료요구가 자신이 무언가를 면제받는 합법적인 방법이라는 것을 이른 나이에 학습한다. 예를 들어, Andrew는 증상을 경감하고, 관심을 얻으며, 교실에서 나올 수 있는 한 가지 방법이 간호사를 만나게 해 달라고 요청하는 것이라는 것을 일찍부터 알았다.

또한 질병과 관련된 다른 변인들은 아동기부터 청소년기까지 변화한다(Kager et al., 1992). 예를 들어, 아동들은 궁극적으로 통증에 대한 내성이 더 생기고 질병예방에 대한 지식이 더 많아지며, 건강규칙에 더 맞추고, 자신의 신체적 감각과 신체변화를 더 자각하게 된다(특히 사춘기 동안에). 발달적 변화는 또한 치료의 엄수와도 관련되어 있다(Rapoff, 1999). 뿐만 아니라, 아동들은 신체적 발달에 있어서 빠르게 변화하므로 약물 및 다른 치료의 빈번한 재평가가 요구된다. 이것은 Andrew에게 다소 해당되었는데, 이제 그는 이전에 사용했던 것보다 더 강력한 기관지확장기를 필요로 하는 것 같았다.

질병과 관련하여 시간이 흐르면서 변화하는 또 다른 변인은 건강문제에 대처하는 아동의 능력이다. 일반적으로, 아동들은 나이가 들어가면서 통증 및 다른 증상들에 더 잘 대처하는 것을 학습한다. 이것은 더 많은 경험과 무엇을 할 것인지에 대한 더 나은 인지적 이해의 기능일 가능성이 가장 높다. 다양한 대처방법으로는 기분전환, 운동, 독서와 같은 인지적 활동, 통증과 무관한 화제에 대한 담화, 통증과 상반되는 사건 상상하기 등이 있다. 앞서 지적된 바와 같이, Andrew의 대처기술은 그다지 좋지 못했다. 천식 또는 복통에 대한 그의 첫 반응은 성인에게 경계심을 갖도록 하고 극적인 방식으로 자신의 증상을 호소했다. 그와 같이, Andrew는 효과적인 치료보다는 그의 증상에 대한 관심이나 다른 강화물들에 초점을 맞추었다.

5. 치료

천식을 가진 아동의 치료는 순응에 초점을 두면서 의학적 접근과 심리적 접근의 결합으로 종종 이루어진다(Wamboldt & Gavin, 1998). 뿐만 아니라, 그러한 치료는 흔히 문제에 대해 언급을 해 줄 수 있는 관련인물들을 되도록 많이 포함시킨다. Andrew의 경우, 치료사는 초기에 Andrew의 어머니, 소아과의사, 교사들, 및 학교 간호사와의 모임을 가졌다. 그 모임이 진행되는 동안, Andrew는 밖에서 기다리도록 요청받았다. 그러나 그 이후의 모든 절차는 그가 알도록 했다.

모임의 전반적인 목적은 Andrew의 천식 증상들을 인지하고 그 증상들에 대해 효율적으로 반응하는 전략을 세우는 것이었다. Andrew의 소아과의사인 Dr. Morris는 그 그룹에게 천식발작의 초기 단계에서 예기할 수 있는 증상들을 가르쳤다. 여기에는 기침과 색색거림에 앞서서 나타나는 꽉 죄이는 가슴과 짧은 호흡이 포함되었다. 그러나 이러한 증상들은 완전한 천식발작으로 이어질 수도 있고 그렇지 않을 수도 있다. 만약 아동을 진정시키거나 활동을 중단하게 하고 또는 목에서 불순물을 제거한다면, 기침과 색색거림이 멈출 수도 있다. 이러한 경우, 더 이상의 치료는 불필요하다.

따라서 그 모임에 참석한 모든 사람들은 Andrew의 천식증상에 대해 어떠한 결론도 성급하게 내리지 않도록 장려되었다. 예를 들어, 경미한 색색거림을 약간 보일 때 Andrew를 양호실로 보내는 대신 그의 증상이 악화되는지를 2분 정도 기다려 보도록 그들을 장려하였다. 만약 Andrew가 처음부터 심한 증상을 분명히 보이거나 2분 후에도 경미한 증상을 계속 나타낸다면, 간호사에게 보내도록 하였다. 그 다음, 간호사는 Andrew에게 기관지확장기를 주고 최소한 10분 정도 휴식을 취하게 하거나 또는 기관지확장을 강화하기 위해 따뜻한 음료를 제공하도록 지시받았다.

치료사는 또한 Andrew의 관심-추구 행동 및 도피-동기화된 행동을 설명한 뒤, Andrew가 가능한 한 많은 시간을 학교에 머물 수 있는지 여부를 물었다. 이 질문은 우선적으로 간호사에게 주어졌는데, 그녀는 Andrew의 증상이 특히 심한 경우에만 그를 집으로 보내는 데 동의했다. 그렇지 않은 경우, Andrew에게 학급으로 돌아가도록 하거나 적어도 간호사의 감독하에 과제를 끝내도록 요구하기로 했다. Mrs. Barton은 이러한 절차를 사용했을 때 Andrew가 신체적 위험에 처하게 될지도 모른다는 우려를 표명했으나, Dr. Morris는 Andrew가 특히 심한 천식발작을 일으키는 것처럼 보일 때는 언제든지 간호사의 요청에 응하겠다는 친절을 보였다. 그러나 이러한 일이 필요한 경우는 전혀 나타나지 않았다.

Mrs. Barton이 집에서 Andrew를 어떻게 처치할 지에 대한 별도의 치료회기도 실시되었다. 예를 들어, Andrew가 심한 천식발작 후 집으로 와야만 할 경우, Mrs. Barton은 그에게 어떤 가외의 언어적 또는 신체적 관심도 주지 말아야 한다고 지시받았다. 뿐만 아니라, Andrew에게 텔레비전, 비디오게임, 또는 독서와 같은 어떠한 유형적 강화물도 허용하지 않기로 하였다. 대신, 그에게 침대에 누워 있거나 그리고/또는 숙제를 끝내도록 요구하기로 하였다. 이에 더하여, Mrs.

Barton으로 하여금 사무적인 태도로 Andrew를 대하고 다음날 그가 학교에 등교하기로 되어 있다는 것을 분명히 하도록 하였다.

치료사는 또한 필요할 때 기관지확장기를 사용하는 Andrew의 능력을 조율하기 위하여 Dr. Morris 및 Andrew와도 작업을 하였다. 이런 식으로, 그는 자신의 증상을 좀 더 독립적으로 다룰 수 있게 되었다. 또 치료사는 Andrew에게 긴장감을 느낄 때 다양한 근육조직을 수축 · 이완시키는 방법을 가르치면서 이완훈련(relaxation training)도 실시하였다. 이에 더하여, Andrew는 운동을 하는 동안 자신의 호흡을 더 잘 조절하고 그 후에 자신을 가라앉히는 방법도 배웠다. 그러나 치료사는 Andrew에게 학교에서 집으로 돌아가거나 그의 일반적 천식발작으로 인해 가외의 유형적 보상을 받게 되는 일은 더 이상 없을 것이라는 것도 말해주었다. 대신, 천식발작이 일어나지 않는 날, 숙제완성, 수업참석 등을 위해서는 강화물이 설정되었다.

천식을 보이는 아동들의 심리적 치료는 또한 자기관찰(self-observation), 자기교수(self-instruction), 결정하기(decision making), 자기유도 자극 또는 반응 변화(self-induced stimulus or response change) 등을 포함할 수 있다(Creer, Wigal, Kotses, & Lewis, 1990; Lemanek et al., 1999). 이러한 방법들은 우선적으로 발작을 예방하거나 아동의 건강을 증진시키기 위해 사용된다. 자기관찰은 아동으로 하여금 자신의 천식발작과 필수약물을 탐지하도록 한다. 이와 같은 방식으로, 아동은 자신의 행동에 대한 더 나은 감시자가 된다. 그러나 이 방법은 Andrew의 경우에 실시되지 않았는데, 왜냐하면 그가 이미 자신의 천식증상을 과도하게 감시하고 있었기 때문이었다.

자기교수는 아동이 자신의 행동을 통제할 수 있다는 자아진술을 포함한다. 예를 들어, 아동은 "나는 괜찮아", "나는 나 자신을 돌볼 수 있어", 그리고 "이전에 이것을 잘 이겨냈으므로 이번에도 그럴 수 있을 거야" 등과 같은 진술을 반복할 수 있다. 이 방법은 Andrew에게 시도되었으나 그의 행동에 별다른 영향을 미치지 못했다. 이에 더하여, 경미한 기침과 색색거림을 자주적으로 통제할 수 있는 여러 가지 전략들을 Andrew에게 가르쳤다. Andrew와 치료사는 또한 활동을 멈추어야 할 때를 Andrew가 정확하게 판단할 수 있도록 하기 위하여 결정하기 기술을 향상시키고자 하였으며, 과도한 담배연기와 먼지가 있는 장소를 Andrew로 하여금 피하게 함으로써 천식을 유발하는 자극조건들을 변화시키고자 하였다.

처음에 Andrew는 선생님, 간호사, 그리고 어머니가 수행한 유관성 관리 프로그램에 좋은 반응을 보이지 않았다. 예를 들어, 그는 그 다음 주에 증상을 이유로 집으로 보내줄 것을 요구하면서 학교에서 네 번 주된 울화통을 터뜨렸다. 다행히도, 치료사가 이러한 행동 "폭발(burst)"의 가능성을 간호사에게 사전에 알려주었으며, 그녀는 Andrew의 성질부리기를 경시할 수 있었다. Andrew는 거의 매일 대부분의 시간을 양호실에서 보내면서 보상을 받았지만, 숙제는 여전히 필수적이었다. 뿐만 아니라, 학교에서 보인 별난 행동은 집에서의 엄격한 특혜 취소로 연결되었다. 그 결과, 결국 Andrew의 문제행동은 3개월간에 걸쳐 감소하였으며, 이 기간의 마지막 3주 동안에는 단 한 번의 천식발작이 있었을 뿐이었다.

이 기간 동안의 치료는 또한 Andrew의 되풀이되는 복통에도 초점을 두었다. 앞서 언급되었던 섬유질 알약의 추가에 더하여, 유관성 관리가 다시 이용되었다. 예를 들어, Andrew는 비록 그가 통증이 심하다고 말을 하더라도 집으로 돌아가는 것을 허락받지 못했다(Dr. Morris는 Andrew의 변비가 심각한 것은 아니라고 이미 결론짓고 있었다.) 그는 통증의 호소에도 불구하고 자신의 집안일 및 과제를 집에서 완성하도록 요구되었다.

되풀이되는 복통을 보이는 아동들의 다른 심리적 치료방법에는 타임아웃, 전기충격, 통증에 대한 부모의 푸념 줄이기 등이 포함된다(Scharff, 1997). 그러나 이러한 방법들은 Andrew의 경우에 적절하지 않았다. 대신, 치료는 Mrs. Barton으로 하여금 아파하는 표정, 고통의 구두표현, 흐느껴 울기 등과 같은 "아픈 역할(sick role)"의 행동들을 무시하도록 장려했다. 반대로, Andrew가 자신의 고통을 애써 이겨내는 것과 같은 긍정적인 행동을 보일 때는 언제든지 Mrs. Barton이 그를 칭찬하도록 하였다.

3개월간에 걸친 치료는 또한 아들과 사사로이 얽힌 Mrs. Barton의 관계 및 집에서 보이는 그의 일반적 불복종에도 초점을 두었다. 뿐만 아니라, Mrs.

Barton은 좀 더 Andrew의 행동을 잘 감시하고 가족 밖의 사회적 접촉을 발달시키기 위해 자신의 직장스케줄을 변경할 수 있었다. 학교 생활지도 상담교사는 또한 Andrew가 그의 옛 친구들과 더 많은 시간을 보낼 수 있도록 그의 수업시간표를 변경하였다. 치료가 끝날 무렵, 천식 및 되풀이되는 복통과 관련된 Andrew의 문제는 대체로 통제되고 있었다. 그는 여전히 증상에 대한 호소를 가끔 하였으나 이러한 행동이 자신에게 별다른 보상을 가져오지 않는다는 것은 알고 있었다. Mrs. Barton과 아들 사이의 일반적 갈등은 여전히 문제가 있었지만, 치료 후 6개월 동안 Andrew의 전반적 기능은 양호한 것으로 판단되었다.

6. 토론 문제

1) 생리적 요인에 의해 유발된 천식을 가진 아동과 정서적 요인에 의해 유발된 천식을 가진 아동을 어떻게 구분할 것인가? 구분이 된다면, 이러한 유형의 아동들을 어떻게 다르게 평가하고 치료할 것인가?
2) 전통적으로 주로 생물학적이라고 생각되는 장애에 심리적 요인이 어떻게 영향을 미칠 수 있는지 탐색해 보라. 스트레스가 아닌 어떤 심리적 요인들이 통증 및 다른 신체적 반응을 유발할 수 있을까? 자신의 성격과 행동이 자신의 신체기능에 어떻게 영향을 주는가?
3) 확실히, 소아과적 건강상태를 가진 아동들을 치료하는 데 있어 큰 관심사 중의 하나는 치료에 충실하는 것이다. 의사와의 예약, 물리치료 지시, 규정된 약물복용을 따라가도록 아동을 돕기 위해 어떻게 할 것인가?
4) 만약 Andrew가 다른 소아과적 상태를 보였다면 치료는 어떻게 달라졌을까? 특히 아동기 당뇨, 시각 및 청각 장애, 암, 두통 등과 관련된 특정 문제들을 탐색해 보라.
5) 명백히, 가장 심각한 소아과적 상태들 중의 하나는 AIDS를 가진 아동들과 관련된다. 치료사로서, 그러한 아동을 둔 가족을 다룰 때 무엇에 가장 초점을 둘

필요가 있을까?

6) 많은 아동들은 그들의 치료에 필요한 외과, 치과, 및 다른 의학 절차를 무서워 한다. 이러한 상황에서 아동의 공포를 줄이기 위해 어떻게 할 것인가? 소아과적 상태를 가진 아동들의 치료를 용이하게 하기 위해 병원은 무엇을 할 수 있을까?
7) 사회적 지원과 그것이 아동의 의학적 문제 및 그 아동을 돌보는 가족구성원들에게 미치는 영향의 문제를 탐색해 보라.

제 13 장

성학대 영향

(Effects from Sexual Abuse)

InfoTrac® College Edition

Explore InfoTrac College Edition by going to http://infotrac.thomsonlearning.com

Hint. Enter these search terms: child maltreatment, sexual abuse, posttraumatic stress disorder, exposure therapy

1. 증상

Joline Kennington은 어머니인 Mrs. Kennington과 주립 가족서비스국(state family services department)의 사회사업가에 의해 치료를 위해 의뢰된 12세 백인소녀였다. Joline은 외상성 상황에 직면해 온 아동들을 전문으로 하는 여성 임상심리가인 한 개인개업의(private practitioner)에게 의뢰되었다. Joline의 상황은 아버지에 의한 성학대 가능성을 내포하고 있었는데, 그 당시 아버지는 투옥되어 있었다. Mrs. Kennington과 사회사업가는 Joline이 그녀의 현재 외상과 아버지 상실에 대처할 수 있도록 치료를 받아야만 한다고 생각했다.

최초의 면접에서, 심리가는 Joline과 개별적으로 이야기를 나누려고 시도하였다. 그러나 그녀는 Joline이 말을 삼가고 눈맞춤을 거의 하지 않는다는 것을 발견했다. 처음에, Joline은 최근의 학대상황과 무관한 질문들에 대해서만 간단히 반응하였다. 예를 들어, 그녀는 자신의 개와 자신이 좋아하는 텔레비전 프로그램 및 음식에 관해 이야기하였다. Joline과 좋은 래포가 형성되었다는 생각이 들었을 때, 심리가는 최근의 사건에 대해 질문을 하였다. 이 시점에서, Joline은 조용히 울음을 터뜨렸고 말을 하지 않으려 하였다. 심리가는 Joline을 안정시키고 와주어서 고맙다고 했다. 심리가는 또한 다음 주에 다시 만날 약속도 Joline으로부터 받아냈다.

그 다음, 심리가는 Mrs. Kennington과 면접을 하였는데, 그녀는 현재 상황에 대해 할 말이 많은 것 같아 보였다. 그녀는 Joline의 아버지가 딸에 대한 성학대로 약 10개월 전에 기소되었다고 보고했다. Mrs. Kennington은 남편이 Joline의 방에 들어가 문을 닫고 긴 시간 동안 머물곤 했을 때 명백하게 그를 의심했다. Mrs. Kennington은 경찰을 부르기 직전에 남편의 이상한 행동을 목격했을 뿐이라고 주장했다. 그녀는 자신이 Joline에게 그 상황에 대해 물었고 Joline은 “아빠가 나의 부적절한 곳을 계속 만져요.”라고 대답했다고 말했다. Mrs. Kennington은 즉시 경찰을 불렀으며, 그 다음 경찰이 가족서비스국과 접촉을 했다고 반복해서 이야기했다. Kennington씨 부부와 Joline과의 면접에 뒤이어 Mr. Kennington

은 아동희롱(child molestation) 혐의로 체포되었고 투옥되어 재판을 기다리고 있었다.

Mrs. Kennington은 Joline이 다음 주에 아버지가 재판을 받기로 되어 있고 자신이 증언을 해야만 할지도 모른다는 사실에 당황스러워 했기 때문에 상담을 받아보기 위해 그녀를 데려왔다. Mr. Kennington은 강력하게 자신의 혐의를 부인하고 있었지만 Mrs. Kennington은 그를 "무사히 빠져나가기 위해서는 무슨 말이라도 하는 병적인 거짓말쟁이"라고 했다. 흥미롭게도, 심리가는 Mrs. Kennington이 증인석에 서고 난 후 딸이 겪을 정서적 상태보다는 증인석에서 딸이 할 증언에 대해 더 걱정하고 있다는 점에 주목했다. 특히, Mrs. Kennington은 Joline이 판사에게 어떻게 보일지, 믿을 만한 증인으로 보일지, 그리고 아버지 때문에 겁먹지는 않을지의 여부에 대해 염려하였다.

심리가는 또한 Mrs. Kennington이 가족과 냉담한 관계를 가지고 있다는 것을 주목했다. 예를 들어, 그녀와 남편은 여러 해 동안 깊은 부부간 문제를 겪어 왔으며 종종 재정, 자녀 양육, 성생활을 두고 언쟁을 벌였다. Mrs. Kennington은 남편을 입버릇이 사납고, 잔인하고, 거친 사람으로 묘사했다. 이에 더하여, Mrs. Kennington은 학업과 같은 Joline의 일상 활동 대부분에 대해 알지 못했다. 그럼에도, 그녀는 Joline에 대한 칭찬을 아끼지 않았으며, 자신과 딸이 친밀하고 애정적인 관계를 가지고 있다고 주장했다. 마지막으로, Mrs. Kennington은 두 아들 중 누구와도 친밀하지 않았는데, 보고된 바에 의하면 그 두 아들 모두는 그녀로 하여금 남편을 떠올리게 했다. 각각 17세, 19세였던 두 아들은 아버지가 체포되었을 당시 집에서 살고 있지 않았다. 비록 최근 가족의 사건들에 대해 아는 바가 없다 하더라도, "그 두 아들은 아버지 편일 거예요."라고 Mrs. Kennington은 말했다.

심리가는 또한 Joline 사례를 맡고 있던 가족서비스 사회사업가와도 이야기를 나누었다. 사회사업가인 Mrs. Tracy는 상황에 대해서 Mrs. Kennington보다 더 균형있는 견해를 제공하는 것처럼 보였다. Mrs. Tracy는 전체적인 상황이 불투명하며, 어머니가 경찰을 부른 후에 경찰과 가족 서비스국은 주로 Joline의 자기보고에 따라 일을 처리해 온 것을 인정했다. 그 당시, Joline은 아버지가 그녀 자신의 방에 와서 자신을 쓰다듬었다고 말했다. 구체적으로, 그는 딸의 몸을 어루만졌으며 자신에게도 딸이 그렇게 하도록 요구했다. Mrs. Tracy의 보고에 의하면, Joline은 아버지가 그녀의 외음부를 만졌으며 그 자신의 외음부도 쓰다듬도록 요구했다고 말했다. 그러나 처음에는 키스, 질 삽입, 또는 구강 성접촉은 전혀 보고되지 않았다.

그 당시에, Joline은 쓰다듬기가 얼마나 자주 그리고 얼마나 오랫동안 일어났는지에 대한 질문을 받았지만 분명한 답변을 할 수 없었다. 처음에 그녀는 약 15개월 전 자신의 열 번째 생일 이후로 학대가 계속되어 왔다고 말했다. 그러나 어머니 앞에서 면접이 다시 실시되었을 때, Joline은 학대가 단지 한 달 동안 지속되어 왔다고 했다. 또한 두 번째 면접에서, Joline은 과도한 키스 및 구강 성접촉을 포함하는 더욱 실질적인 학대를 보고했다. 따라서 정확히 무슨 일이 발생했는지는 분명치 않았다. 후속 면접에서, 사건에 대한 Joline의 설명은 더욱 갈팡질팡했으나, 그녀는 아버지가 자신을 어루만졌으며 자신도 그렇게 하도록 요구했다고 항상 주장했다. 최근 면접에서, 그녀는 키스와 구강 접촉이 실제로 일어났는지 기억할 수가 없다고 말했다.

Mrs. Tracy는 Mrs. Kennington이 딸의 대답에 영향을 주고 있는 것 같다는 의심을 전달했다. 특히, Mrs. Kennington은 Joline으로 하여금 제기된 학대의 심각성을 극대화하도록 부추김으로써 과거의 잘못에 대해 남편을 응징하고자 노력하고 있는 것처럼 보였다. 반대로, Mrs. Kennington은 신고 지연에 대한 비난을 피하기 위해 제기된 학대의 기간을 최소화하고자 노력하고 있는 것 같았다. 그 시점까지, 만약 Joline에게 어떤 일이 일어났다면 실제로 어떤 일이 일어났는지는 명확하지 않았다. Mrs. Tracy는 어떤 학대가 일어나긴 했지만 그 본질은 미지수라는 것이 자신의 "본능적 반응"이라고 말했다. Mrs. Tracy는 이 사례에 있어서 어떤 일이 발생했었는지에 대한 상이한 설명은 지방검사(district attorney)의 유죄판결 기회를 위험에 빠뜨릴 지도 모른다는 우려를 표시했다.

Mrs. Tracy는 또한 Joline이 최근 몇 달 동안 다양한 다른 문제들도 겪었다고 보고했다. 특히, 그녀의 학업은 극단적인 손상을 입었다; 평균 B였던 학점은 D 및 F로 떨어졌다. 이에 더하여, Joline은 부모에 대한 분노뿐만 아니라 아버지를 상실한 것에 대한 극심한 죄책감 및 슬픔을 명백히 보이고 있었다. 예를 들어, 어머니와 관련하여, Joline은 어머니가 "너무 오래 기다렸으며" 아버지에 대한 자신의 불평을 무시했다고 사회사업가에게 이야기했다. Joline과 대화를 더 나눈 다음, Mrs. Tracy는 Mrs. Kennington이 사실은 다른 문제로 남편과 주요한 언쟁을 한 직후 경찰을 불렀을 것이라고 의심했다. 마지막으로, Joline은 법정에서 증언해야 할 가능성에 대해서 꽤 초조해하고 있었다.

Mrs. Kennington의 동의를 얻은 후, 심리가는 Joline의 학교선생님을 면접함으로써 초기평가를 마무리지었다. 선생님인 Mrs. Ecahn은 Joline이 영리한 학생이며 학업에 집중하는 데 분명 어려움을 겪고 있었다고 말했다. Joline은 또한 동요된 듯이 보였으며 수업 중에 가끔 울었다. Mrs. Ecahn과 다른 교직원들은 Joline의 상황을 인지하고 있었으며, 따라서 그녀를 돕기 위한 조정도 이루어졌다. 특히, 선생님들은 그녀에게 많은 정서적 지원과 방과후 개인지도를 해 주었다.

이러한 모든 원천으로부터 수집된 정보에 근거하여, 심리가는 어떤 형태의 학대가 실지로 일어났으며 Joline이 그 후유증으로 고통을 받고 있는 것이 아닌가 생각했다. 특히, 심리가는 Joline이 외상후 스트레스 장애(posttraumatic stress disorder: PTSD) 증상을 보이고 있는 것으로 생각했다.

2. 평가

DSM-IV-TR에 의하면, PTSD의 근본적 특성은 다음과 같은 극도의 외상성 스트레스에 노출된 이후에 나타나는 특수한 증상들의 발달이다: (1) 실제적 · 위협적 죽음이나 심각한 상해, 혹은 개인의 신체적 보전에 대한 위협을 주는 사건의 직접적인 경험; 또는 (2) 죽음, 상해, 혹은 다른 사람의 신체적 보전에 대한 위협을 주는 사건의 목격; 또는 (3) 가족구성원이나 다른 가까운 사람이 겪는 갑작스럽거나 폭력적인 죽음, 심각한 상해, 혹은 죽음이나 상해의 위협에 대한 학습 (American Psychiatric Association, 2000, p. 463).

이에 더하여, 외상에 대한 개인의 반응은 반드시 다소의 강한 두려움, 무력감, 공포 등을 포함하여야 하며, 아동의 경우에는 혼란되고 동요된 행동을 보여야 한다(APA, 2000, p. 463). 성적으로 학대받아 온 사람들에게 나타나는 PTSD 관련 증상으로는 자기파괴적이고 충동적인 행동, 신체적 호소, 수치감, 우울한 행동, 사회적 문제, "손상받은" 또는 위협당한 느낌, 그리고 성격변화 등이 있다 (APA, 2000, p. 465).

PTSD의 핵심적인 특징은 외상을 상기시키는 단서에 직면했을 때 그 외상성 사건이 기억, 꿈, 재발할 것 같은 느낌, 또는 생리적 · 심리적 고통의 형태로 끊임없이 재경험된다는 것이다. 어린 아동들은 또한 반복적인 놀이를 통하여 외상을 재현하기도 하고, 그들의 삶이 단축되거나 자신들이 부정적인 사건을 예견할 수 있다는 믿음을 명백히 나타낼 수도 있다. 뿐만 아니라, PTSD를 가진 사람은 대체로 증가된 각성을 경험하고 외상성 사건과 연계된 자극을 회피한다. PTSD 진단준거을 만족시키기 위해서는, 이러한 증상들이 한 달 이상 지속되어야 하며 기능상 유의미한 손상을 초래하여야 한다. 만약 그 증상들이 3개월 이상 지속되면, 만성적인 PTSD로 간주된다(APA, 2000).

Joline의 경우, 그녀는 몇 가지 PTSD 진단준거를 만족시키는 것으로 보였다. 예를 들어, 보고된 학대는 신체적 보전에 대한 위협을 초래하는 것으로 보였는데, 왜냐하면 Joline이 학대 결과 위태롭고 "불결한" 느낌이 든다고 사회사업가에게 말했기 때문이었다. 구체적으로, 보고에 의하면 그녀는 학대 에피소드 동안에 꽤 덩치가 큰 아버지에게 감히 저항하지 못하는 무력감을 느꼈다. 보고된 학대 이후로, Joline은 또한 학대 에피소드에 대한 악몽을 꾸었으며 법정에서 아버지와 대면해야 할지도 모른다는 사실에 직면했을 때는 불안을 경험했다. 뿐만 아니라, 그녀는 종종 학대에 관해 더 이야기하기를 꺼려했으며 자신을 즐겁게 하곤 했던 활동들에 무관심해졌고, 다른 사람들로부터 멀어졌다. PTSD 증상들은 또한

Joline의 분노 및 집중 문제에도 뚜렷이 나타났다. 이러한 증상들이 전체적으로 Joline의 사회적 · 학업적 기능에 영향을 미치고 있었으므로 PTSD로 간주하는 것은 정당하게 보였다. 성학대를 경험한 아동들의 약 $\frac{1}{3}$이 나중에 PTSD를 보인다(Kendall-Tackett, Williams, & Finkelhor, 1993).

성학대를 참아 왔고 PTSD 증상을 경험하는 아동들의 평가는 보통 어떤 유형의 면접을 포함한다. 뚜렷한 이유로, 면접관은 보통 아동에게 초점을 두는데 신중하게 그리고 강압적이지 않게 면접을 해야 한다. 면접관은 아동과 래포를 형성해야 하며, 아동이 개인 문제를 표현하는 데 편안함을 느낄 수 있는 안전하고 내밀한 환경을 제공해야만 한다. Joline의 경우, 심리가는 Joline 및 그녀와 이미 특별한 래포를 형성하고 있는 사회사업가를 면접했다. 몇 번의 면접이 있은 후, Joline은 자신의 학대에 대해 심리가와 개별적으로 이야기를 나누는 데 편안함을 느낀다고 말했다. 그 사이에, Mr. Kennington을 상대로 한 법적 소송은 Joline이 증언을 하고 싶어하지 않는다는 이유로 연기되어 있었다.

심리가의 첫 번째 과제는 어떤 학대라도 발생했는지의 여부와 만약 발생했다면 어떤 형태의 학대가 발생했는지를 분명히 밝히는 것이었다. 많은 논의와 기밀에 대한 재보증이 있은 후, Joline은 사건의 진상을 말했다. 그녀는 몇 개월 동안 아버지가 밤에 자신의 방에 들어왔고, 자신의 하루에 대해 이야기했으며, 그리고 어떤 형태의 신체적 접촉을 시작했다고 말했다. 처음에는, 이것이 신체마사지 형태였으나 나중에는 몸전체를 어루만지는 것으로 발전했다. 나중의 학대 단계에서, Mr. Kennington은 Joline에게 서로 주고받자고 말하였고 그녀의 손을 자신의 외음부로 가져갔다. 뿐만 아니라, 이러한 사건들이 진행되면서, Mr. Kennington은 딸에게 그들이 "같이한 특별한 시간"에 대해 누구에게도 이야기해서는 안 된다고 말했다. 그러나 공공연한 협박은 전혀 없었다.

그 밖에 어떤 일이 일어났었는지 물었을 때, Joline은 키스나 다른 행위는 전혀 없었다고 말했다. 그녀는 어머니가 자신에게 "상황을 가능한 한 고통스럽게 이야기하라"고 말한 이후 경찰에 거짓말한 것을 시인했다. 그녀는 어머니의 요구에 응했지만, 실재하지 않는 사건들에 대한 그녀의 설명은 나중에 뒤죽박죽 되어 있었다. 또한 Joline은 경찰을 부르기 전에 몇 번 어머니에게 무슨 일이 일어나고 있는지를 이야기하였으나 아버지와 큰 언쟁을 벌였던 밤까지 어머니는 어떠한 조치도 취하지 않았다고 주장했다.

평정척도 또한 PTSD와 성학대에 의한 관련증상들을 평가하는 데 사용될 수 있다. 그 한 예가 불안, 우울, 분노, 외상후 장애, 해리(dissociation), 성적 근심(sexual concerns)과 관련된 문항들을 포함하고 있는 아동용 외상 증후 체크리스트(Trauma Symptom Checklist for Children)*이다(Briere, 1996). 이 척도의 견본문항으로는 다음과 같은 것들이 있다:

1) 나쁜 꿈 또는 악몽을 꿈.
2) 자신이 좋아하지 않는 것이 발생한 일들을 기억함.
3) 여성/남성들을 무서워 함.
4) 어떤 나쁜 일이 자신에게 일어날 것이라는 생각을 멈출 수 없음.
5) 누군가가 자신을 죽일 것이라고 두려움 함.

학대가 발각된 다음에 이루어지는 아동의 평가는 다음과 같은 몇 가지 요소에 초점을 맞추어야 한다(Wolfe & Birt, 1997; Wolfe & Wolfe, 1988):

1) 미래의 재피해로 이어질 수도 있는 행동 패턴(예: 비행, 학교결석)
2) PTSD 증상 및 전반적 불안
3) 성관계 및 또래관계
4) 원인 및 과거의 학대에 대한 느낌
5) 전반적 혼란의 수준

---

* Reproduced by special permission of the Publisher, Psychological Assessment Resources, Inc., 16204 North Florida Avenue, Lutz, Florida 33549, from the Trauma Symptom Checklist for Children by John Briere, Ph.D., Copyright 1989, 1995 by PAR, Inc. Further reproduction is prohibited without permission of PAR, Inc.

6) 현재의 가족 분위기

Joline의 경우, 교란행동, 물질사용, 몰래 훔치기, 또는 공격성 등과 같은 행동은 전혀 나타나지 않았다. 대신, 사회적 위축, 죄책감, 그리고 자살관념화와 같은 우울증상들이 나타났다. Joline은 급우들이 자신을 "이상하게" 보고, 자신이 아버지에게 폐를 끼쳤으며, "내가 죽는다면 가족이 보다 더 잘 살 수도 있을 것"이라는 등의 느낌이 든다고 말했다. 심리가는 Joline이 자살생각을 할 때 또는 자살시도를 하기 전에 심리가 자신에게 이야기하는 것을 확실하게 하기 위해 Joline과 구두약속을 하였다.

보고된 바에 의하면, Joline은 또한 학교에 가고 법정에서 증언하는 것을 걱정하고 있었다. 이 걱정은 아주 오래 지속되어 결국 Joline은 증언을 거부하였으며 Mr. Kennington을 상대로 한 고소는 취하되었다(그 후 그는 다른 지방으로 이사를 갔으며, Joline 또는 Mrs. Kennington과 더 이상의 접촉은 하지 않았다). 심리가는 Joline이 상황에 대한 죄책감 때문에도 증언을 거부했던 것이 아닌가 생각했다. 심지어 Joline은 자신이 그 아파트에 살지 않았더라면 아버지가 곤경에 처하게 되지 않았을 것이라고 말하면서 실제로 학대의 어떤 면을 자신의 탓으로 돌렸다.

심리가는 또한 현재 Joline과 또래 및 가족구성원과의 관계도 논의하였다. Joline은 친구들과 학교 사람들은 대체로 지원적이지만, 그 사건에 대한 최근의 보도적 관심으로 인해 그들에게 불편함을 느낀다고 말했다. 어머니와의 관계는 부자연스러웠는데, 그 이유는 Joline이 법정에서 증언을 하지 않으려고 한 것이 어머니를 당황하게 했기 때문이었다. 뿐만 아니라, Joline은 학대와 관련된 어떤 조치를 취하는 데 있어 너무 오래 지체한 것 때문에 어머니에게 여전히 화가 나 있었다. 전반적으로, 심리가는 Joline이 자신의 생활에 있어서의 주요한 변화에 적응하는 것을 배우고 있었지만 자신의 부정적인 느낌 중 많은 부분을 애써 극복해 나가야만 할 것이라고 생각했다.

성적으로 학대받아 온 아동들의 평가는 해부인형(anatomical dolls)을 사용함으로써 도움을 받을 수 있다. 이 인형은 아동이 말을 하지 않으려 하거나 학대사건을 충분히 묘사할 만큼 언어적이지 못할 때 보통 사용된다. 전형적으로, 아동은 인체를 연필 따위로 그리고 신체의 다양한 부분을 확인하도록 지도를 받는다. 그 다음, 아동에게 인형을 보여 주고는 학대자가 무엇을 했는지 또는 하지 않았는지에 관한 여러 가지 질문을 한다. 인형의 사용은 학대사건을 세부적으로 기억해내는 것을 용이하게 하지만, 만약 아동이 발생했던 일을 완전히 잊어버렸다면 도움이 되지 않는다. 뿐만 아니라, 인형의 사용은 성적으로 학대받아 온 아동들에게 공격적이고 성적인 놀이를 알려 주는 경향이 있다. 마지막으로, 인형의 사용은 학대 내용을 구성하도록 아동을 이끌어 주는 것으로 보이지 않는데, 이것은 이 분야에 있어서 하나의 큰 쟁점이다(White & Santilli, 1988). 그러나 Joline의 경우, 인형은 사용되지 않았다.

3. 위험요인과 유지변인

비록 학대로부터 면제된 아동은 없다 하더라도, 연구자들은 성학대를 촉진하는 주요한 위험요인 몇 가지를 요약하였다(예: Fergusson & Mullen, 1999; Wolfe, 1999). 이러한 요인들에는 낮은 가족수입, 고립된 가족, 부부간의 갈등, 부모의 물질남용, 계부의 존재, 아버지의 가부장적 태도, 아동의 결핍된 사회적 접촉, 성적으로 규제적인 가족태도, 그리고 원만하지 않은 어머니-아동 관계 등이 포함된다. 이러한 관계는 다음과 같은 몇 가지 특징을 지닐 수 있다:

1) 아동이 어머니로부터 떨어져 살았던 과거 상황
2) 어머니의 정서적 냉담
3) 아동에 대한 소홀한 감독
4) 아동의 성적(性的) 발달과 관련된 어머니의 처벌

이와 같은 특징들 중 어떤 것은 Joline과 그녀의 가족에게는 해당되지 않았다. 예를 들어, 가족의 사회경제적 지위는 중류계급이었으며, Mr. Kennington은 Joline의 생부였고, Joline에게는 친한 친구가 몇 명 있었으며, Joline과 어머니가 장기간 떨어져 살았던 적이 전혀 없었고, 가족이 다른 가족들로부터 고립되어 있지도 않았다. 사실, 그들은 도시적 환경에서 살았으며 다른 가족들과 정기적으로 상호작용을 했다. 뿐만 아니라, 비록 Mrs. Kennington이 성적으로 규제적인 태도를 가지고 있는 것처럼 보였다 하더라도, 전체로서 그 가족이 성적으로 규제적인 태도를 가지고 있었는지의 여부도 분명하지 않았다.

반대로, 언급된 다른 특징들 중 어떤 것은 Joline과 그녀의 가족에게 해당되었다. 예를 들어, 보고된 바에 의하면, Mr. Kennington은 가족 조직에 대해 인습적이고 보수적이었다. 그는 아내의 직업과 아내가 집으로부터 떨어져서 보내는 시간에 대해 부정적이었으며, 그들 부부의 성생활 및 애정의 결핍에 대해 아내와 잦은 다툼을 벌인 것이 명백했다. 게다가, Joline과 어머니의 관계에도 분명 문제가 있었다. 사회사업가는 Mrs. Kennington이 딸에 대한 남편의 애정을 항상 불쾌하게 여겼고, 아버지와 딸의 관계를 고의적으로 해치기 위하여 학대와 관련하여 경찰을 부르는 것을 지체하기조차 했을지도 모른다고 생각했다. Mrs. Kennington은 또한 딸의 잠재적인 성적(性的) 발달에 대해 신경이 곤두서 있는 것 같아 보였는데, 한번은 딸에게 데이트와 성에 대해 이야기하는 데 불편함을 느낀다고 사회사업가에게 말했다.

성학대가 발생하기 전에는 일반적으로 네 가지 필수조건이 만족되어야만 한다(Finkelhor, 1984; Wolfe & Wolfe, 1988). 첫 번째, 가해자가 아동을 성적으로 학대하려는 동기부여가 되어야 한다. 비록 많은 사람들이 성학대가 성적 만족감과 관련되는 것으로 믿고 있으나, 성학대는 권력욕과 타인에게 굴욕감을 주려는 욕구와 흔히 더 관련되어 있다. Joline 사례를 담당했던 심리가는 Mr. Kennington의 최근의 직업상 어려움, Joline보다 나이가 위인 두 아들의 집떠남, 그리고 아내와의 언쟁이 딸을 통제함으로써 채워졌던 권력의 결핍감을 불러일으켰을지도 모른다고 생각했다. 그러나 Mr. Kennington의 면접은 전혀 이루어지지 않았으므로, 권력욕 또는 Joline에게 굴욕감을 주려는 욕구에 대한 직접적인 증거는 없었다.

성학대를 위한 두 번째 필수조건은 가해자가 아동과의 성행위에 대한 자신의 억제를 극복해야만 한다는 것이다. 그렇게 하기 위해, 가해자는 알코올을 사용하고, 학대의 부정적인 결과를 부인하며, 아동 포르노를 합법적인 매체로 받아들이고, 그 행동을 자기자제력 부족의 탓으로 돌리며, 또는 부모가 아동과 원하는 대로 할 수 있다고 믿을 수도 있다. Joline의 경우, 마지막 조건은 확실히 해당되었으나 나머지 요인들과 관련된 증거는 전혀 없었다. 예를 들어, Mr. Kennington이 딸과의 성적 상호작용이 애정을 바탕으로 한 것이며 학대적인 것이 아니라고 실제로 믿었는지에 대해서는 알려진 바가 없었다.

성학대를 위한 세 번째 필수조건은 가해자가 성적 행위에 대한 외부적 장애를 극복해야만 한다는 것이다. 물론, 주요한 외부적 장애에는 발각과 체포가 포함된다. 이 점은 Mr. Kennington에게 처음에는 문제가 되지 않았는데, 왜냐하면 자신이 혼자서 Joline과 함께 상당한 시간을 보내도록 아내가 내버려두었으며 또한 아내는 성적 행위에 대한 Joline의 호소에 귀기울이기를 좋아하지 않았기 때문이었다. 뿐만 아니라, Mr. Kennington은 "같이한 특별한 시간"에 대해 침묵으로 일관하도록 Joline에게 당부한 것이 자신의 궁극적인 체포를 방지하는 데 충분할 것이라고 잘못 생각한 것이 분명했다.

마지막으로, 학대를 범하기 위해서는 가해자가 성적 접촉에 대한 아동의 저항을 극복해야만 한다. Joline의 경우, Mr. Kennington은 정상적인 부모-자녀간 애정과 착취의 차이에 대해 Joline이 초기에 가졌던 혼동을 이용했다. 뿐만 아니라, 그가 Joline에게 주었던 가외의 관심은 어머니에게 학대에 대해 말하기 전 얼마 동안 딸을 회유하였을 지도 모른다.

연구자들은 또한 아동들의 PTSD에 대한 병인적 모델을 개발하였다. 예를 들어, 어떤 연구자들은 PTSD 증상이 외상과 관련된 생각들을 끊임없이 회피함으로써 유지된다고 주장한다(Gilbert & Dollinger, 1992). 대신, PTSD 증상이 줄어들기 위해서는 아동은 자신의 정신에 이러한 생각들을 완전히 동화시켜야만 한다.

이 모델은 처음에 성적 사건에 대한 자신의 설명을 공유하는 것을 망설였던 Joline에게 적용될 수도 있었다. 다른 연구자들은 외상성 사건이 취약감, 무력감, 공포, 불안, 자기비난에서 오는 죄책감 등을 유발한다고 주장한다(Janoff-Bullman, 1985). 이러한 느낌들은 그 이후에 생리적 각성 및 장래에 대한 부정적 관점과 같은 PTSD 증상을 유발한다. 확실히 Joline은 이러한 느낌 중 많은 부분을 나타내고 있었는데, 심리가는 그러한 느낌들이 그녀의 PTSD 증상을 유지하고 있다고 생각했다.

PTSD에 대한 다른 병인적 이론들은 더 통합적인 접근을 끌어들인다. 예를 들어, Fletcher(2003)는 외상성 사건, 정서적 · 생물학적 반응, 귀인(역자 주: 개인이 자신의 행위나 결과에 대하여 생각하고 설명하는 방식), 개인 특성, 사회적 환경의 특성을 포함하는 아동기 PTSD 병인을 위한 작동 모형(working model)을 제시했다. 어떤 사건이 외상성이 되려면 그 사건은 전형적으로 죽음, 상해, 신체적 보존의 손실, 불시, 예측불가능, 통제불가능, 만성적 또는 심한 노출, 근접, 그리고/또는 사회적 오명 등과 연계되어 있을 것이다. 이러한 것들의 몇 가지는 Joline의 경우에 확실히 해당되었다.

PTSD의 정서적 반응에는 공포, 전율, 그리고 무력감 등이 포함되며, 반면에 생물학적 반응에는 노르에피네프린(norepinephrine), 도파민(dopamine), 세로토닌(serotonin), 아세틸콜린(acetylcholine)과 같은 신경전달물질에 있어서의 변화가 포함된다. PTSD와 관련된 귀인으로는 외상성 상황을 불가피한 것으로 평가하기, 자신의 안전이 항상 위협받을 것이라고 믿기, 또는 자신의 장래는 영원히 외상성 경험에 의해 오점이 남을 것이라는 태도를 보이기 등이 있다(Fletcher, 2003). 이러한 믿음들이 어느 정도는 Joline에게 나타났다.

PTSD 유발을 도울 수도 있는 개인 특성으로는 스트레스를 주는 사건에 대해 부정적 반응을 보이는 생물학적 소인, 과거의 경험에 근거를 둔 심리적 취약성, 그리고 스트레스 요인의 대처에 대한 무능력 등이 있다. 마지막으로, 사회적 환경의 특성 또한 PTSD로 이어질 수 있다. 이러한 특성에는 외상과 당사자에 대한 가족의 부정적 반응, 불충분한 지역사회 지원, 그리고 재정적 어려움 등이 포함된다.

Joline의 경우에, 비록 그녀가 많은 부정적 정서와 낮은 학업수행을 계속 나타내기는 하였지만, 그녀의 대처기술은 주어진 상황에서 실제로 꽤 좋았다. 이에 더하여, 그녀는 자신의 생활에 나타나는 새로운 변화에 종종 당황하였으며, 긴 시간동안 당황한 채로 있었다. Joline의 상태는 또한 어머니와의 긴장된 관계와 가족의 재정적 문제로 도움을 받지 못했다. 그러나 학교 교직원, 가족서비스국, Joline의 친구들, 그리고 심리가 등으로부터의 긍정적인 지역사회 지원은 다소의 장기적인 PTSD 증상들의 발달을 예방한 것 같았다.

4. 발달 양상

연구자들은 아동기 학대의 단기적 그리고 장기적 결과를 검토해 왔는데, 이러한 결과는 연령에 따라 차이가 있는 것으로 보인다. 일반적 외상(예: 자연재앙)에 직면한 적이 있는 영아기부터 2.5세까지의 아동들은 수면 및 배변 문제, 큰 소음에 대한 과장된 놀람반응, 까다로움과 의존적 행동, 말 및 운동과 관련된 중요한 발달적 기술의 상실, 갑작스러운 부동상태, 극도의 분리공포, 외상을 상기시키는 단서의 회피, 사회적 위축 또는 타인에 대한 반응성 결여 등을 보일 수 있다(Monahon, 1993).

성적으로 학대받아 온 매우 어린 아동들과 관련해서 볼 때, 그 반응들로는 다른 아동들을 부적절하게 만지기, 자신의 외음부에 대한 유별난 관심(예: 마사지), 자신의 나이에 비해 아주 깊은 성적 지식 표출, 외음부 통증 또는 성병 등이 있다. 물론 마지막 증상은 어떤 연령층에서도 나타날 수 있다. 또한 아동의 놀이가 학대적 외상의 재연과 관련될 수 있으며 만약 아동이 충분히 언어적이라면 학대를 둘러싼 문제를 느닷없이 꺼낼 수도 있다(Monahon, 1993).

일반적 외상에 직면한 적이 있는 2.5세부터 6세까지의 아동들은 분리불안, 사회적 위축, 악몽, "나쁜" 사건을 설명하기 위한 불가사의한 사고, 신체적 호소,

불쾌한 시각적 이미지, 언어와 자기보호 기술에서의 퇴행, 외상성 사건을 되풀이해서 말하기, 놀이에서 그리고 놀이친구와 함께 외상성 사건에 말려들기, 기분과 성격의 변화, 외상이 재발할 것이라는 공포 등을 보일 수 있다. 이에 더하여, 아동은 외상을 상기시키는 특정한 날들에 더욱 민감해질 수 있다. 성적인 학대를 받아온 이 연령층의 아동들은 성적인 놀이, 특정 성(性)이나 장소에 대한 갑작스럽고 특수한 공포, 타인을 공격적으로 건드리기, 자위행위와 자신의 외음부에 대한 과도한 관심을 보이는 경향이 있다. 뿐만 아니라, 2.5세에서 6세까지의 아동들은 더 어린 아동들보다 외상성 사건을 더 잘 기억한다(Monahon, 1993).

일반적 외상에 직면한 적이 있는 6세에서 11세까지의 아동들은 상세한 이야기와 놀이로 외상을 재연하는 경향이 있다. 이에 더하여, 아동들은 특수한 공포와 원하지 않는 시각적 이미지, 산만함, 낮은 집중력, 외상성 사건에 있어서의 자신의 역할에 대한 죄책감, 그리고 부모의 반응에 대한 예민함을 보인다. 물론, 더 어린 아동들과 관련하여 언급된 반응들 중 어떤 것들(예: 퇴행적 행동)은 6세에서 11세까지의 아동들에게도 적용될 수 있다. 성적인 학대를 받아온 이 연령층의 아동들은 공공연한 성적 행위를 보이고, 자신의 성적 경험을 넌지시 알리며, 학대를 언어적으로 묘사하고, 또는 성적으로 학대받은 더 어린 아동들처럼 행동할 수도 있다. 뿐만 아니라, 그들은 유아원 아동들(역자 주: 미국에서는 3~5세 유아들)보다 기억력이 더 좋기 때문에 학대에 대한 그들의 기억은 더 세부적이며 오래 지속된다(Beitchman, Zucker, Hood, da Costa, & Akman, 1991; Monahon, 1993).

일반적 외상에 직면한 적이 있는 청소년들은 다음과 같은 몇 가지 공통 반응들을 보일 수 있다:

- 태만하고, 무모하며, 위험을 무릅쓴 행동
- 사고를 당하기 쉬움
- 복수심
- 수치심과 죄책감
- 굴욕감

- 강한 기억력
- 우울과 비관
- 대인관계 문제
- 극도의 사회적 연루 또는 위축

성적인 학대를 받아온 Joline과 같은 청소년들이 또한 보일 수 있는 일반적 반응으로는 성적 난잡 또는 성적 절제, 가출, 그리고/또는 더 어린 아동들에 대한 성적 공격성 등이 있다(Kendall-Tackett et al., 1993; Monahon, 1993).

Joline의 경우에, 그녀의 가장 두드러진 반응은 죄책감, 사회적 위축, 당황, 우울 증상, 성적 억제였다. 마지막 반응과 관련해서 볼 때, 비록 12살 아동에게는 흔히 정상적일 수 있다 하더라도, Joline은 성적인 문제에 대해 이야기하는 것을 눈에 띄게 불편해 하였다. 그녀는 또한 어머니와 긴장된 관계를 가지고 있었으며, 학교에 결석하기를 원했고, 친구들과 나가서 어울리는 것을 가끔 회피했다. 뿐만 아니라, 심리가가 이전에 주목했던 바와 같이, Joline은 계속 아버지의 부재를 자신의 탓으로 돌렸으며 가끔 자살에 대해서 생각하였다.

성인으로서, 외상을 입어온 특히 성적인 학대를 받아온 사람들은 일반인들보다 더 이른 나이에 결혼해서 자녀를 두고, 학교를 떠나며, 독립을 두려워하고, 그리고 다른 친교그룹을 추구하는 경향이 있다. 흔히 나타나는 장기적 문제로는 불안 및 우울증, 고립감, 물질남용, 성적 문제, 낮은 자아존중감, 섭식 및 수면장애 등이 있다. 뿐만 아니라, 성적인 학대를 받아온 여성들은 강간이나 배우자의 학대를 통해 재피해를 입을 위험이 더 크다(Bonner, Kaufman, Harbeck, & Brassard, 1992). 이것은 학대에 이어서 타인에 대한 신뢰를 판단하는 능력이 뒤떨어졌기 때문일 수 있다.

관련된 관점에서, PTSD의 핵심적인 발달 양상들은 그 장애가 얼마나 심하게 될 것인가를 나타낼 수 있다. 앞서 주시한 바와 같이, 아동의 인지 및 사회성 발달 수준이 확실히 결정적이다. 예를 들어, 더 나은 인지발달을 보이는 아동들은 어떤 사건을 더 외상적으로 평가하고, 더 자멸적인 생각을 하며, 우울증에 더 빠지기 쉽고, 외상의 관념적인 결과를 더 두려워하며, 그리고 더 어린 아동들에 비해 기억력이 더 좋다. 그러나 더 나은 인지발달을 보이는 더 나이든 아동들이나 청소년들은 또한 더 나은 대처기술을 보이기도 한다. 사회성 발달과 관련해서 보면, 빈약한 사회적 기술을 가진 더 어린 아동들은 폭넓은 지원망을 형성하지 못하거나 장래에 대한 공포나 걱정을 효과적으로 전달하지 못할지도 모른다. 반대로, 원만한 사회적 기술을 가진 청소년들은 친구들과 대화하고 싫은 가족상황을 피함으로써 PTSD 증상을 완화시킬 수 있다.

발달적 차이는 또한 아동이 외상성 사건에 반응하는 방식에 영향을 줄 수 있다. 아동들은 외상성 사건에 더 좋지 않은 반응을 보이는데, 왜냐하면 그들은 청소년들에 비해 더 낮은 통제력(그리고 더 낮은 감각통제력), 더 혼란된 행동, 그리고 그 사건을 상기시키는 것에 대한 더 심한 예민함을 보이기 때문이다 (Fletcher, 2003). 그러나 더 어린 아동들은 외상성 사건으로부터 자신들을 더 잘 분리시키는데, 이것은 PTSD 증상들의 발달로부터 그들을 다소 보호해 줄 수 있다. 이러한 특성은 또한 성적인 학대를 받아온 아동들이 가끔 해리성 정체감(다중 인격) 장애(dissociative identity disorder)를 발달시키는 이유를 설명해 줄 수도 있다.

Joline의 인지 및 사회성 발달은 대체로 양호했다. 그러나 이것은 두 가지 뜻으로 해석되는 것(double-edged sword)임이 판명되었다. 예를 들어, 그녀의 인지기술은 그녀로 하여금 성학대가 자신의 과실이 아니었으며, 어머니도 비록 비난받을 점이 없는 것은 아니지만 이러한 상황의 희생자라는 것을 결국 이해하도록 해 주었다. 그러나 Joline은 또한 대체로 남성을 두려워하게 되었으며, 성적 행위를 다소 혐오적인 것으로 간주하였고, 학대적 에피소드에 대한 불쾌한 기억들을 계속 가지고 있었다. 유사한 방식으로, Joline의 사회성 발달은 그녀로 하여금 대처기술을 형성하고, 지원망에 의존하며, 이전보다 더 자립적이 되도록 해 주었다. 그러나 Joline이 친구들과 갖는 지속적인 애착은 어머니와의 계속되는 긴장관계 및 학업수행에 대한 더 적은 관심이라는 희생을 치르게 되었다.

5. 치료

학대받은 아동들의 치료는 흔히 부모와 아동에게 초점을 둔다. 많은 경우에, 치료는 남아있는 부모를 목표로 삼는데, 그 이유는 Joline의 상황처럼 부모 중 한 사람이 가족을 떠나기 때문이다. 부모지향 치료(parent-oriented treatment)는 종종 모델링, 역할놀이, 그리고 타임아웃 및 적절한 정적 강화에 대한 교수를 통해 더 나은 훈육방법을 형성하는 것을 포함한다. 부모치료의 다른 요소로는 아동의 행동에 대한 비합리적인 사고를 수정하는 인지치료, 분노 및 자제력 훈련, 그리고 일반적 대처기술 훈련 등이 있다(Azar & Wolfe, 1989; Deblinger & Heflin, 1996). Joline의 경우, 부모훈련은 강조되지 않았는데, 왜냐하면 Mrs. Kennington이 Joline에게 공공연한 학대를 한 적이 전혀 없었으며 Joline의 치료에 적극적으로 참여하는 것을 원하지 않았기 때문이었다. 그러나 Joline의 외상에 대한 Mrs. Kennington의 태만 자체가 학대이며 중재가 필요하다고 주장하는 사람도 있을 수 있다.

학대를 받아온 아동들, 특히 성적 학대를 받아온 아동들을 위한 아동지향 치료(child-oriented treatment)는 주로 아동의 나이에 좌우된다. 인지 또는 사회성 기술이 충분히 발달되지 못한 유아원 아동들(역자 주: 미국에서는 3~5세 유아들)을 위해서는 놀이치료가 가장 유용할 것이다. 놀이치료는 아동으로 하여금 편안한 장소에서 표현을 가능하게 하는 다양한 오락 물품들과 상호작용하도록 하는 것을 포함하는데, 그러한 물품들의 예로는 인형집, 손가락 인형, 물감, 점토, 장난감용 집짓기 나무 등이 있다. 놀이치료는 특정 사건에 대한 대화를 고무하고, 창의적인 사고와 상상력을 촉진하며, 감정을 표출하게 하면서 치료에 대한 거부감을 극복하는 데 효과적이다(Schaefer, 1993). 예를 들어, 아동이 가장놀이를 할 때, 가설적 시나리오와 자신을 보호할 수 있는 방법(예: "부당한" 만짐에 대해 다른 사람들에게 이야기하기)에 관한 질문들이 제기될 수 있다.

성적으로 학대받은 유아원 아동들을 위한 치료는 또한 아동으로 하여금 외상적 사건에 대해 이야기하도록 하는 데 초점을 맞출 수도 있다(Bonner et al.,

1992). 이것은 아동의 두려움을 줄이고 아동이 신뢰할 수 있는 다양한 사람들을 확인하도록 하기 위한 것이다. 감동적 심상 기법들(emotive imagery techniques)이 악몽을 다루기 위해 사용될 수 있다. 이 기법에서는, 아동으로 하여금 악몽 속의 악한과 싸우기 위하여 좋아하는 초영웅과 한 패가 되는 것을 상상하도록 한다. 이에 더하여, 치료사는 부적절한 만짐이 무엇인가와 원하지 않는 만짐을 어떻게 거부할 것인가에 대해 아동을 교육시킬 수 있다. 그러나 Joline의 경우에 후자의 기법들은 필요하지 않았다.

성적인 학대를 받아온 학령기 아동들을 위한 아동근거 치료(child-based treatment)는 흔히 충동 및 분노 통제, 정서적 표현, 문제-해결 훈련, 이완과 함께 두려운 자극에의 점진적 노출, 자아존중감 증진, 고립감과 우울을 줄이기 위한 사회적 활동의 증가, 그리고 인지치료 등에 초점을 둔다. 성활동, 성학대, 그리고 개인안전에 대한 교육도 중요하다(Deblinger & Heflin, 1996). 집단치료는 교육, 정서적 표현, 그리고 사회적 지원 형성하기 등에 도움이 될 수 있다. 또 다른 일반적 치료기법은 아동으로 하여금 현재 자신의 느낌을 기술하도록 하고 그 느낌에 대한 통제력을 얻기 위해 가설적 피해자 또는 가족구성원들에게 편지를 쓰게 하는 것이다(Karp & Butler, 1996).

Joline의 경우, 심리가는 그녀로 하여금 아버지에 의해 성적인 학대를 받아온 가설적인 12세 소녀에게 편지를 쓰도록 했다. 심리가는 Joline에게 자신의 느낌을 쓰고 그 소녀에게 조언을 해 줄 것을 요구했다. Joline은 자신의 죄책감과 슬픔에 대한 몇 통의 짧은 편지를 썼으며, 다행히 그 소녀에게 자신에게 일어난 어떤 학대도 자신의 탓으로 돌려서는 안 된다고 말했다. Joline은 또한 친구들과 대화를 나누는 방법, 치료사와 상의하는 방법, 그리고 "한번에 하루씩(one day at a time)"의 삶을 사는 방법에 대해 조언을 했다. Joline이 그 편지들을 쓸 때, 심리가는 그녀의 느낌에 대해 그녀에게 이야기를 했고 그녀의 죄책감과 분노를 완화시키도록 도왔다.

치료 중에 발생한 좀 더 논쟁의 여지가 있었던 문제는 Joline이 아버지에게 편지를 쓰고 싶어했던 것이다. 이것은 Joline이 어떤 일이 있어도 Mr. Kennington과 접촉을 해서는 안 된다고 주장했던 어머니에 의해 완강히 거부되었다. 심리가는 Joline이 그 편지를 쓰되 심리가에게 그 편지를 보낼 것을 제안하면서 타협을 권했다. Joline은 동의를 하고는 아버지를 향한 자신의 분노, 그가 잘 지내기를 바라는 자신의 바람, 훗날 언젠가 그를 다시 만나길 바라는 자신의 소망 등에 대한 길고 두서없는 편지를 썼다. Mrs. Kennington은 Joline이 그 편지를 완성하는 데 몇 일이 걸렸으며 그 동안 그녀가 종종 울었다고 보고했다. 비록 Mrs. Kennington은 이 과정을 부정적으로 보았다 하더라도, 심리가는 Joline이 학대적 사건을 생각하지 않을 수 있으려면 이러한 느낌들을 표현할 필요가 있음을 인지했다. 과연, 편지쓰기 실습이 있은 후 Joline의 전반적 기분은 다소 개선되었다.

Joline의 치료는 또한 그녀의 고립감, 남성에 대한 일반적 공포, 데이트와 성에 대한 질문 등에도 초점을 두었다. 먼저, 심리가는 Joline이 다른 사람들의 행동을 위협적이고 비열한 것으로 해석하는 경향을 줄이기 위해 인지치료를 실시했다. 이 경향은 그녀의 또래와 어머니를 포함해서 그녀에게 가까이 있는 사람들에게 특히 적용되었으며, 아버지의 배신에 따른 당연한 결과였다. 예를 들어, Joline은 친구들이 자신을 이상하게 보며 자신과 상호작용하기를 원하지 않는다고 종종 느꼈다. 그러나 Joline은 다른 사람들이 무슨 말을 해야 할 지 몰라 그녀 주위에서 불편해 했을 수도 있다는 것을 인식하게 되었다. Joline의 친한 친구 세 명을 치료에 참석시키자는 심리가의 제안이 있은 후, 또래들과 관련된 문제는 대부분 해결되었다. 그러나 Joline과 어머니와의 관계는 개선되지 않았다.

심리가는 또한 학대적 행동이 모든 남성들의 본성의 일부가 아니라는 것을 Joline이 이해하도록 하기 위해 그녀의 생활에서 "좋은" 남성을 확인하는 것을 도왔다. 특히, 그녀의 두 오빠, 목사, 생활지도 상담교사가 긍정적인 역할 모델로 확인되었다. 마지막으로, 심리가는 데이트와 성에 대한 Joline의 질문에 답변하였으며, 적절하고 부적절한 성적 접촉이 상세하게 논의되었다.

PTSD 증상을 가진 아동들의 초기 치료는 외상을 종결하고 그들이 안전한 환경에서 회복하도록 돕는 것을 포함한다. 그 이후의 치료는 정서적 표현, 가족치료, 외상을 둘러싼 생각과 단서에의 노출 등을 포함하고 있는 성적인 학대를 받아온 아동들의 치료 요소들과 유사할 수 있다. Joline의 경우, 그녀는 아버지가 자신에게 음란한 행동을 했던 아파트를 지속적으로 회피했다. Joline이 준비가 되었다는 생각이 심리가에게 들었을 때, 그들은 그 아파트를 같이 둘러보았다. Joline은 그 아파트의 다른 면들을 지적하였으며, 예전의 자기방을 마지막에 들렀다. 그녀는 한참 동안 울었으나 결국 마음을 가라앉혔다. 이 일이 있은 후, Joline은 아버지에게 보내지지 않은 또 다른 편지를 썼으나 이것은 비밀로 하였다.

학대를 받아왔거나 PTSD를 가진 사람들의 장기적 예후는 정서적 표현(카타르시스)의 정도, 가족 및 사회적 지원의 수준, 외상을 상기시키는 단서에의 노출, 그리고 대처기술의 발달에 크게 좌우된다. Joline은 그녀와 어머니가 다른 도시로 이사를 가기 전 7개월 동안 치료를 받았다. 그러나 치료가 끝날 무렵, Joline의 학교성적은 대체로 향상되어 있었으며, 그녀는 과거의 사건과 새로운 생활에 잘 적응하고 있었다. 심리가는 Joline의 장기적 예후는 아마도 좋을 것이라고 생각했다.

6. 토론 문제

1) 여아 4명 중 한 명 그리고 남아 6명 중 한 명꼴로 18세까지 성적으로 학대를 받는다. 성학대가 그렇게 널리 퍼져 있는 이유는 무엇이라고 생각하는가? 또한 아동기 성학대의 피해자 대부분이 4세에서 12세까지의 여아인 이유는 무엇이라고 생각하는가?
2) 심한 학대를 받아온 아동을 면접하기로 되어 있다면, 맨 먼저 다루어야 할 가장 중요한 주제는 무엇일까? 학대받은 아동에게 이야기할 때 자신의 어떠한 특성에 대해 생각해야만 하는가?
3) 어떤 유형의 외상이 외상후 스트레스 장애(posttraumatic stress disorder: PTSD)로 이어질 가능성이 가장 높다고 생각하는가? 끔찍한 사건에 뒤이어 다른 사람들은 그렇지 않은 반면에 어떤 사람들은 PTSD를 경험하는데 그 이유

는 무엇일까?

4) 자신의 생활에서 어떤 사건을 외상성으로 기술할 수 있겠는가? 그 사건의 어떤 점이 그렇게 느끼도록 만드는가?
5) 앞서 기술된 Joline 경우에 있어 Mrs. Kennington의 역할을 두고 볼 때, 아버지가 떠난 후 Joline이 어머니와 함께 지내야만 한다고 느끼는가? 이 상황의 장단점을 탐색해 보라.
6) Joline의 상황에 대해 그녀에게 이야기할 수 있다면, 가장 이야기해 주고 싶은 것은 무엇인가? 자신이 치료사였고 과거에 학대를 받은 적이 있었다면, 고객을 돕기 위한 치료의 일부로서 이 사실을 스스로 털어놓을 것인가? 자신의 대답을 변호해 보라.
7) 과거의 학대에 대한 기억이 억압되었다가 나중에 되살아날 수 있을까? 자신의 대답을 뒷받침해 보라. 이러한 현상의 재판상 그리고 다른 분기점은 무엇일까?
8) 성적 학대를 받아온 사람들을 치료하는 데 있어서 자조그룹의 유익함과 바람직함을 탐색해 보라. 특히, 개인적으로 학대를 경험한 적이 없는 훈련된 전문가보다 오히려 지원그룹을 이용하는 것에 대한 찬반양론을 논의하라.

제 14 장

복합 사례 (II)

(Mixed Case Two)

InfoTrac® College Edition

Explore InfoTrac College Edition by going to http://infotrac.thomsonlearning.com

Hint. Enter these search terms: school refusal behavior, school phobia, behavior function, prescriptive treatment

1. 증상

Cindy는 등교거부행동을 보이는 아동들을 위한 외래클리닉에 의뢰된 14세 백인 소녀였다. 최초의 평가가 실시되었을 때, Cindy는 9학년(역자 주: 우리나라의 중학교 3학년)이었다. 그녀는 학교교직원이 Cindy가 새 학년이 시작되고 나서(역자 주: 미국에서는 새 학년이 9월에 시작됨) 28일을 결석했다고 가족에게 알린 후(그 당시는 11월이었다) 어머니인 Mrs. Weller에 의해 의뢰되었다. 결석으로 처리된 28일의 대부분은 오후수업을 빠지는 부분적인 결석이었다. 그러나 학교방침에 따라, 학교장은 Cindy의 사례를 청소년 법원에 의뢰하였다. 그 곳에서 Cindy는 무단결석 혐의에 직면하게 되었으며, 그녀의 부모 또한 교육적 태만 혐의를 받을 수도 있었다. 학교장은 가족이 치료를 받는 데 동의를 한다면 법원이 그러한 문제를 가진 가족에 대해 지금까지 더 우호적인 반응을 보였다는 점을 Mrs. Weller에게 알려 주었다. 그러자 Mrs. Weller는 Cindy, 자신, 그리고 전남편을 위해 클리닉에 최초의 예약을 하였다.

첫 번째 평가회기 동안, Cindy와 그녀의 부모는 임상심리가에 의해 개별적으로 면접을 받았다. Cindy가 맨 먼저 면접을 받았는데, 초기에는 정보를 제공할 때 명확하지 않았다. 예를 들어, 얼마나 많이 결석했는지에 대한 질문을 받았을 때, Cindy는 "그렇게 많지 않았어요."라고 성미 급하게 대답했다. 그러나 그녀는 한 학기에 20회 결석을 하면 그 학생을 법원에 의뢰하는 학교방침에 대해 알고 있었다. 기밀보장, 특히 부모와 관련된 기밀보장에 대한 재보증이 있은 후, Cindy는 좀 더 마음을 터놓았다. 그녀는 자신이 학교를 좋아하지 않으며 학교가 대체로 지루한 것 같다고 말했다. 더 구체적으로, 그녀는 자신이 급우, 교사, 교과목, 또는 배치된 새 고등학교를 좋아하지 않는다고 했다. 혹시 학교에 대해 그녀가 좋아하는 것이 있는지에 관한 질문을 받았을 때, Cindy는 친구들과 보내는 자유시간만 즐겁다고 대답했다.

심리가는 또한 Cindy에게 학교 밖의 활동에 대해 질문하였다. Cindy는 자신과 친구들이 "엽궐련을 집밖에 내걸고 피우며" 또는 누군가의 집에서 텔레비전을 보거나 비디오게임을 하기 위해 종종 학교를 빠지곤 했다고 대답했다. 이와 같은 일은 1주일에 약 2~3회 발생했다. 이에 더하여, 그녀는 가끔 지역 상점가를 배회하거나 잠을 자기 위해 집으로 돌아가곤 했다. 주말에도 일과는 보통 이와 같았다. 심리가는 Cindy의 약물사용에 대해 더 깊이 조사하였는데, 그녀가 가끔 마리화나(marijuana)뿐만 아니라 크랙(crack)(역자 주: 순도가 높고 중독성이 강한 흡연용 알갱이 코카인)과 분말 코카인(power cocaine)을 사용했다는 것을 알게 되었다. 그러나 학교결석 이외에는, 보고된 Cindy의 어떠한 약물사용도 그녀의 일상기능을 유의하게 저해하고 있는 것 같지 않았다. 예를 들어, 그녀는 약물에 취해 가족 및 의사와의 약속을 어긴 적이 전혀 없었다. 뿐만 아니라, Cindy가 약물사용으로 인해 자신을 위험한 상황에 놓이게 했다고 할 만한 일도 전혀 없었다. 예를 들어, 그녀는 약물에 취한 친구들과는 함께 차를 타지 않았으며, 다른 약물을 사용할 때 음주를 하지 않았다.

심리가는 또한 Cindy의 과거 생활영역을 조사했다. Cindy는 한동안의 격렬한 다툼이 있은 후 약 1년 전에 부모님이 이혼을 했다고 말했다. 특히, 그녀는 Weller씨 부부가 어떻게 언쟁을 하고 서로 신체적으로 난폭해졌는지를 묘사했다. 사실, Cindy는 중재를 위해 경찰을 두 번 불렀다. 아이러니컬하게도, 이혼 후 Weller씨 부부는 친밀한 접촉을 유지하고 있었고 종종 Cindy에 관해서 서로 상의를 했다(두 사람 모두 클리닉에 온 것을 주시하라). Cindy는 그 이혼을 "잘한 일"이라고 하였으며, 보고된 바에 의하면 아버지가 집을 떠난 것에 대해 기뻐했다. 그러나 그녀와 어머니의 사이는 분명 좋지 않았다. Cindy는 자신이 종종 어머니와 언쟁을 벌인다고 하였으며, "어머니가 나를 내쫓을 수 있을 때까지의 날짜를 세고 있었어요."라고 말했다. 그 결과, Cindy는 집 및 어머니와의 상호작용을 되도록 많이 피하였다.

더욱 최근의 사건으로 되돌아가서, Cindy는 자신이 친구들과 함께 시간을 보내야 할 필요성을 주장하였으며, 학교로 결코 돌아가지 않을 수도 있음을 넌지시 비쳤다. 보고된 바에 의하면, Cindy는 몇몇 수업에 있어 자신의 수행에 대해 걱정하고 있었는데, 그녀는 자신이 과제를 이해하지 못하며 그 과제와 자신 생활과의 관련성을 찾아볼 수가 없다고 주장하였다. 그녀는 대부분의 수업 시간에 자신이 "잘못 와 있는" 것 같다고 느꼈으며 따라서 더욱 지원적인 친구들과 함께 있기 위하여 수업을 빠졌다고 말했다. 그녀는 학교를 벗어나서는 어떠한 정서적 고민도 없다고 하였지만, 심리가는 Cindy가 법정에서 무슨 일이 일어날 것인가에 대해 걱정하고 있으며 그녀의 기분이 다소 우울하다는 것을 알아챘다. 예를 들어, 그녀는 몇 가지 질문에 대한 반응으로 어깨를 으쓱하였으며, 자신의 장래 계획에 관한 질문을 받았을 때는 눈물을 글썽거렸다. 뿐만 아니라, Cindy는 치료목적에 대한 어떠한 견해도 제공하지 않았다.

부모님과의 면접에서, Mrs. Weller는 Cindy에 관한 정보제공 및 비난을 간절히 하고 싶어했다. 그녀는 딸이 말썽을 일으킨다고 하면서, 단도직입적으로 최근의 문제들을 딸의 탓으로 돌렸다. 그녀는 Cindy의 오래된 등교거부행동 내력을 이야기했는데, 그녀에 의하면 Cindy는 7학년(역자 주: 우리나라의 중학교 1학년) 동안 17일, 8학년 전반학기 동안에는 50일을 결석했다. 그러나 당시까지 학구(school district)에 의한 어떠한 법적 조치도 취해지지 않았었다. Mrs. Weller는 자신은 장기결석에 대한 학교방침에 놀랐다고 말하였고, 법원출두 및 치료참석 요구 때문에 일할 시간을 낭비하게 될 것에 대해 불평하였다.

Cindy가 등교거부를 하는 이유를 물었을 때, Mrs. Weller는 어깨를 으쓱거리며 딸이 "약물중독자가 되어가고" 있다고 말했다. 보고된 바에 의하면, Mrs. Weller는 지난 여름 딸의 방에서 마리화나와 코카인을 발견하였고, 마음이 누그러져서 딸을 집에 들어오게 하기 전에 잠시 그녀를 집밖으로 내쫓았다. 더욱이, Mrs. Weller는 Cindy가 친구들과 함께 지내고 "먹고 마시며 떠들기" 위해 수업을 빠진다고 생각했다. Mrs. Weller는 또한 Cindy가 막 갱(gang)에 가입하고 들치기(역자 주: 가게에서 물건을 사는 체하고 훔치는 것)를 시작하려 한다고 걱정했다. 뿐만 아니라, 그녀는 Cindy가 더 이상 자신에게 귀를 기울이지 않으며 "통제불가능"하고 "큰 문제로 향하고" 있다고 주장했다. 그녀는 또한 심리가가 실질적인 방법으로 도울 수 있을지도 의심스럽다고 했다.

이 시점까지 조용히 있던 Mr. Weller는 더 부드러운 어조로 이야기했다. 그는 자신이 Mrs. Weller와 이혼한 것이 Cindy를 힘들게 했을 것이며, 그녀가 자신과 전처(前妻)에게 "반항하고" 있는 것일지도 모른다고 말했다. 그는 앞서 나왔던 부부간의 갈등 및 신체적 폭력에 대한 보고를 인정하였으며, Cindy가 어떤 점에서는 그것 때문에 "상처를 받았을" 것이라고 생각했다. 최근 사건과 관련해서, Mr. Weller는 Cindy가 때로는 매우 외설적인 욕을 하면서까지 자신 및 전처와 여전히 빈번한 언쟁을 벌인다고 했다. 이에 더하여, 그녀는 가끔 가출하겠다고 위협을 하며 또 실제로 두 번 그렇게 하였다. 두 번 모두, 그녀는 돌아오기 전에 친구의 집에서 4일 동안 머물렀다. Mr. Weller는 Cindy가 "큰 문제로 향하고" 있다는 전처의 말에 동의했다.

Weller씨 부부의 동의를 얻은 후, 심리가는 또한 다양한 학교교직원과 이야기를 나누었다. 그들로부터 다른 임상적 양상이 나타났다. 예를 들어, 몇몇 교사들은 Cindy를 불안하고 우울하며 위축되어 있는 것으로 묘사했다. 비록 한 명의 교사는 Cindy가 "어찌할 바를 모르고" 질문을 받았을 때 움츠린다는 불평을 하였으나, 그녀가 학급에서 교란행동을 보인다고 말하는 사람은 아무도 없었다. 모든 교사들은 Cindy가 자신들의 과목에서 실패를 하고 있다고 보고했다. 그녀의 생활지도 상담교사인 Mrs. Arias는 또한 Cindy가 학년 초에 자신이 원하는 수업시간표를 받지 못하면 자기 자신을 위해하겠다는 위협을 했다고 보고했다. 비록 그 위협은 심각한 것으로 생각되지는 않았으나, Mrs. Arias는 Cindy의 가족생활 및 사회생활이 염려된다고 하였으며 그녀를 "위험상태에 있는" 학생으로 묘사했다.

이와 같은 초기 평가과정이 있은 후, 심리가는 Cindy가 내면화, 외현화, 그리고 학업적 문제를 가지고 있는 것으로 결론지었다. 그러나 등교거부행동이 가장 심각하고 당면한 문제로 간주되었다. 치료에서 다루어져야만 할 다른 문제에는 우울, 물질사용, 불복종, 가족갈등 등이 포함되었다.

2. 평가

등교거부행동은 학교출석에 대한 아동-동기부여 거부(child-motivated refusal) 또는 온종일 교실에 남아있기 어려움을 말한다. 구체적으로, 다음과 같은 범주 중 하나 이상을 만족시키는 행동을 보이는 5세에서 17세까지의 아동 및 청소년에게 적용된다:

1) 학교에 완전히 결석한다.
2) 학교에 출석했다가 도중에 학교를 빠져나간다.
3) 아침에 심한 행동문제(예: 성질부리기)를 보인 후에야 학교에 간다.
4) 엄청난 두려움을 가지고 학교에 가며, 자리를 뜨는 것을 허락해 줄 것을 반복적으로 요청한다.

비록 "학교공포증(school phobia)" 또는 "무단결석(truancy)"과 같은 용어들이 이러한 아동들을 기술하기 위하여 사용되어 왔으나, 지금은 등교에 어려움을 보이는 모든 아동들을 포함한다는 이유로 "등교거부행동(school refusal behavior)"이라는 용어가 선호되고 있다. 등교거부행동은 경제적인 목적으로 또는 아동에게 닥칠 수 있는 위험(예: 전배우자에 의한 유괴)을 방지하게 위해 부모가 고의적으로 아동의 학교등교를 보류하는 등교철회(school withdrawal)와는 다르다.

Cindy의 경우, 그녀는 자의에 의해 은근히 등교를 거부하고 있었다. 사실, 그녀의 부모는 학교교직원이 그녀의 출석기록을 제시하고 나서야 비로소 그녀의 장기결석에 대해 알게 되었다. 이에 더하여, Cindy의 등교거부행동은 주로 이차적 유형이었다: 그녀는 대개 등교를 했다가 친구들과 함께 있기 위하여 도중에 학교를 떠났다. 그녀의 등교문제는 만성적인 것으로 분류될 가능성도 있었는데, 왜냐하면 그 행동이 3년간 불규칙적으로 나타났기 때문이었다. 그러나 금년은 지난 년도들보다 더 악화되었으며, 가족과 학업기능에 있어서 유의미한 지장이 나타났다.

대부분의 등교거부행동은 내면화 행동과 외현화 행동의 복잡한 패턴을 포함한다(Kearney, 2001). 흔히 나타날 수 있는 내면화 행동으로는 공포, 불안, 우울, 사회적 위축, 자살관념화, 피로, 그리고 신체적 호소 등이 있다. 마지막 행동은 종종 위통, 두통, 전율, 그리고 구역질을 포함한다. 신체적 호소는 진정일 수도 있고 학교를 회피하기 위한 과장일 수도 있다. Cindy의 경우, 신체적 호소는 전혀 보고되지 않았다. 그러나 그녀는 학교에 있을 때 막연하게 불안감과 우울함을 느낀다고 보고했다. 이것은 그녀가 잘 알지 못하는 급우들과 상호작용을 해야 하는 상황 또는 다른 사람들 앞에서 수행을 해야 할 때 특히 나타났다. Cindy는 확실히 뒤따라 하는 학생이었으며, 자신이 사회적 접촉을 시작해야만 하거나 관심의 중심이 되어야만 하는 상황은 회피하였다.

등교거부를 하는 아동들에게서 흔히 볼 수 있는 외현화 행동으로는 언어적·신체적 공격성, 불복종, 집 또는 학교로부터 달아나기, 그리고 울화통 등이 있다. 이러한 행동들은 Cindy의 경우에 대체로 나타났는데, 그녀는 부모와 많은 교사들에게 분명 불복종적이었고 집과 학교로부터 달아난 내력을 갖고 있었다. 이에 더하여, Weller씨 부부는 Cindy가 자신의 뜻대로 되지 않을 때는 언어적·신체적으로 사나워진다고 말했다. 예를 들어, 그들은 Cindy가 집을 떠나 친구들과 함께 있기 위해 어머니를 계단 아래로 밀려고 했던 경우를 기억하고 있었다.

따라서 등교거부행동을 보이는 아동들의 평가는 많은 기능영역에 집중하여야만 한다. Cindy의 경우, 내면화 문제를 위해서 몇 가지 자기보고 및 부모-교사 질문지가 사용되었다. 예를 들어, 아동용 우울증 목록(Children's Depression Inventory)(Kovacs, 1999)에서 Cindy의 점수는 정상범위에 있었으나, 그녀는 몇 가지 문항을 높게 평정하였다. 이러한 문항들에는 낮은 학업성적, 사랑받지 못한다는 느낌, 우울한 기분, 피로, 자살에 대한 생각 등이 포함되었다. 마지막 문항을 다루기 위해서, 심리가는 Cindy와 계약을 맺었는데, 그 계약에서 Cindy는 만약 자신이 자살에 대한 어떠한 심각한 생각이나 충동이 있으면 심리가와 접촉을 하겠다고 약속했다.

Cindy는 또한 아동용 불안척도 개정판(Revised Children's Manifest Anxiety

Scale)(Reynolds & Paget, 1983)과 아동용 사회적 불안 척도—개정판(Social Anxiety Scale for Children—Revised))(La Greca, 1998)에서 중간 수준부터 높은 수준까지의 일반적 불안과 사회적 불안을 보고하였다. Cindy는 주위에 자신이 잘 모르는 사람들이 있을 때 가장 불안해 하였으며, 다른 사람들이 자신의 외모와 행동을 어떻게 평가하는지에 대해 염려를 하였다(그러나 이것은 14세 아동에게는 흔히 정상적이다). 이러한 염려는 그녀가 학교에 결석한 소집단의 친구들 가까이 머물려고 하는 이유를 부분적으로 설명해 주는 것이었다. 뿐만 아니라, 아동용 Piers-Harris 자아개념 척도(Piers-Harris Children's Self-Concept Scale: PHCSCS)(Piers, Harris, & Herzberg, 2002)에서 Cindy가 받은 점수는 자신의 인기, 다른 사람 앞에서의 수행, 내구력, 지능 등에 대해 본인이 유보하고 있음을 나타냈다.

Cindy는 또한 등교거부행동을 둘러싼 네 가지 기능적 조건의 강도를 측정하는 등교거부 사정척도(School Refusal Assessment Scale)(Kearney, 2002)를 작성하도록 요청받았다. 이 척도는 Cindy가 친구 방문하기, 약물 사용하기, 집에서 텔레비전 보기와 같은 유형적 보상 때문에 주로 학교를 빠지고 있다는 것을 드러냈다. 그러나 부차적인 이유는 새로운 사람들을 만나고 다른 사람들 앞에서 운동적·학업적 수행을 해야 하는 등의 학교에서의 혐오적인 사회적·평가적 상황을 회피하려는 Cindy의 욕구였다. 따라서 Cindy는 학교결석에 대한 한 가지 이상의 이유를 가지고 있었다. 일반적으로, Cindy와 같이 다수의 이유로 등교거부를 보이는 아동들을 치료하는 것은 한 가지 이유만으로 등교거부를 보이는 아동들을 치료하는 것보다 더 어렵다.

일반적인 외현화 행동을 위한 부모-교사 질문지도 Cindy의 경우에 사용되었다. 예를 들어, 아동 행동 체크리스트(Child Behavior Checklist)에서 Weller씨 부부는 비행행동, 공격행동, 불안, 우울, 그리고 사회적 문제행동과 관련이 있는 몇 가지 문항들을 지지했다. 특히, 그들은 Cindy의 잦은 불복종, 언쟁, 욕설, 울음, 걱정, 초조, 타인과의 좋은 관계 실패 등을 주목했다. 그들의 평가는 Cindy에 의한 내면화·외현화 복합증상의 보고를 확인시켜 주었다. 이에 더하여, Weller

씨 부부는 부모용 등교거부 사정척도(the parent version of the School Refusal Assessment Scale)를 작성하였다. 그들은 유형적 강화 차원에서 Cindy를 매우 높게 평정하였는데, 이것은 Cindy가 학교 밖에서 더 많은 위안을 얻으려고 등교거부를 하고 있다는 것을 확신시켜 주었다.

Cindy의 생활지도 상담교사인 Mrs. Arias는 교사 보고 형식(Teacher's Report Form)을 작성하였다. 그녀의 평정은 Weller씨 부부의 평정을 근사하게 반영하였다. 이에 더하여, 그녀는 Cindy의 학업기록을 보여 주었는데, 이 기록은 오전 수업(컴퓨터과학, 영어, 사회과목)과 오후 수업(합창, 수학, 지구과학, 체육)에서 각각 높은 출석률과 낮은 출석률을 드러냈다. 비록 Cindy가 모든 과목에서 실패를 하고 있었지만, 그녀의 컴퓨터과학, 영어, 사회과목 선생님들은 그녀의 성적을 합격 수준까지 끌어올리는 데에는 약간의 재시험 공부만 필요한 정도라고 말했다.

등교거부행동을 보이는 아동들의 평가는 또한 행동에 대한 직접관찰도 포함할 수 있다. 클리닉 절차의 일부분으로서, Cindy는 잠자리에서 일어나기로 되어 있는 오전 6: 00부터 첫 수업에 들어가기로 되어 있는 오전 8: 15까지 두 번 관찰되었다. 이 관찰은 Mrs. Weller와 아침에 일어나 등교준비를 하는 데 힘든 시간을 보내는 Cindy 사이에 많은 갈등이 있음을 드러냈다. 그러나 일단 학교에 도착하면, 그녀는 별일 없이 수업에 들어갔다. 이에 더하여, Mrs. Arias는 이틀 동안 사회과목 수업을 마친 Cindy를 몰래 관찰하였다. 두 번 모두, Cindy는 학교를 빠져나가기 전에 세 명의 친구들과 점심식사를 했다. Mrs. Arias는 허락 없이 학교를 떠나는 현장에서 Cindy를 붙잡기 위해 세 번째 날까지 관찰을 연장하였다. Mrs. Arias는 그렇게 Cindy를 붙잡았으며, 그녀에게 4일간의 방과후 억류(detention)(역자 주: 벌로서 방과후에 학교에 남겨두기) 처분을 내렸다.

3. 위험요인과 유지변인

등교거부행동의 전조(前兆)는 항상 분명한 것은 아니지만, 주요한 유발요인으로는 새로운 학교건물에 들어가기, 스트레스가 많은 학년도의 시작, 교사와의 의견 차이, 또래와의 불편, 분리불안, 그리고 중병 등이 있다. 가족변인 또한 등교거부 행동을 부추길 수 있는데, 이러한 가족변인은 다음 절에 상세하게 논의되어 있다. Cindy의 경우, 그녀의 중학교 입학이 어려움을 일으켰는데, 왜냐하면 초기에 그녀는 교실을 찾고 어떻게 숙제를 하는지에 대해 혼란스러워 했기 때문이었다. 뿐만 아니라, 그녀는 일부 교사들이 쌀쌀하고 가장 우수한 학생들에게 주로 관심을 가진다고 느꼈다. 그녀는 또한 학교의 인종적 구성에 대해서도 불평을 했다.

많은 아동들은 네 가지 이유나 기능 중 한 가지 또는 그 이상 때문에 계속 등교거부를 한다(Kearney, 2001). 첫 번째로, 아동들은 학교에 있을 때 그들이 느끼는 서먹서먹하고 부정적인 감정으로부터 빠져나가기 위해 등교거부를 할 수 있다(막연한 부정적 감정을 부추기는 자극의 회피). 이것은 학교환경에 대해 대체로 불안감 또는 당혹감을 느껴서 학교에 결석하는 어린 아동들에게 보통 적용된다. 종종 이러한 아동들은 자신들을 당혹하게 만드는 한 가지 사항을 지적하지는 못하지만, 가끔 학교건물의 크기와 넓이에 대한 막연한 불쾌감을 보고한다. 많은 경우, 이러한 아동들은 또한 위통과 같은 혐오적인 신체적 증상을 보고하기도 한다. 뿐만 아니라, 그들은 등교거부를 보이지 않는 아동들보다 더 예민하고 스트레스 요인에 반응적이며 의존적인 경향이 있다. 이러한 집단의 아동은 학교관련 물건 또는 상황에 대한 특정 공포증을 보일 수도 있으나, 그러한 경우는 드물며 학교에 결석하는 아동들에게 전형적으로 나타나는 특성은 아니다.

등교거부행동의 두 번째 이유 또는 기능은 Cindy에게 적용되는데, 그것은 혐오적인 사회적 그리고/또는 평가적 상황으로부터의 도피이다. 이것은 사회적 상호작용이나 다른 사람들 앞에서의 수행을 요구하는 상황을 회피하기 위해 학교에 결석하는 청소년들에게 보통 적용된다. 이러한 청소년들은 또래, 교사, 그리고 다른 학교교직원과 같은 사람들을 회피할 수 있다. 뿐만 아니라, 그들은 시험, 구두발표, 다른 사람들 앞에서 쓰기, 낭독, 운동 장소, 교실 또는 복도 걸어 들어가기, 식당에서 먹기, 단체 행사, 많은 군중, 또는 사회적 상호작용이나 평가에 관계되는 다른 어떤 환경 등도 회피할 수 있다. 많은 경우에, 이러한 청소년들은 강한 사회적 불안 및 개인화(personalization)를 보인다. 예를 들어, 개인화와 관련해서 볼 때, 그들은 복도에서 속삭이는 두 사람이 반드시 자신에 대해 이야기하고 있는 것이라고 생각할 수 있다. 물론, 사회적 불안은 청소년들에게 흔히 있을 수 있지만, 학교 출석에 지장을 준다면 문제가 된다.

Cindy의 경우, 그녀는 혐오적인 사회적 · 평가적 상황을 회피하기 위하여 부분적으로 학교에 결석했다. 보고된 바에 의하면, 그녀는 다른 사람들 앞에서, 특히 새로운 사람들을 만날 때 초조해 했다. 그녀는 또한 전시간(full-time) 수업으로 되돌아가서 급우들과 교사들로부터 이상한 눈초리를 받았을 때의 결과에 대해 걱정을 하였다. Cindy는 사회적 상호작용 및 평가가 좀 더 연루되는 몇 개의 수업이 있는 오후에 학교를 빠져나가는 것이 가장 편안하다는 것을 알게 되었다. 예를 들어, Cindy는 체육수업을 빠지는 것을 좋아했는데, 그렇게 함으로써 다른 사람들 앞에서 운동적 수행을 해야 할 필요가 없어졌다. 그녀는 또한 합창수업도 빠졌는데, 그렇게 함으로써 다른 사람들 앞에서 노래할 필요가 없었다. 뿐만 아니라, 그녀는 칠판에 문제를 쓰고 풀 필요가 없도록 수학수업을 빠지는 것을 좋아했다. 그러나 Cindy의 등교거부행동이 항상 오후 수업에만 국한되는 것은 아니었다. 예를 들어, 그녀는 학생 구두보고가 있는 오전 영어수업들을 모두 빠졌다. 전반적으로, Cindy는 자신의 소그룹 친구들과 함께 있기를 선호했으며 종종 다른 사람들로부터 꽁무니를 뺐다.

많은 아동들이 등교거부를 하는 세 번째 이유는 부모나 다른 양육자들로부터 관심을 받기 위해서이다. 이것은 부모와 함께 집에 머물려고 아침에 행동문제를 보이는 더 어린 아동들에게 보통 적용된다. 그렇게 하기 위해 흔히 보이는 행동으로는 잠자리에서 일어나는 것을 거부하기[예: "중하(重荷: dead weight)"(역자 주: 제 힘으로 움직일 수 없을 정도의 무게)로 되기], 방 또는 차 안에 틀어박히기, 꼭 달라붙기, 성질부리기, 그리고 학교환경에서 도망치기 등이 있다. 이러한 아동들은 높은 수준의 불안장애를 보일 수도 있으나(등교거부는 분리불안장애의 한 증상이다), 관심끌기가 더 큰 문제이다. 대체로, 이러한 아동들은 두려워하고, 불복종적이며, 조정적이고, 그리고 의존적이다. 그러나 Cindy의 경우, 이와 같은 기능적 조건은 현재 또는 과거 어느 쪽에도 분명히 해당되지 않았다. 실은, 그녀는 가능한 한 부모로부터 멀리 떨어져 있기를 원했다.

마지막으로, 어떤 아동들은 유형적 강화(tangible reinforcement)를 위해 등교거부를 한다. 이것은 학교밖에 있음으로써 얻을 수 있는 많은 즐거움을 추구하기 위해 학교에 결석하는 청소년들에게 보통 적용된다. 앞서 언급된 바와 같이, 이러한 즐거움에는 친구들과의 시간, 잠자기, 그리고 텔레비전 보기 등이 포함된다. 대부분의 경우, 이러한 청소년들은 학교에 대한 불안은 전혀 없으나 적대적 반항장애나 품행장애 증상을 보이기 더 쉽다. 예를 들어, 이와 같은 기능과 관계되는 흔한 행동으로 공격성, 물질사용, 거짓말하기, 가출 등이 있다.

Cindy의 경우, 그녀는 확실히 유형적 강화를 위해 등교거부를 하고 있었다. 이 패턴은 Cindy가 친구들과 함께 쇼핑을 하기 위해 학교에 결석했던 지난 해에 시작되었다. 그 다음에 이 패턴은 Cindy가 별다른 결과 없이 학교를 빠져나갈 수 있었을 때 강화되었다. 예를 들어, 그녀의 부모는 학교교직원으로부터 그녀의 결석을 거의 통보받지 못했다. Cindy가 다니는 학교처럼 큰 대부분의 학교에서는 장기결석이 지속적으로 추적되는 것이 어렵다. 따라서 유감스럽게도 Cindy가 보이는 것과 같은 문제들은 얼마간 발달된 뒤에 조치가 취해지기도 한다.

처음 두 가지 기능적 조건(학교와 관련된 부정적인 감정 또는 신체적 증상을 회피하기와 혐오적인 사회적 그리고/또는 평가적 상황으로부터 도피하기)은 부적 강화 또는 학교에서의 불쾌한 무엇으로부터 벗어나기 위해 등교거부를 하는 아동들에게 해당된다. 마지막 두 가지 기능적 조건(관심끌기와 유형적 강화)은 정적 강화 또는 학교 밖에서의 유쾌한 무엇을 추구하기 위해 등교거부를 하는 아동들에게 해당된다. 많은 아동들은 한 가지 이상의 이유로 등교거부를 하기도 한다. 예를 들어, 어떤 아동은 처음에 학교에서의 사회적 상호작용을 회피하기 위해 학교에 결석할 수 있지만, 그 다음에는 집에 혼자 머무는 것의 긍정적인 측면(예: 텔레비전 보기, 방해받지 않고 전화하기)을 발견할 수 있다. 반대로, 어떤 청소년은 친구들과 함께 있기 위해 장기간 학교에 결석할 수 있지만, 그 다음에는 새로운 수업, 또래, 교사들에게 돌아가야만 하는 것에 대해 불안해 질 수 있다. 앞서 언급된 바와 같이, 몇 가지 이유로 등교거부를 하는 아동들을 위한 치료는 복잡한 치료전략을 필요로 한다.

Cindy의 경우, 복잡한 시나리오가 적용되는 것처럼 보였다. 비록 학교밖의 유형적 보상을 위해 등교거부를 하고 있는 것은 분명했지만, Cindy는 얼마간 출석하지 않았던 수업에 되돌아가는 것에 대해 초조해 했다. 심리가는 Cindy가 아마도 자신이 시인한 것 이상으로 학교에 되돌아가고 싶어한다고 생각했지만, 또한 그녀가 되돌아갔을 때 일어날 일(예: 다른 사람들에 의해 질문을 강요받기)에 대해서 크게 걱정한다고도 생각했다. 심리가는 또한 다른 행동들이 Cindy가 전시간(full-time) 출석으로 되돌아가는 것을 방해할 지도 모른다고 생각했다. 이러한 행동들에는 빈번한 약물사용, 악화되는 가족관계, 그리고 우울증상 등이 포함되었다. 이와 같은 합병적 문제는 만성적인 등교거부행동을 보이는 아동들의 치료를 대체로 복잡하게 만든다.

4. 발달 양상

등교거부행동은 다양한 아동 요인 및 기능에 의해 유지된다. 그러나 특정 기능장애적 가족역동성이 맨 먼저 등교거부행동 발달을 위한 단계를 형성할 수 있다. Kearney와 Silverman(1995)은 등교를 거부하는 아동의 특성을 나타내는 주요한 가족패턴들을 요약하였다. 잘 알려진 패턴은 사사로이 얽히기(enmeshment)인데, 이 패턴은 가족구성원들이 서로간의 생활에 과도하게 연루되어 있는 것이 특징이다. 전형적으로, 이러한 가족들은 부모의 과잉방임과 과잉보호, 의존성, 적대심, 그리고 아버지의 위축 등으로 특징지어진다. 이 패턴은 종종 아동의 분리불안과 관심끌기행동으로 이어지고, 아동이 학교에 처음 입학할 때 가장 잘 유발된다. 그러나 Cindy의 경우, 그녀는 부모에게 특별히 친밀한 적이 전혀 없었다. 그녀는 과거에 부모가 다투는 것을 멈추게 하기 위하여 말썽을 일으켰으나, 현재는 가능하면 그들을 회피했다. 따라서 그녀의 가족은 사사로이 얽혀있는 것으로는 묘사될 수 없었다.

등교를 거부하는 아동들의 또 다른 가족패턴 특성은 고립(isolation)인데, 이 패턴은 구성원들의 외부적 접촉이 거의 없는 것이 특징이다. 예를 들어, 고립된 가족의 아동들은 대부분의 여가시간을 부모와 함께 보내며, 따라서 그 연령층의 대부분의 아동들에 비해 우정이 덜 발달된다. 이러한 가족들은 또한 아동의 행동 문제를 위한 치료를 추구할 가능성이 적다. 이 패턴은 Cindy의 경우에 다소 분명히 나타났으며, 혐오적인 사회적 · 평가적 상황을 회피하기 위하여 등교거부를 하는 아동들과 종종 관련되어 있다. 예를 들어, Cindy의 경우, 그녀의 부모는 종종 자신들을 다른 사람들로부터 고립시켰으며 Cindy는 학령기 초기에 많은 시간을 집에서 보냈다. 당시에도, Weller씨 부부는 서로간에는 친밀한 접촉을 하고 있었지만 다른 사람들과는 그다지 사귀지 않았다. 이러한 초기의 가족고립은 Cindy로 하여금 사회적 불안을 발달시키고 뒤따라 하는 학생이 되도록 이끌었을 수도 있다. 그 결과, 그녀는 소그룹 친구들과만 시간을 보냈으며 학교를 빠지는 학생들을 따르게 되었다.

등교를 거부하는 아동들에게 흔한 세 번째 가족패턴은 냉담(detachment)이다. 냉담한 가족구성원들은 서로간의 생활에 불충분하게 연루되어 있으며 서로의 필요와 욕구에 관심을 거의 두지 않는다. 대체로 냉담한 부모는 보통 장시간을 기다린 후에 아동의 행동문제에 반응을 보인다. 또한 서투른 의사소통 패턴과 결핍된 정서적 표현도 나타난다. Cindy의 경우는 특히 이 패턴과 관련이 있어 보였다. Weller씨 부부는 딸과 긍정적인 의사소통을 거의 하지 않았다. 뿐만 아니라, Mrs. Weller는 종종 자신의 생활이 영향을 받을 때까지 Cindy의 문제행동을 훈육하지 않은 채 계속되도록 내버려 두었다. 예를 들어, Mrs. Weller는 비록 Cindy가 오랫동안 등교거부행동을 보였다 하더라도, 처음에는 Cindy의 학교출석에 대해 걱정을 하지 않았다. 그녀는 다가오는 법적 조치에 대해 학교로부터 통지를 받은 후에야 중재를 했다.

갈등(conflict)은 등교거부를 하는 아동들에게 나타나는 또 다른 가족패턴이다. 이 가족유형은 언어적 및 신체적 다툼, 서투른 문제해결기술, 그리고 강압적인 절차 등으로 특징지어진다. 이와 같은 반목은 흔히 부부간 문제의 결과인데, 부부간 문제는 나중에 일관성 없는 아동훈육과 등교거부행동과 같은 문제로 이어질 수 있다. 그러나 반대로 아동의 등교거부행동이 부부간의 다툼을 유발할 수도 있는데, 왜냐하면 부모가 그 상황을 다루는 방법에 의견을 달리할 수 있기 때문이다. Kearney와 Silverman(1995)은 갈등이 유형적 강화를 위해 등교거부를 하는 아동들의 가장 큰 특징이라고 보고했다. 유형적 강화를 위해 등교를 거부했던 Cindy에게는 가족구성원간의 갈등이 확실히 여러 해에 걸친 패턴이었다.

이와 같은 모든 가족패턴들이 Cindy의 등교거부행동을 일으키는 데 어떻게 상호작용할 수 있었을까? 한 가지 가능한 시나리오는 Weller씨 부부가 주로 자신들 속에 머무르는 비교적 위축된 사람들이었으며, Cindy에게도 그렇게 하도록 요구한 것이었다. 이것은 Cindy가 처음에 친구를 거의 사귀지 않았고 나중에는 새로운 사회적 환경에서 불안해졌던 이유를 설명해 줄 수도 있었다. 시간이 흐르면서, 가족 스트레스 요인들과 사회적 외부지원의 결핍은 Cindy에게서 부모의 관심을 빼앗는 갈등분위기를 조성하였을 것이다. 그 다음에, 그녀에게 주어지는 강화의 많은 부분이 외부적 자원으로부터 왔다. 예를 들어, 그녀의 부모가 헤어지자, Cindy는 자신의 친구들에게 있는 유형적인 물건들(예: 비디오게임, 약물 등)을 즐기는 데 더 흥미를 느끼게 되었다. 친구들이 이러한 행동들을 더 즐기기 위해 학교에 결석하기 시작하자, Cindy는 점점 더 혼자가 되었다. 이혼을 한 후, Mrs. Weller는 딸에게 더 냉담해졌으며 부부간 문제 중 일부를 그녀의 탓으로 돌리기조차 했다. 이와 같은 냉담이 고조되면서, Cindy는 학교에 결석하고 이전보다 더 용기있게 유형적 보상을 추구할 수 있었다. 이것은 또한 그녀로 하여금 다른 사람들과의 광범위한 접촉을 포함하는 수업들을 빠질 수 있게 해 주었다.

등교를 거부하는 아동들의 장기적 예후는 어떨까? 추적연구들에 의하면, 청소년 시기에 등교를 거부했던 성인들은 직업 및 결혼 문제, 불안 및 우울, 알코올 남용, 그리고 범죄 행위의 위험이 있다(Berg & Jackson, 1985; Flakierska, Lindstrom, & Gillberg, 1988). 물론, 이에 더하여 학교를 중퇴한 사람들은 대학에 다니고 경제적인 성공을 성취할 가능성이 더 낮다.

Cindy의 장기적 예후는 어떨까? 비록 그녀의 치료프로그램은 제법 효과적이었다 하더라도, 다음 절에 논의되어 있는 바와 같이, 그녀의 만성적 등교거부행동은 확실히 그녀를 추후 비행과 궁극적인 중퇴의 위험에 처하게 한다. 차례로, 이러한 영향은 그녀의 장기적인 학업 및 재정적 성공을 손상시킬 수 있다. 또한 Cindy의 사회적 회피, 우울, 물질사용, 그리고 불충분한 부모지원은 그녀에게 성인기 문제의 소지를 심어줄 수도 있다.

5. 치료

Cindy의 치료프로그램은 그녀의 다중적 행동문제를 다루기 위해 심리가에 의해 고안되었으나, 그녀의 등교거부행동을 감소시키는 데 일차적인 초점을 두었다. 이것은 그녀의 이차적인 행동들(예: 사회적 불안, 우울, 물질사용) 중 일부가 그 다음에 자력으로 감소할 것이라는 기대를 가지고 이루어졌다. 등교거부행동을 보이는 아동들을 위한 다양한 치료법은 앞서 기술된 기능들에 그 근거를 둘 수 있다(Kearney, 2001). 예를 들어, 앞서 언급된 바와 같이, 어떤 아동들은 학교에서 경험하는 부정적인 감정 또는 신체적 증상으로부터 벗어나기 위해 등교를 거부한다. 이러한 아동들은 이완훈련, 호흡 재훈련, 그리고 학교환경에의 점진적인 재노출 등의 치료를 받을 수 있다. 이완훈련과 호흡 재훈련은 아동이 근육긴장 또는 과다호흡과 같은 신체적인 학교관련 불안증상을 통제하는 것을 돕기 위해 사용된다. 이에 더하여, 이러한 아동들은 이완과 정상적 호흡을 학교관련 자극과 연관시키도록 교실 또는 다른 장소에 점진적으로 다시 소개될 수 있다. 그러나 이 치료는 Cindy에게는 적용되지 않았다.

Cindy가 부분적으로 그러했듯이, 혐오적인 사회적·평가적 상황을 회피하려고 등교를 거부하는 아동들을 위해서는 모델링, 역할놀이, 인지치료 등의 치료법이 권장될 수 있다. 모델링과 역할놀이는 사회적 기술을 형성하기 위해 종종 사용된다. Cindy의 경우, 그녀의 사회적 기술은 비교적 양호하였으나, 그녀는 종종 위축되었으며 충분할 정도로 자주 그 기술을 나타내지 않았다. 심리가는 이러한 위축이 Cindy의 우울행동과 사회적 불안에 기인한다고 믿었다. 이 증상들의 기저에는 Cindy가 갖고 있는 자신 및 다른 사람들과의 상호작용에 대한 인지적 왜곡이 자리잡고 있었다.

그 결과, 심리가는 먼저 Cindy의 우울과 사회적 불안을 유지하는 왜곡된 사고과정을 확인하고자 하였다. 앞서 언급된 바와 같이, Cindy는 다른 사람들 앞에서 자신의 외모와 행동에 대해 수줍어했다. 그녀는 가끔 아무런 근거가 없을 때조차, 다른 사람들이 자신을 부정적으로 판단하고 있다고 가정했다. 예를 들어, 그녀는 자신과의 처음 만남에서 심리가가 자신의 헝클어진 머리, 문제성 있는 혈색, 그리고 큰 코에 대해 생각한다고 추측했다. 뿐만 아니라, Cindy는 자신이 자력으로 새로운 일을 시도할 때는 언제나, 과거에 어머니가 그랬듯이, 다른 사람들이 자신을 호되게 비판하려 한다고 생각했다. 그 결과, 그녀는 종종 새로운 상황을 회피하였고 예전과는 달리 뭔가를 해 보려는 시도는 좀처럼 하지 않았다.

그 다음에, 심리가는 새로운 방법으로 자신의 환경과 상호작용을 시도해 보도록 Cindy를 도왔다. 그 과정에서, 그는 Cindy에게 상당한 격려를 해 주었고, 부모에게도 그렇게 하도록 권유하였다. 시간이 흐르면서, Cindy는 학교(예: 그녀의 그룹 외의 다른 사람들에게 이야기하기), 교회(예: 청년단체에 가입하기), 그리고 가족(예: 어머니와의 더 많은 대화를 시작하기)을 포함하는 새로운 상황에 관여하도록 요청받았다. 각각의 상황에서, Cindy는 자신의 생각을 설명하였고 불합리한 생각은 고쳤다. 이에 더하여, Cindy는 처음으로 사람들을 만났을 때 자신이 그들로부터 받는 긍정적 그리고 부정적 피드백 둘 다에 주의를 기울이도록 지도받았다. 이러한 노력은 그녀가 좀 더 현실적으로 사고하고, 자신의 활동수준을 높이며, 자신의 사회적 불안과 위축을 감소시키도록 돕는 것을 목적으로 하였다. 몇 주간에 걸쳐, Cindy는 점차적으로 더 많은 사회적 모험을 하였고, 다른 사람들을 더 활발히 끌어들였다.

관심을 얻으려고 등교를 거부하는 아동들을 위해서는 유관성 관리에 있어서의 부모훈련이 권장될 수 있다. 이 접근에서, 부모는 아동을 위해서 규칙적인 아침·저녁 일과를 짜고, 좀 더 분명하게 명령을 내리며, 친사회적 행동 또는 학교 출석행동을 적극적으로 보상하고, 부적절한 등교거부행동은 벌주거나 무시하도록 장려된다. 이 치료프로그램은 더 어린 아동들을 위해 주로 사용되지만, 특정 사항은 청소년들에게도 적용될 수 있다.

Cindy의 경우, 심리가는 Mrs. Weller가 딸에게 하는 말의 명료성을 개선하도록 도와주었다. 예를 들어, 그녀는 집안일, 귀가시간, 그리고 학교출석과 관련하여 Cindy가 해 주기를 바라는 바를 모호하지 않은 용어로 말하도록 격려받았다. 이에 더하여, Cindy와 어머니는 Cindy가 잠자리에서 일어나고, 학교에 가며, 학교에서 집으로 돌아오고, 그리고 친구들과 교제하는 시간에 대하여 합의를 보았다. 또한 Weller씨 부부는 Cindy의 긍정적인 행동에 대해서 그녀를 칭찬하고, 야유적이거나 상처를 주는 비평은 피하도록 권장받았다. 시간이 흐르면서, 심리가는 Mr. Weller가 Cindy와의 관계를 대체로 개선시킬 수 있다는 것을 알아차렸다. 그러나 딸에 대한 Mrs. Weller의 태도는 부정적인 채로 남아 있었다. 그 결과, 그녀와 Cindy와의 관계는 계속 긴장되어 있었다.

유형적 보상을 얻으려고 등교를 거부하는 아동들을 위해서는 가족치료 접근이 권장될 수 있다. 이 접근은 계약하기와 문제해결기술·의사소통기술·또래거부기술 발달시키기를 강조한다. 심리가의 최우선 목표가 Cindy의 전시간(full-time) 학교출석을 재확립하는 것이었기 때문에, 가족의 초기 치료회기에 계약하기가 포함되었다. 문서화된 계약은 Cindy가 돈을 바라고 집에서 집안일을 하는 기회를 얻는 대신 학교에 출석한다는 조건을 갖추고 있었다. 구체적으로, Cindy는 일주일 동안 학교에 전시간 출석을 하면, 특정 금액의 돈은 위해 집을 진공청소기로 청소하고 욕실을 치우는 기회를 얻을 수 있었다. 만약 조금이라도 학교를 결석하면, 그녀는 돈을 받지 않고 집안일을 끝내야 했다. 그때 그녀가 집안일 하는 것을 거부하면, 주말에 외출이 금지되었다. Cindy의 학교출석을 감시하기 위하여, 클리닉 직원이 매일 학교와 연락을 취했으며 Weller씨 부부에게 Cindy의 결석상황을 알려 주었다.

불행히도, Cindy는 이와 같은 초기 계약에 따르는 데 많은 어려움을 보였다.

예를 들어, 처음 2주 동안, 그녀는 네 번의 다른 기회에 학교를 빠져나갔다. 그러자 심리가는 Cindy에게 만약 그녀가 출석을 하지 않는다면 부모 중 한 사람 또는 학교교직원이 수업을 이동할 때마다 그녀를 에스코트할 것이라고 경고했다. 이러한 경고에도 불구하고, 그 다음 2주간에 걸쳐 Cindy는 오후 수업에 15번 빠졌다. 그 결과, Mr. Weller와 생활지도 상담교사인 Mrs. Arias가 차례로 각 오후수업 교실까지 Cindy와 함께 걸어갔다. 이 조건하에서는 Cindy가 수업에 출석을 하였으며, 그 결과 계약에 따른 보상을 받았다. 치료가 끝나가면서, 비록 Mrs. Arias가 Cindy의 선생님들에게 그녀가 교실을 이동할 때 그녀를 감시해 달라는 요청을 하였으나, 위와 같은 절차는 점차 단계적으로 철회되었다.

계약 및 에스코트 절차와 관련하여, 심리가는 Cindy의 또래거부기술에 초점을 두었다. 이 기술은 학교를 빠져나가자는 제안을 거부당하는 느낌 없이 거절하기 위하여 Cindy가 사용할 수 있는 행동과 말을 포함했다. 예를 들어, Cindy는 그와 같은 제안에 직면할 것 같은 복도에서 꾸물거리는 일이 없도록 장려되었다. 이에 더하여, 특정 또래들에 의해 학교를 빠져나가는 유혹을 받게 되는 일이 없도록 그녀의 점심시간이 변경되었다. 심리가는 또한 Cidny가 수업을 빠지기를 원하는 또래들에게 어떤 말로 반응할 것인가에 대해서도 그녀를 도와주었다. 예를 들어, Cindy는 수업에 출석함으로써 집안일을 한 뒤 돈을 받기를 원하기 때문에 싫다고 말하도록 장려되었다(즉, 계약에 충실하기). 물론 이러한 접근의 또 다른 목적은 학교를 빠지는 또래들과 함께 Cindy가 보내는 시간을 줄이는 것이었다. 그러나 주말에 친구들과 함께 가외의 시간을 보냄으로써 Cindy는 그러한 시간을 보상하였다.

심리가는 또한 Cindy 및 그녀의 부모님과 함께 그들의 문제해결기술 및 의사소통기술의 수준을 향상시키는 작업을 했다. Weller씨 가족은 현재의 문제를 정의하고, 해결책을 세우며, 서로 존중하면서 의사소통을 하고, 그리고 그 해결책을 실행·평가하도록 지도를 받았다. 이 절차의 많은 부분은 그 가족이 학교출석 계약서를 작성할 때 시행되었다. 이와 같은 과정이 그 가족의 긴장을 대체로 완화시키기는 하였지만, 전반적인 의사소통에 있어서의 중요한 개선은 보이지 않았다.

예를 들어, 가족구성원들은 시간이 흘러도 서로 이야기를 계속 방해하였다.

치료과정 동안, 심리가는 또한 Cindy의 약물사용에도 초점을 두었다. Cindy는 마리화나와 코카인의 잠재적인 악영향에 대해 교육을 받았으며, 심리가는 시간이 흐르면서 Cindy가 편안하게 자신의 약물사용을 줄일 수 있도록 일정표를 짰다. 그러나 이것은 성공에 도달하지 못했다. 그 대신, 비록 주로 주말동안이기는 했으나, Cindy는 자신의 약물사용을 경미하게 증가시켰다. 그나마 다행인 것은 Cindy가 알코올을 계속 삼가고 있다는 것이었다.

Cindy의 경우, 치료는 거의 4개월간 지속되었으며, 이 기간 동안 그녀의 학교출석은 점차 개선되었다. 치료가 끝날 무렵, 그녀는 약 90%의 출석률을 보이고 있었으며, 두 과목을 제외한 모든 과목의 성적이 통과되었다. 통과된 과목에는 영어가 포함되었는데, 왜냐하면 Cindy가 자신의 구두발표를 다시 하였기 때문이었다. 이에 더하여, 그녀의 사회적 불안 및 우울 수준은 대체로 낮아졌다. 그러나 가족의 상호작용능력과 문제해결력은 열등한 채로 남아 있었다. Mrs. Weller가 더 이상 치료가 필요 없다는 결정을 내렸을 때, Cindy의 치료는 종결되었다—즉, 어머니는 Cindy의 행동과 관련된 법적 조치에 더 이상 직면하지 않았다. 6개월 후에 이루어진 Cindy와의 비공식적인 전화연락은 그녀의 기능이 전반적으로 양호하다는 것을 보여 주었다. 비록 부모와의 관계는 소원한 채로 남아 있었으나, 특히 그녀의 학교출석은 안정적으로 유지되고 있었다. 뿐만 아니라, Cindy의 약물사용 수준에 있어서 어떠한 변화도 보고되지 않았다.

6. 토론 문제

1) Cindy가 DSM-IV-TR 장애의 어떠한 진단준거라도 만족시킨다고 생각하는가? 그렇다면, 어떤 진단준거인가? 자신의 대답을 변호해 보라. 또한, 여러 가지 행동문제를 포함하는 이와 같은 한 사례에 정신장애 진단을 내리는 장단점은 무엇일까?

2) 한 개인에 있어서 합병 또는 여러 가지 문제의 발생이라는 쟁점을 탐색해 보라. 어떤 아동기 문제들이 가장 밀접하게 관련되어 있는가?
3) Cindy의 행동문제를 이 책에 기술된 다른 행동문제들에 비교해 보라. 예를 들어, 그녀의 사회적 불안을 2장의 Bradley의 사회적 불안에, 그녀의 우울을 3장의 Anna의 우울증에, 그녀의 물질사용을 9장의 Jennifer의 물질남용에, 그리고 그녀의 가족갈등을 10장의 Simington씨 가족에 비교해 보라. 어느 경우가 더 심각하며 그 이유는 무엇인지 논의하라. 여기에 언급된 다른 사례와 비교해서, Cindy의 사례를 위해 특수한 치료가 어떻게 달리 사용될 수 있을까? 또한, Cindy의 예후가 다른 사례들과 어떻게 다를 수 있을까?
4) 여러 가지 행동문제를 가진 아동을 위해서 자신의 평가계획안을 어떻게 변경할 수 있을까? 어떤 질문이 더 적절해질까?
5) 여러 가지 행동문제를 가진 아동을 위해서 자신의 치료프로그램을 어떻게 변경할 수 있을까? 이중적인 치료절차는 어떻게 실시되어야 할까? 왜 그리고 어떻게 가족치료가 더 결정적인 것이 될 수 있을까?
6) Cindy의 경우는 만성적인 것으로 보였다. 일년간 또는 더 오랫동안 지속적으로 문제를 보여 온 아동을 위해서 자신의 평가와 치료를 어떻게 변경할 수 있을까?
7) Cindy의 문제와 같은 만성적 또는 다중적 문제를 예방하기 위해 어떤 절차를 권장하겠는가? 만성적 또는 다중적 문제를 가진 아동을 위한 치료를 추적하는 데 있어 어떤 절차를 권장하겠는가?
8) 아동들을 위해 어떤 치료가 가장 효과적이라고 생각하는가? 그 이유는 무엇인가?

제 15 장

복합 사례 (III)

(Mixed Case Three)

InfoTrac® College Edition

Explore InfoTrac College Edition by going to
http://infotrac.thomsonlearning.com

Hint. Enter these search terms: psychosis, schizophrenia, bipolar disorder, obsessive-compulsive disorder, self-mutilation, personality disorder

1. 증상

Athena Galvez는 자기절단(self-mutilation) 및 다른 기괴한 행동으로 인해 입원 환자 정신병동(inpatient psychiatric unit)에 의뢰된 다중인종적(Hispanic, Asian, 그리고 Caucasian) 배경을 가진 17세 소녀였다. 의뢰 당시 Athena는 10학년(역자 주: 우리나라의 고등학교 1학년)이었으나 지난 2주 동안 단지 산발적으로 학교에 출석했었다. 그녀의 부모인 Galvez씨 부부는 임상심리가와 학교 상담교사의 권유에 따라 Athena를 병원에 데리고 왔다. 특히, Athena는 작은 유리조각으로 자신의 다리에 상처를 내고 있었으므로 그녀 자신을 위협하는 존재로 간주되었다. 이 행동은 Athena가 그녀 발목의 상처에서 나오는 피로 흰 양말이 젖어 있는 상태로 집에서 발견되었을 때 최고조에 달했다.

심리가는 당면한 다른 걱정거리에도 근거를 두고 의뢰를 했다. 예를 들어, Athena는 앞뒤가 맞지 않는 말을 가끔 하기 시작했으며, 앞뒤가 맞을 때조차도 그녀 자신을 제외한 다른 어느 누구에게도 이치에 닿는 것으로 보이지 않는 허튼소리를 가끔 하곤 했다. 이전의 면담에서, Athena는 그녀의 어머니가 자신과 함께 살고 있음에도 불구하고 심리가에게 "죽은 어머니가 천장에 떠 있었어요."라고 말하였다. 분명하게 이야기해 달라는 요청을 받았을 때, Athena는 자신이 어머니의 죽음에 대해 걱정했다고만 말했으나, 그 진술도 여전히 극단적으로 보였다. 심리가는 또한 Athena의 무관심에 대해서도 염려를 하였는데, 왜냐하면 그녀가 우울해 보였고 등교나 위생에 더 이상 마음을 쓰지 않았기 때문이었다. 사실, Athena는 지난 몇 주간에 걸쳐 점점 더 단정치 못하고 무반응적이 되었다.

Athena의 학교 상담교사와의 논의에서, Athena가 그 학년이 시작된 이후로 이상한 행동을 보여왔다는 것이 드러났다. 예를 들어, Athena는 가끔 수업시간에 복도 한가운데서 천장을 바라보며 수를 세고 서 있는 채로 발견되었다. 무엇을 하고 있는지 물어보면, Athena는 대답을 하지 않거나 또는 "어느 누구도 통과할 수 없다는 것을 확인하기 위해 천장에 있는 모든 타일의 수를 셀 필요가 있어요." 라고 대답하곤 했다. 상담교사는 Athena가 화장실에서도 손을 씻거나 타일의 수를 세면서 명백하게 긴 시간을 보낸다고 말했다. Athena는 동기유발이 되면 공부를 잘 하는 대체로 똑똑한 학생이었다. 사실, 그녀의 성적은 그 학년초에는 좋았으나, 그 이후로 떨어졌다. 현재 그녀는 여섯 과목 중 세 과목만 통과하고 있었으며, 세 번째 유급을 당할 위험에 처해 있었다. 그러나 자기절단에 대한 어떠한 직접적 징후나 인정도 상담교사에 의해 보고되지 않았다.

Athena를 입원하게끔 한 또 다른 주된 염려는 그녀가 3주 전에 복잡한 거리에서 거의 시속 80마일(역자 주: 시속 약 130km)로 부모의 차를 몰았다는 사실이었다. 이 때문에 Athena는 속도위반 딱지를 떼였으며, 나중에 당황하고 격노한 부모와 마주쳤다. Athena는 거리를 질주하고 싶은 압도적인 충동을 느꼈으며 그렇게 하는 것을 참을 수가 없었다고 말했다. 무엇이 그녀로 하여금 참을 수 없게 했는지 물었을 때, 그녀는 움츠러들었다. 다른 때에 그러한 행동을 한 적이 있었는지 물었을 때, 그녀는 그런 적이 있다는 것을 묵시적으로 시인하면서 어깨를 으쓱했다.

Athena의 현재 행동은 그녀가 과거에 보인 기괴한 행동 때문에 심리가를 더욱 더 걱정스럽게 했다. Athena는 19개월 전에 정신병동에 입원했었는데, 그 이유는 그녀가 가위로 자신의 다리를 찌르고, 대부분의 시간에 외국어로 말하려고 하였으며(비록 보통 서툴고 들리지 않을 만큼이었지만), 학교에서 책상위로 걸어다니고, "내 주위에 온통 이상한 유령들이 있어요."라고 말했기 때문이었다. 마지막 발언과 관련해서, Athena는 종종 허공을 가리키고는 마치 무엇인가를 따라가는 것처럼 자신의 손가락을 움직였다. 무엇을 하고 있는지 물으면, Athena는 "유령의 뒤를 밟고 있어요."라고 말했다. 현재와 마찬가지로 이 시기에도 Athena의 학업과 위생은 2개월 이내에 극적으로 하락했었다.

19개월 이전에 이러한 이상한 일련의 사건들이 일어나는 동안, Athena는 또한 다른 위험한 행동들도 보였다. 예를 들어, 그녀는 어머니의 신용카드를 훔친 후 4시간만에 상점가에서 물건을 사는 데 거의 3,000 달러를 써 버렸으며, 한밤중에 자신의 집 지붕 위에 서 있는 채로 가끔 발견되곤 하였고, 7일만에 1명의 여자를 포함한 3명의 급우들과 무방비 성관계를 가졌다. 이 마지막 사건은 그녀와 부모님에 의해 아주 이례적인 일로 보고되었는데, 왜냐하면 Athena는 사전 성경험이 전혀 없었으며 종종 성관계를 “추한” 것으로 간주했기 때문이었다. 그 행동을 더욱 더 이례적으로 만든 것은 Athena가 만족감을 필요로 하는 강압적인 성적 충동을 느꼈다는 사실이었다. 그러나 그 이후로 그녀는 성관계에 대한 어떠한 욕구도 경험하지 않았다.

처음으로 병동에 입원했을 때, 보고된 바에 의하면 Athena는 겁을 먹었으며 처음에는 무반응적이었다. 맨처음 Athena를 평가한 정신과 의사는 그녀가 위축되어 있었으며, 다소 틀에 박힌 행동을 보였고(그녀는 자신의 머리카락을 비비꼬았으며 의자에 앉아 빙빙 돌았다), 자신의 침대를 창문 옆에 두도록 고집하였다고 했다. 병원직원들은 Athena가 유리를 훼손해서 그 파편으로 자신에게 상처를 내기 위하여 창문 가까이 있기를 원한다고 생각했기 때문에, 그녀는 유리 또는 예리한 물건이 전혀 없는 방에서 빈틈없는 감시를 받았다.

첫 번째 입원기간 동안 병동에 오래 머물게 되면서, Athena는 점차 사회적으로 되었으며 눈에 띄게 자신을 덜 위해하는 것 같았다. 그녀는 집단치료 회기에 참여하였으며, 항우울제 · 항정신병 약물 · 다른 기분안정제를 기꺼이 복용하였고, 식사시간에 다른 사람들과도 잘 어울렸다. 그녀의 유일한 비정상적 행동은 천장을 응시하는 자세로 특정한 것을 가리키지 않으면서 자신의 머리를 옆에서 옆으로 돌리는 막연한 “공간 가르기(spaciness)”였다. 왜 그렇게 하고 있는지 물으면, Athena는 “이렇게 해야만 해요.”라고 간단히 말했다. Athena는 입원한 지 9일이 지난 후 퇴원하였는데, 그 때 그녀의 기분은 안정되어 있었고 더 이상 자신을 위협하는 존재가 아니었다.

퇴원에 이어, Athena는 학교로 돌아갔으며, 계속 약물을 복용하였고, 몇몇 친구 및 가족구성원들과의 접촉을 다시 시작하였으며, 임상심리가와 만나는 것에도 동의하였다. 그녀의 부모는 퇴원 후 첫 7개월 동안에 Athena가 다소 경미한 문제행동을 한다고 보고하였으나 그러한 행동들이 참을 수 없고 다루기 힘든 것으로 보이지는 않았다. 그러나 그들의 첫 불화 징후는 1년 전 Athena의 기분이 더 성마르고 불안정해졌을 때 나타났다. 보고된 바에 의하면, 그녀는 수면에 문제를 보였으며 그것이 약물복용 탓이라고 부모를 확신시켰다. 그러나 약물복용을 중단한 후에 Athena의 행동은 악화되기 시작했다. 예를 들어, 그녀의 기분은 종종 시무룩함과 활기 사이를 오고갔다. 그와 같은 기분변화는 어떤 특정한 환경적 사건에 관련되어 있는 것으로 보이지 않았으며 종종 일상적으로 발생했다. 이에 더하여, Athena는 자신의 위생에 항상 적절한 것은 아니었으며, 이상하게 옷을 입고, "아침에 새들을 보고 밤에는 다른 것들을 볼 수 있게" 창문 가까이 자신의 침대를 두도록 고집했다. 지난 6개월 동안에 Athena의 현재 행동들(특히 자기절단, 무관심, 수세기, 손씻기, 가리키기)이 나타나기 시작했다.

Athena가 이전에 입원했던 병동에서, 그녀의 새 정신과 의사는 Athena의 심리가, 학교 상담교사, 부모로부터의 보고뿐만 아니라 Athena의 행동과 약물복용 내력을 검토했다. Athena는 엄격한 감시를 받게 되었으며 진정제를 처방받았다. 입수가능한 정보에 근거하여, 정신과 의사는 Athena가 잠재적으로 정신병, 기분장애, 성격장애, 그리고/또는 불안장애의 진단기준을 만족시키고 있는 것으로 생각했는데, 마지막 장애는 강박장애일 가능성이 있었다.

2. 평가

DSM-IV-TR에 의하면, 정신병은 구체적으로 또는 일반적으로 정의될 수 있다. 정신병의 구체적 정의란 증상의 다루기 힘든 특성에 대한 통찰력 결여를 수반하는 환각과 망상의 존재를 말한다. 환각(hallucination)은 실제 자극이 없는 상황에서 잘못된 지각이 일어나는 것을 말한다; 그 예로는 헛것을 보는 것과 헛소리를 듣는 것이 있다. 망상(delusion)은 반대되는 분명한 증거가 있음에도 불구하고 계속 유지되는 기괴한 믿음을 말한다. 흔히 볼 수 있는 예는 한 개인이 누군가 또는 무언가가 자신을 해치려고 한다고 잘못 믿는 피해망상(persecutory delusion)이다. 정신병의 더 포괄적인 정의는 환각과 망상 이외에 다른 증상들을 포함한다. 그 예로 와해된 말 패턴(disorganized speech patterns), 긴장형 행동

(catatonic behavior), 그리고 둔감한 정서 또는 뒤떨어진 위생과 같은 음성 증상(negative symptoms)이 있다. 따라서 정신분열증(schizophrenia)은 인지적 기능 및 사회적 기능의 많은 영역에 영향을 미칠 뿐만 아니라 개인이 작업하고 집중하며 자신을 돌보는 능력에 유의하게 지장을 주는 심각한 상태이다.

Athena는 정신분열증(schizophrenia)을 보이고 있는 걸까? 그 대답은 정확하게 하기 어려운데, 왜냐하면 Athena가 이 장애의 모든 요소가 아닌 몇 개의 요소를 가지고 있는 것처럼 보였기 때문이다. 예를 들어, 천장에 떠 있는 어머니를 보았다는 그녀의 보고와 이따금 나타나는 다른 사람들과의 단절은 걱정할 만한 것이었다. 이에 더하여, Athena는 무관심 및 무반응과 같은 음성 증상을 보였으나 이러한 증상들은 정상적 또는 비정상적 기분변화, 물질사용, 혹은 기질성(器質性) 요인에 기인했을 수도 있었다. 또한 비록 정신병적 반응 수준에는 미치지 못했을 수도 있지만, 그녀의 틀에 박힌 행동도 정상이 아니었다.

정신분열증을 가진 사람의 평가는 종종 면접과 관찰을 사용하여 실시된다. Athena가 보이는 행동과 같은 기괴한 행동들을 평가하기 위해 학령기 아동용 정서장애 및 정신분열증 스케줄(Schedule for Affective Disorders and Schizophrenia for School-Aged Children)(Kaufman et al., 1997)이 가끔 사용된다. 그러나 평가대상자가 조리에 닿지 않거나 과도하게 미심쩍은 경우에는 가족구성원이나 가까운 친구들이 가장 많은 정보를 제공할 수 있다. 증상 및 행동에 있어서의 갑작스러운 변화, 그리고 과거 가족 장애의 철저한 내력은 반드시 다루어져야 한다(Flaherty, 1997). 평가대상자가 능력이 되면 심리학적 검사도 실시될 수 있는데, 청소년용 Minnesota 다면적 인성검사(Minnesota Multiphasic Personality Inventory-Adolescent: MMPI-A)(Butcher, et al., 1992)은 유용할 수 있는 정신분열증 척도를 포함하고 있다. 마지막으로 뇌상해, 갑상선 기형, 약물사용 등과 같은 기질성(器質性) 원인을 배제하기 위하여 의학적 평가가 아주 중요하다. Athena의 경우, 정신과 의사는 현재의 증상을 평가하기 위해 비구조화된 면접을 실시하였으며, 심리가의 사례 내력 보고에 비중 있게 의존했다.

Athena가 기분장애(mood disorder)를 가지고 있는 걸까? 기분장애는 일반적으로 우울증(depression) 그리고/또는 조증(mania)의 존재로 특징지어진다. 우울증상들은 3장에서 논의되었는데, 그 중 몇 가지가 Athena에게 나타났다. 예를 들어, 그녀는 사회적으로 고립되어 있었으며, 무반응적이었고, 자신의 행동에서 자살가능성을 보였다. 조증과 관련해서 볼 때, DSM-IV-TR은 조증상태를 "비정상적으로 그리고 지속적으로 고조되고 확장되며 또는 흥분하기 쉬운 기분이 나타나는 뚜렷한 기간"으로 기술하고 있다(American Psychiatric Association, 2000, p. 357). 흔히 볼 수 있는 다른 조증 증상으로는 팽창된 자아존중감 또는 과장, 감소된 수면욕구, 강압적인 말, 비약적인 사고, 산만함, 증가된 목표지향적 활동 또는 정신운동성 홍분, 그리고 위험가능성이 있는 과도한 쾌락적 행동 등이 있다(APA, 2000, p. 357).

Athena는 이러한 증상들 중 몇 가지를 어느 정도 보이고 있었다. 예를 들어, 그녀의 기분은 종종 흥분하기 쉬웠으며, 유쾌함에서 슬픔 · 분노로 그리고 다시 되돌아오는 변화가 빠르게 나타났다. 사실, 그녀의 부모는 Athena의 현재 기분을 종잡을 수 없거나 무언가가 그녀의 폭발적인 반응을 유발할 것이라고 두려워했기 때문에 그녀의 주위에서 항상 "살얼음을 딛는(walking on eggshells)" 기분이었다고 말했다. 이에 더하여, Athena는 차를 빠르게 몰거나 최소한 한 가지 성적인 향락에 빠지는 것과 같은 위험가능성이 있는 충동적인 행동을 분출하고 있었다. 그녀는 또한 수면곤란을 겪고 있었다. 그러나 Athena는 과장이나 비약적 사고는 대체로 보이지 않았다.

학령기 아동용 정서장애 및 정신분열증 스케줄(Schedule for Affective Disorders and Schizophrenia for School-Aged Children) 또는 심리학적 검사와 같은 구조적 진단 면접을 통하여 조증(mania)이나 양극성 장애(bipolar disorder)(조증 증상과 우울 증상이 번갈아 나타나는 것)의 평가도 실시될 수 있다. 그러나 이러한 아동들을 위해서는 일상 행동에 대한 가족구성원의 보고가 특히 중요하다. 정신과 의사는 Athena의 부모에게 딸의 일상 행동을 묘사해 줄 것을 요청하였는데, 그 결과 Athena가 종종 무엇을 하라는 말을 들을 때 화를 내면서 반항을 하고, 무반응과 수다 사이를 오고가며, 집중하는 데 어려움을 겪는다는 점을 발견했다. 뿐만 아니라, 그녀는 가끔 다행증(多幸症: euphoria)(역자 주: 감정의 병적인 앙양상태로 때로는 가벼운 의식장애와 운동불안이 따르며 어린 아동과 같은 태도를 나타내는 상태)을 보였으며 또래들과 알코올사용을 하였다.

Athena가 성격장애(personality disorder)를 가지고 있는 걸까? 성격장애란 "개인의 문화적 기대로부터 두드러지게 일탈되어 있으며, 전반적이고 단호하며, 청소년기 또는 성인 초기에 출현하고, 시간상 안정적이며, 고통 또는 손상으로 이어지는 내적 경험 및 행동의 지속적인 패턴"을 말한다(APA, 2000, p. 685). 성격장애는 광범위한 행동범주로 분류될 수 있다: (1) 이상하고 기이한 행동, (2) 극적이고 지나치게 감정적인 행동, 그리고 (3) 불안하고 회피적인 행동. 첫 번째 범주에는 편집성, 분열성, 그리고 분열형 성격장애가 포함된다.

편집성 성격장애(paranoid personality disorder)는 다른 사람들에 대한 불신 및 의심이 그 특징이며, 종종 강한 질투하기, 다른 사람들의 충의에 대해 의심하기, 사람들을 신뢰하는 것을 꺼리기 등을 나타낸다. 분열성 성격장애(schizoid personality disorder)는 다른 사람들로부터의 고립, 정서적 반응의 부재, 무관심, 그리고 메마른 감정의 특성을 보인다. 분열형 성격장애(schizotypal personality disorder)는 이상한 행동으로 인한 심한 대인관계 결함 및 친구 결핍의 패턴을 뜻한다. 이러한 이상한 행동에는 관련 관념(즉, 개인적 의미가 거의 모든 사건에 있다고 생각하는 것), 마술적 사고, 미신에 사로잡힘, 기괴한 환상 또는 몰두, 이상한 지각 경험, 그리고 기이한 사고나 말 등이 종종 포함된다.

Athena의 "유령 뒤를 밟기"와 외국어로 말하기 행동은 명백히 기괴한 것이었으며 성격장애의 한 국면일 수 있었다. 동요하는 행동 또한 경계선 성격장애(borderline personality disorder)를 나타내는 것일 수 있다. 성격장애의 평가에서는 종종 MMPI-A 또는 Millon 청소년 성격 목록(Millon Adolescent Personality Inventory)(Millon, Green, & Meagher, 1993)과 같은 심리학적 검사와 면접 및 관찰이 실시된다.

Athena가 강박장애(obsessive-compulsive disorder: OCD)를 가지고 있는 걸까? DSM-IV-TR에 의하면, OCD는 (1) 강박사고(obsessions) 또는 되풀이되며

방해되는 관념, 생각, 충동 또는 심상, 그리고 (2) 강박행동(compulsions) 또는 강박사고에 반응하여 발생하는 반복적인 행동(예: 손씻기)으로 구성된다. 강박행동은 종종 강박사고로부터 오는 불안을 완화하기 위하여 나타난다; 예를 들어, 스토브를 끄지 않았다는 부단한 걱정(강박사고)은 점검함으로써 일시적으로 완화될 수 있다. 대부분의 경우, 강박사고와 그 결과 나타나는 강박행동은 시간 소모적으로 순환하며 재발한다. Athena의 경우, 천장의 타일을 세고 손을 씻는 경향을 참작하여 OCD 진단이 고려되었다. 가끔 그녀의 수세기는 구체적인 사고과정(예: "천장을 통과해 오는 사람들"에 대한 걱정)과 관련되었으나 어떤 때는 그렇지 않았다.

OCD의 평가는 전형적으로 면접[예: DSM-IV용 불안장애 면접 스케줄: 아동용(Anxiety Disorders Interview Schedule for DSM-IV: Child Version); 2장을 참조할 것], 자기감찰, 관찰, 임상가 평정[예: 아동용 Yale-Brown 강박 충동 척도(Children's Yale-Brown Obsessive Compulsive Scale)(Scahill et al., 1997)], 그리고 자기보고 도구[예: 아동용 Leyton 강박 목록(Leyton Obsessional Inventory—Child Version)(Berg, Whitaker, Davies, Flament, & Rapoport, 1988)] 등을 통해서 이루어진다. Athena의 경우, 비록 그녀가 한결같이 순응하지는 않았지만, 심리가는 그녀에게 자신의 행동점검을 자기감찰하도록 요구하였다.

3. 위험요인과 유지변인

정신분열증 및 심한 기분장애와 같은 정신병은 유전적 요인 및 생물학적 요인과 연계되어 왔다. 예를 들어, 정신분열증을 가진 사람과 유전적으로 더 가까울수록 그 병에 걸릴 위험이 더 높다(Faraone, Tsuang, & Tsuang, 1999). 예를 들어보면, 정신분열증을 가진 부모나 쌍둥이 형제를 둔 아동은 일반 아동들보다 그 장애를 발달시키기가 특히 더 쉽다.

다른 생물학적 요인들도 정신병에 결부되어 왔다. 예를 들어, 특정 뇌변형 또는 번연계, 편도선, 전전두부 피질의 손상은 정신분열증의 음성 증상들과 관련되어 있을 수 있다. 게다가 정신분열증을 가진 사람들은 종종 출생전 합병증과 낮은 출생체중을 보였다(Cannon, Jones, & Murray, 2002). 그와 같은 문제들은 음성 정신분열증을 가진 사람들에게서 가끔 보여지는 확대된 뇌실(공간)과 관련되어 있을 수도 있다. 유전적 소인으로부터 나타날 가능성이 있는 뇌발달에 있어서의 취약성은 또한 바이러스 또는 가족 불안정과 같은 중요한 환경적 스트레스 요인들의 출현에 뒤따라 정신분열증 증상을 유발할 수도 있다. 정신분열증 위험에 있는 아동들에 관한 다른 연구결과들은 자율적 과잉반응성뿐만 아니라 지각 감수성, 기억력, 주의력, 운동행동, 시각적 · 청각적 사건관련 잠재력에 있어서의 손상을 드러냈다(Campbell, Armenteros, Spencer, Kowalik, & Erlenmeyer-Kimling, 1997). 과도한 도파민도 정신분열증의 외현적 증상과 관련되어 왔다(Asarnow & Asarnow, 2003).

Athena의 부모는 Athena를 임신했을 때 있었던 어려움을 보고했다. 고위험 산부인과 의사(역자 주: 위험부담이 큰 임산부를 담당하는 산부인과 의사)가 Athena의 임신 및 출산을 관리하였는데, Athena는 8주 조산이었으며 출생시 체중이 겨우 5파운드(역자 주: 약 2.3kg)였다. 그녀는 또한 병약한 영아 그리고 데이 케어(day care)(역자 주: 미취학 아동 · 고령자 · 신체장애인 등의 각 집단에 대해서 전문적인 훈련을 받은 직원이 가족 대신 낮에만 보살펴 주는 일) 동안 종종 감기에 걸렸던 영아로 기술되었다. 유아기(toddlerhood)(역자 주: 미국에서는 12~36개월 시기를 뜻함) 이후로 그녀의 건강은 외현적으로는 문제가 없었으나 중요한 뇌변형이 이미 발생되어 있었을 수도 있었다. 비록 Mr. Galvez가 대학교 때 심한 우울증으로 입원한 적이 있었으며 자신의 기분에 대처하기 위하여 항우울제를 가끔 복용했다고 시인했지만, 정신분열증 가족내력은 보고되지 않았다. Mrs. Galvez는 본인의 정신병리는 전혀 보고하지 않았지만 그녀의 어머니가 조기 치매로 고통을 받았다고 말했다. 가족기능에 대해서는, Galvez씨 부부 모두 Athena의 행동과 관련된 많은 갈등이 있음을 인정했다. 서투른 의사소통과 표출된 감정으로 알려져 있는 적대적 상호작용 방식은 정신분열증을 가진 사람들의 가족들과 관련되어 왔다(Birchwood &

Jackson, 2001).

심한 기분장애의 위험요인은 정신병적 반응의 위험요인들과 유사할 수 있다. 핵심적인 유사성은 Athena의 경우처럼 가까운 가족구성원에게서 보이는 심한 우울증이다. 따라서 신경전달물질인 세로토닌(serotonin)과 노르에피네프린(norepinephrine) 변형의 가능성과 함께 강력한 유전적 소인이 보통 가정되고 있다(Garlow & Nemeroff, 2004). 환경적으로, 양극성 장애를 가진 아동들은 가족구성원이나 친구들로부터 지원을 거의 받지 못하는 경향이 있으며, 종종 감정조절과 사회적 상호작용에 있어서의 손상을 경험한다(Geller & DelBello, 2003).

가족의 기여 이외에, Athena가 보이는 다른 사람들과의 상호작용이 그녀에게 심한 기분장애의 소지를 만들어 준 것처럼 보였다. 그녀의 이상한 행동은 종종 가까운 친구들을 차단하였으며, Athena는 여러 해 동안 가장 친한 친구를 가져보지 못했다고 말했다. 그녀는 단지 가끔 또래들과 과감하게 나갔으며, 그럴 경우 때때로 일탈되고 위험한 행동(예: 음주)을 했다. 그녀의 부모가 그녀에게 항상 지원적인 것은 아니었으며, 훈계와 냉담은 그 가족에게서 흔히 볼 수 있는 것이었다.

아동들에게 성격장애가 발달할 수 있는 전조들 또한 조사되어 왔다. 정신병 및 심한 기분장애와는 대조적으로, 이러한 전조들은 생리학적이라기보다는 더 심리적이고 환경적인 경향이 있다. 특히, 일곱 가지 테마가 성격장애의 발달과 관련되어 있는 것으로 보인다(Geiger & Crick, 2001):

1) 적대적 · 편집적 세계관
2) 강력하고 불안정하며 부적절한 정서 대 제한되고 메마른 감정
3) 충동성 대 엄격함
4) 지나치게 절친한 관계 대 냉담하고 회피적인 관계
5) 부정적인 자아감 또는 자아결핍 대 과장된 자아감
6) 괴상한 사고과정 및 행동
7) 사회적 규범 및 다른 사람들의 요구에 대한 관심 결핍

Athena의 경우, 이러한 테마들 중 몇 가지가 해당되는 것으로 보였다. 특히, 그녀의 정서적 상태는 종종 시시각각으로 변했고, 다양한 감정적 상태(예: 분노, 슬픔, 기쁨)를 포함했다. 그녀의 감정은 가끔 메말라 있었다. 감정조절은 종종 어린 시기의 애착(attachment)과 결합되어 있는데, 이것이 Athena의 경우에 문제가 되었을 가능성이 있었다. 앞서 정신분열증의 소인적 요인으로 기술되었던 번연계에 있어서의 변화도 연루되어 왔다. 사실, 분열형 성격장애와 분열성 성격장애는 정신분열증을 포함하는 이상 행동의 스펙트럼상에 존재하는 것으로 보는 사람들도 있다.

Athena에게 해당되는 또 다른 성격장애 전조는 그녀의 충동적 행동을 포함한다. 자신 행동의 특정 부분을 통제하지 못하는 것은 주의력결핍과잉행동장애의 증상과 유사했으며, 그녀가 학업에 집중하기 어려웠던 것은 또 하나의 관련일 수 있다. 이에 더하여, Athena와 다른 사람들과는 관계는 대체로 냉담하고 회피적이었으며, 그녀의 자아상은 불안정했고, 그녀는 확실히 괴상한 사고과정 및 행동을 보이고 있었다. 그럼에도 불구하고, 다른 전조들은 Athena에게 해당되는 것으로 보이지 않았다. 예를 들어, 그녀는 다른 사람들에게 적대적이거나 편협적이지 않았으며, 다른 사람들에 대한 관심이 결핍되어 있지도 않았다. 사실, 그녀는 절친한 친구들을 원했으나 다른 사람들이 종종 자신을 멀리하는 것 같다고 말했다.

마지막으로, OCD과 관련해서 볼 때, 2장에서 생리적 반응성, 부정적 인식, 스트레스를 주는 사건, 가족 모델링 등을 포함해서 불안의 전조로 언급되었던 것들 중 많은 것들이 적용된다. 그러나 뚜렛 증후군(Tourette's syndrome)(역자 주: 유전 및 신경해부학적 원인에 의해 발생하는 만성장애로서 운동성 틱이나 언어성 틱, 기타 관련된 충동을 나타냄)의 발달과 중복될 수 있는 유전적 소인은 OCD에 더 특정적이다(March, Franklin, Leonard, & Foa, 2004). 예를 들어, OCD를 가진 아동들은 강박증상이나 틱을 보이는 가족구성원들을 종종 두고 있다. 뇌의 다양한 영역, 특히 뇌저신경절(basal ganglia), 좌전방대(left anterior cingulate), 전두부 피질(frontal cortex)에 있어서의 이상 또한 연루되어 왔다. 세로토닌(serotonin)과 신경내분비(neuroendocrine) 변화도 OCD를 가진 아동들에게서 주시되어 왔다(Swedo & Rapoport, 1990). 그러나 Athena의 경우, 비록 앞서 언급된 뇌변형 가능성은 그녀에게 적용될 수 있다 하더라도, OCD 또는 틱과 관련된 가족내력은 전혀 보고되지 않았다.

4. 발달 양상

정신병의 발달은 두 가지 방식 중 하나로 기술될 수 있다. 먼저, 정신분열증을 포함하는 많은 정신병들은 세 가지 주된 단계를 가지고 있는 에피소드로 발생한다. 첫 번째 단계는 몇 개월에 걸쳐 점차적 행동악화가 나타나는 조짐단계(prodromal stage)이다. 흔히, 당사자는 일상적 사건과 자기관리에 대한 더 큰 무관심, 기이한 말 또는 사고와 같은 더 괴상한 행동, 집중 및 기억의 곤란, 그리고 더 큰 감정변화와 다른 사람들과의 거리감을 보인다. 조짐단계는 두 번째 국면인 활동단계(active stage) 또는 위급단계(acute stage)로 넘어갈 수 있는데, 이 단계에서는 정신분열증의 완전한 증상(예: 망상, 환각)이 나타난다. 이러한 증상들은 종종 광범위한 입원치료를 요구하며 강한 환경적 스트레스 요인(예: 직업 상실, 관계 종료)에 의해 유발될 수도 있다(Brennan & Walker, 2001). 치료에 이어, 당사자는 세 번째 국면인 잔여단계(residual stage)로 접어들 수 있는데, 이 단계에서는 초기 조짐단계와 유사한 좀 더 양호한 기능수준으로 되돌아간다. 그러나 이와 같은 단계진행은 모든 에피소드와 정신분열증 환자에게 완벽하게 적용되는 것은 아니다.

Athena의 경우, 이 단계들이 뒤범벅되어 진행되었다. 조짐단계는 그녀가 약물복용을 중단한 때부터 두 번째 병원에 입원한 때까지로 볼 수 있으나, 그녀의 행동이 시간이 흐르면서 유의하게 더 악화되었는지 또는 그녀의 이상한 행동이 동일한 수준에서 단순히 지속되었는지 불분명했다. 유의하게 악화되고 있었던 유일한 행동은 입원 전 몇 주 동안 조금씩 증가했던 그녀의 무관심과 피부 상처내기였다. 이에 더하여, Athena에게는 명확한 활동단계가 보이지 않았는데, 그 이유는 명백한 망상 또는 환각이 나타나지 않았기 때문이었다. 잔여단계와 관련해서 볼 때, Athena는 전혀 위해적이 아닌 몇 가지 이상한 행동을 보였던 첫 번째 입원 직후의 자신의 초기 단계로 되돌아갔다(5절 치료를 참조할 것).

정신병을 발달적으로 고찰하는 또 다른 방식은 이러한 집단을 대상으로 수행된 종단연구들을 평가하는 것이다. 그와 같은 연구들은 종종 장애의 전조를 확인하기 위하여 시간을 두고 정신분열증을 가진 부모를 둔 아동들을 추적하는 "고위험(high-risk)" 연구의 형태를 띤다. 앞서 언급된 바와 같이, 정신분열증은 유전적 소인, 출생전 사건, 그리고 뇌변형 및 생화학적 변화에 그 생물학적 근거를 두고 있는 신경발달적 장애이다. 어떤 사람들은 정신분열증이 아동기 자동징후(telltale signs)를 가진 평생 장애 또는 청소년 후기나 성인 초기에 갑자기 확대되는 장애로 전개된다고 믿는다. 비록 궁극적으로 정신분열증을 발달시키지 않는 많은 아동들에게도 같은 징후가 나타날 수 있기는 하지만, 나중에 나타나는 정신분열증의 아동기 자동징후로는 스트레스에 대한 과잉반응성, 운동성 곤란, 그리고 교실 문제행동 등이 있다(Campbell, et al, 1997).

그러나 Athena의 경우, 이러한 조기 징후들 중 몇 가지가 나타났다. 그녀는 종종 자리에 앉아 있지 못해 학교에서 어려움을 겪었으며, 학교에서 스트레스를 주는 어떤 일이 발생하면 종종 오랜 시간 울었다. 그녀의 부모는 Athena가 2학년 때 주의력결핍과잉행동장애 및 학습장애와 관련하여 평가를 받았으나, 그녀의 문제행동이 교실중재를 통하여 다룰 수 있는 것으로 간주되어 특수교육을 받을 필요가 없었다고 말했다. 최근에조차, Athena는 기이하고 때로는 폭발적인 방식으로 스트레스 요인에 반응하기를 계속했다. 시간이 흐르면서, 정신분열증을 가진 많은 청소년들은 성인기에까지 장애와 관련된 주목할 만한 문제들을 지속적으로 보인다. 좋은 예후는 대체로 정신분열증의 완전한 증상이 나타나기 전에 이상한 행동들이 없어지는 것 그리고 첫 번째 입원에 이어 손상의 수준이 낮아지는 것과 관련된다(Eggers & Bunk, 1997; Werry & McClellan, 1992). 불행히도 어느 것도 Athena에게 해당되지 않았으므로, 그녀는 성인이 되어서도 기능상 문제를 계속 보일 수 있다.

조증 또는 양극성 장애의 발달적 진행은 정신병의 발달적 진행보다 더욱 더 불분명하지만, 그러한 장애를 가진 아동들도 또한 조기 자동징후를 보인다. 예를 들어, 궁극적으로 양극성 장애를 발달시키는 아동들은 성마르고, 공격적이며, 과잉행동적이고, 쉽게 산만해지며, 그리고 기분이 불안정한 것으로 종종 묘사된다. 청소년기 초반부에, 그들은 병적으로 행복하고, 과장하며, 편집적이고, 비약적인 사고를 하며, 말을 빨리 하는 것으로 가끔 기술된다(Geller & DelBello, 2003). 청소년기 중 · 후반부에 이르면서, 이러한 청소년들 중 대부분은 아니지만 약간은 조증 및 우울증 증상을 더 명백하게 나타낸다.

이러한 조기 증상들 중 많은 증상들이 정신분열증 증상과 중복되며, 앞서 언급된 바와 같이 Athena에게도 해당되었다. 예를 들어, 그녀는 종종 자기 뜻대로 하기를 바라는 성마른 아동이었으며, 산만해서 학업에 집중하는 데 어려움을 가지고 있었다. 학교에서 보인 그녀의 과잉행동은 교사들을 당황하게 했지만, 약물복용 또는 심리가-주도의 행동수정이 요구되는 정도는 아니었다. 다른 한편으로, Athena가 다른 사람들에게 공격성을 보인 적은 전혀 없었으며, 앞서 언급된 바와 같이, 과장되거나 편집적인 면을 전혀 보이지 않았다. 다행증(多幸症: euphoria)(역자 주: 감정의 병적인 앙양상태로 때로는 가벼운 의식장애와 운동불안이 따르며 어린 아동과 같은 태도를 나타내는 상태)이나 강압적인 사고 및 말과 같은 다른 조기 징후들은 Athena에게 단지 가끔 나타날 뿐이었다. 양극성 장애의 예후와 관련해서 보면, 좋은 예측 요인에는 더 늦은 발병, 약물복용 유지, 지연된 재발 등이 포함된다(Geller & DelBello, 2003). Athena의 경우, 그녀의 혼합된 증후군을 고려할 때, 이러한 문제들과 관련된 그녀의 장기적 결과는 불분명했다.

성격장애와 관련해서 볼 때, 생의 초기 행동에 나타난 일반적 경향은 나중의 문제를 예언할 수 있다. 예를 들어, 더 많은 행동적 억제를 하는 기질을 가진 아동은 불안하고 회피적인 성격장애를 발달시킬 가능성이 더 높을 수 있다. 유사하게, 건강문제로 생의 초기에 부모에게 의존적이었던 아동은 의존적인 성격장애를 발달시킬 소지가 있을 수 있다. 이에 더하여, 부모에 대한 애착에 문제가 있었던 아동은 감정조절 문제를 가진 성격장애(예: 분열성 성격장애, 경계선 성격장애)에 걸리기 쉽다. 그러나 이 영역에 있어서의 연구는 제한적이다. Athena의 경우, 그녀의 부모는 그녀의 기이한 초기 행동들을 받아주고, 참으며, 강화하기조차 했다. 예를 들어, 그녀의 어머니는 별난 옷차림을 하는 딸의 성향을 격려하였고, 부모 두 사람 모두 공공장소에서 가끔 보이는 딸의 극적이고 부적절한 행동을 묵인하였다.

마지막으로, OCD와 관련해서 볼 때, 많은 아동들이 수를 세거나 "단지 그렇게(just so)" 해야만 하는 것과 같은 경미한 의식적 행동을 보인다는 점을 주시해야만 한다. 이러한 행동들은 아동이 더 사회적으로 되고 여러 가지 적절한 활동에 관심을 갖게 되면서 아동기 중기에 흔히 사라진다(March & Mulle, 1998). 그러나 강박적 · 충동적 행동에 대한 강력한 생물학적 소인 또는 부모의 모델링 혹은 강화가 어떤 아동들로 하여금 초기의 의식적 패턴을 계속하고 마침내 OCD를 발달시키도록 유도할 수 있다. 그러나 Athena의 경우, 초기의 의식적 패턴은 전혀 발견되지 않았으며, 비록 그녀가 가끔 기이하고 강압적인 생각이나 말을 하였다 하더라도, 반복되고 강요적이며 지나치게 기괴한 사고가 아동기에 나타났었다는 것을 지적할 만한 사항은 전혀 없었다.

5. 치료

정신병 그리고/또는 심한 기분장애를 가진 아동들의 치료는 종종 입원, 약물치료, 그리고 의학적 식이요법을 엄격히 유지하고 재발방지와 관련된 본인 및 가족 문제를 다루기 위한 외래치료를 포함한다(Keshaven, Vaulx-Smith, & Anderson, 1995). Athena의 경우, 세 가지 모두가 적용되었다. 입원환자 병동에 머무르는 동안, 그녀는 직원 및 다른 환자들과 함께 집단치료와 개인치료 회기에 참석하도록 장려되었다. 이러한 회기들은 다른 사람들과 재결합하고 상호작용 및 본인의 최근경험 공유를 기꺼이 하려는 마음을 향상시키는 데 집중하였다. 입원해 있는 동안, 비록 자발적으로 대화를 시작한 수준은 단지 보통이었다 할지라도, 그녀는 다른 사람들에게 점차 더 반응적이 되었다.

또한 Athena의 자기-상처내기 행동을 다루기 위한 합의된 노력도 병원에서 이루어졌다. 비록 Athena가 그 행동을 하는 이유를 조리 있게 설명하는 데 어려움을 보이기는 했지만, 임상심리가는 이 문제를 명확하게 논의하기 위해 병동에 있는 그녀를 정기적으로 방문했다. 심리가는 그 행동의 선행사건 또는 상처내기 이전에 보통 발생했던 기분상태/사건에 대해 더 자세히 물어봤다. Athena는 자기절단은 거의 항상 자신이 흥분했을 때 발생하였으며 상처내기는 자신이 집중하고 안정하는 데 도움을 주는 방법이었다고 말했다. 가끔은 그 행동이 부모와의 언쟁에 뒤이어 발생하기도 했으나, 아무런 이유 없이 그녀가 불안해지고 흥분되었을 때 더욱 자주 나타났다.

자기절단의 증상과 선행사건을 다루기 위해 Athena에게 네 가지 약물이 주어졌다. 첫 번째는 기분안정 약물인 카르바마제핀(carbamazepine)[약명은 테그레톨(Tegretol)]이었는데, 이 약물은 차분하게 하고 진정시키는 효과를 가져옴으로써 흥분 및 공격성을 완화시키는 데 도움을 줄 수 있다(Werry & Aman, 1999). 두 번째는 비전형적 항정신병 약물인 올란자핀(olanzapine)[약명은 지프렉사(Zyprexa)]이었으며, 세 번째 약물은 항우울제인 파록시틴(paroxetine)[약명은 팍실(Paxil)]이었고, 네 번째는 항불안 약물인 로라제팜(lorazepam)[약명은 아티반(Ativan)]이었다. Athena와 부모는 투약량, 잠재적 부작용, 그리고 각각의 약물과 관련하여 지켜야 할 사항에 대해 지도를 받았다. Athena의 기분이 안정적이고 또 그녀가 더 이상 상처내기 또는 다른 방법으로 자해할 절박한 위험에 처해있지 않다고 정신과 의사가 확신했을 때, Athena를 퇴원시켰다.

퇴원에 뒤이어 Athena는 곧장 집으로 보내지지는 않았으며, 부모와 함께 다시 생활하기 위한 전환단계로서 거주시설(residential facility)로 보내졌다. 유사한 행동과 기분 문제를 가진 7명의 청소년들을 위한 그룹홈(group home)인 이 시설에서 Athena는 약물을 복용하고, 집단치료 회기에 참석하며, 여러 가지 집안일을 끝내고, 그리고 정기적으로 부모님 집에 머무르도록 요구되었다. 이러한 배치의 목적은 Athena의 기분과 약물부작용을 면밀히 감시하고, 그녀의 사회적 상호작용 및 지원을 증가시키며, 일반 십대로서의 그녀의 기능을 돕는 것이었다. Athena는 그룹홈으로부터 나오기 전에, 부모님 집에서 보내는 시간을 점점 더 늘리면서(예: 주말) 그 그룹홈에 4주 동안 머물렀다. 그룹홈에 머무르는 동안, Athena는 그룹활동에 참여했고 두 명의 거주자와 친구가 되었다. 뿐만 아니라, 그녀의 약물복용은 요구되었던 대로 조절되었으며, 그녀와 부모님은 임상심리가와의 치료를 다시 시작했다.

정신병 그리고/또는 심한 기분장애를 가진 청소년들을 위한 심리적 중재는 종종 가족구성원들에게 초점을 둔다(Miklowitz & Goldstein, 1997). 이 접근은 청소년 장애에 대한 교육뿐만 아니라 가족구성원들이 갈등을 효과적으로 해결하는 것을 돕고 재발을 방지하기 위한 의사소통 및 문제해결 기술 훈련과 관련된 광범위한 교육도 포함한다. 장애에 대한 교육에는 특정 증상들에 대한 정보, 그 청소년이 재발에 매우 취약하다는 것을 이해하기, 그리고 증상을 다루기 위해서 약물복용이 장기간 필요할 수도 있다는 사실을 받아들이기 등이 포함된다. 좀 더 진전된 가족중심 치료에서는, 정신병 또는 기분장애의 증상과 청소년의 성격을 구별하기 위한 시도와 재발을 초래할 수 있는 스트레스를 인지하고 그것에 대처하도록 가족을 돕는 시도가 이루어진다.

Athena의 경우, 그녀의 증상과 장애에 대한 교육은 그다지 필요하지 않았는데, 그 이유는 가족들이 그것들에 대해 장기간 인식하고 있었기 때문이었다. 그러나 그 증상들이 나타났을 때 묵인하거나 다투는 대신 문제를 해결하는 전략을 가족들에게 제공하는 것이 더 적절했다. 치료 동안에, 각 가족구성원은 지난 주에 있었던 문제를 구체적으로 정의하고(예: Athena가 학교에서 늦게 집에 왔다; 어머니가 아무런 이유 없이 나에게 소리를 질렀다) 잠재적인 해결책을 쓰도록 촉구되었다. 또한 심리가는 가족구성원들이 그 문제를 논의하기 위해 집에서 만나는 절차를 마련하였다. 그리고 나서, 잠재적인 해결책들이 비교되었고, 모두에게 수용가능한 종합적인 해결책이 선정 · 실행되고 평가되었다. 심리가는 또한 이 절차에 의사소통 기술 훈련을 첨가하였다; 각 가족구성원은 한 가지 진술을 하도록 요청받았고 그리고 나서 다른 사람들은 반응하기 전에 들은 바를 패러프레이즈(역자 주: 알기 쉽게 하기 위해 자세한 설명으로 바꾸어 말하기)하도록 요구되었다.

Athena의 가족은 처음에는 치료과정에서 어려움을 보였는데, 그 이유는 그들이 갈등을 회피하거나 이따금 큰 다툼을 벌이는데 아주 익숙해져 있었기 때문이었다. 그러나 또한 Athena와 부모는 또 다른 기괴한 행동 및 입원 에피소드를 막으려는 바람에 의해 동기부여가 되어 있었다. 그 결과, 치료 참석과 그 절차를 이행하려는 그들의 노력은 양호했다. 시간이 흐르면서, 가정규칙과 결과를 확립하고 문제가 나타나면 즉각 그 문제를 다루는 그들의 능력은 상당히 신장되었다. 이 치료의 긍정적인 부수효과는 가정의 스트레스가 감소했고 따라서 Athena의 부모가 딸의 기분 및 약물복용을 더 잘 감시할 수 있었다는 점이었다. Athena가 종종 그녀에게 처방된 약물의 수에 대해 불평을 함으로써 약물복용에 가끔 문제가 있었으나 심리가, 정신과 의사, 그리고 부모가 의학적 섭생을 계속하는 것에 대해 그녀에게 상당한 칭찬과 다른 보상을 주었다.

심리가는 또한 Galvez씨 가족과 함께 Athena의 더 기괴한 증상으로부터 그녀의 원래 성격을 선별하는 작업을 했다. 이 작업은 제한적인 성공을 거두었는데, 그 이유는 Athena가 더 시무룩해질 때는 언제나 약물변경의 필요성에 대해 그녀의 부모가 심리가에게 종종 불평을 했기 때문이었다. 심리가는 모든 사람, 특히 청소년들은 하루 그리고 한 주일에 걸쳐 미묘한 기분변화를 경험하며 완전히 한결같이 고른 기분은 실재하지 않는다는 점을 지적했다. 대신, 심리가는 명백히 수용불가능하고 걱정할 만한 행동들을 확인하도록 가족을 도와주었다. 이러한 행동들에는 어떠한 경우의 자해, 심한 불복종, 폭발적이거나 아주 충동적이거나 또는 위험한 행동, 그리고 기이한 의식적 행위 등이 포함되었다.

그 다음 해에는, Athena의 상황이 안정적인 것으로 기술될 수 있었다. 그녀는 어떠한 자기절단 행동도 더 이상 보이지 않았으며, 비록 그녀의 말이 가끔 괴상한 채로 남아 있었으나 아주 기괴한 말을 거의 나타나지 않았다. 비록 흥분하는 때가 가끔 있었다 하더라도, 그녀의 기분은 대체로 일관되어 있었다. 뿐만 아니라, 그녀의 의식적인 행동은 대부분 사라지고 없었다. 그럼에도 불구하고,

Athena는 가끔 행동에 있어서 충동적이었고 고등학교를 마치는 데 상당한 도움을 필요로 했다. 그녀와 가족은 치료를 지속하고 있었으며, Athena는 계속 부모님과 함께 생활했다. Athena는 자신이 장기적 관리와 가족의 지원을 필요로 할 것이라는 것을 이해하는 것처럼 보였는데, 특히 그 이유는 그녀가 자신 인생의 다음 방향이 무엇인지에 대해 여전히 불안해하고 있었기 때문이었다.

6. 토론 문제

1) 가령 있다면 Athena에게 어떤 진단을 내리겠는가? 이 장에서 언급된 장애들의 진단준거를 Athena가 정확하게 만족시키는지를 알아보기 위해 DSM-IV-TR을 주의깊게 검토하라. 또한 그녀의 경우에 무엇이 최우선적인 진단이라고 생각되는지 확인해 보라.
2) Athena의 어떤 행동들이 정상적인 청소년 행동으로 해석될 수 있을까? 만약 이러한 행동들을 고려하지 않는다면, Athena가 어떠한 정신장애 진단준거라도 만족시키는 걸까?
3) 어떤 청소년이 자기절단을 보이는 가능성 있는 이유들에 대해 생각해 보라. 어떤 십대가 진단가능한 정신장애를 전혀 보이지 않는다 하더라도, 그가 고의적으로 자해할 수도 있는 이유는 무엇일까? 이러한 상황을 다루기 위해 무엇을 할 수 있을까?
4) 망상과 환각을 보이는 누군가를 평가할 때, 어떤 질문들을 할 수 있으며 또는 해야만 한다고 생각하는가? 예를 들어, 환청을 경험하는 누군가에 대해서 어떤 정보를 알기를 원하는가?
5) 심한 행동문제를 보이는 청소년을 치료하는 데 있어서 가족구성원들의 중요성을 논의하라. 가족구성원들이 그러한 문제를 가진 청소년들에게 영향을 미칠 수 있다고 생각하는가? 또는 그러한 문제들은 심리적 또는 약리학적 치료로 더 쉽게 다룰 수 있는 것일까?

6) 정신분열증 또는 심한 양극성 장애를 가진 청소년들을 약물치료하는 데 있어서 윤리적 문제는 무엇인가? 만약 청소년이 그러한 약물복용을 원하지 않는다면 어떤 일이 일어날 수 있을까?
7) 정신분열증을 가진 사람들은 대중매체에서 종종 위험한 사람으로 묘사된다. 이러한 일이 있을 수 있는 이유는 무엇인가? 그와 같은 근거 없는 통념을 없애기 위해 정신건강 전문가들이 할 수 있는 일은 무엇인가?
8) Athena가 자신의 정신상태의 결과, 또래들로부터 직면할 수도 있는 다소의 낙인을 어떻게 줄여줄 수 있을까?
9) 이 책에 기술된 어떤 아동과 가장 같이 일해 보기를 원하는가? 그 이유는 무엇인가?

참고문헌

Abramson, L. Y., Alloy, L. B., Hankin, B. L., Haeffel, G. J., MacCoon, D. G., & Gibb, B. E. (2002). Cognitive vulnerability-stress models of depression in a self-regulatory and psychobiological context. In I. H. Gotlib & C. L. Hammen (Eds.), *Handbook of depression* (pp. 268-294). New York: Guilford.

Achenbach, T. M., & Rescorla, L. A. (2001). *Manual for the ASEBA school-age forms & profiles.* Burlington, VT: University of Vermont Research Center for Children, Youth, & Families.

Allen, K. D., & Matthews, J. R. (1998). Behavior management of recurrent pain in children. In T. S. Watson & F. M. Gresham (Eds.), *Handbook of child behavior therapy* (pp. 263-285). New York: Plenum.

American Academy of Child and Adolescent Psychiatry. (1998). Practice parameters for the assessment and treatment of children and adolescents with depressive disorders. *Journal of the American Academy of Child and Adolescent Psychiatry, 37* (Suppl.), 63S-83S.

American Psychiatric Association. (2000). *Diagnostic and statistical manual of mental disorders* (4th ed., text rev.). Washington, DC: American Psychiatric Association.

Asarnow, J. R., & Asarnow, R. F. (2003). Childhood-onset schizophrenia. In E. J. Mash & R. A. Barkley (Eds.), *Child psychopathology* (2nd ed., pp. 340-361). New York: Guilford.

Azar, S. T., & Wolfe, D. A. (1998). Child physical abuse and neglect. In E. J. Mash & R. A. Barkley (Eds.), *Treatment of childhood disorders* (2nd ed., pp. 501-544). New York: Guilford.

Azrin, N. H., & Besalel, V. A. (1979). *A parent's guide to bedwetting control: A step-by-step method.* New York: Simon & Schuster.

Azrin, N. H., & Foxx, R. M. (1974). Toilet training in less than a day. New York: Simon

& Schuster.

Babin, P. R. (2003). *Diagnosing depression in persons with brain injuries: A look at theories, the DSM-IV and depression measures.* Brain Injury, 17, 889-900.

Babor, T. F., de la Fuente, J. R., Saunders, J., & Grant, M. (1992). *The Alcohol Use Disorders Identification Test. Guidelines for use in primary health care.* Geneva, Switzerland: World Health Organization.

Barakat, L. P., & Kazak, A. E. (1999). Family issues. In R. T. Brown (Ed.), *Cognitive aspects of chronic illness in children* (pp. 333-354). New York: Guilford.

Barkley, R. A. (1996). Attention-deficit/hyperactivity disorder. In E. J. Mash & R. A. Barkley (Eds.), *Child psychopathology* (pp. 63-112). New York: Guilford.

Barkley, R. A. (1997a). *ADHD and the nature of self-control.* New York: Guilford.

Barkley, R. A. (1997b). Attention deficit/hyperactivity disorder. In E. J. Mash & L. G. Terdal (Eds.), *Assessment of childhood disorders* (3rd ed., pp. 71-129). New York: Guilford.

Barkley, R. A. (1997c). *Defiant children: A clinician's manual for assessment and parent training.* New York: Guilford.

Barkley, R. A. (1998). *Attention-deficit hyperactivity disorder: A handbook for diagnosis and treatment* (2nd ed.). New York: Guilford.

Barnes, H. L., & Olsen, D. H. (1985). Parent-adolescent communication and the circumplex model. *Child Development, 56*, 438-447.

Bates, J. E., Bayles, K., Bennett, D. S., Ridge, B., & Brown, M. M. (1991). Origins of externalizing behavior problems at eight years of age. In D. J. Pepler & K. H. Rubin (Eds.), *The development and treatment of childhood aggression* (pp. 93-120). Hillsdale, NJ: Lawrence Erlbaum.

Bayley, N. (1993). *Bayley Scales of Infant Development—Second edition manual.* San Antonio, TX: The Psychological Corporation.

Beck, A. T. (1987). Cognitive models of depression. *Journal of Cognitive Psychotherapy: An International Quarterly, 1*, 5-37.

Beidel, D. C., Turner, S. M., & Morris, T. L. (2000). *Social Phobia and Anxiety Inventory for Children: Manual.* North Tonawanda, NY: Multi-Health Systems.

Beitchman, J. H., & Brownlie, E. B. (1996). Childhood speech and language disorders. In L. Hechtman (Ed.), *Do they grow out of it? Long-term outcomes of childhood disorders* (pp. 225-253). Washington, DC: American Psychiatric Press.

Beitchman, J. H., & Young, A. R. (1997). Learning disorders with a special empasis on reading disorders: A review of the past 10 years. *Journal of the American Academy of Child and Adolescent Psychiatry, 36*, 1020–1032.

Beitchman, J. H., Zucker, K. J., Hood, J. E., da Costa, G. A., & Akman, D. (1991). A review of the short-term effects of child sexual abuse. *Child Abuse and Neglect, 15*, 537–556.

Berg, C. Z., Whitaker, A., Davies, M., Flament, M. F., & Rapoport, J. L. (1988). The survey form of the Leyton Obsessional Inventory-Child Version: Norms from an epidemiological study. *Journal of the American Academy of Child and Adolescent Psychiatry, 28*, 528–533.

Berg, I., & Jackson, A. (1985). Teenage school refusers grow up: A follow-up study of 168 subjects, ten years on average after inpatient treatment. *British Journal of Psychiatry, 147*, 366–370.

Berninger, V. W. (1994). *Reading and writing acquisition: A developmental neuropsychological perspective.* Madison, WI: Brown and Benchmark.

Bibace, R., & Walsh, M. E. (1980). Development of children's concepts of illness. *Pediatrics, 66*, 912–917.

Biederman, J., Faraone, S. V., Hirshfeld-Becker, D. R., Friedman, D., Robin, J. A., & Rosenbaum, J. F. (2001). Patterns of psychopathology and dysfunction in high-risk children of parents with panic disorder and major depression. *American Journal of Psychiatry, 158*, 49–57.

Birchwood, M., & Jackson, C. (2001). *Schizophrenia.* Philadelphia, PA: Taylor and Francis.

Birmaher, B., Ryan, N. D., Williamson, D. E., Brent, D. A., Kaufman, J., Dahl, R. E., Perel, J., & Nelson, B. (1996). Childhood and adolescent depression: A review of the past 10 years. Part I. *Journal of the American Academy of Child and Adolescent Psychiatry, 35*, 1427–1439.

Bonner, B. L., Kaufman, K. L., Harbeck, C., & Brassard, M. R. (1992). Child maltreatment. In C. E. Walker & M. C. Roberts (Eds.), *Handbook of clinical child psychology* (2nd ed., pp. 967–1008). New York: Wiley.

Borkowski, J. G., Weyhing, R. S., & Can, M. (1988). Effects of attributional retraining on strategy-based reading comprehension in learning-disabled students. *Journal of Educational Psychology, 80*, 46–53.

Botvin, G. J., Schinke, S. P., Epstein, J. A., Diaz, T., & Botvin, E. M. (1995). Effectiveness of culturally-focused and generic skills training approaches to alcohol and drug use prevention among minority adolescents: Two-year follow-up results. *Psychology of Addictive Behavior, 9*, 183-194.

Brazelton, T. B. (1962). A child oriented approach to toilet training. *Pediatrics, 29*, 121-128.

Brazelton, T. B., & Cramer, B. G. (1990). *The earliest relationship: Parents, infants, and the drama of early attachment.* New York: Addison-Wesley.

Brennan, P. A., & Walker, E. F. (2001). Vulnerability to schizophrenia: Risk factors in childhood and adolescence. In R. E. Ingram & J. M. Price (Eds.), *Vulnerability to psychopathology: Risk across the lifespan* (pp. 329-354). New York: Guilford.

Briere, J. (1996). *Trauma Symptom Checklist for Children.* Lutz, FL: Psychological Assessment Resources.

Brown, J. H., & Christensen, D. N. (1986). *Family therapy: Theory and practice.* Monterey, CA: Brooks/Cole.

Brown, R. T. (Ed.). (1999). *Cognitive aspects of chronic illness in children.* New York: Guilford.

Brown, S. A., Mott, M. A., & Stewart, M. A. (1992). Adolescent alcohol and drug abuse. In C. E. Walker & M. C. Roberts (Eds.), *Handbook of clinical child psychology* (2nd ed., pp. 667-693). New York: Wiley.

Bryson, S. E., Clark, B. S., & Smith, I. M. (1988). First report of a Canadian epidemiological study of autistic syndromes. *Journal of Child Psychology and Psychiatry, 29*, 433-445.

Bukstein, O. G., & Van Hasselt, V. B. (1995). Substance use disorders. In V. B. Van Hasselt & M. Hersen (Eds.), *Handbook of adolescent psychopathology: A guide to diagnosis and treatment* (pp. 384-406). New York: Lexington.

Butcher, J. N., Williams, C. L., Graham, J. R., Archer, R. P., Tellegen, A., Ben-Porath, Y. S., & Kaemmer, B. (1992). *Minnesota Multiphasic Personality Inventory—Adolescent.* Minneapolis, MN: NCS Assessments.

Butler, R. J., Brewin, C. R., & Forsythe, W. T. (1986). Maternal attributions and tolerance for nocturnal enuresis. *Behaviour Research and Therapy, 24*, 307-312.

Campbell, M. (1988). Fenfluramine treatment of autism: Annotation. *Journal of Child Psychology and Psychiatry, 29*, 1-10.

Campbell, M., Armenteros, J. L., Spencer, E. K., Kowalik, S. C., & Erlenmeyer-Kimling, L. (1997). Schizophrenia and psychotic disorders. In J. M. Wiener (Ed.), *Textbook of child and adolescent psychiatry* (2nd ed., pp. 303-332). Washington, DC: American Psychiatric Press.

Campbell, S. B. (1990). Behavior problems in preschool children. New York: Guilford.

Cannon, M., Jones, P. B., & Murray, R. M. (2002). Obstetric complications and schizophrenia: Historical and meta-analytic review. *American Journal of Psychiatry, 159*, 1080-1092.

Carlson, G. A., & Abbott, S. F. (1995). Mood disorders and suicide. In H. I. Kaplan & B. J. Sadock (Eds.), *Comprehensive Textbook of psychiatry* (6th ed., pp. 2367-2391). Baltimore, MD: Williams & Wilkins.

Carlson, G. A., & Kashani, J. (1988). Phenomenology of major depression from childhood through adulthood: Analysis of three studies. *American Journal of Psychiatry, 137*, 445-449.

Cartledge, G., & Milburn, J. F. (1995). *Teaching social skills to children and youth: Innovative approaches* (3rd ed.). Boston: Allyn & Bacon.

Cendron, M. (1999). Primary nocturnal enuresis: Current concepts. *American Family Physician, 60*, 1205-1218.

Chassin, L., & Ritter, J. (2001). Vulnerability to substance use disorders in childhood and adolescence. In R. E. Ingram & J. M. Price (Eds.), *Vulnerability to psychopathology: Risk across the lifespan* (pp. 107-134). New York: Guilford.

Chassin, L. Ritter, J., Trim, K. S., & King, K. M. (2003). Adolescent substance use disorders. In E. J. Mash & R. A. Barkley (Eds.), *Child psychopathology* (2nd ed., pp. 199-230). New York: Guilford.

Christie, D. (2000). Cognitive-behavioural therapeutic techniques for children with eating disorders. In B. Lask & R. Bryant-Waugh (Eds.), *Anorexia nervosa and related eating disorders in childhood and adolescence* (2nd ed., pp. 205-226). East Sussex, UK: Psychology Press.

Christophersen, E. R., & Rapoff, M. A. (1992). Toileting problems in children. In C. E. Walker & M. C. Roberts (Eds.), *Handbook of clinical child psychology* (2nd ed., pp. 399-411). New York: Wiley.

Compas, B. E. (1997). Depression in children and adolescents. In E. J. Mash & L. G. Terdal (Eds.), *Assessment of childhood disorders* (3rd ed., pp. 197-229). New York:

Guilford.

Conners, C. K. (1997). *Conners Rating Scales-Revised.* North Tonawanda, NY: Multi-Health Systems.

Conners, C. K. (1999). *Conners ADHD/DSM-IV Scales.* North Tonawanda, NY: Multi-Health Systems.

Conners, C. K. (2000). *Conners Continuous Performance Test-II.* North Tonawanda, NY: Multi-Health Systems.

Coon, K. B., Waguespack, M. M., & Polk, M. J. (1994). *Dyslexia Screening Instrument.* San Antonio, TX: The Psychological Corporation.

Creer, T. L., Wigal, J. K., Kotses, H., & Lewis, P. (1990). A critique of 19 self-management programs for childhood asthma. Part II. Comments regarding the scientific merit of the programs. *Pediatric Athma, Allergy, and Immunology, 4,* 41-55.

Deblinger, E., & Heflin, A. H. (1996). *Treating sexually abused children and their non-offending parents: A cognitive behavioral approach.* Thousand Oaks, CA: Sage.

Del Medico, V. D., Weller, E., & Weller, R. (1996). Childhood depression. In L. Hechtman (Ed.), *Do they grow out of it? Long-term outcomes of childhood disorders* (pp. 101-119). Washington, DC: American Psychiatric Press.

Drummond, D. C. (1990). The relationship between alcohol dependence and alcohol related problems in a clinical population. *British Journal of Addiction, 85,* 357-366.

Dujovne, V. F., Barnard, M. U., & Rapoff, M. A. (1995). Pharmacological and cognitive-behavioral approaches in the treatment of childhood depression: A review and critique. *Clinical Psychology Review, 15,* 589-611.

Dunn, L. M., & Dunn, L. M. (1997). *Manual for the Peabody Picture Vocabulary Test* (3rd ed.). Circle Pines, MN: American Guidance Service.

Durand, V. M. (1990). *Severe behavior problems: A functional communication training approach.* New York: Guilford.

Dykens, E. M., Hodapp, R. M., & Evans, D. W. (1994). Profiles and development of adaptive behavior in males with fragile X syndrome. *Journal of Autism and Developmental Disorders, 23,* 135-145.

Eggers, C., & Bunk, D. (1997). The long term course of early onset schizophrenia: A 42-year follow-up. *Schizophrenia Bulletin, 23,* 105-117.

Eisen, A. R., & Kearney, C. A. (1995). *Practitioner's guide to treating fear and anxiety in children and adolescents: A cognitive-behavioral approach.* Northvale, NJ: Jason

Aronson.

Eisen, A. R., Spasaro, S. A., Brien, L. K., Kearney, C. A., & Albano, A. M. (2004). Parental expectancies and childhood anxiety disorders: Psychometric properties of the Parental Expectancies Scale. *Journal of Anxiety Disorders, 18*, 89–109.

Eyberg, S. M., & Pincus, D. (1999). *Eyberg Child Behavior Inventory and Sutter–Eyberg Behavior Inventory–Revised: Professional manual.* Odessa, FL: Psychological Assessment Resources.

Fairburn, C. G., Jones, R., Peveler, R. C., Hope, R. A., & O'Connor, M. (1993). Psychotherapy and bulimia nervosa: The longer–term effects of interpersonal psychotherapy, behaviour therapy and cognitive behaviour therapy. *Archives of General Psychiatry, 50*, 419–428.

Faraone, S. V., Tsuang, M. T., & Tsuang, D. W. (1999). *Genetics of mental disorders: A guide for students, clinicians, and researchers.* New York: Guilford.

Farrell, M., & Strang, J. (1991). Substance use and misuse in childhood and adolescence. *Journal of Child Psychology and Psychiatry, 32*, 109–128.

Farrington, D. P. (1990). Long term criminal outcomes of hyper-activity–impulsivity–attention deficit (HIA) and conduct problems in childhood. In L. N. Robins & M. Rutter (Eds.), *Straight and devious pathways from childhood to adulthood* (pp. 62–82). New York: Cambridge University Press.

Farrington, D. P. (1991). Childhood aggression and adult violence: Early precursors and later–life outcomes. In D. J. Pepler & K. H. Rubin (Eds.), *The development and treatment of childhood aggression* (pp. 189–197). Hillsdale, NJ: Lawrence Erlbaum.

Feinstein, C., & Wiener, J. M. (1997). *Developmental disorders of learning, motor skills, and communication. In J. M. Wiener (Ed.), Textbook of child and adolescent psychiatry* (2nd ed., pp. 281–300). Washington, DC: American Psychiatric Press.

Fergusson, D. M., & Mullen, P. E. (1999). *Childhood sexual abuse: An evidence based perspective.* Thousand Oaks, CA: Sage.

Fielding, D. M., & Doleys, D. M. (1988). Elimination problems: Enuresis and encopresis. In E. J. Mash & L. G. Terdal (Eds.), *Behavioral assessment of childhood disorders* (2nd ed., pp. 586–623). New York: Guilford.

Finkelhor, D. (1984). *Child sexual abuse: New theory and research.* New York: Free Press.

Flaherty, L. T. (1997). Psychoses in adolescence. In J. D. Noshpitz, L. T. Flaherty, & R.

M. Sarles (Eds.), *Handbook of child and adolescent psychiatry* (vol. 3, pp. 357–378). New York: Wiley.

Flakierska, N., Lindstrom, M., & Gillberg, C. (1988). School refusal: A 15–20–year follow–up of 35 Swedish urban children. *British Journal of Psychiatry, 152*, 834–837.

Fletcher, K. E. (2003). Childhood posttraumatic stress disorder. In E. J. Mash & R. A. Barkley (Eds.), *Child psychopathology* (2nd ed., pp. 330–371). New York: Guilford.

Foreyt, J. P., & Mikhail, C. (1997). Anorexia nervosa and bulimia nervosa. In E. J. Mash & L. G. Terdal (Eds.), *Assessment of childhood disorders* (3rd ed., pp. 683–716). New York: Guilford.

Foster, S. L., & Robin, A. L. (1997). Family conflict and communication in adolescence. In E. J. Mash & L. G. Terdal (Eds.), *Assessment of childhood disorders* (3rd ed., pp. 627–682). New York: Guilford.

Foster, S. L., & Robin, A. L. (1998). Parent–adolescent conflict and relationship discord. In E. J. Mash & R. A. Barkley (Eds.), *Treatment of childhood disorders* (2nd ed., pp. 601–646). New York: Guilford.

Frick, P. J. (1998). *Conduct disorders and severe antisocial behavior.* New York: Plenum.

Frick, P. J., Lahey, B. B., Loeber, R., Tannenbaum, L., Van Horn, Y., Christ, M. A. G., Hart, E. L., & Hanson, K. (1993). Oppositional defiant disorder and conduct disorder: A meta–analytic review of factor analyses and cross–validation in a clinic sample. *Clinical Psychology Review, 13*, 319–340.

Friedberg, R. D., & McClure, J. M. (2002). *Cognitive therapy with children and adolescents.* New York: Guilford.

Friman, P. C., & Jones, K. M. (1998). Elimination disorders in children. In T. S. Watson & F. M. Gresham (Eds.), *Handbook of child behavior therapy* (pp. 239–260). New York: Plenum.

Garlow, S. J., & Nemeroff, C. B. (2004). The neurochemistry of depressive disorders: Clinical studies. In D. S. Charney & E. J. Nestler (Eds.), *Neurobiology of mental illness* (2nd ed., pp. 440–460). New York: Oxford.

Garner, D. M. (1997). Psychoeducational principles in treatment. In D. M. Garner & P. E. Garfinkel (Eds.), *Handbook of treatment for eating disorders* (2nd ed., pp. 145–177). New York: Guilford.

Garner, D. M., & Garner, M. V. (1992). Treatment of eating disorders in adolescents:

Research and recommendations. In C. E. Walker & M. C. Roberts (Eds.), *Handbook of clinical child psychology* (2nd ed., pp. 623–641). New York: Wiley.

Geiger, T. C., & Crick, N. R. (2001). A developmental psychopathology perspective on vulnerability to personality disorders. In R. E. Ingram & J. M. Price (Eds.), *Vulnerability to psychopathology: Risk across the lifespan* (pp. 57–102). New York: Guilford.

Geller, B., & DelBello, M. P. (2003). *Bipolar disorder in childhood and early adolescence*. New York: Guilford.

Gilbert, B. O., & Dollinger, S. J. (1992). Neurotic disorders of childhood: Obsessive-compulsive, phobic, conversion, dissociative, and post-traumatic stress disorder. In C. E. Walker & M. C. Roberts (Eds.), *Handbook of clinical child psychology* (2nd ed., pp. 359–374). New York: Wiley.

Gillberg, C., Gillberg, I. C., & Steffenburg, S. (1992). Siblings and parents of children with autism: A controlled population-based study. *Developmental and Medical Child Neurology, 34*, 389–398.

Gilliam, J. E. (2002). *Conduct Disorder Scale*. Austin, TX: Pro-Ed.

Goldsmith, H. H., & Lemery, K. S. (2000). Linking temperamental fearfulness and anxiety symptoms: A behavior-genetic perspective. *Biological Psychiatry, 48*, 1199–1209.

Gordis, E. B., & Margolin, G. (2001). The Family Coding System: Studying the relation between marital conflict and family interaction. In P. K. Kerig & K. M. Lindahl (Eds.), *Family observational coding systems: Resources for systemic research* (pp. 111–125). Mahwah, NJ: Lawrence Erlbaum.

Gotlib, I. H., Lewinsohn, P. M., Seeley, J. R., Rohde, P., & Redner, J. E. (1993). Negative cognitions and attributional style in depressed adolescents: An examination of stability and specificity. *Journal of Abnormal Psychology, 102*, 607–615.

Greenspan, S. I. (1997). Clinical assessment in infancy and early childhood. In J. M. Wiener (Ed.), *Textbook of child and adolescent psychiatry* (2nd ed., pp. 67–78). Washington, DC: American Psychiatric Press.

Griffin, W. A. (1993). *Family therapy: Fundamentals of theory and practice*. New York: Brunner/Mazel.

Grigorenko, E. L., Wood, F. B., Meyer, M. S., Hart, L. A., Speed, W. C., & Shuster, A. (1997). Susceptibility loci for distinct components of developmental dyslexia on chromosomes 6 and 15. *American Journal of Human Genetics, 60*, 27–39.

Gunn, W. B., & Fisher, B. L. (1999). Systemic approaches-family therapy. In H. T. Prout & D. T. Brown (Eds.), *Counseling and psychotherapy with children and adolescents: Theory and practice for school and clinical settings* (pp. 351-375). New York: Wiley.

Hammen, C., & Rudolph, K. D. (2003). Childhood mood disorders. In E. J. Mash & R. A. Barkley (Eds.), *Child psychopathology* (pp. 233-278). New York: Guilford.

Harrison, P. L. & Oakland, T. (2000). *Adaptive Behavior Assessment System.* San Antonio, TX: Harcourt.

Hawkins, J. D., Kosterman, R., Maguin, E., Catalano, R. F., & Arthur, M. W. (1997). Substance use and abuse. In R. T. Ammerman & M. Hersen (Eds.), *Handbook of prevention and treatment with children and adolescents* (pp. 203-237). New York: Wiley.

Hechtman, L. (1996). Attention-deficit/hyperactivity disorder. In L. Hechtman (Ed.), *Do they grow out of it? Long-term outcomes of childhood disorders* (pp. 17-38). Washington, DC: American Psychiatric Press.

Hendren, R. L., & Mullen, D. (1997). Conduct disorder in childhood. In J. M. Wiener (Ed.), *Textbook of child and adolescent psychiatry* (2nd ed., pp. 427-440). Washington, DC: American Psychiatric Press.

Henggeler, S. W., Schoenwald, S. K., Borduin, C. M., Rowland, M. D., & Cunningham, P. B. (1998). *Multisystemic treatment of antisocial behavior in children and adolescents.* New York: Guilford.

Herrero, M. E., Hechtman, L., & Weiss, G.(1994). Antisocial disorders in hyperactive subjects from childhood to adulthood: Predictive factors and characteristics of subgroups. *American Journal of Orthopsychiatry, 64,* 510-521.

Herzog, D. B., & Beresin, E. V. (1997). Anorexia nervosa. In J. M. Wiener (Ed.), *Textbook of child and adolescent psychiatry* (2nd ed., pp. 543-561). Washington, DC: American Psychiatric Press.

Hetherington, E. M., Bridges, M., & Insabella, G. M. (1998). What matters? What does not? Five perspectives on the association between marital transitions and children's adjustment. *American Psychologist, 53,* 167-184.

Heyman, R. E., Weiss, R. L. & Eddy, J. M. (1995). Marital interaction coding system: Revision and empirical evaluation. *Behavior Research and Therapy, 33,* 737-746.

Hintze, J. M., Stoner, G., & Bull, M. H. (2000). Analogue assessment: Research and practice in evaluating emotional and behavioral problems. In E. S. Shapiro & T. R. Kratochwill (Eds.), *Behavioral assessment in schools* (2nd ed., pp. 104–138). New York: Guilford.

Hodapp, R. M., & Dykens, E. M. (2003). Mental retardation (intellectual disabilities). In E. J. Mash & R. A. Barkley (Eds.), *Child psychopathology* (2nd ed., pp. 486–519). New York: Guilford.

Holland, A. J., Sicotte, N., & Treasure, J. (1988). Anorexia nervosa: Evidence for a genetic basis. *Journal of psychosomatic Research*, *32*, 561–571.

Honig, P. (2000). Family work. In B. Lask & R. Bryant-Waugh (Eds.), *Anorexia nervosa and related eating disorders in childhood and adolescence* (2nd ed., pp. 187–204). East Sussex, UK: Psychology Press.

Honig, P., & Sharman, W. (2000). In B. Lask & R. Bryant-Waugh (Eds.), *Anorexia nervosa and related eating disorders in childhood and adolescence* (2nd ed., pp. 265–288). East Sussex, UK: Psychology Press.

Hops, H., & Greenwood, C. R. (1988). Social skill deficits. In E. J. Mash & L. G. Terdal (Eds.), *Behavioral assessment of childhood disorders* (2nd ed., pp. 263–314). New York: Guilford.

Houston, M., & Wiener, J. M. (1997). Substance-related disorders. In J. M. Wiener (Ed.), *Textbook of child and adolescent psychiatry* (2nd ed., pp. 637–656). Washington, DC: American Psychiatric Press.

Houts, A. C., & Liebert, R. M. (1984). *Bedwetting: A guide for parents and children.* Springfield, IL: Charles C Thomas.

Hynd, G. W., Hem, K. L., Novey, E. S., Ehopulos, D., Marshall, R., Gonzalez, J. J., & Voeller, K. K. (1993). Attention-deficit hyperactivity disorder and asymmetry of the caudate nucleus. *Journal of Child Neurology*, *8*, 339–347.

Janoff-Bullman, R. (1985). The aftermath of victimization: Rebuilding shattered assumptions. In C. R. Figley (Ed.), *Trauma and its wake: The study of post-traumatic stress disorder* (pp. 15–35). New York: Brunner/Mazel.

Jarvis, P. E., & Barth, J. T. (1994). *The Halstead-Reitan Neuropsychological Battery: A guide to interpretation and clinical applications.* Odessa, FL: Psychological Assessment Resources.

Johnston, L. D., O'Malley, P. M., Bachman, J. G., & Schulenberg, J. E. (2004). *Monitoring the Future national survey results on drug use, 1975-2003. Volume I:*

Secondary school students (NIH Publication No. 04-5507). Bethesda, MD: National Institute on Drug Abuse.

Kaffman, M., & Elizur, E. (1977). Infants who become enuretics: A longitudinal study of 161 kibbutz children. *Monographs of the Society for Research in Child Development, 42*(2, Serial No. 170).

Kagan, J. (2001). Temperamental contributions to affective and behavioral profiles in childhood. In S. G. Hofmann & P. M. DiBartolo (Eds.), *From social anxiety to social phobia: Multiple perspectives* (pp. 216-234). Needham Heights, MA: Allyn and Bacon.

Kager, V. A., Arndt, E. K., & Kenny, T. J. (1992). Psychosomatic problems of children. In C. E. Walker & M. C. Roberts (Eds.), *Handbook of clinical child psychology* (2nd ed., pp. 303-317). New York: Wiley.

Kaminer, Y., Wagner, E. F., Plummer, B. A., & Seifer, R. (1993). Validation of the Teen Addiction Severity Index (T-ASI): Preliminary findings. *American Journal on Addictions, 2*, 250-254.

Kandel, D. B., & Yamaguchi, K. (1993). From beer to crack: Developmental patterns of drug involvement. *American Journal of Public Health, 83*, 851-855.

Karp, C. L., & Butler, T. L. (1996). *Treatment strategies for abused children*. Thousand Oaks, CA: Sage.

Kashdan, T. B., & Herbert, J. D. (2001). Social anxiety disorder in childhood and adolescence: Current status and future directions. *Clinical Child and Family Psychology Review, 4*, 37-61.

Kaufman, J., Birmaher, B., Brent, D., Rao, U., Flynn, C., Moreci, P., Williamson, D., & Ryan, N. (1997). Schedule for Affective Disorders and Schizophrenia for School-Aged Children—Present and Lifetime Version (K-SADS-PL): Initial reliability and validity data. *Journal of the American Academy of Child and Adolescent Psychiatry, 36*, 980-988.

Kazdin, A. E. (1996). *Conduct disorders in childhood and adolescence* (2nd ed.). Thousand Oaks, CA: Sage.

Kazdin, A. E., & Marciano, P. L. (1998). Childhood and adolescent depression. In E. J. Mash & R. A. Barkley (Eds.), *Treatment of childhood disorders* (2nd ed., pp. 211-248). New York: Guilford.

Kearney, C. A. (2001). *School refusal behavior in youth: A functional approach to as-*

sessment and treatment. Washington, DC: American Psychiatric Association.

Kearney, C. A. (2002). Identifying the function of school refusal behavior: A revision of the School Refusal Assessment Scale. *Journal of Psychopathology and Behavioral Assessment, 24,* 235-245.

Kearney, C. A. (2005). *Social anxiety and social phobia in youth: Characteristics, assessment, and psychological treatment.* New York: Springer.

Kearney, C. A., & Drake, K. (2002). Social phobia. In M. Hersen (Ed.), *Clinical behavior therapy: Adults and children* (pp. 326-344). New York: Wiley.

Kearney, C. A., & Silverman, W. K. (1995). Family environment of youngsters with school refusal behavior: A synopsis with implications for assessment and treatment. *American Journal of Family Therapy, 23,* 59-72.

Kearney, C. A., & Silverman, W. K. (1996). The evolution and reconciliation of taxonomic strategies for school refusal behavior. *Clinical psychology: Science and Practice, 3,* 339-354.

Kearney, C. A., & Vecchio, J. (2002). Contingency management. In M. Herson & W. Sledge (Eds.), *The encyclopedia of psychotherapy.* New York: Academic.

Kendall-Tackett, K. A., Williams, L. M., & Finkelhor, D. (1993). Impact of sexual abuse on children: A review and synthesis of recent empirical studies. *Psychological Bulletin, 113,* 164-180.

Keshaven, M. S., Vaulx-Smith, P., & Anderson, S. (1995). Schizophrenia. In V. B. Van Hasselt & M. Hersen (Eds.), *Handbook of adolescent psychopathology: A guide to diagnosis and treatment* (pp. 465-496). New York: Lexington.

Klinger, L. G., & Dawson, G. (1996). Autistic disorder. In E. J. Mash & R. A. Barkley (Eds.), *Child psychopathology* (pp. 311-339). New York: Guilford.

Klorman, R., Salzman, L. F., & Borgstedt, A. D. (1988). Brain event-related potentials in evaluation of cognitive deficits in attention deficit disorder and outcome of stimulant therapy. In L. Bloomingdale (Ed.), *Attention deficit disorder* (3rd ed., pp. 49-80). New York: Pergamon.

Koegel, L. K., & Koegel, R. L. (1996). The child with autism as an active communicative partner: Child-initiated strategies for improving communication and reducing behavior problems. In E. D. Hibbs & P. S. Jensen (Eds.), *Psychosocial treatments for child and adolescent disorders: Empirically based strategies for clinical practice* (pp. 553-572). Washington, DC: American Psychological Association.

Kovacs, M. (1996). Presentation and course of major depressive disorder during childhood and later years of the life span. *Journal of the American Academy of Child and Adolescent Psychiatry, 35*, 705–715.

Kovacs, M. (1999). *Children's Depression Inventory (CDI).* North Tonawanda, NY: Multi-Health Systems.

Kratzer, L., & Hodgins, S. (1997). Adult Outcomes of child conduct problems: A cohort study. *Journal of Abnormal Child Psychology, 25*, 65–81.

Krug, D., Arick, J., & Almond, P. (1995). *Autism Screening Instrument for Educational Planning (ASIEP-2).* Austin, TX: Pro-Ed.

Lachar, D., & Gruber, C. P. (2000). *Personality Inventory for Children-Second Edition (PIC-2) manual.* Los Angeles: Western Psychological Services.

La Greca, A. M. (1998). *Social anxiety scale for children and adolescents: Manual and instructions for the SASC, SASC-R, SAS-A (adolescents), and parent versions of the scales.* Miami, FL: Author.

Lask, B., & Bryant-Waugh, R. (1997). Prepubertal eating disorders. In D. M. Garner & P. E. Garfinkel (Eds.), *Handbook of treatment for eating disorders* (2nd ed., pp. 476–483). New York: Guilford.

Lemanek, K. L., Trane, S. T., & Weiner, R. E. (1999). Asthma. In A. J. Goreczny & M. Hersen (Eds.), *Handbook of pediatric and adolescent health psychology* (pp. 141–158). Needham Heights, MA: Allyn & Bacon.

Lewis, D. O. (1997). Conduct and antisocial disorders in adolescence. In J. M. Wiener (Ed.), *Textbook of child and adolescent psychiatry* (2nd ed., pp. 441–458). Washington, DC: American Psychiatric Press.

Lewis, D. O., Yeager, C. A., Lovely, R., Stein, A., & Cobham-Portorreal, C. S. (1994). A clinical follow-up of delinquent males: Ignored vulnerabilities, unmet needs, and the perpetuation of violence. *Journal of the American Academy of Child and Adolescent Psychiatry, 33*, 518–528.

Lieb, R., Wittchen, H. U., Hofler, M., Fuetsch, M., Stein, M. B., & Merikangas, K. R. (2000). Parental psychopathology, parenting styles, and the risk of social phobia in offspring: A prospective-longitudinal community study. *Archives of General Psychiatry, 57*, 859–866.

Loeber, R. (1996). Developmental continuity, change, and pathways in male juvenile problem behaviors and delinquency. In J. D. Hawkins (Ed.), *Delinquency and crime:*

Current theories (pp. 1–27). Port Chester, NY: Cambridge University Press.

Loeber, R., & Stouthamer-Loeber, M. (1998). Development of juvenile aggression and violence: Some common misconceptions and controversies. *American Psychologist, 53*, 242–259.

Lovaas, O. I. (1981). *Teaching developmentally disabled children: The me book.* Austin, TX: Pro-Ed.

Luxem, M. C., & Christophersen, E. R. (1999). Elimination disorders. In S. D. Netherton, D. Holmes, & C. E. Walker (Eds.), *Child and adolescent psychological disorders: A comprehensive textbook* (pp. 195–223). New York: Oxford University Press.

Lyon, G. R., & Cutting, L. E. (1998). Learning disabilities. In E. J. Mash & R. A. Barkley (Eds.), *Treatment of childhood disorders* (2nd ed., pp. 468–498). New York: Guilford.

Lyon, G. R., Fletcher, J. M., & Barnes, M. C. (2003). Learning disabilities. In E. J. Mash & R. A. Barkley (Eds.), *Child psychopathology* (2nd ed., pp. 520–586). New York: Guilford.

Maisto, A. A., & German, M. L. (1986). Reliability, predictive validity, and interrelationships of early assessment indices used with developmentally delayed infants and children. *Journal of Clinical Child Psychology, 15*, 327–332.

March, J. S., Franklin, M. E., Leonard, H. L., & Foa, E. B. (2004). Obsessive-compulsive disorder. In T. L. Morris & J. S. March (Eds.), *Anxiety disorders in children and adolescents* (2nd ed., pp. 212–240). New York: Guilford.

March, J. S., & Mulle, K. (1998). *OCD in children and adolescents: A cognitive-behavioral treatment manual.* New York: Guilford.

Mash, E. J., & Dozois, D. J. A. (2003). Child psychopathology: A developmenal systems perspective. In E. J. Mash & R. A. Barkley (Eds.), *Child psychopathology* (2nd ed., pp. 3–71). New York: Guilford.

Masten, A. S., & Coatsworth, J. D. (1998). The development of competence in favorable and unfavorable environments: Lessons from research on successful children. *American Psychologist, 53*, 205–220.

McGrath, P. A. (1987). The multidimensional assessment and management of recurrent pain syndromes in children. *Behaviour Research and Therapy, 25*, 251–262.

McLaney, M. A., Del Boca, F. K., & Babor, T. (1994). A validation study of the Problem

Oriented Screening Instrument for Teenagers (POSIT). *Journal of Mental Health, 3,* 363-376.

McMahon, R. J., & Estes, A. M. (1997). Conduct problems. In E. J. Mash & L. G. Terdal (Eds.), *Assessment of childhood disorders* (3rd ed., pp. 130-193). New York: Guilford.

McQuaid, E. L., Howard, K., Kopel, S. J., Rosenblum, K., & Bibace, R. (2002). Developmental concepts of asthma: Reasoning about illness and strategies for prevention. *Applied Developmental Psychology, 23,* 179-194.

Mehler, P. S., & Andersen, A. E. (Eds.). (1999). *Eating disorders: A guide to medical care and complications.* Baltimore, MD: Johns Hopkins University Press.

Meijer, A., & Oppenheimer, L. (1995). The excitation-adaptation model of pediatric chronic illness. *Family Process, 34,* 441-453.

Miklowitz, D. J., & Goldstein, M. J. (1997). *Bipolar disorder: A family-focused treatment approach.* Mew York: Guilford.

Miller, G. A. (2001). *Adolescent SASSI-A2 Substance Abuse Subtle Screening Inventory.* Springville, IN: SASSI Institute.

Millon, T., Green, C. J., & Meagher, R. B. (1993). *Millon Adolescent Personality Inventory.* Minneapolis, MN: NCS Assessments.

Mitchell, J., McCauley, E., Burke, P. M., & Moss, S. J. (1988). Phenomenology of depression in children and adolescents. *Journal of the American Academy of Child and Adolescent Psychiatry, 27,* 12-20.

Mizes, J. S. (1995). Eating disorders. In M. Hersen & R. T. Ammerman (Eds.), *Advanced abnormal child psychology* (pp. 375-391). Hillsdale, NJ: Lawrence Erlbaum.

Mizes, J. S., & Christiano, B. A. (1995). Assessment of cognitive variables relevant to cognitive behavioral perspectives on anorexia nervosa and bulimia nervosa. *Behaviour Research and Therapy, 33,* 95-105.

Moberg, D. P. (1991). The Adolescent Drug Involvement Scale. *Journal of Adolescent Chemical Dependency, 2,* 75-88.

Moffitt, T. E., Caspi, A., Dickson, N., Silva, P., & Stanton, W. (1996). Childhood-onset versus adolescent-onset antisocial conduct problems in males: Natural history from ages 3 to 18 years. *Development and Psychopathology, 8,* 399-424.

Monahon, C. (1993). *Children and trauma: A parent's guide to helping children heal.*

New York: Lexington.

Montague, M., Applegate, B., & Marquard, K. (1993). Cognitive strategy instruction and mathematical problem-solving performance of students with learning disabilities. *Learning Disabilities Research and Practice, 8*, 223-232.

Moos, R. H., & Moos, B. S. (1986). *Family Environment Scale manual* (2nd ed.). Palo Alto, CA: Consulting Psychologists Press.

National Institute on Drug Abuse. (1982). *Marijuana and youth* (Publication No. ADM 82-1186). Washington, DC: Department of Health and Human Services.

Newcomb, M. D., & Bentler, P. M., (1986). Cocaine use among adolescents: Longitudinal associations with social context, psychopathology, and use of other substances. *Addictive Behaviors, 11*, 263-273.

Newcomb, M. D., & Richardson, M. A. (1995). Substance use disorders. In M. Hersen & R. T. Ammerman (Eds.), *Advanced abnormal child psychology* (pp. 411-431). Hillsdale, NJ: Lawrence Erlbaum.

Nihira, K., Leland, H., & Lambert, N. (1993). *AAMR Adaptive Behavior Scale—Residential and Community* (2nd ed.). Austin, TX: Pro-Ed.

Nobile, M., Cataldo, G., Marino, C., & Molteni, M. (2003). Diagnosis and treatment of dysthymia in children and adolescents. *CNS Drugs, 17*, 927-946.

Offord, D. R., & Bennett, K. J. (1994). Conduct disorder: Long-term outcomes and intervention effectiveness. *Journal to the American Academy of Child and Adolescent Psychiatry, 33*, 1069-1078.

Ollendick, T. H. (1983). Reliability and validity of the Revised Fear Survey Schedule for Children (FSSC-R). *Behaviour Research and Therapy, 21*, 685-692.

Ollendick, T. H., & Hirshfeld-Becker, D. R. (2002). The developmental psychopathology of social anxiety disorder. *Biological Psychiatry, 51*, 44-58.

Olson, D. H., Portner, J., & Lavee, Y. (1987). Family Adaptability and Cohesion Evaluation Scales (FACES III). In N. Fredman & R. Sherman (Eds.), *Handbook of measurements for marriage and family therapy* (pp. 180-185). New York: Brunner Mazel.

Patterson, G. R. (1982). *Coercive family processes*. Eugene, OR: Castalia.

Patterson, G. R., Reid, J. B., & Dishion, T. J. (1992). *Antisocial boys*. Eugene, OR: Castalia.

Patton, G. C. (1988). The spectrum of eating disorders in adolescence. *Journal of*

Psychosomatic Research, 32, 579–584.

Piers, E. V., Harris, D. B., & Herzberg, D. S. (2002). *Piers-Harris Children's Self-Concept Scale (PHCSCS-2) Second edition.* Austin, TX: Pro-Ed.

Prinz, R. J., Foster, S. L., Kent, R. N., & O'Leary, K. D. (1979). Multivariate assessment of conflict in distressed and nondistressed mother-adolescent dyads. *Journal of Applied Behavior Analysis, 12*, 691–700.

Quay, H. C., & Peterson, D. R. (1996). *Revised Behavior Problem Checklist: PAR edition.* Odessa, FL: Psychological Assessment Resources.

Rapoff, M. A. (1999). *Adherence to pediatric medical regimens.* New York: Kluwer Academic/Plenum.

Raven, J. C. (2000). *Raven's Progressive Matrices.* San Antonio, TX: Harcourt.

Reynolds, C. R., & Kamphaus, R. W. (2004). *Behavior Assessment System for Children-2.* Circle Pines, MN: American Guidance Service.

Reynolds, C. R., & Paget, K. D. (1983). National normative and reliability data for the Revised Children's Manifest Anxiety Scale. *School Psychology Review, 12*, 324–336.

Reynolds, W. M. (2004). *Reynolds Adolescent Depression Scale-2: Professional manual.* Lutz, FL: Psychological Assessment Resources.

Robin, A. L., Bedway, M., Siegel, P. T., & Gilory, M. (1996). Therapy for adolescent anorexia nervosa: Addressing cognitions, feelings, and the family role. In E. D. Hibbs & P. S. Jensen (Eds.), *Psychosocial treatments for child and adolescent disorders: Empirically based strategies for clinical practice* (pp. 239–259). Washington, DC: American Psychological Association.

Robin, A. L., & Foster, S. L. (1989). *Negotiating parent-adolescent conflict: A behavioral-family systems approach.* New York: Guilford.

Robins, L. N., & Rutter, M. (Eds.). (1990). *Straight and devious pathways from childhood to adulthood.* New York: Cambridge University Press.

Roid, G. (2003). *Stanford-Binet Intelligence Scales*, fifth edition. Chicago: Riverside.

Roid, G., & Miller, L. J. (1997). *Leiter International Performance Scale-Revised.* Wood Dale, IL: Stoelting.

Rosen, J. C., & Leitenberg, H. (1985). Exposure plus response prevention treatment of bulimia. In D. M. Garner & P. E. Garfinkel (Eds.), *Handbook of psychotherapy for anorexia nervosa and bulimia* (pp. 193–209). New York: Guilford.

Ross, D. M., & Ross, S. A. (1982). *Hyperactivity: Current issues, research, and theory*

(2nd ed.). New York: Wiley.

Ross, R. T., Begab, M. J., Dondis, E. H., Giampiccolo, J., & Meyers, C. E. (1985). *Lives of the retarded: A forty-year follow-up study.* Stanford, CA: Stanford University Press.

Rourke, B. P., & Conway, J. A. (1997). Disabilities of arithmetic and mathematical reasoning: Perspectives from neurology and neuropsychology. *Journal of Learning Disabilities, 30,* 34-46.

Rubin, K. H., Burgess, K. B., Kennedy, A. E., & Stewart, S. L. (2003). Social withdrawal in childhood. In E. J. Mash & R. A. Barkley (Eds.), *Child psychopathology* (2nd ed., pp. 372-406). New York: Guilford.

Rudolph, K. D., Hammen, C., & Burge, D. (1994). Interpersonal functioning and depressive symptoms in childhood: Addressing the issues of specificity and comorbidity. *Journal of Abnormal Child Psychology, 22,* 355-371.

Sanders, M. R., Shepherd, R. W., Cleghorn, G., & Woolford, H. (1994). The treatment of recurrent abdominal pain in children: A controlled comparison of cognitive-behavioral family intervention and standard pediatric care. *Journal of Consulting and Clinical Psychology, 62,* 306-314.

Scahill, L., Riddle, M., McSwiggin-Hardin, M., Ort, S., King, R., Goodman, W., Cicchetti, D., & Leckman, J. (1997). Children's Yale-Brown Obsessive Compulsive Scale: Reliability and validity. *Journal of the American Academy of Child and Adolescent Psychiatry, 36,* 844-852.

Schaefer, C. E. (1993). What is play and Why is it therapeutic? In C. E. Schaefer (Ed.), *The therapeutic powers of play* (pp. 1-16). Northvale, NJ: Jason Aronson.

Scharff, L. (1997). Recurrent abdominal pain in children: A review of psychological factors and treatment. *Clinical Psychology Review, 17,* 145-166.

Schopler, E., Reichler, R., & Renner, B. (1988). *The Childhood Autism Rating Scale (CARS).* Los Angeles, CA: Western Psychological Services.

Schwartz, R. H., & Wirtz, P. W. (1990). Potential substance abuse: Detection among adolescent patients: Using the Drug and Alcohol Problem (DAP) Quick Screen, a 30-item questionnaire. *Clinical Pediatrics, 29,* 38-43.

Shedler, J., & Block, J. (1990). Adolescent drug use and psychological health: A longitudinal inquiry. *American Psychologist, 45,* 612-630.

Shepherd, M. J., & Uhry, J. K. (1993). Reading disorder. *Child and Adolescent*

Psychiatric Clinics of North America, 2, 193–208.

Silverman, W. K., & Albano, A. M. (1996). *Anxiety disorders interview schedule for DSM-IV: Child version.* San Antonio, TX: The Psychological Corporation.

Skinner, H. A., Steinhauer, P. D., & Santa-Barbara, J. (1995). *Family Assessment Measure III (FAM-III).* North Tonawanda, NY: Multi-Health Systems.

Smith, C., & Steiner, H. (1992). Psychopathology in anorexia nervosa and depression. *Journal of the American Academy of Child and Adolescent Psychiatry, 31*, 841–843.

Spanier, G. (2001). *Dyadic Adjustment Scale.* North Tonawanda, NY: Multi-Health Systems.

Sparrow, S. S., Balla, D. A., & Cicchetti, D. V. (1984). *Vineland Adaptive Behavior Scales.* Circle Pines, MN: American Guidance Service.

Spielberger, C. D., Edwards, C. D., Lushene, R., Montuori, J., & Platzek, D. (1996). *State-Trait Anxiety Inventory for Children (STAIC) manual.* Lutz, FL: Psychological Assessment Resources.

Sprich-Buckminster, S., Biederman, J., Milberger, S., Faraone, S. V., & Lehman, B. K. (1993). Are perinatal complications relevant to the manifestation of ADD? Issues of comorbidity and familiality. *Journal of the American Academy of Child and Adolescent Psychiatry, 32*, 1032–1037.

Stanovich, K. E. (1994). Romance and reality. *The Reading Teacher, 47*, 280–291.

Steffenburg, S., Gillberg, C., Hellgren, L., Andersson, L., Gillberg, I. C., Jakobsson, G., & Bohman, M. (1989). A twin study of autism in Denmark, Finland, Iceland, Norway, and Sweden. *Journal of Child Psychology and Psychiatry, 30*, 405–416.

Stevenson, J. (1992). Evidence for a genetic etiology in hyperactivity in children. *Behavior Genetics, 22*, 337–343.

Stevenson, K. (1989). Guidelines for peer review of child and adolescent psychiatric treatment including substance abuse disorder and eating disorders. In M. M. DuPrat & K. Stevenson (Eds.), *Child and adolescent psychiatric illness: Guidelines for treatment resources, quality assurance, peer review, and reimbursement* (pp. 29–72). Washington, DC: American Academy of Child and Adolescent Psychiatry.

Striegel-Moore, R. H. (1993). Etiology of binge eating: A developmental perspective. In C. G. Fairburn & G. T. Wilson (Eds.), *Binge eating: Nature, assessment, and treatment* (pp. 144–172). New York: Guilford.

Striegel-Moore, R. H., Silberstein, L. R., & Rodin, J. (1986). *Toward an understanding of risk factors for bulimia. American Psychologist, 41,* 246–263.

Strober, M. (1995). Family-genetic perspectives on anorexia nervosa and bulimia nervosa. In K. D. Brownell & C. G. Fairburn (Eds.), *Eating disorders and obesity: A comprehensive handbook* (pp. 212–218). New York: Guilford.

Sunday, S. R., Einhorn, A., & Halmi, K. A. (1992). Relationship of perceived macronutrient and caloric content to affective conditions about food in eating-disordered, restrained, and unrestrained subjects. *American Journal of Clinical Nutrition, 55,* 362–371.

Swedo, S., & Rapoport, J. (1990). Neurochemical and neuroendocrine considerations of obsessive-compulsive disorder in childhood. In W. Deutsch, A. Weizman, & R. Weizman (Eds.), *Application of basic neuroscience to child psychiatry* (pp. 275–284). New York: Plenum.

Szymanski, L. S., & Kaplan, L. C. (1997). Mental retardation. In J. M. Wiener (Ed.), *Textbook of child and adolescent psychiatry* (2nd ed., pp. 183–218). Washington, DC: American Psychiatric Press.

Tannock, R. (1998). Attention deficit hyperactivity disorder: Advances in cognitive, neurobiological, and genetic research. *Journal of Child Psychology and Psychiatry, 39,* 65–100.

Taylor, H. G. (1988). Learning disabilities. In E. J. Mash & L. G. Terdal (Eds.), *Behavioral assessment of childhood disorders* (2nd ed., pp. 402–450). New York: Guilford.

Taylor, H. G. (1989). Learning disabilities. In E. J. Mash & R. A. Barkley (Eds.), *Treatment of childhood disorders* (pp. 347–380). New York: Guilford.

Thompson, R. J., Gustafson, K. E., George, L. K., & Spock, A. (1994). Change over a 12-month period in the psychosocial adjustment of children and adolescents with cystic fibrosis. *Journal of Pediatric Psychology, 19,* 189–203.

Thurber, S., Hollingsworth, D. R., & Miller, L. (1996). The Hopelessness Scale for Children: Psychometric properties with hospitalized adolescents. *Journal of Clinical Psychology, 52,* 543–545.

Tillfors, M., Furmark, T., Ekselius, L., & Fredrikson, M. (2001). Social phobia and avoidant personality disorder as related to parental history of social anxiety: A general population study. *Behaviour Research and Therapy, 39,* 289–298.

Tobler, N. S., & Stratton, H. S. (1997). Effectiveness of school-based drug prevention programs: A meta-analysis of the research. *Journal of Primary Prevention, 18*, 71-128.

Tsai, L. Y., & Ghaziuddin, M. (1997). Autistic disorder. In J. M. Wiener (Ed.), *Textbook of child and adolescent psychiatry* (2nd ed., pp. 219-254). Washington, DC: American Psychiatric Press.

Varni, J. W., Thompson, K. L., & Hanson, V. (1987). The Varni/Thompson Pediatric Pain Questionnaire. I. Chronic musculoskeletal pain in juvenile rheumatoid arthritis. *Pain, 28*, 27-38.

Vik, P. W., Brown, S. A., & Myers, M. G. (1997). Adolescent substance use problems. In E. J. Mash & L. G. Terdal (Eds.), *Assessment of childhood disorders* (3rd ed., pp. 717-748). New York: Guilford.

Volkmar, F. R., Klin, A., Marans, W. D., & McDougle, C. J. (1996). Autistic disorder. In F. R. Volkmar (Ed.), *Psychoses and pervasive developmental disorders in childhood and adolescence* (pp. 129-190). Washington, DC: American Psychiatric Press.

von Aster, M. (1994). Developmental dyscalculia in children: Review of the literature and clinical validation. *Acta Paedopsychiatrica, 56*, 169-178.

Walker, C. E., Kenning, M., & Faust-Campanile, J. (1989). Enuresis and encopresis. In E. J. Mash & R. A. Barkley (Eds.), *Treatment of childhood disorders* (pp. 423-448). New York: Guilford.

Walsh, T., & Menvielle, E. (1997). Disorders of elimination. In J. M. Wiener (Ed.), *Textbook of child and adolescent psychiatry* (2nd ed., pp. 613-620). Washington, DC: American Psychiatric Press.

Wamboldt, M. Z., & Gavin, L. (1998). Pulmonary disorders. In R. T. Ammerman & J. V. Campo (Eds.), *Handbook of pediatric psychology and psychiatry: Vol. 2. Disease, injury, and illness* (pp. 266-297). Needham Heights, MA: Allyn & Bacon.

Warren, S. L., Schmitz, & Emde, R. N. (1999). Behavioral genetic analyses of self-reported anxiety at 7 years of age. *Journal of the American Academy of Child and Adolescent Psychiatry, 38*, 1403-1408.

Waslick, B., & Greenhill, L. (1997). Attention-deficit/hyperactivity disorder. in J. M. Wiener (Ed.), *Textbook of child and adolescent psychiatry* (2nd ed., pp. 389-410). Washingtion, DC: American Psychiatric Press.

Wechsler, D. (2002). *Wechsler Preschool and Primary Scale of Intelligence—Third Edition*. San Antonio, TX: The Psychological Corporation.

Wechsler, D. (2003). *Wechsler Intelligence Scale for Children-Fourth Edition Integrated.* San Antonio, TX: The Psychological Corporation.

Weiss, G., & Hechtman, L. (1993). *Hyperactive children grown up* (2nd ed.). New York: Guilford.

Weiss, G., Hechtman, L., Milroy, T., & Perlman, T. (1985). Psychiatric status of hyperactives as adults: A controlled prospective 15-year follow-up of 63 hyperacrive children. *Journal of the American Academy of Child Psychiatry, 24*, 211-220.

Weller, E. B., Weller, R. A., Fristad, M. A., Rooney, M. T., & Schecter, J. (2000). Children's Interview for Psychiatric Syndromes (ChIPS). *Journal of the American Academy of Child and Adolescent Psychiatry, 39*, 76-84.

Wenar, C., & Kerig, P. (1999). *Developmental psychopathology* (4th ed.). New York: McGraw-Hill.

Werry, J. S. (1996). Pervasive developmental, psychotic, and allied disorders. In L. Hechtman (Ed.), *Do they grow out of it? Long-term outcomes of childhood disorders* (pp. 195-223). Washington, DC: American Psychiatric Press.

Werry, J. S., & Aman, M. G. (1999). *Practitioner's guide to psychoactive drugs for children and adolescents* (2nd ed.). New York: Plenum.

Werry, J. S., & McClellan, J. M. (1992). Predicting outcome in child and adolescent (early onset) schizophrenia and bipolar disorder. *Journal of the American Academy of Child and Adolescent Psychiatry, 31*, 147-150.

White, H. R., & Labouvie, E. W. (1989). Towards the assessment of adolescent problem drinking. *Journal of Studies on Alcohol, 50*, 30-37.

White, S., & Santilli, G. (1988). A review of clinical practices and research data on anatomical dolls. *Journal of Interpersonal Violence, 3*, 430-442.

Widom, C. S. A. (1989). Does violence beget violence? A critical examination of the literature. *Psychological Bulletin, 106*, 3-28.

Wilkinson, G. S. (1993). *Wide Range Achievement Test (WRAT-3) manual.* Odessa, FL: Psychological Assessment Resources.

Wilson, G. T., Fairburn, C. G., & Agras, W. S. (1997). Cognitive-behavioral therapy for bulimia nervosa. In D. M. Garner & P. E. Garfinkel (Eds.), *Handbook of treatment for eating disorders* (2nd ed., pp. 67-93). New York: Guilford.

Wilson, G. T., Becker, C. B., & Heffernan, K. (2003). Eating disorders. In E. J. Mash & R. A. Barkley (Eds.), *Child psychopathology* (2nd ed., pp. 687-715). New York:

Guilford.

Wing, L. (1989). Autistic adults. In C. Gillberg (Ed.), *Diagnosis and treatment of autism* (pp. 419–432). New York: Plenum.

Winters, K. C. (1991). *Personal Experience Screening Questionnaire (PESQ).* Los Angeles, CA: Western Psychological Services.

Winters, K. C. (1992). Development of an adolescent alcohol and other drug abuse screening scale: Personal Experience Screening Questionnaire. *Addictive Behavior, 17*, 479–490.

Wolfe, D. A. (1999). *Child abuse: Implications for child development and psychopathology* (2nd ed.). Thousand Oaks, CA: Sage.

Wolfe, V. V., & Birt, J. (1997). Child sexual abuse. In E. J. Mash & L. G. Terdal (Eds.), *Assessment of childhood disorders* (3rd ed., pp. 569–623). New York: Guilford.

Wolfe, V. V., & Wolfe, D. A. (1988). The sexually abused child. In E. J. Mash & L. G. Terdal (Eds.), *Behavioral assessment of childhood disorders* (2nd ed., pp. 670–714). New York: Guilford.

Wong, B. Y. L. (1996). *The ABCs of learning disabilities.* New York: Academic.

Wong, V. (1993). Epilepsy in children with autistic spectrum disorder. *Journal of Child Neurology, 8*, 316–322.

Zametkin, A. J., Liebenauer, L. L., Fitzgerald, G. A., King, A. C., Minkunas, D. V., Herscovitch, P., Yamada, E. M., & Cohen, R. M. (1993). Brain metabolism in teenagers with attention-deficit hyperactivity disorder. *Archives of General Psychiatry, 50*, 333–340.

Zocolillo, M. (1993). Gender and the development of conduct disorder. *Development and Psychopathology, 5*, 65–78.

찾아보기

역자 소개

이승희(李承禧)

■ **약력**

- 고려대학교 학사(교육학)
- 미국 California State University, Sacramento 석사(유아교육학)
- 미국 University of Illinois at Chicago 박사(특수교육학)
- 미국 Early Childhood Research and Intervention Program 선임연구원
- 미국 University of Illinois at Chicago 연구조교수
- 고려대학교 교육문제연구소 연구조교수
- 미국 University of Illinois at Chicago 연구교수
- 현재: 조선대학교 특수교육과 교수

■ **저서**

- 특수교육평가(학지사, 2006)
- 자폐스펙트럼장애의 이해(제1판)(학지사, 2009)
- 특수교육평가(제2판)(학지사, 2010)

■ **역서**

- 발달장애 용어사전(공역, 학지사, 2002)
- 정서·행동장애의 이해: 사례중심적 접근(제2판)(박학사, 2003)
- 109가지 진단검사: 선정, 해석 및 활용법(공역, 학지사, 2006)

■ **논문**

- 특수교육에 있어 생존분석에 대한 고찰(2000)
- 우리나라와 미국의 특수교육 실태 비교(2001)
- 정서·행동장애 및 자폐성 발달장애의 출현율에 대한 고찰(2002)
- 발도르프학교 교육의 특수교육적 고찰(2003)
- 고기능자폐증과 아스퍼거증후군의 비교 고찰(2007)
- 전반적 발달장애와 자폐스펙트럼장애의 개념적 비교(2008)
- DSM에 나타난 PDD 개념의 변화에 대한 고찰(2009)
- 국가수준학업성취도평가를 위한 장애학생의 대체사정에 대한 고찰(2010)
- 응용행동분석, 특수교육, 정서·행동장애에 대한 긍정적 행동지원의 관계 고찰(2011)
- 정서행동장애 정의와 출현율의 개념 및 관계에 대한 체계적 고찰(2012) 외 다수

정서·행동장애의 이해: 사례중심적 접근

인 쇄 일 2007년 7월 5일 초판 인쇄
발 행 일 2007년 7월 10일 초판 발행
저 자 Christopher A. Kearney
역 자 이승희
발 행 인 구본하
발 행 처 도서출판 박학사
주 소 서울시 마포구 서교동 476-53 세화회관
전 화 (02)3142-3765
팩 스 (02)3142-3766
E-mail pakhaksa@kornet.net
웹사이트 www.pakhaksa.co.kr
등록번호 제10-2230호

정가 18,000원 ISBN 978-89-91633-38-4